금대 이가환 연구

금대 이가환 연구

錦帶 李家煥 研究

김언종 · 김동준 · 백진우 · 김하라 · 김선희 저
재단법인 실시학사 편

실시학사
실학연구총서 19

학자원

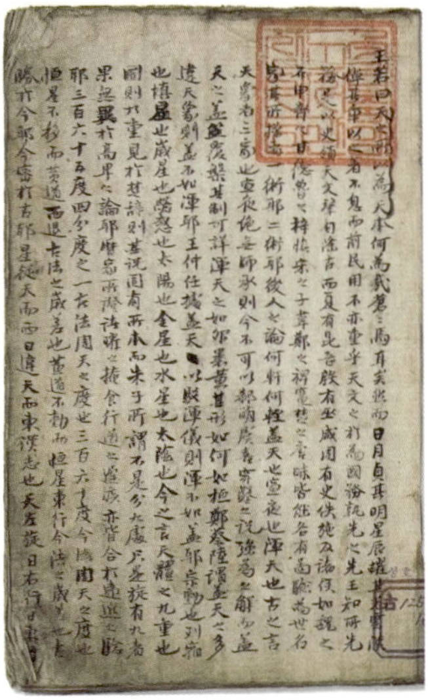

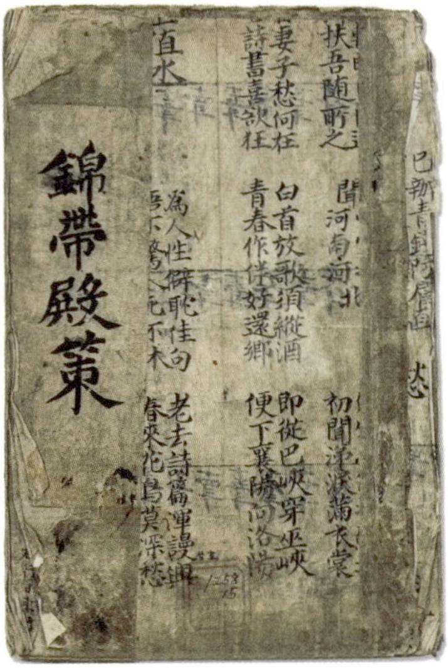

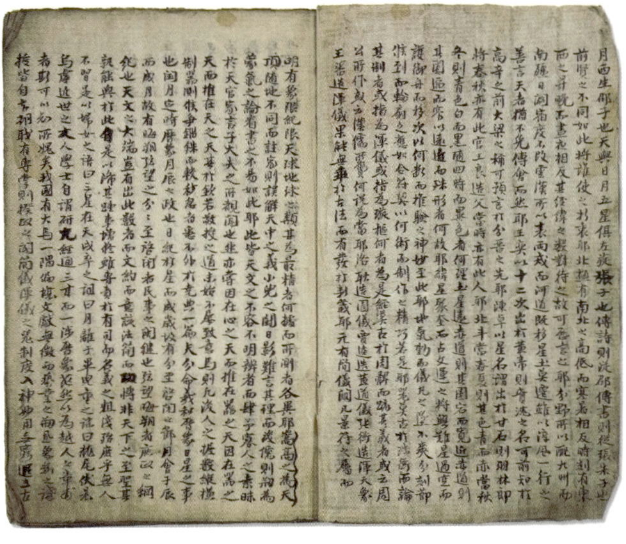

금대전책 (국립중앙도서관 소장)

정조(正祖)의 물음에 대한 이가환의 답변을 모은 필사본 자료이다. 대책(對策) 3편과 논(論) 3편이 수록되어 있다. 대책문은 천문(天文), 지리(地理), 문체(文體)에 관한 내용이고, 논은 역사적 사실에 대한 평가를 담은 사론(史論)이다. 수록 작품 모두 정조로부터 높은 평가를 받았다.

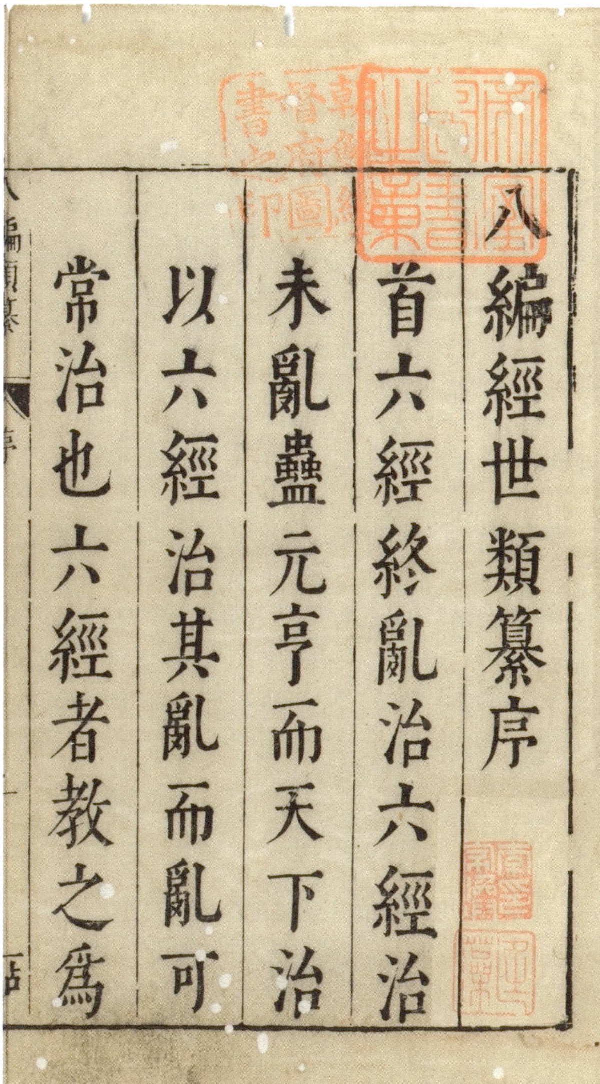

八編經世類纂序
首六經終亂治六經治
未亂盡元亨而天下治
以六經治其亂而亂可
常治也六經者教之爲

경세팔편유찬 (서울대학교 규장각한국학연구원 소장)

명(明)나라 진인석(陳仁錫)이 편찬한 일종의 백과사전식 저술이다. 서문 첫 장 우측 하단에 2과의 장서인, '李家煥印', '廷藻'가 찍혀 있어 이가환이 직접 소장했던 자료임을 알 수 있다. 관료의 실무와 관련이 있는 책으로, 이가환이 지식 정보원으로 적극 활용하였다.

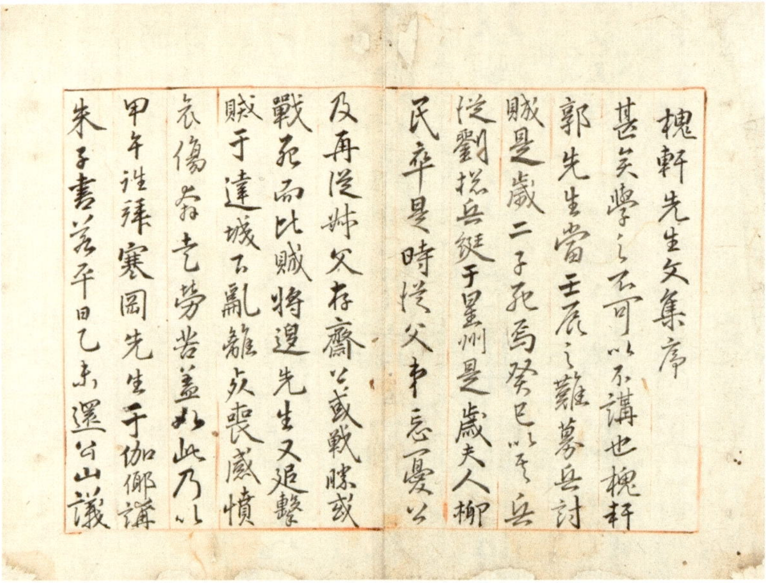

「괴헌선생문집서(槐軒先生文集序)」 (성호박물관 소장)

임진왜란 때 의병장으로 활동한 곽재겸(郭再謙, 1547~1615)의 문집 『괴헌선생문집(槐軒先生文集)』에 붙인 이가환의 친필 서문이다. 1800년(정조24)에 작성하였다.

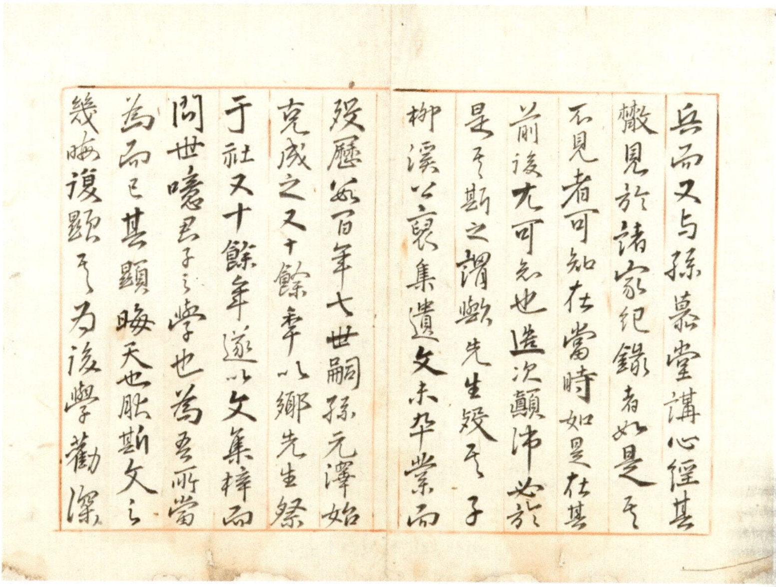
兵而又與孫慕堂講心經甚
勤見於諸家紀錄者如是矣
不見者可知在當時如是在其
前後尤可知也造次顚沛必於
是矣斯之謂歟先生歿矣子
柳溪以裒集遺文未卒業而
歿歷將百年七世嗣孫元澤始
克成之又十餘年以鄉先生祭
于社又十餘年遂以文集梓而
問世噫君子之學也爲己所當
爲而已甚顯晦天也然斯文之
幾晦復顯者乎爲後學勸深

(성호박물관 소장)

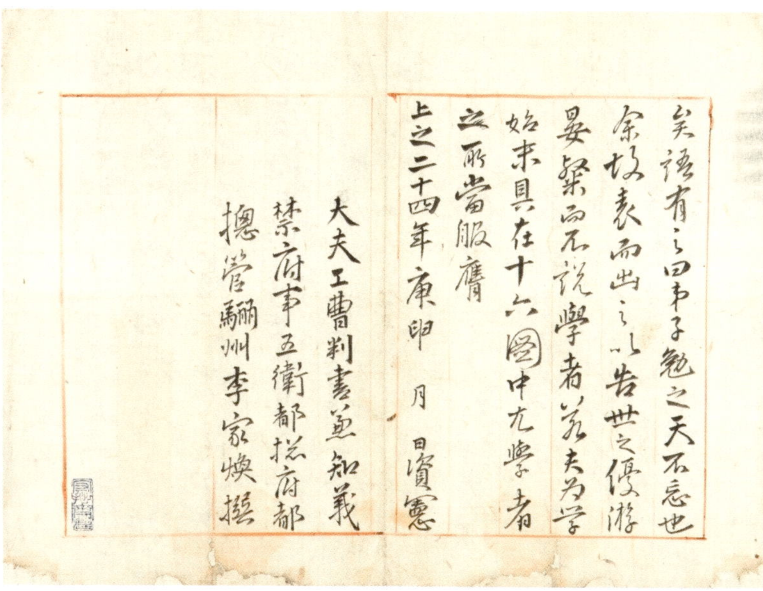
矣語有之曰君子勉之天不忘也
余故表而出之以告世之優游
晏樂而不說學者若夫爲學
始末具在十六圖中尤學者
之所當服膺
上之二十四年庚申 月 日資憲
大夫工曹判書兼知義
禁府事五衛都摠府都
摠管驪州李家煥撰

(성호박물관 소장)

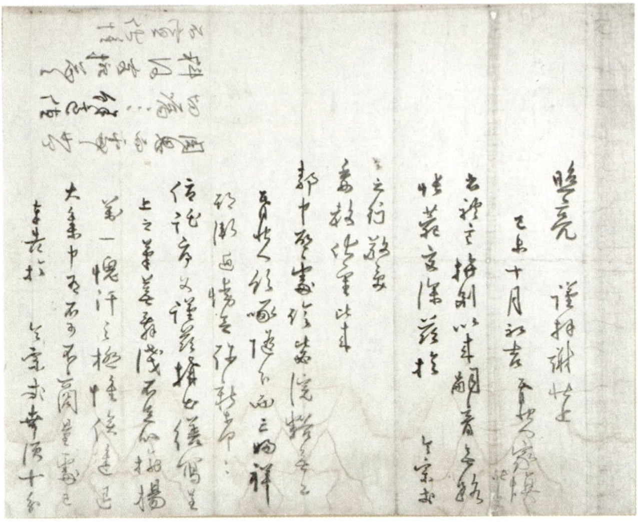

이가환 선생 간찰 (성호박물관 소장)

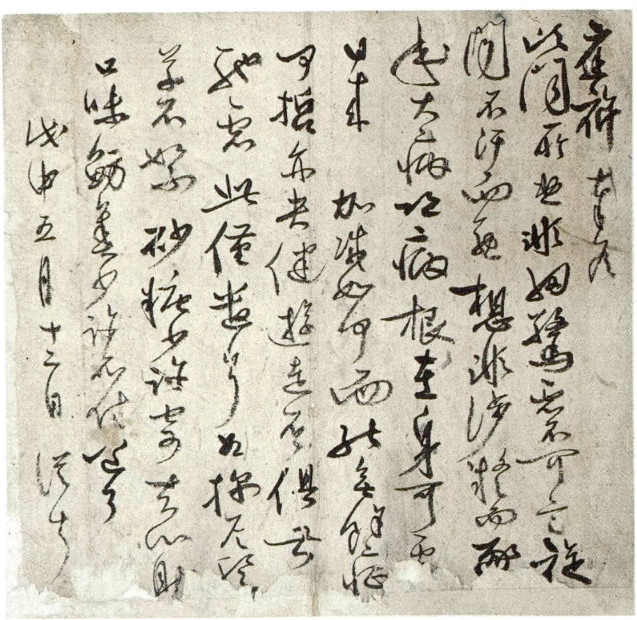

이가환 선생 간찰 (성호박물관 소장)

實學硏究叢書를 펴내며

실학(實學)이 우리나라 학계에 연구주제로 떠올라, 정식의 학술논문으로 학술지에 등재(登載)되기 시작한 것은 1952년 이후의 일이다. 천관우(千寬宇)의 「반계 류형원(磻溪 柳馨遠) 연구」가 『역사학보(歷史學報)』 2·3집에 발표된 것이 그 시발점이다. 지난 계몽기(啓蒙期)의 몇몇 선학(先學)들이 실학에 대한 관심을 표명해 왔으나 일반 신문 잡지에 논설조(論說調)로 내놓은 것이 고작이었던 것에 비하면, 천관우의 글은 당시 비록 한편에서 저널리스트식 필치로 써내려온 것이란 비판이 있었지만 일단 수미정연(首尾整然)한 체제를 갖춘 논문으로 주목할 만하였다. 그러나 당시 연구자의 수가 많지 않고 학계의 관심도 분산되어 있어서 개별 실학자에 대한 연구가 간헐적으로 있는 정도였고 그리 활발한 편은 아니었다. 그중에서 1961년에 한우근(韓㳓劤)의 성호(星湖) 이익(李瀷)에 관한 연구가 『이조후기(李朝後期)의 사회(社會)와 사상(思想)』이란 책으로 나와, 그의 실증사학(實證史學)으로서의 견고한 학풍을 보여주었다.

그러다가 1970년에 이우성(李佑成)의 「실학연구서설(實學研究序說)」이 나와, 그동안 유동적이었던 실학의 명칭문제가 일단 타결된 듯이 보이고, 나아가 실학의 내용을 경세치용(經世致用)·이용후생(利用厚生)·실사구시(實事求是)의 세 파로 나누어 설명함으로써 그 학문의 성격을 용이하게 파악할 수 있게 하였다. 또한 경세치용파를 근기지방(近畿地方)의 농촌토착적 환경에서, 그리고 이용후생파를 서울의 도시적 상황 속에 형성된 것으로 이해하면서 「18세기 서울의 도시적 양상」을 묘사하여 이용후생파의 성립 배경을 밝히려고 하였다. 다시 나아가 다산(茶山) 정약용(丁若鏞)에 이르러 위의 양파(兩派)가 회합(匯合)되는 동시에 호한(浩汗)한 경전해석(經典解釋)으로 실사구시파(實事求是派)를 추동(推動)시킨 느낌이 있어, 다산학이 실학의 대성을 의미하는 것이라고 언급하였다. 이후 계속해서 실학의 후속 학자로 최한기(崔漢綺)와 최성환(崔瑆煥)을 연구하여 최한기가 『기학(氣學)』과 『인정(人政)』을 저술하는 한편 서양과학지식을 대폭 수용하고, 최성환은 중인(中人) 출신으로 국왕(國王)의 자문에 응한다는 취지에서 『고문비략(顧問備略)』을 저술하여 전반적 제도 개혁을 주장한 것을 높게 평가하였다. 특히 최성환의 바로 뒤에 중인층의 후배들이 개화운동의 배후 공작자로 활약하게 된 것을 말함으로써 실학사상(實學思想)과 개화사상(開化思想)의 연결 관계를 미루어 알게 하였다.

한편 '실학국제회의(實學國際會議)'를 구성하여 한·중·일 삼국의 학자들이 각자 자국의 실학을 중심으로, 2년마다 돌아가면서 국제회의를 개최하도록 함으로써 동아시아세계로 실학의 지평을 넓혔다. 그리고 '한국실학학회(韓國實學學會)'를 조직하여 국내 학자들을 수시로 발표시키고 1년에 두 차례 학보를 발행하여 우리나라 실학연구를 다소 진작되게 하기도 하였다.

실시학사(實是學舍)가 서울에서 근기(近畿) 쪽으로 옮긴 뒤에도 나는 젊은 학도들과 강독 및 연토(硏討)를 지속해오고 있지만 연로신쇠(年老

身衰)한 처지에서 불원 철수 은퇴할 것을 생각하고 있었다. 뜻밖에 나의 친구 모하(慕何) 이헌조(李憲祖) 형이 거액의 사재를 출연하여 실시학사를 재단법인으로 만들고 그 기금으로 실학연구에 박차를 가해 줄 것을 권유해 왔다. 나는 사회와 학문에 대한 그의 열정에 감동하여 사양치 않고 그의 뜻에 따랐다. 즉시 연구계획을 세우고 국내학자들을 널리 동원하여 1차 연도에 성호·다산을, 2차 연도에 담헌(湛軒)·연암(燕巖)과 실학파 문학을, 그리고 3차 연도에 반계와 초정(楚亭)을 다루기로 하였다. 각 팀에 5명을 한 단위로 하여 1년 동안의 공동연구 끝에 각자 논문을 제출하여 한 권의 책을 내기로 하였다.

이제 2년의 세월이 흘렀다. 각기 1년씩의 기간이 끝나 논문들이 함께 나와, 무려 5책을 한꺼번에 출판하게 되었다. 집필자들은 모두 해당 분야의 전문 연구자로서 가장 정예(精銳)로운 분들이라고 생각한다. 독자 여러분의 보살핌을 바란다. 앞으로 3차에 이어, 4차, 5차로 계속 진행될 것이다. 국내외 학계 여러분의 성원과 협조를 기대하여 마지않는다.

이 글을 마치려 함에 있어, 거듭 모하(慕何) 형에게 고마움을 표하면서 앞으로 그 뜻을 살려 더욱 성과를 내게 될 것을 다짐한다.

2012년 임진 4월 3일

李佑成

| 이 책을 내면서 |

실시학사가 주관하는 실학연구총서의 19번째 연구 성과로 『금대(錦帶) 이가환(李家煥) 연구』를 출간합니다. 시대의 희생양이 되었던 천재적 인물의 기구한 삶을 되돌아보면서, 우리 연구진은 시대와 인간, 최선과 운명, 기대되었던 전망과 실현하지 못한 가능성을 함께 이야기해 보았습니다. 이제 공동연구의 과정에서 교감했던 연구자들의 마음과 연구의 결실을 모아 여러 독자와 함께 나누려 합니다.

실시학사의 기획에 따라 금대 이가환을 연구의 주제로 선정하게 된 것은 2020년 여름이었습니다. 연구 진행을 의뢰받은 필자는 총 5인으로, 필진 구성을 그해 말 완료한 뒤, 몇 차례의 협의를 거쳐 연구 계획과 잠정 과제를 공유하였습니다. 연구진은 '이가환의 생애', '시문학', '산문문학', '학문', '사상'의 다섯 영역을 기둥 삼아 금대 이가환의 삶과 저작에 대해 종합적으로 조명하자는 데 뜻을 모았습니다.

이후 코로나 팬데믹이라는 희대의 혼란 속에서도 연구가 순조롭게 진행되었지만, 예상치 못한 불안한 상황이 연발하였습니다. 코로나의 확산과 방역 당국의 지침에 따라 단체 모임을 삼가야 했기에 2022년 6월로 계획했던 중간 발표회를 그해 12월 20일로 연기하였고, 이에 따라 2023년 1학기로 예정했던 최종 집담회와 출판 작업도 이렇게 반년 정도를 더 끌게 되었습니다.

2012년부터 시작된 실학연구총서의 발간 역사에서 지구적인 질병의 상흔이 끼어들 줄이야 누가 알았겠습니까마는, 어찌 보면 시대와 인간의 만남이 언제나 순조로울 수는 없음을 다시 생각해 보게 하는 계기도 되지 않았나 합니다. 가끔은 세계의 불완전함과 미래의 불가측성을 환기하려는 듯 우연한 파란이 우리 곁을 스치고 지나갑니다.

팬데믹과 다르긴 하나 1801년 신유년(辛酉年)도 한국의 역사에서 보자면 무척 안타깝고 가슴 아팠던 해입니다. 격렬한 정쟁의 여파가 대규모 천주교 박해를 초래하며 수많은 사람의 삶을 지우고 파괴하였습니다. 학문으로서의 서학(西學)과 종교로서의 서교(西敎)가 혼동되는 어느 지점에서, 금대 이가환도 파멸을 결국 피하지 못했습니다. 1801년 2월 9일에 투옥된 그는 서교(西敎)의 괴수로 몰아가는 고문의 현장에서 '정경(正卿)인 내가 이런 지목을 받았으니 죄가 죽어 마땅하다'며 단식으로써 생의 마지막을 선택했습니다. 당시 심문을 받던 사람들 가운데 최고 위치에 있었던 만큼 자신이 책임을 면할 수도 없고 피해서도 안 된다고 판단하여 자결을 결단한 것이 아닐까 생각해 봅니다.

최후 장면이 너무나 강렬하지만 그럼에도 이가환의 죽음을 한 관료의 비극으로 치부하고 말기에는 아쉬움이 매우 큽니다. 『춘관지(春官志)』, 『대전통편(大典通編)』, 『화성성역의궤(華城城役儀軌)』 등 주요 국가 문헌 편찬을 주도했던 실무자요, 수학과 과학에 탁월한 역량을 보유했던 인재였던 만큼, 그가 당대의 학문 발전에 기여할 여지가 무척 넓었기 때문입니다. 그의 잠재력을 알아보았던 국왕 정조도 수리(數理)와 역상(曆象)에 관한 서적의 수입과 편찬의 적임자로 이가환을 눈여겨보았던 것 같습니다. 그러니 그가 시대의 순탄한 지원을 받아 천금 같은 기회가 실현되도록 하였다면 우리나라의 학술사는 그 이후 어떻게 되었을까요?

하지만 살벌한 핍박이 가속화되는 중에 주위 지지자들이 차례차례 사망하고 그 또한 비극의 소용돌이에 빨려든 인물이 되고 말았습니다. 빼어난 학자와 유능한 관료로서의 전망이 좌절되었다는 것, 서세동점(西勢東漸)의 물결 속에 조선의 학술사가 한 사람의 준재(俊才)를 또 잃었다는 그 사실이 우리 연구진을 안타깝게 했습니다.

이제 연구의 내력과 수록하는 다섯 편의 글에 대해 말씀드리겠습니다. 우선, 지난 3년 동안의 공동연구는 필자를 비롯해 김동준, 김선희, 김하라, 백진우 교수가 연구를 진행했습니다. 다섯 사람의 필진 외에도 여러분의 도움이 있었습니다. 2022년 12월 20일의 연구발표회에서는 정우봉, 김용태, 권진옥, 김대중, 백민정 교수가 토론자로서 고견을 보태주었습니다. 좌장을 맡아주셨던 안병걸 교수께도 감사드립니다. 분담된 다섯 영역의 연구 성과 외에도 백진우 교수가 집담회와 연구사를 정리해 주었고, 김하라 교수는 연구의 시작 단계에 연보를 작성하여 연구진에게 도움을 주었음을 밝힙니다. 이렇듯 많은 분들의 도움과 격려가 있었기에 한 팀으로서 공동연구를 완료할 수 있었습니다.

수록된 다섯 편의 글은 삶, 문학, 학문, 사상 순으로 흐름을 잡았습니다. 먼저 금대 이가환의 삶을 개관한 「금대 이가환의 삶」은 필자가 맡아서 작성했습니다. 이가환의 생애를 객관적으로 그리고 꼼꼼하게 조망해볼 수 있게 한다는 취지에서, 수학기, 초기 사환기, 유배 후 사환기 그리고 최후의 4단계로 나누어 이가환의 전기를 구성했습니다.

천재적인 자질을 타고나 성호학파(星湖學派)의 기린아로 성장하는 수학기를 지나면 그는 관료로서 그 나머지 인생을 보내게 됩니다. 과거 급제 후부터 정주목사(定州牧使)를 거쳐 김화현(金化縣)으로 정배되기까지가 이력의 전반부이고, 이후 채제공(蔡濟恭), 정약용(丁若鏞) 등과 더불어 남인계(南人系)의 핵심 관료로 활약한 것이 이력의 후반부입니다. 특히 이 후반부에는 이잠(李潛), 천주교, 소품문(小品文) 등을 빌미로 노론

세력이 격렬히 견제하는 장면을 부각하여 그가 얼마만큼 아슬아슬한 정치 투쟁의 장에 놓여 있었나를 드러내고자 했습니다. 마지막 장인 '최후(1801)'에서는 '조선왕조실록(朝鮮王朝實錄)' 및 『추안급국안(推案及鞫案)』 등의 자료에 근거하여 옥중에서의 최후, 그리고 그가 자신의 마지막 운명을 의연하게 선택하는 모습을 기술했습니다.

필자가 작성한 이가환의 전기는 한편으로 이가환의 문학, 학문, 사상을 해석하는 바탕으로 삼기 위해 마련된 것이기도 합니다. 따라서 장서와 학문, 문학 역량과 작품, 사상과 종교 등에 대한 논의는 다른 연구진에게 맡겨두고자 했습니다. 약간이나마 미련이 남는 것은 필자의 글을 비롯해 나머지 네 분의 글에서도 당대 최고 수준의 주역학(周易學) 이해를 포함한 경학(經學)에 대한 이가환의 학문적 깊이를 충분히 탐색하지 못했다는 것입니다. 이 점은 이번 공동연구의 한계이기도 하지만 달리 보자면 이가환 연구의 지평이 아직도 그만큼 넓은 대지를 품고 있다는 것을 상기시켜 줍니다.

이화여자대학교 김동준 교수가 집필한 「금대 이가환 한시의 정치·지리 환경과 시문학의 대응」은 문학 분야, 그중에서도 한시 문학을 전면적으로 검토한 성과입니다. 김 교수의 논증 중에 특히 주목되는 부분은 기존의 자료를 재검토하면서 김화 유배기 한시를 다른 각도에서 보고자 한 것입니다. 유배와 좌절에 초점을 맞추었던 이전의 연구자들과 달리, 당시 김화 지역의 지리적 위치와 주변 인물, 김화로의 유배 과정과 관서(關西) 사민(士民)들의 기대, 김화 현지에서의 삶과 능동적인 정신 지향을 촘촘히 읽어냈습니다. 여기서 수행된 상세한 논증은 향후 이가환 한시 연구자에게 많은 도움을 주리라 기대됩니다.

더하여, 김화 유배기 한시의 정신적 저력과 작품의 매력에 대한 논의는 한시 전공자인 김 교수의 분석력을 느끼게 합니다. 유배인으로서의 수동성에 갇히지 않고 자기반성과 성찰, 새로운 인간관계의 형성, 현지 적응과 관찰, 관료로서의 책임감을 인식하는 요소들은 당시 이가환의 내면에 자리 잡은 중요한 인소들이라 할 만합니다. 이어 생애 마지막 십여 년의 시편을 고찰한 논의에서도 김 교수는 이 시기 한시가 희소했던 배경과 이유를 설득력 있게 추론해 내고 있습니다. 정치적 환경과 현전하는 작품의 실제를 대응시키면서 이 당시 한시의 신중함과 함축성을 고찰해낸 안목이 글의 행간을 관통하고 있는 듯합니다.

세 번째로 서강대학교 백진우 교수가 집필한 「금대 이가환 산문의 지향과 창작의 실제」는 문학 분야에서 산문문학을 연구한 것이므로, 위의 시문학 분야와 짝이 되는 글입니다. 백 교수는 문체론과 주제의식 탐구에 집중된 기왕의 연구사를 반성적으로 되돌아보면서, 이번 연구에서는 지향과 실제의 대응을 살피며 이가환 산문의 본 면목을 조명하고자 했습니다. 과장과 작위를 배제하며 일상과 경험을 자연스럽게 진술하려는 방향, 평범함의 가치를 존중하며 글쓰기로 체화시켜 나가는 과정 등이 논리적으로 설명되고 있습니다. 산문 창작의 실제에서 분석한 바, 자신의 자아와 대면하는 글쓰기, 실질을 중시하는 태도, 일상의 중요성에 대한 자각은 이가환이 충실하게 자신의 삶을 살며 상응하는 글로 그 의미를 표현하였다고 느끼게 합니다.

연구자 중에는 이가환이 부친 이용휴(李用休)와 더불어 기발하고 참신한 글쓰기에 능한 작가였다고 보는 분들이 있습니다. 그런 시각에서 보면 백 교수의 이 글은 분석 시각과 서술의 결이 다소 다릅니다. 하지만 현전하는 자료가 내포한 실제적 경향을 잘 조명해 내었기에 논지를 따라가다 보면 이가환의 산문 세계에 여러 색조와 여러 가닥이 결성되어 있고 관점에 따라 음미할 꼭짓점이 달라질 수 있음을 알게 될 것입니다. 또한 시문집 이본 7종을 대비하여 작성한 전체 작품 목록이 일목요

연하게 정리되어 있는데 이 역시 후속 연구를 위한 탄탄한 토대가 될 것이라 생각합니다.

네 번째 글인 「금대(錦帶) 이가환(李家煥)의 학문 형성과 '박학(博學)'의 실용적 지향」은 연세대학교의 김하라 교수가 학자 이가환에 중점을 맞추어 열정적으로 탐구해낸 결과입니다. 박학자이자 실학자로서의 진면목을 살피기 위해 김 교수는 신유사옥(辛酉邪獄)의 비극으로 호도되지 않는 이가환의 학술을 정밀하게 그러면서도 흥미진진하게 탐색해 내었습니다. 황윤석의 『이재난고(頤齋亂藁)』를 보고(寶庫)로 활용하면서 실용적 학문 경향을 증명해내는 일련의 대목은 특히 김 교수의 정독 능력이 반짝이는 결과가 아닐까 합니다. 이가환이 정철조(鄭喆祚), 윤곤(尹琨), 이영옥(李英玉), 홍양해(洪量海), 서호수(徐浩修), 문광도(文光道), 이영유(李英儒), 이중해(李重海) 형제 등과 연결되어 실용적 학문을 찾아가는 과정은 이가환의 학문 여정 못지않게 당대 서울 지식인들의 지적 열기를 같이 느낄 수 있게 해줄 것입니다. 이에 더하여 『정헌쇄록(貞軒瑣錄)』을 분석한 후반부의 논증은 수리과학을 넘어 재료 공학까지 걸치는 박학의 실제와 성격을 구체적으로 알려주고 있습니다.

김 교수는 일기 자료의 증언을 학술적 분석으로 연결시키는 데 뛰어난 솜씨를 지닌 연구자입니다. 이번에도 황윤석의 일기에 적힌 사실들을 점철성금(點鐵成金)하듯 펼쳐내어 이가환이 사는 18세기 한양으로 우리를 초대하고 있습니다. 독자에게 생생한 현장감을 주도록 배려하는 마음이 느껴지는 글입니다. 더욱이 여기에 수록된 김 교수의 글은 중간발표회 때의 내용을 얼마간 바꾸면서 그 사이 더 탐구한 내용을 대폭 수렴하고 있습니다. 중간발표회의 원고 중 역관(譯官) 김지남(金指南)을 경유하여 강희제(康熙帝) 하사본 『고문연감(古文淵鑑)』이 이용휴 집안의 장서가 된 내막, 이가환이 관료 생활 중에 참조했을 『경세팔편유찬(經世

八編類纂)』 등에 대한 소개도 무척 재미있는 대목이었는데, 이번 글에서 그 내용을 볼 수 없게 되어 아쉽습니다. 아마도 이가환의 학문을 더 가까이서 더 깊게 경청하려는 김 교수의 탐구 자세가 기꺼이 이런 변화를 불렀다고 봅니다.

마지막으로 이화여자대학교 김선희 교수가 쓴 「금대 이가환의 서학(西學) 연구와 그 국면들」은 서학(西學)의 관점에서 이가환의 학문 지향, 당시의 서학 네트워크, 서학이 야기한 파장 등을 찬찬히 고찰한 결과입니다. 교회사와 서학사 어느 쪽에서도 단독으로 연구된 적이 없는 상황에서 김 교수가 이번에 집필한 이가환 단독 연구는 벌써 그 의미가 남다르다고 하겠습니다. 무엇보다 김 교수는 현전하는 문헌의 제약에도 불구하고 우리가 궁금해할 만한 내용을 정연하게 추론하여 설명해 줍니다.

본론의 첫머리에서는 관련 기록을 따라가며 천주교 네트워크와의 연관을 살폈습니다. 서교와 서학에 대한 접근이 당시의 많은 사람들에게 개인적 선택 사항일 수 있었다는 것, 천주교 신앙이 사회적 긴장을 유발하는 시점부터 사태가 질적으로 달라졌던 양상을 우리에게 일깨워주고 있습니다. 이어진 논지에서는 먼저 『이재난고』에 포함된 서학 네트워크를 고찰하고 있는데, 당시의 지식인들이 『수리정온(數理精蘊)』, 『역상고성(曆象考成)』, 『기하원본(幾何原本)』 등을 읽었고, 이가환도 자신의 학문적 기호에 따라 이러한 대열에 참여한 중요 인물임을 확인해줍니다. 이때 갖춘 수학과 천문학 지식은 정조와의 서학 토론과 대화의 실제 장면으로 연결됩니다.

논고의 뒷부분에서 김 교수는 이가환이 왜 천주교의 수괴(首魁)라는 죄명을 덮어쓰게 되었는지를 살피고 있습니다. 천주교 공동체를 불온시하는 사회 분위기와 이가환이 탄압의 희생양이 될 수밖에 없었던 과정을 경청하다 보면, 김 교수의 글이 서학과 서교, 천주교 및 정치적 이해관계를 두루 조망하면서 당시 사상사와 정치사를 꿰뚫어보고 있음을 알게 될 것입니다.

이상 연구진의 소중한 글을 소개하며 그간의 경과와 여러 학자들의 협력을 말씀드렸습니다. 이가환 연구가 다양한 분야에서 수행되어 이제 참고할 만한 성과가 적잖이 축적되었습니다. 산문 일부를 제외하면 현전하는 이가환의 시문이 대부분 번역되었고 뜻있는 연구자들의 관심을 만나 값진 논문이 더해졌습니다. 그럼에도 이 책『금대 이가환 연구』는 지금까지의 결과물 중에서 이가환에 대해 가장 애정 깊고, 가장 상세하며, 가장 분석력이 돋보이는 성과라 생각합니다. 우리 연구진은 실시학사의 지원 아래 지난 몇 년 동안 이가환 연구에 정진했습니다. 시간과 마음을 합쳐주신 연구진에게 거듭 감사드리며 함께 공부할 수 있었던 시간에 고마움을 느낍니다. 이 책이 부디 독자 여러분들에게 이가환의 참모습을 알려주는 다리가 되어 줄 수 있기를 희구합니다.

조선 후기 사상사 연구에 걸출한 성과를 거두고 있는 한국학중앙연구원 김학수 교수가 '명세(鳴世)의 지성, 비운(悲運)의 정치가'라고 이가환의 학문과 삶을 한마디로 압축하였는데, 이는 참으로 적절한 평가가 아닌가 합니다. 금대 선생의 영혼이 계시다면 이 책을 보시고 해원(解冤)하시길 빌어 봅니다.

2023년 9월 1일

진관동 한국고전번역원 4층에서 김언종 씀

| 차 례 |

금대 이가환 산문의 지향과 창작의 실제

| 백 진 우 |

금대 이가환의 학문 형성과 '박학'의 실용적 지향

| 김 하 라 |

금대 이가환의 서학 연구와 그 국면들

| 김 선 희 |

부록

금대 이가환의 삶

김 언 종 | 한국고전번역원장 · 고려대 한문학과 명예교수

1. 수학기【1742~1777】

2. 초기(初期) 사환기(仕宦期)【1777~1788】

3. 유배 후 사환기【1789~1801】

4. 최후【1801】

이가환(李家煥)은 영조 18년(1742)에 서울 황화방(皇華坊) 소정릉동의 본가에서 부 이용휴(李用休)와 모 진주(晉州) 유씨(柳氏) 사이에서 1남 5녀 중 셋째로 태어났다. 본관은 여주(驪州)로 고려(高麗) 때 인용교위(仁勇校尉)를 지낸 이인덕(李仁德)의 후손이다. 자는 정조(庭藻), 호는 금대(錦帶), 정헌(貞軒), 소릉(少陵)이다. 여주 이씨는 누대에 걸친 명문가로 5대조인 소릉(少陵) 이상의(李尙毅, 1560~1624)가 한양 서쪽의 황화방 정릉골에 거주하면서 정릉(貞陵)은 가문의 세거지가 되었다.[1] 이가환의 호 '정헌(貞軒)'은 여기서 유래한 것이다.

고조부 이지안(李志安, 호 존오(存吾), 1601~1657)은 허목(許穆)과 함께 수학했고 형조좌랑을 지냈다. 증조부는 이하진(李夏鎭, 호 매산(梅山), 1628~1682)으로 대사헌을 지냈으며 허목을 두둔하다 진주목사(晉州牧使)로 좌천되었고, 이후 평안도 운산(雲山)에 유배되어 그곳에서 죽었다. 조부 이침(李沈, 호 아정(鵝亭), 1671~1713)은 부친 이하진이 유배지에서 별세하자 과거를 단념하고 모친 안동(安東) 권씨(權氏)와 아우 이익(李瀷, 호 성호(星湖), 1681~1763)과 함께 안산(安山)에 정착했다. 이침은 종부(從父) 이명진(李明鎭)에게 출계(出系)했다. 종조부 이잠(李潛, 호 섬계(剡溪), 1660~1706)은 세자(이후의 경종)의 보호를 역설하며 노론을 공격하는 상소를 올렸다가 국문 도중 사망했다.

부친 이용휴(李用休, 호 혜환재(惠寰齋), 1708~1782)는 1735년 생원시에 합격했으나 더 이상 과거에 응시하지 않고 숙부 이익의 가르침을 받으며 문학에 전념했다. 이용휴는 30년이 넘도록 남인 문단의 영수자리를 지킨 문장가다. 모친 진주 유씨의 부친은 형조참의를 지낸 유

1 윤재환(2010), 44쪽.

헌장(柳憲章, 1658~1721)이고, 조부는 사헌부 장령을 지낸 유성삼(柳星三, 1631~1700)이며, 외조부는 통덕랑 전주(全州) 이창명(李昌明)이다. 이가환에게는 누이가 다섯 있었는데, 자형과 매제는 허만(許晩), 이동욱(李東郁), 신희연(申熹淵), 이응훈(李應薰), 강순흠(姜舜欽)이다.

1. 수학기【1742~1777】

이가환은 5세이던 영조 22년(1746) 8월 마마를 치렀다. 「이호군가소장시문발(李護軍家所藏詩文跋)」에서, 1792년 개성 유수로 부임했을 때 이민(李慜)이 보관하고 있던 부친의 편지에 "아이가 마마를 앓아 걱정이 많다."는 구절을 발견하고 그 아이란 바로 자신을 가리키며, "머리가 이미 허옇게 셌는데도 마마 자국이 여전히 남아 있다."고 하며 당시의 감회를 적었다.[2]

그 외 이가환이 정조 1년(1777) 35세의 나이로 등과하기 전까지 이가환의 생애를 알려주는 기록은 거의 남아 있지 않다. 다만 그의 집안이 외부의 스승에게 나아가 수학하기보다는 대대로 가학(家學)을 통해 수학하는 전통을 지니고 있어, 이가환 역시 종조부(從祖父)인 성호 이익과 부친인 혜환 이용휴에게 수학하였을 것으로 짐작된다.[3] 정약용

---

2 李家煥, 『錦帶詩文抄』[下] 題跋. 「李護軍家所藏詩文跋」. "歲壬子秋分, 司西京. 遇學祖之世父慜, 始得見小傳及絶句跋文原稿, 歲月滋久, 紙墨尙新, 摩挲感歎, 不能自已. 慜又出示二尺牘, 一爲丙寅二月所寄, 一爲是歲八月所寄. 八月云, 兒痘惱心者, 卽不肖也. 今不肖鬢髮已變, 痘痕猶有存者."

3 윤재환(2010), 336쪽.

(丁若鏞)의 「정헌묘지명(貞軒墓誌銘)」은 이익 이후 이가환 집안 가학의 내력을 다음과 같이 서술하고 있다.

> 우리 성호 선생은 하늘이 내신 빼어난 호걸로서 도덕과 학문이 고금(古今)을 통하여 견줄 만한 사람이 없고, 교육을 받은 제자들도 모두 대유(大儒)가 되었다. 정산(貞山) 병휴(秉休)는 『역경(易經)』과 삼례(三禮)를 전공하고, 만경(萬頃) 맹휴(孟休)는 경제(經濟)와 실용(實用)을 전공하고, 혜환(惠寰) 용휴(用休)는 문장을 전공하고 장천(長川) 철환(嘉煥)은 박흡(博洽)함이 장화(張華)·간보(干寶)와 같았고, 목재(木齋) 삼환(森煥)은 예(禮)에 익숙함이 숭의(崇義)와 계공(繼公) 같았고, 섬촌(剡村) 구환(九煥)도 조부(祖父)의 뒤를 이어 무(武)로 이름이 났으니, 한 집안에 유학(儒學)의 성함이 이와 같았다. 공은 여러 종형제 중에서 나이가 가장 어렸기 때문에 여러 형들의 보살핌이 매우 깊었다.[4]

정약용은 이어서, 이가환이 "기억력이 뛰어나 한번 본 글은 평생토록 잊지 않고 한번 입을 열면 줄줄 내리외는 것이 마치 호리병[鴟夷]에서 물이 쏟아지고 비탈길에 구슬을 굴리는 것 같았으며, 구경(九經)·사서(四書)에서부터 제자백가(諸子百家)와 시(詩)·부(賦)·잡문(雜文)·총서(叢書)·패관(稗官)·상역(象譯)·산률(算律)의 학(學)과 우의(牛醫)·마무(馬巫)의 설(說)과 악창(惡瘡)·옹루(癰漏)의 처방에 이르기까지 문자로 이름 붙일 수 있는 것이면 무엇이든지 한번 물으면 조금도 막힘없이 쏟아놓는데, 모두 연구가 깊고 사실을 고증하여 마치 전공한 사

---

4 丁若鏞, 『與猶堂全書』 文集 卷15 墓誌銘, 「貞軒墓誌銘」, "我星湖先生, 天挺人豪, 道德學問, 超越古今, 子弟之親炙服習者, 皆成大儒. 貞山秉休治『周易』·三『禮』, 萬頃孟休治經濟實用, 惠寰用休治文章, 長川嘉煥博洽如張華·干寶, 木齋森煥習禮若崇義·繼公, 剡村九煥亦以繩祖武名, 一門儒學之盛如此. 公於群從年最少, 故其培植最深."

람 같으니 물은 자가 매우 놀라 귀신이 아닌가 의심할 정도였다."[5]라고 서술하였다.[6]

이익은 영조 35년(1759) 당시 17세였던 이가환에게 편지를 내어 다음과 같이 경계하고 있다.

> 내가 문을 닫고 은거하며 깊은 골짜기 밖을 나가지 않고 있을 적에, 종자(從子) 경명(景命, 이용휴)에게 아들이 있다는 말을 듣고는 내가 자랄 때의 경험으로 비추어 억측하기를 "느긋하게 돌아다니면서 휩쓸리는 말세의 습속에서 벗어나지 못하던 소싯적 나의 모습과 별반 다르지 않겠지." 하였다. 그가 관례(冠禮)를 치르고 관명(冠名)을 가환(家煥)이라고 하였는데, 그 아비가 나에게 보낸 편지에서 "아이가 고인(古人)을 흠모하고 배움에 뜻을 두었습니다."라고 하였다. 내가 그 편지를 읽고 경탄하며 다음과 같이 말해 준다. ……
>
> 그러나 세속에는 학문을 한다고 이름을 내건 사람이 없다. 설령 때로 그러한 사람이 있을지라도 명성을 위해 학문을 하곤 할 뿐이니, 고인을 흠모하는 것으로 말하자면 전혀 없다고 할 수 있다. 만약 정말로 마음속 깊이 고인을 좋아하여 고인을 배우고자 하는 큰 뜻을 포기하지 않는다면, 또한 어찌 고인만 못함을 걱정하겠는가. 『주역(周易)』

---

5 丁若鏞, 『與猶堂全書』 文集 卷15 墓誌銘, 「貞軒墓誌銘」, "況其强記之性, 超絶古今, 一經眼終身不忘, 遇有觸發, 一誦數千百言, 如鴟夷吐水, 流丸轉阪. 九經 · 四書 · 二十三史, 以至諸子百家 · 詩賦 · 雜文 · 叢書 · 稗官 · 象譯 · 算律之學, 牛醫 · 馬巫之說, 惡瘡 · 癰漏之方, 凡以文字爲名者, 一叩皆輸寫不滯, 又皆硏精核實, 一似專治者然, 問者駭愕, 疑其爲鬼神."

6 황사영 역시 『백서』에서 이가환의 이러한 재능과 박학에 대해 서술하고 있다. 黃嗣永 저, 윤재영 역(1975). "李家煥自在幼少, 才智超群, 及長, 風度魁偉, 文章冠一國, 無書不覽, 强記如神. 又情天文幾何之學, 嘗歎曰, '老夫死則東國幾何種子絶矣.' 小信理氣之學, 每瞻天默歎曰, '這樣大排布, 何謂無主宰者.' 三十餘, 登進士及第, 先王器重之."

에 말하기를 "옛 성현들의 말씀과 행실을 많이 알아 자신의 덕을 쌓는다."라고 하였는데, 육경(六經)과 사자(四子)가 눈앞에 찬란하여 선현의 말씀이 여기에 기록되어 있고 선현의 행실이 여기에 기록되어 있으니, 그 말씀을 말하고 그 행실을 행한다면 어찌 학문이 성취되지 못할 것을 걱정하겠는가.

그러나 또한 매우 그렇지 않은 경우가 있으니, 외적인 유혹이 해치는 경우이다. 외적인 유혹에는 두 가지가 있는데, 이단(異端)은 여기에 끼지 않으니, 어찌 일찍이 노불(老佛)이 사람을 잘못되게 하는 것을 보았겠는가. 어지러운 풍속이 사람을 몰아대는 것이 몽둥이나 칼보다 심하고, 과거(科擧) 공부가 뜻을 빼앗는 것이 음식과 여색(女色)보다 심하다. …… 비록 학문의 경지가 막힘이 없는 수준이라고 하더라도 신중에 신중을 기하지 않는다면, 또한 희롱하는 마귀의 공격을 받아 허물어지지 않으리라 어떻게 보장하겠는가.[7]

이가환이 고인(古人)을 흠모하고 배움에 뜻을 두었다고 한 이용휴의 말에 이익은 지금 세상에는 오직 자신의 명성을 위해 학문을 하는 자들밖에 없으므로 고인을 흠모하여 고인을 배우고자 하는 뜻을 포기하지 않는다면 고인이 될 수 있다고 하여, 학문이 지향해야 할 바를 당부하고 있다. 이익은 비슷한 시기에 이가환에게 보낸 다른 서신에서

7 李瀷, 『星湖全集』 권48 雜著. 「書寄姪孫家煥」, "余杜門居, 足不出幽谷, 聞從子景命有男子子, 億以余生長時節推度, 謂不過如吾幼小之悠悠行走, 不免於大同末習. 及其冠顚, 名家煥, 其爺有書云兒能慕古向學, 余爲之驚歎曰, …… 然俗無爲學之名, 縱使時有, 或爲名而入, 至慕古則蓋寥寥焉. 若果悅之甚而嘐嘐然不已, 又何患不古若也? 『易』曰, 多識前言往行, 以畜其德. 六經四子, 爛爛在目, 前言之在玆, 往行之在玆, 言其言而行其行, 何憂乎學之不成? 然又有大不然者, 外誘賊之也. 外誘有二, 異端不與, 曷嘗見老佛之誤人? 敎俗驅人, 甚于梃刃, 科式奪志, 劇于食色. …… 雖謂地步展拓, 苟不愼上加愼, 亦安保不爲戲魔打壞也."

도 같은 취지의 당부를 하고 있다.

> 옛날의 성현(聖賢)도 사람이다. 성현이 할 수 있었던 일 가운데 한 가지 일을 내가 만약 전심(專心)으로 흠모하여 본받는다면 서로 비슷하게 되지 않는 경우가 드물 것이니, 두 가지 세 가지 일에 이르더라도 어찌 대번에 전혀 미치지 못하겠는가. 일마다 성현과 비슷하기를 바라는 것을 가리켜 '뜻이 크다'라고 하는데, 뜻이 크면 내가 성현과 비슷한 점이 많아지고 비슷하지 않은 점은 적어진다. 스스로 한계를 그은 사람치고 성현과 비슷해진 사람은 없었다. 그러므로 어릴 때부터 뜻이 작은 것을 사람들이 가장 꺼리는 것이다.
>
> 학문은 사유(思惟)를 근원으로 삼는다. 사유하지 않으면 터득하는 것이 없으니, 해야 할 일을 행할 수 없을 뿐만이 아니다. 그러므로 반드시 마땅히 그러한 바[所當然]를 사유하여 그렇게 되는 까닭[所以然]을 터득해야 하는 것이다. 자식이라면 효도해야 하는 것을 누군들 듣고서 알고 있지 않겠는가. 혹시라도 성현의 가르침이나 사우(師友)의 권면이나 사람들의 부러움 때문에 효도하는 것인가? 그렇지 않다. 반드시 스스로 생각해서 효도하지 않아서는 안 되는 까닭을 터득해야 하는 것이니, 한 가지 일을 빠뜨리면 두려워할 줄 알고 한 가지 일을 실천하면 마음이 편안해야 비로소 자식의 도리를 제대로 하는 것이다.[8]

이익은 옛날의 성현(聖賢) 역시 사람이므로 성현의 성취를 전심(專

8 李瀷, 『星湖全集』 권48 雜著. 「姪孫家煥求訓誡書以寄之」, "先聖賢亦人也. 其所能爲, 我若專心慕效一事則鮮有不相似. 至於二事三事, 何遽頓不及耶? 事事而希之, 是謂志大. 志大則我之似聖處多, 而不似處少, 未有自畫而庶幾者也. 故自在幼少, 最忌志小. 學源於思, 不思無得, 不獨行其事, 必思其所當然而得其所以然. 夫爲子必孝, 孰不聞知? 其或因聖賢之所訓, 師友之所勉, 衆人之所豔歟? 非也. 必已自思, 得其不可不孝, 闕一事則知懼, 行一事則心安, 方始是能子矣."

心)으로 흠모하여 본받는다면 성현과 같이 될 수 있다고 하였다. 또한 그러한 학문은 사유(思惟)를 근원으로 삼으며, 공부에 있어 반드시 마땅히 그러한 바[所當然]를 사유하여 그렇게 되는 까닭[所以然]을 터득해야 함을 역설하고 있다. 이익의 이러한 학문관 전수는 이가환의 학문 형성에 있어 큰 영향을 주었을 것이다.

2. 초기(初期) 사환기(仕宦期)【1777~1788】

이가환은 영조 42년(1771)에 사마시에 합격하여 성균관에 들어갔으며,[9] 정조 1년(1777) 36세에 증광시에 합격하여[10] 승문원(承文院) 부정자(副正字)가 되었다. 문과에 급제하기 두 해 전인 영조 51년(1775) 34세 때 이가환은 영조를 알현한 일이 있다. 곧, 영조가 집경당(集慶堂)에서 이가환을 소견하고 누구인지 묻자 서유린(徐有隣)이 "이맹휴(李孟休)의 조카"라고 대답하였다. 그러자 정조가 "경년(頃年)에 이맹휴가 정시에서 장원을 하여 특교(特敎)로 조용(調用)하라는 명을 내렸는데 낭서에 그쳤으니 내가 몹시 애석했다. 지금 제술(製述) 입격인(入格人) 이가환은 그의 5촌 조카라 하니 관련됨이 보통을 넘는다. 숙부에게 베풀지 못한 것을 마땅히 이 사람에게 베풀도록 하겠다. 해조(該曹)에

---

9 영조 47년(1771) 신묘 식년시 [생원] 3등 35위(65/100) / 영조 47년(1771) 신묘 식년시 [진사] 3등 5위(35/100). 『숭정3신묘식년사마방목(崇禎三辛卯式年司馬榜目)』(국립중앙도서관 [古朝26-29-43])

10 [문과] 정조 1년(1777) 정유 증광시 을과 7위(10/35). 『국조방목』 권18(서울대학교 규장각한국학연구원[奎貴11655]).

명령하여 초입사(初入仕)에 특별히 현주(懸註)하여 조용하도록 전교를 내리라."[11]라고 하였다.

이듬해인 1778년 2월 이가환은 문신제술시(文臣製述試)에서 수석을 차지하였는데, 정조는 당시 논제였던 '불납유주(不納維州)'에 대한 그의 답변에 대해 "오늘 문신 제술 때에 논(論)에서 삼상(三上)으로 수석을 차지한 부정자(副正字) 이가환의 글은 참으로 근래에 이러한 작문은 없었다고 하겠다. 일찍이 전책(殿策)에서 그 박식함을 보았는데, 오늘 제술에서는 더더욱 해박함에 놀랐으니, 인재를 육성하는 도리로 볼 때 어찌 상례를 따르겠는가. 특별히 승륙(陞六)하여 조용(調用)하라."[12]라고 하였다. 이 일이 있은 이틀 후 정조는 이가환을 불러 경서, 역사, 관제, 천문 등 여러 내용들을 하문하기도 하였다.[13] 같은 해 10월 병조좌랑이 되고,[14] 12월 강원도사로 나갔다가[15] 이듬해(1779) 7월 신병(身病)으로 직임을 살필 수 없다고 정장(呈狀)하여 강원도사에서 개차(改差)되었다.[16]

---

11 『承政院日記』 1,368책, 영조 51년 윤10월 26일. "李壽咸進伏, 上曰, 誰之族乎? 有隣曰, 前承旨李壽勛之族云矣. 李家煥進伏, 上曰, 誰也? 有隣曰, 李孟休之姪矣. 上曰, 頃年李孟休爲庭試壯元, 有特敎調用之命, 止於郎署, 予深惜之, 今製述入格人李家煥, 卽此人爲五寸姪云, 其涉異常, 莫能施於其叔者, 其當施於此人, 令該曹, 初入仕, 特爲懸註調用."

12 『日省錄』, 正祖 2年 2月 癸卯(12日). "敎曰, '今日, 文臣製述時論三上居首副正字李家煥之文, 直所謂近來無此作也. 曾於殿策見其博識, 今日所製尤極該富, 其在作成之道, 豈循常例. 特爲陞六調用予.'"; 『정조실록』 권5, 정조 2년 2월 12일(1778). "親臨文臣製述, 居首副正字李家煥陞六品."

13 『정조실록』 권5, 정조 2년 2월 14일(1778).

14 『승정원일기』 1,430책, 정조 2년 10월 23일(1778).

15 『승정원일기』 1,432책, 정조 2년 12월 24일(1778).

16 『승정원일기』 1,445책, 정조 3년 7월 16일(1779).

이가환은 정조 4년(1780, 39세) 3월 비인현감(庇仁縣監)에 제수되어 외직으로 나갔다.[17] 이때 관민 천여 명을 함부로 징발하였다는 호서안핵어사(湖西按覈御使) 김이희(金履禧)의 장계로 곤혹을 치르기도 하였다.[18] 이듬해 7월 서명선(徐命善)의 추천으로 예조정랑에 차임되어 『예조등록(禮曹謄錄)』을 수정하였고,[19] 8월에는 특지로 지평(持平)에 제수되고,[20] 12월에는 정언(正言)에 제수되었다.[21]

정조 6년(1782, 41세) 1월, 부친의 상을 당해 포천(抱川)에서 여묘살이를 하였다. 이때 이가환은 엄정히 상례를 지켜 3년 동안 중문(中門) 안에 들어가지 않았다고 한다.

정조 8년(1784, 43세) 3월, 정조는 이가환의 거상(居喪)이 끝났는지 묻고 그의 박람전고(博覽典古)에 대해 실로 근세에 쉽게 얻을 수 없는 바라고 상찬하고,[22] 며칠 후 다시 『춘관지(春官志)』를 참찬(參纂)한 일을 들어 이가환과 같은 해흡연달(該洽練達)은 얻기 어려우므로 예조정랑의 자리가 있다면 복직시키는 것이 좋겠다고 하였다.[23] 며칠 후인 3월 20일 이가환은 수교찬집청(受教纂輯廳) 낭청(郎廳)이 되고,[24]

---

17 『日省錄』, 正祖 4年 3月 壬辰(13日). "教曰, '臺諫有闕代今日政差出 …… 李家煥爲庇仁縣監.'"

18 『정조실록』 권10, 정조 4년 7월 19일(1780).

19 『정조실록』 권12, 정조 5년 7월 17일(1781).

20 『정조실록』 권12, 정조 5년 8월 11일(1781).

21 『승정원일기』 1,500책, 정조 5년 12월 27일(1781).

22 『승정원일기』 1,552책, 정조 8년 3월 15일(1784). "上曰, 李家煥, 今已免喪乎? 其博覽典古, 近世誠不易得矣. 弘履曰, 李家煥, 今月爲禫朔矣."

23 『승정원일기』 1,553책, 정조 8년 3월 22일(1784). "上曰, 李家煥今已免喪否, 承旨知之乎? 仁浩曰, 今月爲禫朔云矣. 上曰, 該洽練達, 如此人才, 未易多得矣. 向以春官誌[春官志]事, 有所參纂, 如有禮郎窠, 復職, 可也."

윤3월 3일 정언이 된다.[25]

그런데 그 한 해 전인 정조 7년(1783, 42세)에 매제 이동욱이 황인점(黃仁點)을 정사로 하는 동지사의 서장관으로 연경에 갈 때 장남 이승훈(李承薰)이 동행한다. 이때 그라몽(Gramont) 신부에게 세례를 받아 한국인 최초의 영세자가 된 이승훈은 이듬해 1784년 수십 종의 서학서를 가지고 귀국하여 이벽(李檗)·권일신(權日身)·정약용 등에게 세례를 주고 명례동(明禮洞)의 김범우(金範禹) 집에서 신앙 모임을 가지게 된다.

같은 해인 정조 8년(1784) 이가환은 이승훈과 천주교 교리에 대해 논쟁하였다. 이때의 광경을 정약용은 「정헌묘지명」에서 다음과 같이 서술하고 있다.

> 지난 건륭(乾隆) 갑진년(1784, 정조 8) 겨울 망우(亡友) 이벽(李檗)이 수표교(水標橋)에서 처음으로 서교(西教)를 선교(宣教)할 때 공이 이 소식을 듣고 말하기를 "나도 지난날 『천주실의(天主實義)』와 『칠극(七克)』의 책을 보니, 그 내용이 비록 좋은 가르침이기는 하나 정학(正學)은 아니었는데, 이벽이 이 서교로 오도(吾道)를 바꾸고자 하는 것은 무엇 때문인가?" 하고, 드디어 수표교로 가서 이벽을 꾸짖었으나, 이벽이 능란한 말솜씨로 서교를 설명하며 자신의 주장을 철벽처럼 고수하므로 공은 말로 다툴 수 없음을 알고 드디어 발길을 끊고 가지 않았다.[26]

---

24 『정조실록』 권17, 정조 8년 3월 20일(1784).

25 『승정원일기』 1,554책, 정조 8년 윤3월 3일(1784).

26 丁若鏞, 『與猶堂全書』 文集 권15 墓誌銘, 「貞軒墓誌銘」, "昔乾隆甲辰之冬, 亡友李檗在水表橋, 始宣西教, 公聞之曰: '噫! 『實義』·『七克』之書, 我昔見之. 雖有名喩, 終非正學. 檗欲以此易吾道, 何哉?' 遂往詰之. 檗雄辯如長河, 固守如鐵壁, 公知不可以口舌爭, 遂止不往. 自玆以後, 吾不見其疑似之跡."

달레는 『한국천주교사』에서 같은 일을 사뭇 다르게 그리고 있다.

> 이가환은 승리를 확신했다. 하지만 그의 주장은 하나하나 논적에게 지적되고 조목조목 반박되었다. 이벽은 세밀한 점까지 추궁하여 이가환의 논리를 모두 파괴하고 먼지로 만들어버렸다. 이벽의 말은 분명하고 똑똑해서 사방에 빛을 던져주고 있었다. 그의 논증은 태양같이 빛났고 바람처럼 휘몰아쳤으며 칼날처럼 끊어냈다. 이는 순진하고 정직한 사람들을 온통 사로잡았다.[27]

달레는 '조선의 전기에 의하면'이라고 하고 있어, 이 대목은 정약용의 『조선복음전래사』를 인용한 것을 알 수 있으며, 이는 곧 정약용 역시 그 논쟁의 장소에 있었던 것이 된다.[28]

정조 9년(1785, 44세) 1월, 이가환은 『대전통편(大典通編)』의 교정에 참가하고,[29] 같은 해 1월 29일 사복정(司僕正),[30] 2월 2일 봉상정(奉常正)이 된다.[31] 5월에 지제교에 선발되었다.[32] 9월 12일 『대전통편』이 완성되어 반사(頒賜)하면서 편수의 공을 인정받아 가자(加資)되고,[33] 9월 21일 돈령부(敦寧府) 도정(都正)에 제수되었다.[34] 10월 2일 병조참

---

27 샤를 달레 저, 안응렬·최석우 역(1979), 319쪽.

28 정민(2022), 104~105쪽.

29 『승정원일기』 1,574책, 정조 9년 1월 10일(1785). "奏曰, 『大典通編』, 旣承從近還下之敎, 不可不更加校正, 然後可以入刊, 而校正之役, 不可無郞廳, 前郞廳李家煥, 自初看檢, 旣知首尾, 啓下差出, 使之着意擧行, 何如? 上曰, 依爲之."

30 『승정원일기』 1,575책, 정조 9년 1월 29일(1785).

31 『승정원일기』 1,576책, 정조 9년 2월 2일(1785).

32 『정조실록』 권20, 정조 9년 5월 3일(1785).

33 『승정원일기』 1,589책, 정조 9년 9월 12일(1785).

34 『승정원일기』 1,589책, 정조 9년 9월 21일(1785).

지(兵曹參知)에 제수되고,[35] 10월 21일 『갱장록(羹墻錄)』의 속록(續錄) 편찬에 참여하였다.[36] 12월 28일 동부승지(同副承旨)에 제수되었다.[37] 승지에 제수된 것은 『대전통편』 편찬의 공을 인정받은 때문이었다.[38] 한편, 이 해는 3월에 이승훈이 이벽 · 권일신 등과 명례동 김범우의 집에서 정기적으로 집회를 가져오다가 순라하던 포졸들에게 적발되었던 이른바 추조적발사건(秋曹摘發事件)이 일어난 해이기도 하였다.

정조 10년(1786, 45세) 1월, 정언(正言) 유경(柳畊)이 지난 겨울 이가환이 장릉(長陵)의 제관 일을 맡았을 때 역마(驛馬) 여러 필을 함부로 썼을 뿐 아니라 돌아오는 길에 가마를 타고 오는 등의 비리를 저질렀으므로 견삭(譴削)할 것을 요청하자 정조가 나문(拿問)하라는 명을 내렸다가,[39] 사흘 후 석방하도록 명하였다.[40] 『갱장록』을 찬집(纂輯) · 교정(校正) · 감인(監印)하였을 때 반숙마(半熟馬) 1필을 사급(賜給)받았었는데, 이해 4월 당시 찬집당상(纂輯堂上) 병조판서(兵曹判書) 정창성(鄭昌聖)과 함께 표피(豹皮) 1령(令)을 하사받았다.[41] 7월 4일, 정주목사

---

35 『승정원일기』 1,590책, 정조 9년 10월 2일(1785).

36 『정조실록』 권20, 정조 9년 10월 21일(1785).

37 『승정원일기』 1,592책, 정조 9년 12월 27일(1785).

38 丁若鏞, 『與猶堂全書』 文集 권15 墓誌銘, 「貞軒墓誌銘」, "間嘗以編摩之勞, 特陞爲承旨."

39 『승정원일기』 1,594책, 정조 10년 1월 22일(1786). "又所啓, 乘馹之法, 自有定式, 以騎曹事言之, 判堂及該色堂郎外, 無得擅騎, 而昨冬李家煥之爲參知差祭長陵也, 濫把驛馬, 至於數匹, 末乃載轎而還. 旣非該堂, 而濫騎馹馬, 已涉可駭, 雖是罷享, 而歸路乘轎, 亦爲寒心, 請前兵曹參知李家煥亟施譴削之典. 上曰, 依啓. 聞甚駭然, 拿問處之, 可也."

40 『승정원일기』 1,594책, 정조 10년 1월 25일(1786).

41 『승정원일기』 1,599책, 정조 10년 4월 25일(1786). "命書傳敎曰, 『羹墻錄』纂輯校正監印時, 摠裁大臣判中樞府事李福源廐馬一匹面給, 纂輯堂上平安監司趙琰, 兵曹判書

(定州牧使)에 제수되었다.[42]

정조 11년(1787, 46세) 암행어사 이곤수(李崑秀)가 서계(書啓)를 올려, 법을 어기고 다스리지 못한 상황을 논하여 이가환 등 지방관 여럿을 잡아다 신문하여 감죄(勘罪)하게 하였다.[43] 『승정원일기』는 당시 이조판서 윤시동(尹蓍東)이 이곤수의 서계(書啓)를 정조에게 복주(覆奏)한 것을 다음과 같이 적고 있다.

> 전 정주목사 이가환은 칙사를 대접하기 위한 물자[勅需]를 함부로 쓰고 세미(稅米)를 대신 받았으며, 곡부(穀簿) 전체가 문란하고 형구(刑具)를 전혀 조검(照檢)하지 않는다. 그 밖에 민고미(民庫米)를 임시로 융통[那移]하여 관청곡(官廳穀)을 구차히 채우는 등 각 항이 법에 어긋나는 것이 비단 한두 가지가 아니다.[44]

이가환은 장(杖) 1백은 수속(收贖)하고 고신(告身)은 모두 추탈(追奪)하며, 3천 리 정배(定配)할 것으로 판정하되, 공로를 참작하여 한 등급을 낮추어 처벌[功減一等]하여 장(杖) 1백은 수속(收贖)하고 고신(告身)은 모두 추탈하며, 원춘도(原春道) 김화현(金化縣) 생창역(生昌驛)

鄭昌聖, 行副司直洪良浩, 知敦寧徐浩修, 大司憲尹蓍東, 都承旨金尙集, 行副司直李家煥, 各半熟馬一匹賜給. …… 纂輯堂上兵曹判書鄭昌聖, 行副司直李家煥, 兼有御製考出之勞, 卷數爲八千餘卷, 持被亦至多日, 其勞不下於校正, 各賜豹皮一令."

42 『승정원일기』 1,604책, 정조 10년 7월 4일(1786).

43 『정조실록』 권23, 정조 11년 4월 16일(1787). "兩西暗行御史李崑秀復命 · 進書啓, 論定州牧使李家煥 · 祥原郡守鄭㬉 · 順安前縣監金載億 · 安州牧使尹長烈 · 成川府使鄭宇淳 · 豐川府使李萱 · 文化前縣令李英澤 · 黃海中軍金宗淵, 不法不治狀, 竝拿問勘罪."

44 『승정원일기』 1,624책, 정조 11년 4월 16일(1787). "定州前牧使李家煥, 勅需犯用, 稅米代捧, 穀簿一任紊亂, 刑具慢不照檢, 外此民庫米之那移, 官廳穀之苟充, 各項不法, 非止一二爲辭."

에 3년간 정배하라고 처분되었다.[45] 정약용은 「정헌묘지명」에서 이 일에 대해 "정주목사로 나갔다. 정주로 나가서는 정치가 깨끗하고 명성이 드높았으나 시론(時論)에 영합하는 어사(御史)가 도리어 공에게 죄가 있다고 아뢰어 파직시키고 김화현으로 귀양보냈다."[46]라고 하고 있다.

한편, 정주목은 조선시대에 평안도 서해안 지역에서 국방상 긴요한 곳으로 인식되어 안주(安州), 의주(義州)와 함께 정3품의 목사를 임명하여 행정과 국방의 업무를 담당하도록 한 곳이기도 하였다. 정주목사는 문관과 무관을 교대로 임명하였으며, 가족을 동반하여 부임할 수 있었다. 영조 때 편찬된 『여지도서(輿地圖書)』에 의하면 정주목 소속 관원으로는 좌수 1명, 별감 3명, 독진 중군 1명, 별장 1명, 천총 3명, 기고관 2명, 교련관 2명, 파총 6명, 영장 1명, 초관 32명, 기패관 20명, 수성중군 1명, 천총 1명, 성장 5명, 기고관 2명, 교련관 2명, 파총 3명, 초관 24명, 치총 20명, 행수군관 3명, 병방군관 6명, 아전 42명, 통인(通引) 20명, 사령 10명, 군뢰(軍牢) 20명, 관노 51명, 관비 41명이 있었다.[47]

---

45 『승정원일기』 1,624책, 정조 11년 4월 27일(1787). "趙衍德, 以義禁府言啓曰, …… 李家煥, 杖一百收贖, 告身盡行追奪, 流三千里定配事, 照律啓目判付內, 功減一等事, 命下矣. …… 李家煥功減一等, 杖一百收贖告身盡行追奪, 原春道金化縣生昌驛徒三年定配, 而竝以傳旨及議啓內辭意, 具罪目, 依例發遣府書吏羅將, 押送于各其配所, 何如? 傳曰, 允."

46 丁若鏞, 『與猶堂全書』 文集 권15 墓誌銘, 「貞軒墓誌銘」, "旋出爲定州牧使, 治理皦然, 聲實竝隆, 而御史希合時論啓罷之, 謫金化縣."

47 한국학중앙연구원 제공, 조선왕조실록 전문사전 위키(http://dh.aks.ac.kr/sillokwiki)

3. 유배 後 사환기【1789~1801】

이가환이 유배에서 풀려난 것은 정조 13년(1789, 48세) 1월 11일의 일이다.[48] 이 방송(放送)은 채제공(蔡濟恭)이 재상에 오른 것과 관련이 있었다. 이가환은 얼마 후인 2월 25일 우부승지에 제수되고,[49] 4월 28일에 좌부승지,[50] 5월 23일에 우부승지,[51] 윤5월 13일에 동부승지가 되었다.[52] 정약용은 당시 일을 「정헌묘지명」에서 다음과 같이 적고 있다.

> 건륭 무신년(1788, 정조 12) 봄, 번옹(樊翁: 채제공)이 정승이 되고, 공도 승지가 되어 자주 정원(政院)에 들어갔다. 상이 한가할 때 공을 인견(引見)하시고 삼한(三韓)과 사군(四郡) 이후의 우리나라 고사(故事)를 물으시면 공은 번번이 이십삼사(二十三史)를 인용하여 막힘없이 대답하니, 상은 크게 경탄하시고 물러나 좌우에게 이르기를, "이가환 같은 사람이야말로 참으로 학사(學士)이다." 하셨다.[53]

---

48 『승정원일기』 1,650책, 정조 13년 1월 11일(1789). "○以禁府侍從以上定配別單, 傳于洪仁浩曰, …… 李家煥事, 不過循襲謬例, 具世勣事, 亦與不法有異, 竝放送, 餘則仍配."; "○洪仁浩, 以義禁府言啓曰, …… 原春道金化縣生昌驛徒三年定配罪人李家煥, 平安道陽德縣徒二年半定配罪人具世勣等, 放送事, 命下矣. 羅忠佐 · 李應爀 · 李家煥 · 具世勣等, 竝卽放送事, 分付各該道臣之意, 敢啓. 傳曰, 知道."

49 『승정원일기』 1,652책, 정조 13년 2월 25일 임자(1789).

50 『승정원일기』 1,655책, 정조 13년 4월 28일(1789).

51 『승정원일기』 1,657책, 정조 13년 5월 23일(1789).

52 『승정원일기』 1,658책, 정조 13년 윤5월 13일(1789).

53 丁若鏞, 『與猶堂全書』 文集 卷15 墓誌銘, 「貞軒墓誌銘」, "乾隆戊申春, 樊翁入相, 而公亦數以承宣入院中. 上每淸燕引見, 問三韓 · 四郡以來東方故事, 公輒引二十三史, 應對如流, 上大驚, 退謂左右曰: '如李家煥者, 眞學士也.'"

정조 14년(1790, 49세) 12월 21일, 비변사(備邊司)에서 이가환을 광주부윤(廣州府尹)으로 천거했다.[54] 이듬해인 1791년 12월 20일 이가환은 정조가 같은 해 1월 현륭원(顯隆園)을 원행(園幸)할 때 치도(治道)를 제대로 하지 않았다는 죄목으로 처벌을 받았다.

> 김이희(金履禧)가 의금부(義禁府)의 말로 아뢰기를 "…… 이가환(李家煥)에 대해서는 전지(傳旨)에서 '원행(園幸)에 관한 모든 일에 조금도 폐를 끼치지 않으려 하는 것은 어리석은 백성들도 아는 것으로 제반 사역에 백성을 번거롭게 하지 않고 있다. 가장 중요한 것은 길을 닦는 한 가지 일에서 비용을 줄이고 백성들을 편안하게 하는 것으로 수령의 근만(勤慢)에 달려 있는데, 이는 길을 넓게 청소하고 닦는 것을 말함이 아니다. 무너진 다리를 바로 수리하고 쌓인 눈을 즉시 치워야만 그때 가서 민력이 갑절로 들어가는 폐단을 없앨 수 있는데, 최근 봉명사관(奉命史官)의 서계(書啓)를 보니, 광주(廣州)가 관할하는 지방은 한결같이 방치하여 작년과 다름없다고 하였다. 이는 대체로 산성(山城)과 거리가 멀어 관의 명령이 제대로 행해지지 못해서 그런 것이다. 하지만 작년에 처분이 있었는데도 어찌 감히 이와 같이 한단 말인가. 나문(拿問)하여 처분하라.'라고 하였습니다. 죄를 법률에서 취고(取考)한즉 『대명률(大明律)』「수리교량도로조(修理橋梁道路條)」에 '무릇 교량과 도로는 부주(府州)와 현관(縣官)에서 점시수리(點視修理)하여, 견완(堅完)하고 평탄(平坦)하기를 힘써야 한다. 만약 수리에서 잘못이 있으면 태(笞) 30이다.'라고 나오고, 「제서유위조(制書有違條)」에 '무릇 제서(制書)를 받들어 시행하되 어긋남이 있는 자는 장(杖) 100이다.'라고 나오고, 「명례(名例)」에 '두 가지 죄가 함께 발각되면 중한 것으로 논죄한다.'라고 나오고, 『대전통편』「추단조(推斷條)」에 '사죄(私罪)를 범

---

54 『승정원일기』 1,684책, 정조 14년 12월 21일(1790).

한 자는 장(杖) 100으로 결장(決杖)하고 고신(告身)을 모두 추탈(追奪)한다.'라고 나오고, 「잡령조(雜令條)」에 '왕부(王府)에서 결장(決杖)한 자는 금속(金贖)으로 대신한다.'라고 하였습니다. 이가환은 죄를 엄격하게 따져보니 장(杖) 100에 대해서는 속전(贖錢)을 거두고 고신(告身)을 모두 추탈(追奪)하는 데 해당합니다. 모두 풀어주는 것이 어떻겠습니까?"라고 하였다. 전교하기를 "좋다. 공의(功議)가 있거든 각각 1등(等)을 감하여라."라고 하였다.[55]

한편 이가환이 부윤으로 있던 광주는 초기 천주교 세력이 터전을 잡았던 주요 지역 중의 하나였다. 이가환은 1801년 신유박해 때 천주교도를 비호하였다는 죄목으로 의금부에 구금되었을 때, 1791년 신해박해 당시 자신이 광주부윤으로 있으면서 천주교 신자들에 대해 탄압하였다고 진술하고 있다.[56]

저는 신해년에 광주부윤으로 임명되자 향교에 문서로 정학을 숭상하고 이단을 배척하라는 뜻을 누누이 깨닫도록 일러주었고 각 마을에는 명령을 전하고 저잣거리에는 방을 붙여서 사학을 금지했습니다. 그리

55 『승정원일기』 1,697책, 정조 15년 12월 20일(1791). "金履禧, 義禁府言啓曰, …… 李家煥傳旨內, 園幸凡事, 不欲一毫貽弊, 抑亦愚夫之所知, 諸般事役, 不煩民力, 而最是治道一事之省費便民, 在守令之勤慢, 此非廣除闊治之謂也. 橋之圮者亟繕, 雪之積而卽掃然後, 臨時可除倍用力之弊, 而近見奉命史官書啓, 廣州所管地方之一味委置, 無異昨年云. 此蓋距山城遼遠, 官令不能行而然, 然昨年處分之後, 焉敢若此? 拿問處之, 罪取考律文, 則大明律修理橋梁道路條有曰, 凡橋梁道路, 府州縣官, 點視修理, 務要堅完平坦, 若失於修理者, 笞三十, 制書有違條有曰, 凡奉制書有所施行而違者, 杖一百, 名例有曰, 二罪俱發, 以重者論, 大典通編推斷條有曰, 犯私罪杖一百決杖, 告身盡行追奪, 雜令條有曰, 王府決杖者, 代以金贖云矣. 李家煥從重論, 杖一百收贖, 告身盡行追奪, 竝放送, 何如? 傳曰, 允. 如有功議, 各減一等."

56 조광(2010), 508~509쪽.

고 이해 동짓달 상에 사학 패거리를 수배하여 체포한 것이 4~5명이었습니다. 이들을 감영에 보고하고 곤장을 쳐서 캐어묻고 마음을 바꾸겠다는 다짐을 받고 풀어주었습니다.[57]

한편 「정헌묘지명」은 이가환이 광주부윤으로 있을 때 산송(山訟)을 명쾌하게 판결한 일화를 다음과 같이 소개하고 있다.

이가환이 광주에 있을 적에 이웃 고을 백성이 근산(近山)에 장사 지내는 것을 송사(訟事)하는 자가 있었는데 그가, "율(律)에도 인가 1백 보 이내에는 장사 지낼 수 없다고 하였습니다." 하니, 공이 판결하기를, "계무자(季武子)가 집을 짓는데, 두씨(杜氏)의 무덤이 서계(西階) 밑에 있었다. 두씨가 합장(合葬)하기를 청하니 허락하였다. 율은 진실로 어길 수 없으나 예(禮)에도 증거가 있다." 하고, 그 사람에게 안장하게 하였으니, 지금까지도 공의 이 판결이 칭송된다.[58]

정조 16년(1792, 51세) 6월 6일 이가환은 승지에 제수되어 다시 서울로 돌아온다.[59] 같은 해 9월에 정조가 이가환에게 대사성을 제수하자 정언 한상신(韓商新) · 이명연(李明淵) 등이 상소하여 이를 반대하였다. 한상신, 이명연 등은 대사성의 직은 수선(首善)의 지위를 주장하고 사유(師儒)의 수장이 되므로 지망(地望)이 청중(淸重)하고 학술(學術)이 정명(精明)한 자가 아니면 결코 쉽게 의의(擬議)할 수 없거늘, 이가환

57 『推案及鞫案』, 「邪學罪人李家煥等推案」 신유 2월 2일자.

58 丁若鏞, 『與猶堂全書』 文集 권15 墓誌銘, 「貞軒墓誌銘」, "其在廣州, 有訴鄰鄉之民葬于近山, 引律曰: '人家百步, 勿許他人入葬.' 公判曰: '季武子成寢, 杜氏之葬在西堦之下, 許其合葬. 律固難違, 禮亦有徵.' 其人遂得安葬, 至今誦之."

59 『승정원일기』 1,706책, 정조 16년 6월 6일(1792). "承旨前望單子入之, 李家煥 · 李晃膺落點."

의 문화엄박(文華淹博)은 이미 잘 알려져 있지만 지친(至親)이 허물이 있어 화현(華顯)의 반열에 두기는 어렵다고 하였다.[60] 여기서 지친이란 이잠(李潛)이다.

이때의 사정을 「정헌묘지명」은 다음과 같이 서술하고 있다. 정약용은 이가환이 이때 정조의 명을 받들어 유생들의 반대를 무릅쓰고 반시(泮試)를 시행한 것이 화의 시작이 되었다고 하였다.

> 다음 해 봄 내가 옥당(玉堂)으로 들어갔고, 겨울에는 공이 성균관 대사성에 제수되었다. 공이 시장(試場)을 열어 유생들에게 시험을 보이려 하니, 섬계(剡溪, 이잠)를 미워하는 요로(要路)의 자제들이 시장(試場)으로 들어오지 않으므로 공이 과시(課試)를 그만두려 하자, 상이 그 소문을 듣고 이르기를, "저희들 스스로 들어오지 않는 것이 우리와 무슨 관계가 있단 말인가? 엄히 신칙(申飭)하여 공사(公事)를 집행하라." 하시므로 공은 애써 과시를 마쳤다. 그러나 공의 화(禍)는 실로 여기에서 비롯되었다. 이때 부교리 이동직(李東稷)이 시론(時論)에 영합하기 위하여 상소하여 문체(文體)를 가지고 공을 헐뜯어 반시(泮試)를 중지시키고자 하였다.[61]

---

60 『승정원일기』 1,709책, 정조 16년 9월 17일(1792). "正言韓商新 · 李明淵等疏曰, 伏以臣等, 卽伏見傳敎下者, 以前承旨李家煥, 爲成均館大司成. 夫大司成之爲任, 非尋常官職之比, 主首善之地, 爲師儒之長, 苟非地望淸重 · 學術精明者, 則決不可以容易擬議也明矣. 家煥之文華淹博, 臣等亦豈無聞知, 而奈其至親釁累, 終難置之於華顯之列, 則殿下, 雖以惟才是用之聖意, 有此特授之旨, 而獨不念名器之不可以玷汚, 官方之不可不愼重耶? 且彼之以諫長望, 招人言屬耳, 殿下是命, 無或近於激成者然耶? 夫激非中庸之道, 以殿下聖明, 豈有此過中之擧, 而適其事會相近, 實不無是嫌. 臣等竊不勝區區憂愛之忱, 玆敢自附匡救, 聯陳短章. 伏願殿下, 更加三思, 李家煥大司成除授之命, 特爲還收, 以重名器, 以光聖德焉云云. 省疏具悉. 大司成李家煥之除牌纔降, 爾等之聯名疏隨至, 中批一家煥, 是果關於呼吸乎? 汲汲恐後, 若爭登陴, 爾等須休勞."

61 丁若鏞, 『與猶堂全書』 文集 권15 墓誌銘, 「貞軒墓誌銘」, "冬, 特授公成均館大司成.

이가환은 패초(牌招)에 나가지 않아 파직되었다.[62] 얼마 후 개성유수에 보임되었다.[63] 이가환이 하직할 때 장궁(長弓) 1장(張)과 장전(長箭) 1부(部)가 사급(賜給)되었다.[64]

9월 20일, 심환지(沈煥之)가 "이가환은 이잠(李潛)의 종손(從孫)으로, 비록 그의 문화(文華)는 칭송할 만하지만, 그의 허물 또한 가릴 수 없습니다. 국가에서 그 허물을 버리고 그 재능을 쓰는 것에 어찌 칭정(稱停)의 도리가 없겠습니까. 무릇 관방(官方)을 설치함에 있어서 문학과 재주를 각각 그 그릇에 맞게 하는 법이지만 중히 여기는 것은 명의(名義)입니다. 명의가 있으면 문장이 그 명의를 더럽힐 수 없고 재주가 그 명의를 파괴시킬 수 없으니, 이것이 최고의 이른바 명기(名器)인 것입니다. 이제 전하께서 한 명의 이가환에게 사사로이 하시어 갑자기 청선(淸選)의 처분을 내리셨는데, 대개 청선은 명의(名義)를 대우하는 그릇이므로 이가환이 처할 곳이 못 됩니다. 식자(識者)들이 어찌

開場課儒, 當路子弟惡剡溪者, 皆不入場, 公欲罷之. 上聞之曰: '渠自不入, 何與於我事? 嚴飭行公.' 公黽勉卒試. 然公之禍兆於是矣. 時副校理李東稷希合時論, 上疏論文體, 詆斥公, 欲沮遏泮試事." 정약용은 이어서 이동직이 상소한 일을 서술하여, "상은 공을 미워하고 꺼리는 자가 많다는 것을 아시고 더욱 서둘러 부르셨으나 공은 완강히 거절하고 명을 받들지 않으니, 상은 공을 개성 유수로 내보내셨다. 겉으로 보기에는 공을 내친 것 같으나 사실에 있어서는 공을 2품으로 승진시키신 것이니 상의 끊임없는 眷注가 이와 같았다."라고 서술하고 있으나, 이동직이 상소를 올린 것은 이가환이 개성유수로 나간 후인 11월이다. 정약용의 기술에 착오가 있는 듯하다.

62 『승정원일기』 1,709책, 정조 16년 9월 18일(1792). "以大司成李家煥再牌不進罷職傳旨, 傳于朴奎淳曰, 只推, 更爲牌招, 違牌, 勿爲呼望."

63 『승정원일기』 1,709책, 정조 16년 9월 18일(1792). "官品之高低雖間, 內外之輕重自別, 大司成李家煥, 特補管理使, 卽爲辭朝, 當日赴任."

64 『승정원일기』 1,709책, 정조 16년 9월 18일(1792). "開城留守李家煥下直, 長弓一張, 長箭一部賜給."

개탄하지 않겠으며 대신(臺臣)의 의론이 어찌 여기에 미치지 않겠습니까?"라고 상소를 올렸다. 정조는 "개성유수 이가환의 종조(從祖) 이잠(李潛)에 대해서는 나도 그 이름을 익히 듣고 있으나, 종조는 종조이고 방손(傍孫)은 방손이다. 재능을 헤아려 임무를 맡겼는데 개성유수가 문사(文士)가 아니라는 말인가?"라고 답하였다.[65]

같은 해 11월 6일 부교리 이동직(李東稷)이 상소하여 신기현 · 윤영희 · 채제공 · 이가환을 죄주기를 청하였다. 이동직은 이가환이 채제공에 빌붙어 외람되이 벼슬자리를 차지하고 있으며, 비록 학문과 문장의 재주가 있으나 이 역시 이단사설과 패관소품일 뿐이라고 하였다.

> 또 이가환 같은 자는 채제공에게 빌붙어 그의 후원을 받아왔으면서도 역모의 진상이 낭자하게 드러난 오늘까지 그는 그의 당여(黨與)로서의 처벌에서 빠져 있으니 그에게 있어서는 행운이라 할 것입니다. 그런데도 그는 외람되이 벼슬자리에 머물러 있으면서 대각의 바른 논박도 무시하고 대신들이 소를 올려 배척하는데도 아랑곳하지 않고 의기양양하게 염치 불고하고 부임하여 갔으니, 그 방자하고 기탄없는 것이 비록 그들이 늘 하는 버릇이라고는 하지만 도대체 인간의 수치스러운 일을 모르는 자들이라 하겠습니다. 국가에서 전후로 인재 선발을 하면

65 『승정원일기』 1,709책, 정조 16년 9월 20일(1792). "都承旨沈煥之疏曰, …… 李家煥之爲潛之從孫, 則文華雖有可稱, 瑕累亦不相掩. 國家所以棄其瑕而用其才者, 豈無稱停之道乎? 夫官方之設置, 文學才調, 各爲稱其器, 而所重者, 惟名義也. 名義之所在, 文不得以玷之, 才不得以壞之, 是所謂名器也. 今殿下, 乃私一家煥, 遽以淸選處之, 蓋淸選者, 所以待名義之一器, 而非家煥之所當處也, 則有識豈不憂歎, 而臺臣之論, 豈不及此乎? …… 答曰, 省疏具悉. 不以慨然之斥爲過, 則大臣有慨然之事乎? 開留之從祖, 亦旣稔聞其名, 而從祖自從祖, 傍孫自傍孫. 欲量才授任, 則開留果非文士乎? 卿亦科臼中人, 不免舊習, 有此隨衆覼縷之擧者, 萬萬駭然. 尹永僖 · 李相璜等斥救事, 尤何足云云於從違乎? 卿則亟施不敍之典."

서 단지 문장 한 가지만을 보고 하였지만 괴이한 귀신 같은 무리라면 비록 하찮은 재예(才藝)가 있다고 치더라도 그것을 가지고 죄를 가릴 수는 없는 것입니다. 하물며 그들의 문장이라는 것이 학문상으로는 대부분 이단(異端) 사설(邪說)들이고 문장이래야 순전히 패관소품(稗官小品)을 숭상할 뿐입니다. 누구나 알고 있는 경전을 언제나 별 쓸모없는 것으로 보고 있으니 그들 문장은 문장이라고 말할 수도 없습니다. 이단을 물리치고 정도를 지키는 이때에 그러한 무리들을 그냥 내버려두고 논의하지 않을 수 없습니다. 신은, 가환에게 성균관을 관리하도록 제수한 명을 아울러 환수하고 이어 사판에서 그 이름을 삭제하여 세도를 위하고 명기(名器)를 소중히 여기는 뜻을 보여주어야 한다고 생각하는 바입니다.[66]

이에 대해 정조는 다음과 같이 길게 비답(批答)하여 이가환을 비호하였다.

먼저 이가환의 문제부터 말하는 것이 좋겠다. 그대는 가환의 문체(文體)가 경전을 쓸모없는 것으로 여긴다는 말로 얘기를 삼았는데 그것이 바로 내가 한 마디 하고 싶으면서도 못하고 있던 문제였다. 그런데 그대가 그 말을 하니 참으로 이른바 가려운 곳을 긁어주는 격이다.

대체로 우리나라가 비록 작으나 많은 백성이 팔역(八域)에 살고 있다. 그들을 다스리는 방법은 불과해야 나는 것들은 나는 것대로 물속

---

66 『정조실록』 권36, 정조 16년 11월 6일(1792). "…… 又若李家煥附麗濟恭, 藉其吹噓, 今其逆節狼藉之後, 尙逭黨與之律, 在渠亦云幸矣, 而居留濫職, 不有臺論之駁正, 不顧大僚之疏斥, 揚揚冒赴, 其縱恣無憚, 雖曰渠輩恒習, 亦可謂不識人間羞恥事矣. 朝家之前後甄拔, 徒以其文華一事, 而如許怪鬼之類, 雖有薄藝小數之可稱, 不可以此而掩其罪, 況此輩所謂文華, 其學則多出異端邪說, 其文則專尙稗官小品. 至於經傳菽粟, 每視以弁髦, 亦不可以文華言也. 今當闢異衛正之日, 如此之類, 不可置而不論. 臣謂家煥管理成均之除, 一竝收還, 仍施刊削, 以示爲世道重名器之意. ……"

에 잠겨 사는 것들은 잠겨 사는 대로 그들의 본성을 거스르지 않게 하고 모난 것은 모난 대로 둥근 것은 둥근 대로 기량에 따라 쓰면 그뿐인 것이다. 그것이 바로 형편에 따라 잘 이용하는 방법인 것이다. 주부자(朱夫子)의 문장은 하늘 같고 땅 같고 바람 같고 구름 같으며, 권도와 정도를 적절하게 쓰고 천지의 기운을 닫았다 열었다 할 수 있는 큰 역량을 소유하여 오계(五季)의 누추함을 완전히 씻어버리고, 천 명의 대군을 깨끗이 물리치며, 그 맛이란 고기를 씹는 맛이요, 그 용도는 베나 비단처럼 쓰여져, 그 글을 읽노라면 마음이 상쾌해지고 맑아져서 마치 증점(曾點)의 비파 소리와 안자(顏子)의 거문고 소리를 듣는 듯하다. 그리하여 한 번 책을 펼쳐 들면 종묘와 백관을 본 듯이 훌륭하고 장엄한 것이다. 그러나 왕양명(王陽明)은 유도(儒道)에 가까운 자품을 타고났으면서도 너무 지나친 데가 있어 오로지 양지(良知)에만 전력하고 반약(反約)만을 힘쓰면서 문학(問學)이라곤 아예 덮어두었다. 태원(太原)에서 뛰놀던 말이 그 높은 총령(蔥嶺) 사이를 내닫고, 어디에서 온 새 깃발이 개울가 보루에 이채를 보이는 듯하였으나 끝내 성인의 문에서 버림을 당하지 않았던가.

저 가환으로 말하면 일찍이 좋은 가문의 사람이 아닌 것도 아니었지만, 백 년 동안 벼슬길에서 밀려나 수레바퀴나 깎고 염주 알이나 꿰면서 떠돌이나 시골에 묻혀 지내는 백성으로 자처하였던 것이다. 그러자니 나오는 소리는 비분강개한 내용일 것이고 어울리는 자들이라곤 우스갯소리나 하고 괴벽한 짓이나 하는 무리일 것 아닌가. 주위가 외로우면 외로울수록 말은 더욱 편파했을 것이고 말이 편파적일수록 문장도 더욱 괴벽했을 것이다. 그리하여 오채(五采)로 수놓은 고운 문장은 당대에 빛을 보고 사는 자들에게 양보해 버리고 『이소경(離騷經)』이나 『구가(九歌)』를 흉내 냈던 것인데 그것이 어찌 가환이 좋아서 한 짓이었겠는가. 조정이 그를 그렇게 만든 것이다.

마침내 내가 복을 모아 백성들에게 나누어 준다는 기자의 홍범(洪

範)을 길잡이로 하고 거룩한 공적과 신비로운 교화를 남기신 선왕의 뒤를 이어 침전에다 특별히 탕탕평평실(蕩蕩平平室)이라는 편액을 달고 정구팔황(庭衢八荒) 네 글자를 크게 써서 여덟 개의 창문 위에다 죽 걸어 두고는 아침저녁 눈여겨보면서 나의 끝없는 교훈으로 삼아오고 있다. 그리하여 한미한 집안의 누더기를 걸친 자들을 초야에서 뽑아 올렸는데 가환은 그 가운데 한 사람인 것이다. 그대는 가환에 대해 말하지 말라. 가환은 지금 골짜기에서 교목(喬木)으로 날아오른 것이고 썩은 두엄에서 새롭게 변화한 것이다. 그의 심중을 통해 나오는 소리가 왜 점차 훌륭한 경지로 들어가지 못할 것이라고 근심하는가. 설사 가환이 재주가 둔하여 사흘 동안에 괄목할 만한 성장이 없다손 치더라도 그의 아들이나 손자가 또 어찌 번번이 양보만 하고 스스로 자신의 목소리를 훌륭하게 내지 않겠는가.

맹단(盟壇)에 올라 주도권을 잡고 긴긴밤 흐리멍덩한 꿈속에서 대일통(大一統)의 권한을 다시 밝히는 것을 자기 책임으로 삼으리라고 나는 생각하고 있다. 준수한 백성도 있고 우둔한 백성도 있어 먼저 깨닫고 늦게 깨닫는 차이는 있으나 일단 깨닫고 나면 같은 것이다. 설사 혹 아둔하여 탈을 벗지 못하는 자가 그 사이에 끼어 있다 하더라도 그것은 단지 태양 앞에 횃불이며, 군자에게 있어 소인이고, 고니에게 있어 땅속의 벌레인 것이니 주인은 주인 노릇하고 손은 손 노릇하면 그것으로 족한 것이다.

그래서 공자가 『시경(詩經)』 3백 11편을 편집하면서 「상간(桑間)」·「복상(濮上)」의 시를 법도에 맞고 의미심장한 「대아(大雅)」 사이에 함께 끼워 넣었던 것이다. 오늘 이 정성이 담긴 깨우침을 들은 자들이 상대를 이해하려고 하는 마음에 느낌을 받고 구비하기를 바라는 것에 대해 경계하여 저도 모르는 사이 날로 선한 데로 옮아가 집집마다 듣기 좋은 소리가 있게 된다면 나는 그것이 나라의 운명을 영원하도록 하늘에 비는 근본이라고 말할 것이다.[67]

이가환의 문장이 경전에 바탕을 두지 않고 패관소품과 같은 것은 조정이 그를 부르지 않아 비분강개한 마음과 저급한 풍속이 드러난 것일 뿐이며, 이것이 바로 탕평의 정치를 시행하여 한미한 집안의 능력 있는 선비들을 공정하게 선발해야 하는 이유라고 역설하였다.

정조 17년(1793) 1월 24일 정조가 개성유수 이가환을 입시(入侍)하게 하자, 이가환이 사람들의 논핵(論劾)을 입은 일로 여러 차례 소명을 어겨오다가 이때 상소를 올려 자신을 변론하였다. 일부만 들면 다음과 같다.

67 『정조실록』 권36, 정조 16년 11월 6일(1792): "…… 批曰: 先從李家煥事言之可乎! 爾以家煥文體之弁髦經傳爲話欛, 卽予欲一言而未得其會者, 爾言之來, 眞所謂如癢得搔. 大抵我國雖小, 衆有八域, 其御之之道, 不過曰翔潛不拂其性, 鑿枘各適其器而已, 此乃因勢利導之術. 有朱夫子天地風雲, 奇正闔捭之大力量, 洗盡五季之陋, 掃却千人之軍, 其旨芻豢, 其用布帛, 讀之鏗鏗泠泠如聞點也之瑟, 顔氏之琴, 而一開卷, 庶窺其宗廟百官之盛. 然猶有陽明近道之姿, 矯枉之過, 而專精於良知, 反約是務, 而束閣於問學, 太原遊騎, 聘騖於蔥嶺之間, 何來勿脚之旗, 增彩於溪潭壁壘, 竟不免門墻之揮. 且況降此而瑣瑣稗品, 鄙俚淫畦之蕞蔀傍蔗, 喙喙爭鳴, 其視龜茲 · 夫餘之各具小成, 不翅若蚊睫蝸角, 而家家而正其謬, 人人而齊其舛, 爲其上者, 不已勞乎? 彼家煥未嘗非好家數, 而落拓百年, 蹣輪而貫珠, 自分爲羈旅草莽. 發之爲聲者, 悲咤忼慨之辭也; 求而會意者, 齊諧索隱之徒也, 跡愈而言愈詖, 言愈詖而文愈詭. 絺繡五采, 讓與當陽, 『離騷』 · 『九歌』, 假以自鳴, 豈家煥之樂爲? 伊朝廷之使然. 肆予導箕聖斂時敷福之範, 承先王聖功神化之緖, 特書燕寢之扁曰蕩蕩平平室, 而庭衢八荒四大字, 遍題八牕之楣, 昕夕顧諟, 作我息壤. 於是乎蓽路藍縷, 披自草萊, 家煥其中一人耳. 爾莫言家煥. 家煥方自谷而喬, 化腐爲新. 由心之音, 何患不漸入佳境? 使家煥才鈍, 三日而未刮目, 若子若孫, 又豈必每每讓與, 不效自鳴之盛乎? 登盟壇執牛耳, 復明大一統之權, 於長夜醉夢之中者, 予以爲己任. 凡民秀蠢, 有先覺後覺之別, 覺則一也. 縱或迷未脫灑者, 介於其間, 此特太陽之於爝火, 君子之於小人, 黃鵠之於壤蟲, 主爲主客爲客, 斯其足矣. 故聖人編『詩』三百十一篇, 「桑間」 · 「濮上」之升, 竝列於「大雅」渢泱之際. 聞今日諄諄之誘者, 感發於推恕, 懲創於求備, 日遷善而不自知, 比屋有希音, 予則曰祈天永命之本也."

> 신이 지금 세상과 본시 원망이나 미움을 살 일이 없건만, 전후로 신을 논핵하는 자들이 한사코 신을 미워하여 마지않는 것은 대체로 신의 종조부 일로 인해서입니다. 신의 종조부 신(臣) 이잠(李潛)이 당시에 보호에 관한 상소를 올린 것은 피를 뿌리고 충심을 토로해서 나라를 위해 충성을 바치고 몸을 던져 뜻을 이루고자 한 것으로 열성조에서 이를 변석(辨晰)하신 하교가 국사에 밝게 실려 있어 사람들의 눈에 환히 비추고 있습니다. 또 신이 삼가 『어정황극편(御定皇極編)』을 보니, 이 사실을 낱낱이 서술하고 남김없이 분석하였습니다. 그러므로 장차 천하 후세에 영원히 할 말이 있게 되었는데, 어느 겨를에 저들 무리와 시끄럽게 이러쿵저러쿵 계교(計較)를 하겠습니까. 신은 오직 몸을 잘 간수하여 깨끗이 물러나서 성상의 은택을 노래하고자 할 뿐입니다. 엄한 벌을 내리시어 속히 견책을 가하소서.[68]

이가환은 종조 이잠이 세자 보호에 관한 상소인 이른바 병술상소(丙戌上疏)를 올린 것은 "피를 뿌리고 충심을 토로해서 나라를 위해 충성을 바치고 몸을 던져 뜻을 이루고자 한 것"이라고 역설하며 이잠에 대한 노론 일파의 공격을 반박하고 병술상소의 정당성을 변론하였다.

이가환의 이 상소에 대해 당시 우의정 김이소(金履素)는 "신이 삼가 이가환이 올린 상소의 내용을 들어보니, 감히 흉악한 이잠의 일을 장황하게 늘어 말하여 그의 더없이 패악스럽고 무엄하기가 끝이 없었습니다. …… 저 부(溥)와 잠의 상소는 더없이 흉험하고 극악하며 지극히

---

68 『정조실록』 권37, 정조 17년 1월 24일(1793). "臣於當世, 本無怨惡, 而前後論臣者, 齗齗不置, 蓋以臣從祖事也. 臣從祖臣潛, 當時保護之疏, 瀝血剖心, 爲國願忠, 以身殉志, 列朝辨晰之敎, 昭在國乘, 照映人目. 且臣伏覩『御定皇極編』, 歷敍事實, 剖析無餘. 蓋將永有辭於天下後世, 何暇與彼輩, 呶呶較挈也哉? 惟有奉身一退, 歌詠聖澤而已. 乞降威罰, 亟加譴何?" 『승정원일기』에 이때 올린 상소의 전문이 실려 있다. 『금대시문초』에도 「開城留守時陳懇疏」라는 제목으로 전문이 실려 있다.

요망하고 끔찍하여, 의리를 원수처럼 보았고 국시(國是)와 승부를 겨루었으니, 이는 실상 기사년의 여러 역적들의 뒤를 따른 것이자 신임사화(辛壬士禍) 때의 뭇 흉험한 역적의 선발대였습니다. 그러므로 우리 숙종께서 크게 진노하시어 급히 토죄(討罪)하셔서 대의를 밝히고 난의 싹을 잘라버렸었으니, 이것이 이른바 백세(百世)를 기다려도 의혹이 없을 일인 것입니다."라고 논핵하였다. 이에 대해 정조는 숙종은 기미를 막고자 하는 뜻에서 처분한 바가 있었던 것인데, 그 뒤에는 진달(陳達)하여 증직(贈職)을 하기까지에 이르렀다고 하며, 만일 그의 조카라 하여 등용하지 않는다면 국가에 등용할 사람이 없을 것이라고 하며 이가환을 비호하였다.[69]

이가환의 종조 이잠은 경종 3년(1723) 2월 20일 사헌부집의(司憲府執義)에 증직(贈職)된 바 있다. 이때 사론은 이잠의 증직에 대해 다음과 같이 서술하였다.

> 사신은 말한다. "이잠은 명가(名家)의 자제로 성품이 강개(慷慨)하여 기절(氣節)을 숭상하였다. 젊은 시절에 거업(擧業)에 종사하다가 일찍이 과시가 임박하여 그의 친당(親黨)으로서 현귀(顯貴)한 자가 마땅히 장두(狀頭)에 두겠다는 뜻을 은밀히 보이자, 드디어 시지(試紙)로 술을 사서 한 번 크게 취하고는 과거에 응하지 않았다. 또 기사년에 곤위(坤位)가 무너지던 날을 당해서는 과거를 아주 그만두고 시골에서 살면서

69 『정조실록』 권37, 정조 17년 1월 25일(1793). "李家煥之疏, 與無端訟冤有異. 卽因向來中批事, 不堪拳踢, 有此久而後, 對章申暴之擧, 可謂矜悶. 豈必曰云云? 況有先朝壬戌九月下敎, 及翌年夏下敎, 詳載於起居注. 爲其姪子者之李孟休事, 聖敎猶如是鄭重丁寧, 若曰: '予欲蕩滌, 則可用之.' 昔日聖意, 以防漸杜微之意, 有所處分, 其後至於陳達而贈職, 褒之者, 黨心, 毁之者, 黨心. 若以其姪而不用, 則國家豈有可用之人, 爲敎. 予命承宣考出此聖敎然後, 始用家煥. 意謂卿旣知之."

> 시끄러운 세상과 뜻을 끊었다. 그의 소(疏)를 보건대 중정(中正)한 도(道)로 재어본다면 진실로 미흡하겠지만, 그 곧고 격렬한 언론이 두려워하지 않고 꺾이지 않은 것이 저와 같았다. 살펴보건대 이잠은 항소(抗疏)를 올려 곧바로 당인(黨人)의 기탄(忌憚)없음을 배척하고 자기 한 몸의 이해(利害)는 돌아보지 아니하였으나, 말은 중정(中正)을 얻지 못하였다. 선조(先朝)의 처분이 비록 과중했다고 하더라도 오늘날 제의(提議)할 만한 것이 아니니, 심사(心事)를 밝혀 주는 것은 그대로 옳다 하겠지만, 증직(贈職)하여 포장(褒獎)한다는 것은 도무지 의리(義理)를 이루지 못하는 것이다. 그런데도 심단(沈檀)이 심지어 박태보(朴泰輔)에게 비기기까지 하였으니, 지극히 무엄하였다. 하지만 일찍이 한 마디 변척(卞斥)도 하지 않고, 최석항(崔錫恒)은 도리어 유도하여 성사시켰으니, 어찌 책임을 면할 수 있겠는가?"[70]

한편 같은 1월 25일 당시 적성군수 이덕무(李德懋)가 병으로 세상을 떠나자 그를 위해 만시(輓詩)를 지었다. 『금대시문초』에 「이적성만(李積城輓)」이라는 제목으로 실려 있다.

해마다 옛 벗을 많이도 잃었는데	頻年哭得故人多
청장관 잃게 되니 이 일을 어찌하랴	哭到青莊奈爾何
천하의 기재(奇才)가 이제 죽어 적막하니	天下奇才今寂寞
곡 중의 유수곡은 이미 다 어긋났네[71]	曲中流水已蹉跎

---

70 『경종실록』 권11, 경종 3년 2월 20일(1723). "贈李潛司憲府執義.【史臣曰: '李潛, 以名家子, 慷慨尙氣. 少時爲擧業, 嘗臨科, 其親黨之顯貴者, 微示當置壯頭之意, 遂以試紙, 沽酒一醉, 不赴擧. 又當己巳坤位傾圮之日, 廢科居鄕, 絶意世紛. 觀其疏, 律之以中正之道, 固未也, 然其危言激論, 不慴不撓, 乃若是矣. 按李潛抗疏, 直斥黨人之無忌, 不恤一身利害, 然言不得其中者也. 先朝處分, 雖或過重, 非可提議於今日. 白其心事, 猶可也, 而贈職褒奬, 都不成義理. 沈檀至擬於朴泰輔, 殊極無嚴, 而不曾一言卞斥, 崔錫恒反導成之, 烏得辭其責乎?'】"

한(漢) 나라 누각에는 단려화(丹藜火)만 남아 있고[72]	空餘漢閣丹藜火
형문(荊門)의 백설가(白雪歌)는 다시 없어라[73]	無復荊門白雪歌
누가 알랴 판교의 봄풀 속에	誰識版橋春艸裏
삼창(三蒼) 이유(二酉)가 정말 빽빽이 있은 줄을[74]	三蒼二酉正森羅

이가환은 누구보다 뛰어난 재주를 가지고 누구보다 문장에 뛰어났으며, 누구보다 많은 책을 수장하고 누구보다 많은 책을 교정했던 인물로 자신의 둘도 없는 벗 이덕무를 그리고 있다.

3월 12일 개성유수에서 파직되었다가[75] 5월 1일 우승지에 제수되었으나 나가지 않았다.[76] 5월 25일 형조참판에 제수되었다.[77] 7월 21일

---

71 流水曲은 춘추 시대 伯牙가 타고 그의 벗 鍾子期가 들었다는 거문고 곡조인 「高山流水曲」을 말한다. 『列子』 「湯問」에 나온다.

72 漢나라 劉向이 天祿閣에서 校書를 하고 있는데, 밤이 되자 누런 옷을 입은 한 노인이 靑藜杖을 짚고 와서 지팡이 끝을 입으로 불자 불꽃이 일어나 어둠을 밝혔다. 유향이 이름을 물었더니 노인은 "나는 太乙의 정령이다. 천제께서 劉씨에 박학한 자가 있으니 가서 보고 오라고 명하시기에 온 것이다."라고 대답하고서, 품에서 天文地圖를 꺼내 유향에게 주었다고 한다. 『古今事文類聚』 前集 卷22, 「帝系部 · 靑藜校書」에 나온다. 여기서는 이덕무를 유향에 비하였다.

73 楚나라 郢 지방에서 어떤 사람이 「下里曲」과 「巴人曲」을 연주하자 수천 명이 화답하였으나 「陽春曲」과 「白雪曲」은 너무 고상하여 보통 사람들은 이해하기 어렵기 때문에 겨우 수십 명만 화답했다는 고사가 전한다. 『文選』 「對楚王問」에 나온다. 여기서는 이덕무의 뛰어난 시문을 말한다.

74 三蒼은 漢나라 때의 辭書이고 二酉는 大酉와 小酉 두 산으로 산의 동굴에 천 권의 장서가 있었다고 전한다. 여기서는 책으로 가득했던 이덕무의 집을 말한다.

75 『승정원일기』 1,715책, 정조 17년 3월 12일(1793). "徐榮輔, 以義禁府言啓曰, 開城府前留守李家煥, 慶州前府尹沈晉賢, 開城府經歷崔景岳等, 竝令該府, 拿問處之事, 傳旨啓下矣. 李家煥今方待命拿囚, 沈晉賢奉命在外云, 待其入來拿囚, 而崔景岳時在任所, 依例發遣府羅將, 拿來, 何如? 傳曰, 允. 沈晉賢復命後, 令政院, 以罷職捧傳旨, 可也."

76 『승정원일기』 1,717책, 정조 17년 5월 2일(1793). "洪明浩啓曰, 新除授右承旨李家煥, 今日不爲仕進, 卽爲牌招察任, 何如? 傳曰, 許遞. 前望單子入之, 待下批, 牌招察任."

한성부 우윤이 되고[78] 8월 4일에 장악원 제조가 되었다.[79] 9월 14일 대사성에 제수되었다.[80]

정조 18년(1794) 3월 14일 좌승지에 제수되고, 10월 9일 대사성에 제수되었다.[81] 11월 26일 중희당(重熙堂)에서 정조가 이가환에게 운서(韻書)의 간행 일을 올해에 마칠 수 있는지 묻자 이가환은 이 책은 정밀하게 쓰고 정밀하게 새겨야 하는 책이어서 올해 안에는 완성하기 어렵다고 답하였다.[82]

12월 5일 정조가 중희당에서 좌우승지와 대사성이 입시한 자리에서 이가환에게 "운서의 일은 경이 잘 할 것이나 판본의 서법은 해정(楷精)을 따름에 힘쓴 연후에 합하여 간인(刊印)할 수 있을 것이다. 박제가의 필법(筆法)은 어떠한가?"라고 묻자 이가환은 매우 정묘하다고 대답하였다. 이에 정조는 이덕무의 아들과 아우에게 급료를 줄 것이니, 이가

---

77 『승정원일기』 1,717책, 정조 17년 5월 25일(1793). "吏曹口傳政事, 以李家煥爲刑曹參判."

78 『승정원일기』 1,719책, 정조 17년 7월 21일(1793). "有政. 吏批, 判書李文源牌不進, 參判丁範祖進, 參議李勉兢牌不進, 同副承旨兪漢寧進. 啓曰, 判書李文源, 參議李勉兢竝牌不進, 小臣獨政未安, 何以爲之? 敢稟. 傳曰, 仍爲之. 以申溆爲持平, 李宗燮爲副校理, 李在學爲左尹, 李家煥爲右尹, 蔡弘履爲同敦寧, 同知申師顯, 今加嘉義加資事, 承傳."

79 『승정원일기』 1,720책, 정조 17년 8월 4일(1793). "…… 李家煥爲掌苑提調, ……"

80 『승정원일기』 1,721책, 정조 17년 9월 14일(1793). "…… 李家煥爲大司成, ……"

81 『승정원일기』 1,737책, 정조 18년 10월 9일(1794). "大司成前望單子入之, 李家煥落點."

82 『승정원일기』 1,738책, 정조 18년 11월 26일(1794). "甲寅十一月二十六日辰時, 上御重熙堂. 左承旨入侍時, 行左承旨沈晉賢, 假注書柳遠鳴, 記注官金良倜, 記事官吳泰曾, 行大司成李家煥, 以次進伏訖. 上教家煥曰, 韻書刊印之役, 今年可以了當耶? 家煥曰, 此是精書精刊者, 故今年內似難畢役矣. 上曰, 別作一小本, 以資儒生輩場屋中所看, 則甚好矣. 且開板於兩南監營, 廣布鄕曲, 則實爲美事矣. 家煥曰, 使鄕儒得見, 則尤有所刊行之效矣. 上曰, 此事專委於卿, 卿須善爲之, 可也. 命退, 承史以次退出."

환으로 하여금 별례방(別例房)에 말해두도록 하였다.[83] 이 운서란 바로 『어정규장전운(御定奎章全韻)』을 말한다.

『어정규장전운』은 정조의 명에 의해 이덕무가 정조 16년(1792) 4월에 초고를 엮었으나, 완성을 보지 못하고 이듬해 53세로 죽고 만다. 『규장전운』은 이때 즉각 간행하지는 못하고, 1794년 겨울에 이르러 정조가 이덕무의 아우 이공무(李功懋)와 이덕무의 아들 이광규(李光葵)에게 간행 준비를 명한다. 그리고 규장각 각신(閣臣)과 초계문신들에게 고교(考校)하게 하여, 1796년 8월 내각이 간행하였다. 이때 정조의 명으로 윤행임(尹行恁), 서영보(徐榮輔), 남공철(南公轍), 이서구(李書九), 이가환(李家煥), 성대중(成大中), 유득공(柳得恭), 박제가(朴齊家) 등이 교열에 참여하였다.

정조는 재위 16년(1792) 7월 『규장전운』의 초고가 이루어지자 금직제신(禁直諸臣)에게 「문자(文字)」라는 책제(策題)를 내고 7월 9일에 응제시권(應製試券)을 고하(考下)했다.[84] 『일성록』에 보면 1792년(정조 16, 임자) 7월 9일(병오), 금중(禁中)에 입직한 여러 신하들의 응제시권을 채점하여 내리고, 이어 『어정규장전운』을 교정한 여러 신하들에게 대책(對策)을 지어 올리라고 명했다. 이때 책(策)에서 수석인 삼중(三中)을 맞은 우승지 임제원(林濟遠)에게는 대록피(大鹿皮) 1령(令)을 사급하고, 삼하일(三下一)을 맞은 좌부승지 이가환, 삼하이(三下二)를 맞은

83 『승정원일기』 1,739책, 정조 18년 12월 5일(1794). "上教家煥曰, 韻書之役, 卿須善爲, 而板本書法, 則務從楷精, 然後可合刊印矣. 朴齊家筆法, 何如? 家煥曰, 極妙矣. 上曰, 李德懋之子與弟, 使之給料事, 卿其言於別例房, 可也."

84 奎章閣 編, 『內閣日曆』(奎13030-v.1-1249) 권150, 031~044면, 정조 16년(1792, 임자) 7월 9일.

검교직각 서영보(徐榮輔), 삼하삼(三下三)을 맞은 부사과 박제가(朴齊家)에게는 각각 종이 2권씩을 사급하고, 초삼하(草三下)를 맞은 교리 김희조(金熙朝), 제용감 판관 유득공(柳得恭), 사옹원 주부 이덕부(李德懋), 행 도승지 조상진(趙尙鎭)에게는 각각 종이 1권씩을 사급하였다.

이가환은 유득공을 통해 『규장전운』의 교정에 참여했다. 그가 신유옥사(辛酉獄事)로 죽은 후 『규장전운』을 교정한 것이 불행의 빌미가 되었다는 설이 있었다. 정약용은 「정헌묘지명」의 부견(附見) '한화(閒話)'에 그 이야기를 소개하는 한편, 자신도 유득공을 통해 『규장전운』의 편찬에 간접적으로 간여했다고 밝혔다.

> 『어정규장전운』은 정해(精該)한 책이다. 한치윤(韓致奫)이 사신을 따라 연경에 갔을 때 연경에 노닐던 선비들이 보고 달라고 간청했으니, 대개 운서 가운데 절품(絶品)이었다. 이 책은 본래 이덕무가 만든 것인데, 선왕의 만년에 그 원고를 징구(徵求)하여 이가환으로 하여금 그 편방(偏旁)·점획(點畫)의 오류를 사정(査正)케 하시고, 또 이명예(李明藝)에게 선사(善寫)하게 하셨다. 한 장을 정서할 때마다 공이 그때그때 잘못을 바로잡아, 머리터럭만큼 작은 것도 살폈으므로, 곁에서 보는 이들이 혹 너무 심하다고 병통으로 여겼다. 또 이 책에 '부(父)'를 '처음으로 나를 낳으신 분[始生己]'이라 훈석(訓釋)하고, '시(豉)'를 '소금물에 메주를 담그는 것[配鹽幽菽]'이라 훈석했는데, 이는 모두 고훈(古訓)의 근거가 있는 것들이고, 둘 다 이덕무의 원본이지 공이 주석한 것이 아닌데도, 미워하는 자들이 이 두 훈석을 집어서 경연에서 공을 참소하고 훼판(毁板)하기를 청했다. 상은 그것이 참소임을 아셨으나, 역시 기뻐하지 않으셨다. 악당들은 또 세상에 말을 퍼뜨리기를, "홍계희(洪啓禧)는 『삼운성휘(三韻聲彙)』를 편찬하고 이가환은 『규장전운』을 교정했는데 모두 패망했다. 육서(六書)의 학(學)은 흉화(凶禍)의 근본이

다." 했다. 남인들은 자제들을 가르쳐, 글자를 쓸 때 『규장전운』의 자체(字體)와 틀리게 하도록 힘쓰라고 했다. 자체와 틀리게 된다면 자연히 잘못되고 추악해지게 되니, 목이 멘다고 하여 음식을 전폐하는 식이다. 남곤(南袞)과 심정(沈貞)이 조정암(趙靜庵)을 죽인 뒤 『소학(小學)』을 흉서(凶書)라 하여 사람들에게 읽지 못하도록 금한 것과 한 궤철(軌轍)이다. 육서도 역시 『소학』의 부류이다. ○참소하는 말이 이와 같았으나 선왕께서는 말년에 『규장전운옥편(奎章全韻玉篇)』의 편찬을 명하시어, 검서관 유득공으로 하여금 이가환과 정약용에게 문의하여 오류를 수정한 다음, 마지막으로 상감의 결재를 받게 했으니, 이는 모두 어정(御定)하신 책이다. 상감께서 하늘로 승하하신 뒤 어떤 당인(黨人)이 경시관(京試官)으로서 호남 향시(鄕試)의 시관(試官)으로 가서 여러 유생들에게 방을 내걸고 유시(諭示)하기를, "『규장전운』의 자체를 쓴 자는 출방(出榜)시킬 것이다." 했다. 유생들은 『규장전운』을 구경도 못한 처지라 놀라고 두려워 어찌할 바를 몰랐다. 옛날 송(宋)나라 때 정국이 뒤집히자 왕안석(王安石)의 『자설(字說)』을 쓰지 말도록 금지했으나, 어정(御定)하신 책에도 오히려 이런 관습을 쓰는 것은 매우 불공(不恭)한 일이다.[85]

---

85 丁若鏞, 『與猶堂全書』 第1集 詩文集 第15卷 墓誌銘, 「貞軒墓誌銘」 附見 '閒話'. "『御定奎章全韻』, 精核之書也. 韓致奫隨使赴燕, 燕京游士見之, 懇乞相贈, 蓋韻書之絶品也. 此本李德懋所作, 先朝晩年徵其稿, 令李公家煥查正其偏旁點畫之譌, 又令李明藝繕寫. 每寫一張, 公隨正其差, 毫髮是察, 旁觀者或病其已甚. 又其書, 訓'父'曰'始生己', 訓'豉'曰'配鹽幽菽', 是皆古訓之有據者, 兼是李德懋原本, 非公之所註, 乃媢疾者, 執此二訓, 讒于筵中, 請毁板. 上知其爲讒, 亦殊不怡. 惡黨又宣言于世曰 : '洪啓禧撰『三韻聲彙』, 李家煥校『奎章全韻』, 皆敗亡. 凡六書之學, 是凶禍之本.' 南人敎其子弟, 凡作字, 務違『奎韻』之體. 旣違此體, 自然訛謬陋惡, 所謂因噎而廢食也. 南袞 · 沈貞, 旣殺趙靜菴, 以『小學』爲凶書, 禁人看讀, 一轍也. 六書, 亦小學流也. ○讒言如此, 而先朝末年, 命撰『奎章全韻玉篇』, 令檢書官柳得恭, 問議於李家煥 · 丁若鏞以正訛謬, 終又仰稟睿裁, 此皆御定之書也. 雲游旣升, 黨人以京試官赴湖南, 榜諭諸生曰 : '字體用『奎章全韻』者黜之.' 諸生不見『奎韻』面目, 入場者, 駭懼不知所出. 昔宋翻覆之局, 禁用王

정조 19년(1795) 1월 26일 이가환은 공조판서에 제수되었다.[86] 2월 22일 정조는 이가환에게 화성(華城)의 성문에 편액을 걸려고 하는데 문호(門號)로서 합당한 것을 생각해 보라고 하였다. 진남문(鎭南門)을 신풍루(新豐樓)로 고친 것은 한나라 풍패(豐沛)를 염두에 둔 것이고 성의 북문은 장안문(長安門)이라고 이름 붙이려고 하는데, 그 나머지 문호(門號) 역시 이에 준하여 생각해 보라고 하였다.[87] 이틀 후인 2월 24일 정조가 화성 성문의 편액을 생각해 보았는지 묻자, 이가환은 가지고 왔다고 하였다. 정조는 경의 박흡(博洽)함으로 지금 생각해 낸 것이 하나도 쓸만한 것이 없다고 하였다. 운서의 판각 공정을 가지고 왔는지 묻자, 이가환은 입재(入梓)하여 먼저 인출(印出)한 것이 있으나 가지고 오지 않았다고 대답하였다.[88]

7월 7일, 당시 행부사직(行副司直) 박장설(朴長卨)이 상소를 올려 천주교의 폐해를 논하고 이가환을 탄핵했다. 박장설 상소의 일부를 들면 다음과 같다.

> 그리고 신은 달포 전에 일어난 포청(捕廳)의 일과 관련하여, 몇 년을 두고 마음속으로 혼자 조심해 왔기에 갑절이나 더 격발(激發)되는 점

氏字說, 而御定之書, 猶用此習, 則不恭甚矣."

86 『승정원일기』 1,740책, 정조 19년 1월 26일(1795). "行大司成李家煥, 工曹判書除授, 牌招察任."

87 『승정원일기』 1,741책, 정조 19년 2월 22일(1795). "…… 上敎家煥曰, 華城城門, 今將懸額, 門號之可合者, 卿試考出. 鎭南門之改以新豐樓者, 蓋以漢家豐沛之思也, 城之北門則當以長安爲號, 其餘門號, 亦須依此思之, 後日入侍, 登對, 可也. ……"

88 『승정원일기』 1,741책, 정조 19년 2월 24일(1795). "…… 上曰, 華城城門扁額, 有所考出者乎. 家煥曰, 今此持來矣. 上曰, 以卿博洽, 今所考出者, 無一合用矣, 韻書幾何就工, 亦爲持來乎. 家煥曰, 入梓者先有所印出, 而未及持待矣. ……"

이 있습니다. 아, 저 이가환이란 자는 단지 하나의 비루하고 험악하고 음험하고 사특한 무리일 따름입니다. 약간 글재주가 있어 세상을 기만하며 이름을 훔치고 있으나 의리를 뒤바꿔 혼란시키고 행동거지를 종잡을 수 없다고 하는 것이 바로 그에 대한 단안(斷案)이라고 할 것인데, 사학(邪學)을 앞장서서 주도하고 우리 유가(儒家)의 도(道)와 배치되게 치달리고 있는 것이야말로 무엇보다도 용서하기 어려운 일대 죄목이라고 하겠습니다.

아, 서양의 요술(妖術)이 윤상(倫常)을 파괴하고 가정과 국가에 화를 끼치는 점으로 말하면 양주 · 묵적 · 노자 · 불교의 도보다도 심한 점이 있습니다. 만력(萬曆) 연간에 처음으로 중국에 들어온 뒤로 서남의 여러 오랑캐 지역에 두루 유행하였고 급기야는 일본의 종문(宗文)의 당(黨)에까지 파급되었습니다. 그런데 화란(禍亂)의 요소를 조장하여 백성들에게 해독을 끼치는 점이 실로 미적(米賊)이나 풍각(風角)보다도 심한 점이 있고 보면, 그들이 얼마나 좌도(左道)를 끼고 요망한 말을 뇌까리며 화란을 퍼뜨리는 적인지를 알 수 있을 것입니다.

가환은 바로 태평성대에 나온 한 물건인데 그만 감히 천륜을 허물고 성상의 교화를 막는 일을 어쩌면 이렇게까지 할 수가 있단 말입니까. 어리석은 조카를 내보내 몇 권의 요서(妖書)를 사 오게 한 뒤 부유한 사람들을 유혹하여 허다한 재화를 속임수로 획득하는 한편 스스로 교주(敎主)가 되어 그 요술을 확대 전파하면서 남의 자식을 해치고 남의 제사를 끊어버린 것이 이루 헤아릴 수 없이 많습니다. 그러다가 을사년 봄에 이르러 추조(秋曹)에서 옥사(獄事)를 다스릴 적에는 문자(文字)를 지어내어 스스로 빠져나오려고 하였으니 정말 봄 꿩이 절로 운 격이라고 할 것입니다.

연전에 성상께서 책문(策問)을 내시며 역상(曆象)에 대해서 물으셨을 때 감히 청몽기(青濛氣) 등의 비정상적인 이야기를 가지고 신법(新法)이라고 하면서 방자하게 지어 올렸는가 하면, 주시관(主試官)으로서

책문의 제목을 오행(五行)으로 내었을 때 해원(解元)이 대답한 것을 보면 오로지 서양 사람의 설에 입각해서 오행을 바꿔 사행(四行)이라고 하였는데, 그 해원은 바로 가환의 종제(徒弟)입니다. 과시(科試)의 문체로 말하면 금령(禁令)이 지극히 엄한 만큼 비록 심상한 패설(稗說)이라도 감히 따다가 사용할 수 없는 법입니다. 그런데 더구나 옛날에도 없고 지금에도 없는 요사스러운 말과 사리에 어긋난 내용을 일종의 관절(關節)로 간주한 채 사람들을 속일 수 있다고 생각하면서 조금도 거리낌 없이 어려워하지도 않고 발탁하였습니다.

이 몇 가지 일만 가지고도 그가 앞장서서 패거리들을 이끌고 세상의 교화를 무너뜨리고 있다는 것을 더욱 알 수 있습니다. 그리하여 한 번 굴러서 을사년 추조의 옥사를 만들어 내고 두 번 굴러서 신해년 양적(兩賊)의 변을 만들어내고 세 번 굴러서 또 이번에 포청(捕廳)의 제적(諸賊)이 있게 한 것이었습니다. 그런데 전후에 걸쳐 처분을 내리신 것이 지극히 엄정하여 서리와 눈을 내리고 비와 이슬로 적셔 주셨으므로 최필공(崔必恭) 같은 완악한 자도 감화를 받았는데, 이 무리들만은 여전히 세력을 확장하여 씨 뿌린 데에서 다시 씨를 뿌리고 있습니다. 이 모두가 가환에게서 오염된 탓이고 가환에게 고질적으로 걸려든 결과이니, 그 죄안(罪案)을 따진다면 그가 어떻게 감히 면할 수 있겠습니까. 지금 만약 요도(妖道)를 배척하려 하면서 그 괴수를 놓아준다면 비록 백 명 천 명을 죽인다 하더라도 아마 징계시키는 효과를 거둘 수 없게 될 것입니다.

삼가 원하건대 먼저 포청의 일을 가지고 엄히 과조(科條)를 세운 뒤 중외(中外)에 반포하여 수범(首犯)과 종범(從犯)을 분류해 각각 해당되는 죄로 다스리게 함으로써 정도(正道)를 일으켜 세우고 사술(邪術)을 물리치는 방도로 삼도록 하소서.[89]

---

89 『정조실록』 권43, 정조 19년 7월 7일(1795). "…… 且臣於月前捕廳事, 積年隱憂於心者, 有所一倍激發者矣. 噫彼李家煥, 直一鄙險陰慝之徒也. 薄有文譽, 欺盜一世, 義理

정조는 준엄한 말로 박장설을 꾸짖고 그를 조적(朝籍)에서 삭제하였다.[90]

之變亂, 行止之閃忽, 卽渠之斷案, 而倡主邪學, 背馳吾道, 最是難赦之一大罪也. 嗚呼! 西洋妖術之斁敗倫常, 禍人家國, 有甚於楊・墨・老・佛之道. 萬曆年間, 始入中國, 其後徧行於西南諸夷, 以及於日本宗文之黨, 而稱亂構禍, 流毒生民, 實浮於米賊風角之變, 則可見其挾左道肆妖言, 流爲寇亂之賊者矣. 家煥, 卽聖世中一物也, 乃敢壞天常而梗聖化, 胡至此極? 縱其痴甥, 購來幾卷之妖書, 誘會富人, 騙得許多之財貨, 自作敎主, 廣張其術, 賊人之子・斬人之祀者, 指不勝摟. 及至乙巳春秋曹之治獄也, 作爲文字, 要以自拔者, 可謂春雉之自鳴也. 年前聖策之問及曆象也, 敢以青濛氣等不經之說, 謂之新法, 肆然製進, 主試發策, 題出五行, 而解元之所對, 專主洋人之說, 幻五行爲四行者, 卽渠之徒弟也. 科試文體, 禁令至嚴, 雖尋常稗說, 不敢尋摘而用之, 況以古無今無之妖言悖辭, 視作關節, 謂人可欺, 無難擢置, 不少顧忌. 據此數事, 其所以倡率徒黨, 壞亂世敎者, 尤可知矣. 一轉而爲乙巳秋曹之獄, 再轉而爲辛亥兩賊之變, 三轉而又有今番捕廳諸賊. 前後處分, 極其嚴正, 霜雪而雨露之, 頑如必恭, 猶且感化, 而此徒之如前熾蔓・種下生種者, 此莫非薰染於家煥, 沈痼於家煥之致, 究其罪案, 渠安敢免乎? 今若欲斥妖道, 而縱其巨魁, 則雖日誅千百, 恐無懲創之效矣. 伏願先將捕廳事, 嚴立科條, 播告中外, 分其首從, 各正其罪, 以爲扶正闢邪之道焉."

90 『정조실록』 권43, 정조 19년 7월 7일(1795). "…… 敎曰: '國綱雖曰不能振勵, 朝著雖曰不能整頓, 渠安敢爲說若是駭悖乎? 神思漸耗, 昨日之事, 猶且忘却, 而觀於渠疏所謂渠輩二字之敷衍, 而伊時批敎, 尙可依俙記得. 此未必指渠與李顯道而言者, 則旣云渠輩, 又稱臣等, 而末乃曰臣與顯道, 同一羈旅之臣云者, 疑怪黯昧, 旨意難曉. 告君之辭, 焉敢乃爾? 自有疏章以來所罕見者. 且況渠亦國中簪纓, 非琉球・日本昨今日向化之輩, 則羈旅之稱, 其敢萌於心而發諸口, 泚於筆而登諸章乎? 不可以人事上道理責之者, 而分義所在, 亦不可全然歸之不治, 治之之科. 此蓋顯道徑放, 渠躡其尾而然也. 渠疏之陽斥顯道, 尤見心口之不相應. 欲爲溯本之政, 顯道還發然後, 勘渠之罪, 事面固得宜, 而顯道之宥, 出於孝理之絜矩, 及今還發, 近於移怒, 顯道姑置之. 渠則爲先削名朝籍, 放之田間, 以爲爲人臣奏御不愼者之戒. 渠之尾論事, 言何齷齪? 聽猶錯愕. 幾其魚矣, 何云黨乎? 畿伯赤腔, 惟予燭之, 何物喜事輩, 敎渠爲此? 此豈足爲敲撼畿伯之計乎? 眞所謂勞而無益矣. 至於工判所遭, 亦出於乘機投石, 洪樂安之尙未施快正之獘者, 竊惡其心跡, 渠說亦何異是? 然與不黔之墨堗差殊, 則未可謂白地構誣. 此所以取譬於自谷而喬, 化腐爲新, 俾開自新之路, 仍斥情外之說於年前李東稷疏批者也. 渠所驅勒, 十倍於東稷, 則工判情地, 爲之愍然. 然工判之深懲於攻異之訓, 近所目睹於筵席者. 人之爲言, 付之滄浪, 更下人十已百之工, 則於重臣何有?' "

7월 24일 관학 유생 박영원(朴盈源) 등이 천주교로 혹세무민하는 이가환 무리를 전형(典刑)으로 분명히 바로 잡아 서학의 무리들을 단속할 것을 건의하였다.

> 몇 년 전 윤지충(尹持忠)의 변을 생각하면 뼛속까지 오싹해지는데, 경기와 호남 사이에 기맥을 서로 통한 결과 도성 안에서까지 패거리를 결성하는 등 매우 번성하여 올해에 또 인길(仁吉) 3적(賊)의 변이 발생하였습니다. 그런데 거괴(巨魁)가 아직도 목숨을 보전하고 있는가 하면 패거리들도 약간의 형륙(刑戮)만 받았을 뿐이니, 어찌 대간(大奸)에게 있어서는 다행스러운 일이 아니겠습니까.
>
> 생각건대 저 이가환이 당초에 깊이 빠져든 것에 대해서는 이미 확실한 증거가 있는데 끝에 가서 이단의 교설을 조금 물리쳤다고 하는 무슨 명백한 증거라도 있습니까. 그러나 그가 범한 죄를 논한다면 조정의 주벌(誅罰)을 어떻게 감히 피할 수 있겠습니까. 그리고 가령 정약전(丁若銓)의 대책(對策)에 대해서는 이미 성상의 분부를 받은 만큼 감히 다시 제기하지는 않겠습니다만, 그 형제가 본래 가환으로부터 법을 전해 받은 신도로서 사학(邪學)의 우익(羽翼) 노릇을 하고 있다는 것에 대해서는 만 사람의 입을 막기 어려울 것입니다. 또 이승훈(李承薰)이 요서(妖書)를 구입해 와서 그 흉악한 외삼촌을 학습시켰다고 한 세상이 모두 전하고 있고 보면 그 패거리로서의 주벌을 어떻게 면할 수가 있겠습니까. 그런가 하면 경기 지방의 권일신(權日身)과 호서(湖西)의 이존창(李存昌) 같은 무리들로 말하면 전의 형옥(刑獄)에서 모두 자복(自服)했었는데 옥문(獄門)을 나오자마자 또다시 예전처럼 되고 말았습니다.
>
> 삼가 원하건대 먼저 가환의 무리부터 전형(典刑)으로 분명히 바로 잡음으로써 그 패거리들이 단속할 줄을 알게 하소서.[91]

7월 25일 정조는 이가환을 특별히 충주 목사에 보임(補任)한다. 이때 호서(湖西) 지방 대부분이 점점 사학(邪學), 곧 서학에 물들어 가고 있었는데 충주가 가장 심했으므로 이가환을 그곳의 수령으로 삼고, 또 정약용을 금정찰방(金井察訪)으로 삼은 뒤 각각 속죄하는 실효를 거두도록 한 것이었다.[92]

충주는 1795년 주문모(周文謨, 1752~1801) 실포(失捕) 사건 직후 사학이 창궐하는 곳으로 지목된 곳이었다. 이와 관련하여 『송담유록(松潭遺錄)』에는 다음과 같은 기록이 전한다.

> 충주의 사족인 이최연과 이기연 형제가 권일신에게 배워 오로지 사학에 다 마음을 쏟았다. 그의 큰형인 이세연은 근후하고 이름이 알려진 선비였다. 한번은 부친의 기일이 되었는데 두 아우가 참석하지 않자 이세연이 통곡하였지만 끝내 마음을 돌리지 않았다. 사족들과 무지한 백성을 가르쳐서 꾀니, 당시에 사학의 소굴로 일컬어진 곳은 내포의 여러 고을과 충주와 양근, 여주와 이천이라고 한다. 임금께서 몰래 사람을 시켜 이들 고을을 염탐케 하여 사학이 더욱 심하다는 것을 밝게 아셨다. 특별히 이가환을 충주목사에 보임하고 정약용을 금정찰방에 앉혔다.

---

91 『정조실록』 권43, 정조 19년 7월 24일(1795), "往年持忠之變, 思之骨驚, 而畿湖之間, 聲氣相應, 閭閻之內, 徒黨寔繁. 今年仁吉三賊之變又出, 而巨魁尙保首領, 黨與略被刑戮, 此豈非大奸之幸耶? 惟彼李家煥, 當初沈惑, 旣是眞贓, 末稍辭闢, 有何明證? 論其負犯, 則兩觀之誅, 焉敢逃乎? 至若丁若銓之對策, 旣承聖敎, 不敢更提, 而渠之兄弟, 本以家煥之傳法沙門, 羽翼邪學, 萬口難掩. 李承薰之購得妖書, 學習凶身, 一世皆傳, 則黨與之誅, 安得免乎? 畿縣之日身, 湖西之存昌, 年前刑獄, 渠皆自服, 而纔出獄門, 又復如前. 伏願先從家煥輩, 明正典刑, 使其黨有所知戢焉."

92 『정조실록』 권43, 정조 19년 7월 25일(1795). "特補李家煥忠州牧使. 家煥以整理儀軌堂上, 屢違召, 有是命. 時, 湖西多漸染邪學, 忠州爲最, 特以家煥爲倅, 又以丁若鏞爲金井察訪, 俾各效贖罪之方."

> 임금의 뜻은 그들의 무리에게 죄를 알게 하고 또 사학하는 무리가 두려워 그만두게 하려 한 것이다. 해가 바뀌고 나서야 체직을 허락하였다. 이가환과 정약용의 무리가 비로소 담을 잃고 겁을 먹었다.[93]

달레의 『한국천주교회사』는 이가환이 이때 천주교인들의 금육일(禁肉日)을 골라 자기 집에 선비들을 초대하고 그들에게 고기를 대접하게 하여 천주교를 신봉하는지 여부를 알아보았다는 말이 있다고 기록하고 있다.[94]

정조 20년(1796) 1월 13일 이가환은 공조판서에 제수되었으나[95] 나아가지 않아 체직되었다.[96] 11월 21일 도총부 도총관(都摠管)을 제수하였으나 나아가지 않았다.[97] 도총관은 조선전기 중앙군 오위(五衛)의 담당 부서인 오위도총부에 소속되어 왕과 궁궐의 시위(侍衛)를 책임지던 직책인데, 정조대에는 명예직으로 전환되어 있었다. 12월 7일 편전에서 당시 좌부승지 채홍원이 입시하였을 때 정조가 도총관 이가환은 왜 입직(入直)하지 않는지 묻자 채홍원은 의분(義分)이 있는 바여서 감히 갑자기 입직하지 못한다고 한다고 대답하였다.[98] 이후 수차례 패초

---

93 정민(2022), 319쪽에서 재인용.

94 샤를 달레(1979), 379쪽.

95 『승정원일기』 1,758책, 정조 20년 1월 13일(1796). "工曹判書前望單子入之, 李家煥落點."

96 『승정원일기』 1,758책, 정조 20년 1월 15일(1796). "丙辰正月十五日辰時, 上御便殿. 軍士房承旨入侍時, 左副承旨申耆, 假注書金履永, 記注官安經心, 記事官吳泰曾, 以次進伏訖. 上命書傳敎曰, 外補遞歸之後, 欲爲一遞, 似或然矣, 工曹判書李家煥許遞. ……"

97 『승정원일기』 1,769책, 정조 20년 11월 21일(1796). "都摠管前望單子入之, 李家煥落點."

98 『승정원일기』 1,770책, 정조 20년 12월 7일(1796). "…… 上曰, 都摠管李家煥, 何不入直? 弘遠曰, 義分所在, 不敢遽然入直云矣. ……"

(牌招)하였으나 나가지 않다가 4월 25일 마침내 숙명(肅命)하였다. 이가환이 명을 받들지 않자 승정원에 명하여 문계(問啓)하게 하였는데, 이가환은 "신이 천고(千古)에 없었던 지우(知遇)로 천고에 없었던 제목(題目)을 만났으니 이는 바로 서로 상쇄되는 일반적인 이치인데 오히려 누구를 원망하겠습니까. 오직 영광스러운 길을 영원히 사절하여 남은 생애를 마치려 하였으니, 섶을 물리쳐 버리면 불은 저절로 꺼지는 법입니다. 이미 마음에 맹세하였고 또 묘소에서 맹세하였는데 재촉하는 하교가 내리니, 미혹되어 변통할 줄을 모르겠습니다."라고 하였고, 이에 무겁게 추고(推考)하도록 명하자 이가환이 마침내 숙명(肅命)하였다.[99] 하지만 그 이후로도 패초(牌招)에 계속 응하지 않자 호남의 연해에 정배(定配)하라고 명하였다가 곧이어 용서해 주고 신칙하여 숙명(肅命)케 하였다.[100] 12월 2일 한성판윤에 제수되었지만 패초에 응하지 않았다.[101]

정조 22년(1798) 6월 27일 지의금부사에 제수되었으나[102] 복상 중이라는 이유로 나가지 않았다.[103] 12월 14일 다시 도총관으로 낙점하고

---

99 『정조실록』 권46, 정조 21년 4월 25일(1797). "特除李家煥都摠府都摠管. 家煥不膺命, 命承政院問啓, 家煥以爲: '臣以千古所無之知遇, 罹千古所無之題目, 乃是乘除常理, 尙誰怨尤? 惟有永謝榮塗, 以卒餘生, 則却薪而火自止. 旣以誓心, 又以誓墓, 促敎之下, 迷不知變云.' 命從重推考, 家煥遂肅命."

100 『정조실록』 권47, 정조 21년 8월 2일(1797). "【戊戌】 都摠管李家煥, 屢違召不膺命, 命湖沿投畀, 尋宥, 飭令肅命."

101 『승정원일기』 1,784책, 정조 21년 12월 2일(1797). "漢城府堂上前望單子入之, 判尹李家煥, 左尹李漢豊, 右尹林濟遠落點."

102 『승정원일기』 1,793책, 정조 22년 6월 27일(1798). "禁府堂上前望單子入之, 知義禁李祖源 · 李家煥 · 趙鎭寬落點."

103 『승정원일기』 1,798책, 정조 22년 10월 13일(1798). "…… 知義禁李家煥, 服制未出仕, ……"

패초하였으나 나가지 않았다.[104] 「정헌묘지명」은 이 해 정조가 채제공을 불러 '당신을 대체할 인물이 있는가?' 물어보자 채제공이 이가환을 추천했다는 일화를 기록하고 있다.

> 상이 일찍이 경모궁(景慕宮) 재실(齋室)에서 번옹을 불러 조용히 묻기를, "경이 늙었으니 누가 경을 대신할 만한가?" 하니, 번옹이 대답하기를, "전하께서 진실로 믿고 쓸 사람으로 이가환만 한 사람이 없습니다. 그러나 계축년 봄의 상소로 인하여 시론(時論)에 미움을 샀기 때문에 기괴한 비방이 있어 감히 용서하려는 사람이 없습니다." 하였다. 그러자 상은, "경의 말이 아니라도 내가 벌써부터 생각하고 있다." 하시고, 일이 있을 적마다 공에게 가부를 물으셨다.[105]

계축년의 상소란 앞서 살펴본, 정조 17년(1793) 봄에 이가환이 개성유수로 있으면서 종조 이잠(李潛)의 병술상소(丙戌上疏)를 극력 변호하고 자신의 억울함을 변명한 상소를 말한다.

이듬해 정조 23년(1799) 2월 18일 지의금부사에 제수되었다.[106] 3월 21일 도총관으로 낙점하였으나 나가지 않았다.[107] 4월 27일 대사간 신

---

104 『승정원일기』 1,804책, 정조 23년 2월 18일(1799). "摠管前望單子入之, 都摠管李家煥, 副摠管李義直 · 尹在明 · 李秀夏 · 睦萬中落點."

105 丁若鏞, 『與猶堂全書』 文集 卷15 墓誌銘, 「貞軒墓誌銘」. "嘗於景慕宮齋室, 召樊翁從容問之曰: '卿今老矣. 誰可代卿.' 翁對曰: '殿下誠欲信用者, 無踰於李家煥. 特因癸丑春一疏, 見忤於時論, 故奇怪之謗, 人無敢原之者.' 上曰微卿言: '予方圖之.' 每有事, 詢問公可否. 是年秋, 鏞以承旨出爲谷山都護, 己未春, 樊翁捐館舍, 公益孤無可與者."

106 『승정원일기』 1,804책, 정조 23년 2월 18일(1799). "禁府堂上前望單子入之, 判義禁趙尙鎭, 知義禁李家煥, 同義禁鄭大容 · 李益運落點."

107 『승정원일기』 1,806책, 정조 23년 3월 21일(1799). "摠管前望單子入之, 都摠管趙尙鎭 · 李家煥 · 徐有和落點."

헌조(申獻朝, 1752~1807)가 이정운 등에게 내린 명을 철회할 것을 상소하면서 이가환의 집에 증직하는 일에 대해 문제를 제기하였다.

> 추증(追贈)하는 법은 가볍지 않고 중요한 것입니다. 이가환의 부친과 조부를 처음 증직할 때에 호조로 계하(啓下)한 것은 반드시 근거가 있어서 그런 것입니다. 가환을 정경(正卿)으로 지나치게 올려놓은 지가 또한 여러 해가 되었는데도 전후의 전관들이 일찍이 증직을 고치자는 논의를 한 적이 없으니, 공론이 신중하게 생각하고 있다는 것을 대체로 알 수 있습니다.
>
> 저 이조 참판이란 자가 자신이 홀로 정사하는 때를 틈타, 이조의 관직을 추증하도록 멋대로 아뢰어 어려움 없이 계하받았습니다. 그가 아무리 개인의 이익만을 꾀하는 데 급하였다고 하더라도 어찌 공의(公議)의 중대함을 생각지 않는단 말입니까. 신은 해당 전관에게 삭직(削職)시키는 법을 시행하고 증직한 벼슬도 시행하지 말도록 명하시는 것이 마땅하다고 생각합니다.[108]

저 이조참판이란 이익운(李益運)을 말한다. 5월 2월 정조는 이가환 가족의 증직을 마음대로 고친 이조의 당상관을 추고하였다.

> 일전의 빈대(賓對)에서 그 사실을 처음으로 들었다. 중신(重臣)은 이미 청현직(淸顯職)인 성균관 대사성을 거쳤고 그의 증조(曾祖)도 부학(副學)을 지냈으니, 이와 같은 지체에는 이전에도 간혹 경연에서 여쭈어

---

108 『정조실록』 권51, 정조 23년 4월 27일(1799). "…… 追贈之典, 不輕而重. 李家煥之父祖, 當初贈職之時, 以地部啓下者, 必有所據而然也. 家煥之濫躋正卿, 亦多年所, 而前後銓官, 未曾有改贈之論, 則公議之難愼, 槪可知也. 彼亞銓者, 乘其獨政之時, 肆然以天官贈秩, 無難啓下. 渠雖急於營私, 獨不念公議之重乎? 臣謂當該銓官, 施以譴削之典, 所贈官職, 亦命勿施宜矣. ……"

> 융통한 규례가 있었다. 호조의 관직을 전례대로 증직한 것이 비록 깊이 생각지 못한 데에서 말미암은 것이기는 하더라도, 증직을 고칠 때에 여쭈지 않고 멋대로 해버린 것은 또한 법식을 어겼음을 면하기 어렵다. 그리고 증직(贈職)과 노직(老職)을 내리는 문제는 반드시 모두 대신이 경연에서 여쭌 뒤에 시행하는 것이 규례이다. 이것으로 보나 저것으로 보나, 증직을 고친 이조의 당상관은 신칙을 아니 할 수 없다. 무겁게 추고하라. 대각의 논장(論章)이 나온 뒤에 아직껏 결말을 짓지 않고 있는데, 일의 면모로 보아 이와 같이 해서는 안 된다. 중신 이가환의 집에 증직하는 문제는 그대로 이조의 관직으로 시행하도록 하라.[109]

5월 5일 희정당(熙政堂)의 차대에서 좌의정 이병모(李秉模, 1742~1806)가 서학과 이가환의 집에 증직하는 문제를 다시 언급하였다. 일부만 들면 다음과 같다.

> 신은 이가환의 집에 증직하는 일에 대하여 속으로 염려스럽고 탄식스러운 마음이 있습니다. 근년 이래로 불순한 학문이 날로 성하게 번지고 있습니다. 이른바 권일신(權日身)의 무리는 지금 이미 죽었으나 그 이웃 마을에 점점 물이 드는 것은 오히려 다시 이전과 같으며, 호남까지도 선동될 우려가 있다고 합니다. 이것은 대개 그 뿌리를 파내지 않고 그 말단만을 다스렸기 때문에 이러한 폐단이 생기게 된 것입니다.
>
> 일전의 하교에 대해서 신이 성상의 뜻이 어디에 있는지를 모르지

109 『정조실록』 권51, 정조 23년 5월 2일(1799). "教曰: '日前賓對, 始聞其事實. 重臣既經泮長清選, 其曾祖亦爲副學, 則似此地處, 在前間有筵稟闊狹之規. 則度支例贈, 雖由於不顧藉, 而改贈之時, 不稟徑爲, 亦難免違式. 且贈職與老職之闊狹, 必皆大臣筵稟, 然後爲之者, 格例則然. 以此以彼, 改贈之銓堂, 不可無飭. 從重推考. 臺章出後, 迄無決末, 事面不當若此. 重臣李家煥贈職, 仍以吏曹施行.'"

> 않습니다. 그러나, 신의 집안은 선대로부터 일찍이 사사로이 당파(黨派)를 짓는 의논을 한 적이 없고 신과 가환의 사이에는 지난날에도 노여움을 품은 적이 없으며 오늘날에도 원수를 진 일이 없는데 어찌 감히 털끝만큼이라도 잡된 생각을 품겠습니까만, 근래에 불순한 학설의 피해가 점차 더욱 넓어지고 있으니, 이런 생각을 하면 간담이 서늘합니다.
>
> 이른바 죽은 뒤에 벼슬을 추증하는 일은 출세하여 이름을 날려 부모를 드러내는 일인데, 가환 같은 자는 곧 불순한 학문을 주장하는 세력의 괴수로서 제사를 폐지하여 윤리를 끊어지게까지 하였으니 그의 할아비와 아비에게 죄를 지은 자입니다. 그의 할아비와 아비도 어찌 추증하는 벼슬을 편안히 받으려고 하겠습니까. 신의 생각으로는, 벼슬을 추증하는 일을 시행하지 말도록 하는 명을 속히 내려야 한다고 봅니다.[110]

이병모는 이가환이 "불순한 학문을 주장하는 세력의 괴수로서 제사를 폐지하여 윤리를 끊어지게까지 하였다."라고 하여 이가환의 집안이 서학에 깊이 관여되어 있음을 논핵하였다. 또한 "가환 같은 자는 성스러운 시대에는 응당 귀양을 보내야 할 자이니, 증직을 하느냐 마느냐 하는 것은 애당초 거론할 일이 아니었습니다."[111]라고 하자, 정조

---

110 『정조실록』 권51, 정조 23년 5월 5일(1799). "臣於李家煥贈職事, 有隱憂永歎者. 近年以來, 邪學日益熾盛. 所謂權日身之類, 今雖已斃, 而其隣里鄕黨之間, 漸染猶復如前, 至於湖南, 亦不無煽動之慮云. 此蓋不究其本而但治其末, 以致流弊之如此矣. 日前下教, 臣非不知聖意之所在. 而臣家自臣先世, 未嘗爲黨私之論, 臣與家煥, 往日無慍, 近日無讎, 豈敢有一毫挾雜之意, 而近日邪說之害, 駸駸益廣, 思之及此, 心骨俱冷. 所謂追榮, 卽立身揚名, 以顯父母之事, 而如家煥, 卽爲邪學之魁, 至於廢祭而滅倫, 則宜其得罪於乃祖乃先. 乃祖乃先, 亦豈肯安受其貽贈乎? 臣意則其追榮, 亟命勿施宜矣."

111 『정조실록』 권51, 정조 23년 5월 5일(1799). "如家煥者, 其在聖世, 宜在流放之典, 榮贈與否, 初非可論."

는 "이가환의 일은 제사를 폐지했다는 등의 말이 비록 온 세상에 나돌더라도 사람들의 말을 또한 어찌 모두 믿을 수가 있겠는가?"라고 하여 이병모의 주장을 무마하였다.

5월 25일 희정당의 상참(常參)에서 장령 강세륜(姜世綸)이 '근래에 이른바 일종의 불순한 학문'에 대해 언급하며 한성부에 엄하게 신칙하여 서학이 점점 더 번져갈 염려가 없게 하기를 청하자, 정조는 강세륜을 체차(遞差)하도록 명하였다. 또 대사간 신헌조(申獻朝)가 불순한 학문의 해독을 이루 말로 할 수 없으며, "그 소굴 속에 누구나 다 아는 사람을 말하자면, 조정의 벼슬아치로는 이가환이 있고 경기에는 권철신과 정약종(丁若鍾) 같은 무리들이 있다."[112]고 하였다. 정조는 그 말을 끊고서 신헌조를 체차하라고 명하였다.[113]

그런데 이가환에 대한 반대당의 공격이 심해진 것은 그해 1월 채제공이 돌아간 것과 관련이 있었다. 「정헌묘지명」은 이때의 사정을 "이 해 가을에 내가 곡산도호(谷山都護)로 나가고, 기미년 봄에 번옹마저 죽으니 도와줄 사람이 없어 공은 더욱 외로워졌다."[114]라고 서술하고 있다. 특히 이가환이 이잠의 종손(從孫)이라는 사실과 일찍이 서학에 발 들인 적이 있었던 사실은 이가환을 끊임없이 괴롭혔다.

---

112 『정조실록』 권51, 정조 23년 5월 25일(1799). "以窩窟之世所共知者, 言搢紳則有李家煥, 近畿則有權哲身 · 丁若鍾輩."

113 『정조실록』 권51, 정조 23년 5월 25일(1799).

114 丁若鏞, 『與猶堂全書』 文集 권15 墓誌銘, 「貞軒墓誌銘」, "嘗於景慕宮齋室, 召樊翁從容問之曰: '卿今老矣. 誰可代卿.' 翁對曰: '殿下誠欲信用者, 無踰於李家煥. 特因癸丑春一疏, 見忤於時論, 故奇怪之謗, 人無敢原之者.' 上曰微卿言: '予方圖之.' 每有事, 詢問公可否. 是年秋, 鏞以承旨出爲谷山都護, 己未春, 樊翁捐館舍, 公益孤無可與者."

4. 최후【1801】

정조가 돌아가고 순조가 등극하여 노론 벽파가 집권하자 순조 1년(1801) 2월 9일 사헌부 집의(執義) 민명혁(閔命爀), 장령(掌令) 윤행직(尹行直)·조태영(趙台榮), 지평(持平) 이의채(李毅采) 등이 계를 올려 이가환을 탄핵하였다.

아! 통분스럽습니다. 이가환·이승훈·정약용의 죄를 이루 다 주벌(誅罰)할 수 있겠습니까? 이른바 사학(邪學)이란 것은 반드시 국가를 흉화(凶禍)의 지경에 이르게 하고야 말 것입니다. 재물과 여색(女色)으로 속여서 유혹하여 그 도당을 불러 모으고는 밥 먹듯이 형헌(刑憲)을 범하여 도거(刀鉅)를 보고도 즐거운 일로 여기고 있는데, 그 형세의 위급함이 치열하게 타오르는 불길 같아서 경향(京鄕)에 가득하니, 황건적(黃巾賊)·녹림당(綠林黨)의 근심이 순간에 박두해 있습니다. 이는 오로지 이 무리가 소굴이 된 까닭으로 말미암은 것입니다. 이가환은 흉악한 무리의 여얼(餘孼)로서, 화심(禍心)을 포장하여 원망을 품고 있는 많은 사람들을 이끌어 유혹하고는 스스로 교주가 되었습니다. 이승훈은 구입해 온 요서(妖書)를 그 아비에게 전하고, 그 법을 수호하기를 달갑게 여겨 가계(家計)로 삼았습니다. 그리고 정약용은 본래 두 추악한 무리와 마음을 서로 연결하여 한 패거리가 되었습니다. 이들은 종적이 이미 드러나자, 진소(陳疏)하여 사실을 자백한 다음 온갖 말로 실언(失言)하였는데, 아무도 몰래 요악한 짓을 꾀함이 도리어 전보다 심하여 천청(天聽)을 속였으니 사리에 어둡고 완악하여 두려워할 줄을 모르고 있습니다. 이번에 법부(法府)에 붙잡힌 자들에 이르러서는 저들의 형제·숙질 사이에 왕복했던 서찰이 낭자하게 드러났으므로, 그 요사하고 흉악한 정절(情節)은 많은 사람들의 눈을 가리기가 어려웠으니, 대개 이들 세 흉인은 모두 사학의 근저(根柢)가 되었습니다. 청컨

> 대 전 판서 이가환, 전 현감 이승훈, 전 승지 정약용을 빨리 왕부(王府)로 하여금 엄중하게 추국해서 실정을 알아내게 한 다음 흔쾌하게 방형(邦刑)을 바로잡으소서. 지금 사학을 금지하는 정사(政事)는 자성(慈聖)께서 내리신 칙교(飭敎)가 간곡하고 엄중하시니, 마땅히 더욱 자별하게 봉행해야 할 것인데, 포청(捕廳)에서 추핵(推覈)함에 있어 오로지 완게(玩愒)만 일삼고 있습니다. 청컨대, 전후로 느슨하게 다스린 해당 포장은 드러나는 대로 고발을 받아들여서 아울러 견삭(譴削)의 법을 베푸소서.[115]

이에 대해 순조는 "이가환의 일은 자교(慈敎)로 처분하신 것이 있다. 포장의 일은 아뢴 대로 하겠다."[116]라고 비답을 내렸다. 영조의 계비이자 대왕대비 정순왕후 김씨는 "사악한 천주학에 관한 일의 경우, 지난번 경연(經筵) 자리에서 지시한 적이 있다. 이번 대간의 보고는 진실로 내 생각과 딱 들어맞는다. 엄중히 조사하는 일을 조금이라도 느슨하게 할 수는 없다. 대간의 보고에서 거론된 사람들을 의금부에 지시해 오늘 안으로 처리토록 하겠다."라고 하였다.

---

115 『순조실록』 권2, 순조 1년 2월 9일(1801). "憲府啓: '噫嘻! 痛矣. 李家煥 · 李承薰 · 丁若鏞之罪, 可勝誅哉? 所謂邪學, 必至於凶國禍家而後已. 貨色以誑誘, 嘯聚其徒黨, 犯刑憲如飮食, 視刀鋸爲樂地, 急如熾火, 彌滿京鄕, 黃巾 · 綠林之憂, 迫在呼吸. 此專由於此輩爲之窩窟故也. 家煥, 則以凶醜餘孼, 包藏禍心, 引誘群憸, 自作敎主. 承薰, 則傳其父所購之妖書, 甘心護法, 作爲家計. 若鏞, 則本與兩醜, 腸肚相連, 打成一片. 及其蹤跡旣露, 則陳疏首實, 極口失言, 暗地逞妖, 反甚於前, 欺罔天聽, 冥頑無畏. 至於今番法府之所捉, 渠之兄弟 · 叔侄, 往復書札, 狼藉現發, 其妖凶情節, 萬目難掩, 蓋此三凶, 俱爲邪學之根柢. 請前判書李家煥 · 前縣監李承薰 · 前承旨丁若鏞, 亟令王府, 嚴鞫得情, 快正邦刑. 目今禁邪之政, 慈聖飭敎, 諄複嚴重, 其所奉行, 尤當自別, 而捕廳推覈, 專事玩愒. 請前後緩治之當該捕將, 捧現告, 幷施譴削之典.'"

116 『순조실록』 권2, 순조 1년 2월 9일(1801). "批曰: '李家煥事, 慈敎有處分矣. 捕將事, 依啓.'"

2월 10일 이가환은 정약용, 이승훈과 함께 체포되고, 같은 날 의금부에서 1차 심문을 받았다. 당시 추국청의 보고는 다음과 같다.

> 죄인 이가환은 평소 사악한 천주학의 소굴로 알려졌고, 온 세상의 지목을 받은 지 오래되었습니다. 접때 상소해 해명한 후에도 끝내 스스로 새롭게 되고자 한 자취가 없었고, 도리어 나돌아 다니며 사람들을 유혹했다는 우려만 쌓였습니다. 대간에서 임금님께 올린 보고에서 탄핵했던 이야기는 공공의 여론에서 나온 것이었습니다.
>
> 그런데 지금 이 진술은 오로지 얼버무리고 둘러대는 것이며, 마치 요사스런 서적 몇 권만을 잠시 보았을 뿐, 사악한 천주학을 다시 접촉하지 않은 듯이 했습니다. 반복하여 따져 물었으나 사실을 털어놓지 않았습니다. 그냥 매질하지 않고 심문해서는 자복받기 어려울 듯싶습니다.
>
> 죄인 이승훈의 경우 잡아떼고 변명하는 짓이 이가환과 똑같습니다. 요사스런 책이 전파된 것은 이미 그 집안의 장인 · 조카의 호흡이 잘 맞은 데에서 비롯되었습니다. 또한 이가환에 대해서는 말한 내용이 비록 그럴듯하게 꾸몄으나 결코 믿기 어렵습니다.
>
> 죄인 정약용은 이번에 형조에 체포되어 사건의 확실한 내막이 모두 다 드러났습니다. 주고받았던 서찰들은 모두 급작스레 도피하기를 권하는 간사하고도 은밀한 계책들이었습니다. 그런데 하늘의 도가 밝게 빛나 모두 드러나게 되었습니다. 그런데도 한결같이 애매모호하게 말하니 그 정황은 교활하고 악랄합니다. 청컨대 이가환 · 이승훈 · 정약용을 엄히 매질해 범죄의 실상을 알아내야 합니다.
>
> 정약종의 경우 그의 이름이 이가환의 입을 통해서뿐만 아니라 입수한 문서에서도 불 보듯 뻔하게 나오고 있습니다. 황사영(黃嗣永) · 권철신(權哲身) · 조동섬(趙東暹)도 모두들 여러 차례 문서와 진술에서 나오고 있습니다. 청컨대 즉시 포교를 내보내 체포하여 제때에 철저히

조사할 수 있도록 해야 합니다. 포도청에 수감 중인 죄인 최창현(崔昌顯)은 한 번 심문한 후에야 단서를 자세히 캐물을 수 있을 것입니다. 청컨대 또한 체포토록 허락해 주십시오.[117]

2월 9일 밤 체포되어 옥에 갇힌 이가환은 이튿날 심문을 받았는데 위관(委官)은 영중추(領中樞) 이병모(李秉模)와 시임대신(時任大臣) 심환지 · 이시수(李時秀) · 서용보와 판의금(判義禁) 서정수(徐鼎修), 대사간 신봉조(申鳳朝)이고, 문사낭청(問事郎廳)은 오한원(吳翰源) · 이안묵(李安默) 등이었다.[118] 이 중 이병모는 1799년 채제공 사후 이가환을 '불순한 하문을 주장하는 세력의 괴수'로서 논핵했던 인물이었다.

「정헌묘지명」에 따르면 이가환은 신문에 임하여 정조의 소비(疏批)와 전후의 전교를 들며 변론하였으나, 옥관은 모두 심리하지 않고 다만, "이런 지목을 받았으니 어찌 벗어날 수 있겠는가." 할 뿐이었다. 또한 심한 고문을 하였으나 끝내 증거가 될 만한 한 장의 문건이나 함께 잡혀 온 죄수의 공초(供招)도 없었고, 오직 어지러운 문서 속에서 노인도(老人圖)를 찾아내어 이것이 누구의 상(像)이냐고 물었으나 이

---

117 『推案及鞫案』 권25, 「邪學罪人李家煥等推案」 신유(1801, 순조 1) 2월 10일자. "議啓 : '罪人李家煥, 素稱邪學之窩窟, 久爲擧世之指目. 向來疏下之後, 終無自新之跡, 而積有轉誘之憂. 臺啓所論出於共公. 而今此所供, 專事漫漶, 有若妖書之數卷暫閱, 而邪學之更不與接者. 然反復究詰, 無意輸款, 平問之下, 有難取服. 罪人李承薰, 其所抵賴發明, 一如家煥, 而妖書之傳播, 旣由渠家舅甥之聲氣. 又在家煥則言雖粧撰, 決難取信. 罪人丁若鏞, 今番法府所捉, 眞贓畢露. 往復書札, 皆是蒼黃勸避之奸謀密計. 乾道孔昭, 擧皆綻露, 而一劵各吐情狀巧惡. 請李家煥 · 李承薰 · 丁若鏞, 嚴利得情. 丁若鍾不但名出於家煥之口, 見捉文跡, 明若觀火, 黃嗣永 · 權哲身 · 趙東暹亦皆屢發於文書及招辭, 請卽令發捕, 以爲及時究覈之地. 捕廳拘囚澤人崔昌玄, 一番訊問然後, 端緖可以盤覈, 請亦爲發捕.'"

118 丁若鏞, 『與猶堂全書』 文集 권15 墓誌銘, 「貞軒墓誌銘」.

역시 증거물이 되기에는 부족하였다. 하지만 이때 신봉조가 상소를 올려 오석충(吳錫忠)이 흉얼(凶孼)과 체결한 일을 논박하였는데, 옥문 밖에 한 졸개가 지나가며 홍낙임(洪樂任)이 흉얼이라고 하는 말이 들려 왔다. 안옥대신(按獄大臣)들이 흉얼이 누구인지 이가환에게 묻자 그가 오석충과 홍낙임을 알지 못한다고 하였고, 홍낙임의 이름을 거론하지 않았음에도 죄인의 입에서 먼저 그 이름이 등장하였다는 이유를 들어 그와 체결함이 분명하다고 하였다. 이에 이가환과 오석충을 고문하니 오석충은 자백하였으나 이가환은 "정경(正卿)인 내가 이런 지목을 받았으니 죄가 죽어 마땅하다."라고 하였다. 이가환은 형벌을 면하지 못할 줄 알고 단식한 지 6·7일 만에 사망하여 기시(棄市)되었다. 「정헌묘지명」에 의하면 2월 24일의 일로 체포된 지 불과 15일 후의 일이었다.[119]

119 『승정원일기』에는 2월 24일 이후인 2월 26일에 의금부에서 이가환과 권철신이 온 세상이 사학의 수괴로 지목하는 것을 변명할 수 없어 遲晩한 뒤에 物故하였다고 보고되어 있다. 『승정원일기』 1,833책, 순조 1년 2월 26일(1801). "禁府, 罪人李家煥, 以自中有文名者, 當其甥侄李承薰購來邪書也. 首先眈看, 以致連姻戚黨之靡然從之, 擧世之以邪鬼指目, 無以發明, 遲晩後物故. 罪人權哲身, 以日身之兄, 自來沈溺於邪學, 及夫日身罪斃之後, 迷不知變, 致使楊根一境, 愚惑詿誤, 邪魁指目, 無以自免, 遲晩後物故."

参考文獻

1. 원전자료

李家煥, 『錦帶詩文抄』, 서울대학교 규장각한국학연구원 소장(古3428-439)

李家煥, 『錦帶集』, 서울대학교 규장각한국학연구원 소장(古3428-373)

李家煥, 『錦帶詩文抄』, 국립중앙도서관 소장(성호古3648-62-1080)

李家煥, 『詩文』, 국립중앙도서관 소장(성호古3648-62-904)

李家煥, 『錦帶殿策』, 국립중앙도서관 소장(성호古1258-15)

奎章閣 編, 『內閣日曆』

李 瀷, 『星湖全集』

丁若鏞, 『與猶堂全書』

『景宗實錄』

『國朝榜目』(서울대학교 규장각한국학연구원 소장(奎貴11655)

『純祖實錄』

『承政院日記』

『日省錄』

『正祖實錄』

2. 학위논문

김효정(2015), 『錦帶 李家煥의 시문학 연구』, 단국대학교 석사학위논문.

명평자(2016), 『錦帶 李家煥의 散文 硏究』, 충남대학교 박사학위논문.

문수영(1995), 『錦帶 李家煥의 散文硏究 : 人物描寫에 나타난 作家意識을 中心으로』, 경상대학교 석사학위논문.

엄미원(1985), 『錦帶 李家煥 硏究』, 이화여자대학교 석사학위논문.

정우봉(1984), 『李家煥의 文學論과 詩世界』, 고려대학교 석사학위논문.

3. 단위논문

구만옥(2006), 「조선후기 천문역산학의 주요 쟁점 - 정조(正祖)의 천문책(天文策)과 그에 대한 대책을 중심으로 -」, 『한국사상사학』 27, 한국사상사학회.

_____(2010), 「마테오 리치(利瑪竇) 이후 서양 수학에 대한 조선 지식인의 반응」, 『한국실학연구』 20, 한국실학학회.

김동준(2001), 「이가환 한시 연구」, 『동아시아문화연구』 35, 한양대학교 동아시아문화연구소.

김봉남(2014), 「茶山과 天主教 관련 人物들과의 관계 고찰」, 『대동한문학』 41, 대동한문학회.

김상홍(2013), 「茶山의 〈秘本 墓誌銘 7편〉과 天主教」, 『동아시아고대학』 30, 동아시아고대학회.

김영수 · 김효정(2014), 「錦帶 李家煥 輓詩 研究」, 『동아시아고대학』 36, 동아시아고대학회.

김효정(2015), 「錦帶 李家煥 詩文學 一考察」, 『한국한시연구』 23, 한국한시학회.

명평자(2015), 「錦帶 李家煥 '傳'의 특징 연구」, 『한문학논집』 41, 근역한문학회.

_____(2015), 「錦帶 李家煥 記文의 주제 표출 양상」, 『어문연구』 84, 어문연구학회.

_____(2017), 「錦帶 李家煥의 詩論 一考」, 『동남어문논집』 43, 동남어문학회.

문중양(2003), 「18세기말 천문역산 전문가의 과학활동과 담론의 역사적 성격 - 서호수와 이가환을 중심으로」, 『동방학지』 121, 연세대학교 국학연구원.

박동욱(2008), 「문학 : 금대 이가환 유배 한시 연구 - 金化 유배 시기를 중심으로 -」, 『동방학』 15, 한서대학교 동양고전연구소.

_____(2013), 「李森煥의 교유와 문학 활동」, 『온지논총』 37, 온지학회.

박진아(2019), 「18세기 조선, 錦帶 李家煥 서학 수용의 인식론적 기반」, 『동양고전연구』 75, 동양고전학회.

백진우(2014), 「策文의 정치적 활용성에 관한 시론: 정조시대 이가환의 蕭何大起未央宮論 분석을 중심으로」, 『동양고전연구』, 57, 동양고전학회.

안대옥(2012), 「18세기 正祖期 朝鮮 西學 受容의 系譜」, 『동양철학연구』 71, 동양철학연구회.

임형택(2006), 「자료 : 이가환(李家煥)의 『정헌쇄록』」, 『민족문학사연구』 31, 민족문학사학회 · 민족문학사연구소.

정은진(2006), 「해제 : 근대적 일상의 탐구와 기록정신 - 이가환의 『정헌쇄록』해제」, 『민족문학사연구』 31, 민족문학사학회 · 민족문학사연구소.

_____(2013), 「貞軒李家煥的漢字教育認識考察」, 한국한자한문교육학회 국제학술대회자료집, 제4회 한자와 한문교육 국제학술대회.

_____(2014), 「貞軒 李家煥의 物名에 관한 관심과 그 실천 - 『貞軒鎖錄』과 「雜說」을 중심으로」, 『漢字漢文教育』 33, 한국한자한문교육학회.

하성래(2001), 「이가환과 서학과의 관계」, 『동아시아문화연구』 35, 한양대학교 동아시아문화연구소.

4. 단행본

샤를 달레 저, 안응렬 · 최석우 역(1979), 『한국천주교회사』 상, 한국교회사연구소.

윤재환(2010), 『매산 이하진의 삶과 문학 그리고 성호학의 형성』, 문예원.

전주대학교 한국고전학연구소 역(2014), 『(국역)추안급국안(推案及鞫案)』, 흐름출판사.

정 민(2022), 『서학, 조선을 관통하다』, 김영사.

조 광(2010), 『조선후기 사회와 천주교』, 경인문화사.

黃嗣永 저, 윤재영 역(1975), 『帛書』, 정음사.

『推案及鞫案』, 「邪學罪人李家煥等推案」 신유 2월 2일자.

5. 기타자료

한국학중앙연구원 제공, 조선왕조실록 전문사전 위키(http://dh.aks.ac.kr/sillokwiki, 검색일: 2023.8.8.)

【부록】

『추안급국안(推案及鞫案)』 수록 이가환 심문 기록[120]

○ 이가환 심문 기록[25:36]

같은 날인 2월 11일.
죄인 이가환(李家煥), 나이 60세.

추국청에서 다시 심문한 기록을 보고합니다.

"너의 어제 진술은 오로지 둘러대기만 해서 한 가지도 특별히 말한 것이 없었다. 그런데 온 세상의 지목을 모두 받게 되었으니, 당초 행적은 진실로 숨기기가 어렵게 되었을 뿐만이 아니니다. 만약 진실로 사악한 천주학을 공격하고 배척해 끊었다면, 스스로 새로워지는 효과가 분명 먼저 가까운 친척에게서 나타나야 했다. 그런데 친구의 경우, 정약용(丁若鏞) 형제는 예전처럼 푹 빠졌으며 기물들은 압수되었고, 친척의 경우, 두 조카의 이름이 번번이 여러 진술에서 나오고 있다. 그러니 네가 소굴의 우두머리라고 불리는 것을 어떻게 변명하겠느냐? 엄히 매질하여 자세히 캐물을 것이니, 이전처럼 변명하지 말고 낱낱이 바르게 말하라."라고 캐물었습니다. 이에 이가환이 진술하기를, "이승훈(李承薰)에 관한 일은 온 세상 사람들이 알고 있습니다. 그런데 신여권(申汝權)은 비록 생질(甥姪) 사이라고는 하지만, 그가 사악한 천주학을 했는지의 여부를 제가 어찌 확인할 수 있겠습니까? 정약용(丁若鏞) 형제가 평소에 했던 짓을 제가 또한 어찌 자세히 알 수 있었겠습니까? 신여권이 사악한 천주학을 한다는 이야기는 여러 차례 저의 귀에 들어

120 본고에 부록으로 수록한 '『추안급국안(推案及鞫案)』 수록 이가환 심문 기록'은 전주대학교 한국고전학연구소 역(2014) 중 이가환 심문 기록 관련 내용을 발췌한 뒤 종합하여 제시한 것이다. 번역은 문맥에 따라 필자가 일부 수정하였다.

왔습니다. 따라서 일 년 전 방문했을 때 저는 손으로 그의 살을 꼬집으면서까지 물었으나 끝내 바르게 말하지 않았습니다. 지금 만약 신여권을 붙잡아다가 묻는다면 제가 했는지 안 했는지를 알 수 있을 것입니다. 지금 그 손톱에 긁힌 상처가 오히려 남아 있을 터이니, 어찌 감히 속일 수 있겠습니까?" 했다.

심문하기를, "네가 끝내 단번에 사악한 천주학과의 관계를 명백하고 시원하게 단절하지 못했기 때문에 서울과 지방에서는 모두 너를 지목했다. 만약 그렇지 않다면, 일종의 소굴의 우두머리가 따로 있을 것인데, 네가 엉뚱하게 이런 지목을 받고 있단 말이냐? 이런저런 것들을 낱낱이 바르게 말하라." 하니, 진술하기를, "저는 진실로 하지 않았습니다. 친지들 중에서 이런 짓을 한 자가 있는 경우, 만약 제게 금지하도록 맡겨만 주신다면 제가 어찌 감히 사양했겠습니까?" 했다.

심문하기를, "너는 정약용 형제, 이승훈·신여권 등이 사악한 천주학을 했다는 죄 때문에 이렇게 체포되어 있는 것이 아니다. 아마도 네가 이 사악한 천주학을 끝내 끊어버리고 마음을 고쳐먹지 않았기 때문에 온 세상 사람들이 자연히 너를 지목했을 것이다. 그런데도 끝내 명백히 진술하지 않고 오로지 얼버무리며 둘러대고만 있다. 매질하지 않고 심문해서 안 된다면 마땅히 엄한 매질이 이어질 것이다. 그러니 이에 빨리 낱낱이 자복하거나, 이른바 '교주'와 '소굴'이 누구인지 증거를 대거나, 사실대로 바르게 말하라." 하니, 진술하기를, "만약 제게 집안사람들 중 푹 빠진 자들을 금지하게 해 주신다면, 다만 마땅히 그것을 맡아서 있는 힘껏 만류해 보겠습니다. 그러나 죽어도 고치지 아니하는 사람의 경우는 또한 어찌할 수 없습니다. 마땅히 조정에 고발하는 것 이외에는 달리 방법이 없습니다." 했다.

심문하기를, "너는 여러 번 심문 조항을 들었음에도 끝내 이해하지 못하는구나. 네가 비록 사악한 천주학을 거절했다고 하지만, 달리 명백한 증거는 없다. 네가 지난번 스스로 죄가 없음을 변명하는 글을 올린 후에도, 여전히 소굴의 우두머리로 지목되었다. 또한 두 조카가 사악한 천주학에 푹 빠졌는데도, 끊어버리게 하지 못했다. 이 지경에 이르렀는데도 어찌 변명할 단서가 있겠느냐? 너를 소굴의 우두머리로 지목하지 않으면 도대체 누구를 지목해야 하겠느냐? 한 사람을 구체적으로 바르게 말하도록 하라." 하니, 진술하기를, "애당초 요사스런 서적을 얻어 보았던 이것만은 저의 용서받을 수 없는 죄입니다. 이 밖에 다시 드릴 말씀이 없습니다." 했다.

매질을 했는데 13대 때렸다.

심문하기를, "너는 전부터 친척들을 금지시키지 못했으니, 이 또한 너의 죄가 아니겠느냐?" 하니, 진술하기를, "생질이 사악한 천주학하는 것을 금지시키지 못했으니, 이것은 진실로 과연 저의 죄입니다." 했다.

심문하기를, "너는 요사스런 서적을 얻어 보았다고 그 죄를 자복했었고, 또한 두 조카가 사악한 천주학하는 것을 금지시키지 못했다고 그 죄를 자복했다. 이것이 늦게나마 너의 죄를 인정하는 최후 자복 진술[遲晚]이냐?" 하니, 진술하기를, "저의 경우, 대간의 보고 중 소굴의 우두머리라는 지목은 진실로 제 자신 스스로 얻게 된 것입니다. 만약 살아서 감옥문을 나간다면 이후에는 소굴의 우두머리라는 지목에서 분명히 스스로 벗어날 방법만을 생각할 것입니다. 이 밖에는 다시 드릴 말씀이 없습니다. 잘 살펴 처리해 주십시오." 했다. 1차례 매질하면서 심문했는데, 13대를 때리고 중지했다.

○ 이가환 등의 심문 결과를 보고하다[25:41]

추국청에서 논의하여 보고하기를, "죄인 이가환(李家煥)은 제 스스로 전부터 지목(指目)이 모두 그에게로 돌아오리라는 것을 알고, 사소한 것들만 진술했고, 또한 말하기를 '대간의 보고 중에 소굴의 우두머리라는 지목은 진실로 스스로 취한 것이다.'라고 했습니다. 이것이 바로 자복입니다. 청컨대 잠시 매질을 중지하고 여러 죄수들이 모두 조사되기를 기다려야 하겠습니다. 죄인 이승훈(李承薰)은 사실을 꾸며대는 것이 더욱 교활하고 악랄하여 반나절 동안 샅샅이 캐물었으나 한사코 잡아떼고 있습니다. 죄인 정약용(丁若鏞), 그의 형 정약종(丁若鍾)이 저지른 범죄의 확실한 내막이 그의 집안 문서에서 남김없이 드러났습니다. 따라서 그가 함께 악한 짓을 행했다는 것을 어찌 변명할 수 있단 말입니까? 그런데도 끝내 바르게 진술하지 않고 근거 없는 말로 얼버무리며 둘러대고 있습니다. 그 실정을 살펴보니 이미 매우 놀랍고 원통한데도, 사악한 천주학의 소굴에 대해서는 또한 죄다 말하지 않고 있습니다. 이승훈과 정약용의 경우, 청컨대 모두 다시 엄히 매질해 기필코 범죄의 실상을 알아내야 합니다. 황사영(黃嗣永)은 전에 이미 체포하기 위해 포교를 파견했고, 김종교(金宗敎)는 바로 포교를 파견해 체포토록 포도청에 지시했습니다. 그 단서들이 샅샅이 밝혀지기를 기다려 국청(鞫廳)으로 옮기도록 하십시오. 형조에 구금 중인 임태인(任太仁)은 캐어물을 일이 있으니, 국청에서 일단 포교를 파견하십시오." 했다.

임금님께서 결정해 지시하기를, "보고대로 하라. 세 명의 죄수는 일단 다시 심문할 단서가 없으니 잠시 매질을 중지하라. 정약종은 어찌하여 취조하지 않느냐? 먼저 엄히 매질하고 샅샅이 캐묻도록 하라." 했다.

○ 이가환 심문 기록[25:83]

같은 날인 2월 14일.
죄인 이가환(李家煥), 나이 60세.

추국청에서 다시 심문한 기록을 보고합니다. "너는 무슨 의도로 여러 날 음식을 먹지 않고, 기필코 죽으려고 하는 것이냐? 그간의 진상을 자세히 진술하라. 그리고 너의 문서 중에 그림 한 장은 사악한 천주학의 패거리들이 첨례(瞻禮) 때 쳐다보던 초상(肖像)과 매우 비슷하다. 이것이 도대체 어떤 물건인지도 상세히 말하라."라고 캐물었습니다. 이에 이가환이 진술하기를, "저는 용서받지 못할 죄를 지었다는 것을 잘 알기 때문에 음식을 먹지 않고 기필코 죽으려고 하는 것입니다." 했다.

심문하기를, "너의 용서받지 못할 죄는 도대체 무슨 죄이냐?" 하니, 진술하기를, "저의 직책이 재상의 위치에 있었던 만큼, 이처럼 사악한 천주학으로 지목받은 것만으로도 그 죄는 죽어 마땅합니다." 했다.

심문하기를, "네가 만약 사악한 천주학으로 지목받은 것을 죽을죄로 여겼다면, 사악한 천주학의 진짜 괴수를 꼭 집어 말하는 것이 스스로 무죄임을 밝히는 방법이 될 수도 있을 것이다." 하니, 진술하기를, "충청도의 이존창(李存昌), 양근(楊根)의 권철신(權哲身), 서울의 최필공(崔必恭)이 사악한 천주학을 했다고 합니다. 그 외에 들은 바는 없습니다." 했다.

심문하기를, "정약종(丁若鍾)의 문서에 있는 이른바 '신부(神父)'라는 사람을 네가 결코 모를 리 없다. 사실대로 말하라." 하니, 진술하기를, "신부는 바로 '존경과 믿음'에 대한 칭호입니다. 아마 이존창과 최필공의 무리들을 가리키는 듯합니다만 자세히는 알지 못합니다." 했다.

심문하기를, "문서에 포함된 그림은 어느 곳에서 나왔으며, 이것을 가지고 무엇을 하려고 했는지를 어찌하여 바르게 말하지 않느냐?" 하니, 진술하기를, "이 그림은 정말 보는 이의 눈을 놀라게 합니다. 예전에 외손자가 가지고 놀던 물건인데, 무심결에 보고 지나쳤습니다. 만약 이것이 의심스러운 그림이었다면 어찌 그냥 놔두었겠습니까? 이 밖에 달리 드릴 말씀이 없습니다. 잘 살펴 처리해 주십시오." 했다.

○ 이가환 심문 기록[25:102]

같은 날인 2월 15일.
죄인 이가환(李家煥), 나이 60세.

추국청에서 다시 심문한 기록을 보고합니다. "추국청에 온 대간의 상소를 보건대, 오석충(吳錫忠)·홍헌영(洪獻榮)·유이환(兪理煥)·이학규(李學逵)는 너를 본받고 보호했으며, 안팎으로 잘 어울리며 배짱이 서로 맞았고, 흉악한 잔당과 결탁하여 명성과 위세로 서로 의지했다. 그래서 대간이 매우 엄하게 성토(聲討)했다. 이 네 사람이 본받고 보호하며 안팎으로 잘 어울리고 추진했던 일은 무슨 일이며, 흉악한 잔당과 결탁했던 일의 경우, 어떤 흉악한 잔당을 가리키는 것인지 대간의 말에서 분명 지적한 적이 있다. 감히 숨기거나 잡아떼지 말고 낱낱이 바르게 말하라."라고 캐물었습니다. 이에 이가환이 진술하기를, "홍헌영은 나이 어린 사람으로 다만 성균관을 드나들었고, 유이환·이학규는 둘 다 집안이 가난하여 의지할 데 없는 나이 어린 사람입니다. 그들 무리는 과거 공부에 몰두해 원래 사악한 천주학을 하지 않았습니다. 오석충은 오시수(吳始壽)의 증손자입니다. 그런데 오시수의 관작이 회복된 지 오래되지 않았기 때문에, 그들은 단지 임금님의 은혜에 감사하고 기뻐하고 있을 따름입니다. 그러니 어찌 흉악한 잔당의 뿌리를 알겠습니까? 홍낙임의 하늘을 찌를 듯한 못된 짓에 대해서는 저도 전부터 분통스럽게 여기고 있으니, 어찌 그와 결탁할 리가 있겠습니까?" 했다.

심문하기를, "흉악한 잔당들 또한 숱하게 많은데 어찌 유독 심문 항목에도 없는 홍낙임을 지목하여 말하느냐? 자신도 모르게 '낙임(樂任)'이라는 두 글자를 내뱉어 냈으니, 또한 반드시 유래가 있어서 그리했을 것이다." 하니, 진술하기를, "추국청에 들어오기 전에 매번 조지(朝紙)를 보았습니다. 그런데 무릇 흉악한 잔당이라는 지목을 번번이 홍낙임에게 뒤집어씌웠습니다. 때문에 지금 심문 항목에 있는 '흉악한 잔당'이라고 한 것은, 아마도 홍낙임을 가리킨 것이라고 여겨서 이렇게 대답한 것입니다." 했다. 심문하기를, "이 네 사람은 평소에 홍낙임과 정말로 생각과 소식이 서로 통했느냐?" 하니, 진술하기를, "네 사람 중의 한 사람은 바로 저의 생질(甥姪)입니다. 그런데 그들이 사악한 천주학을 했다는 지목은 모두 저로 인해 얻게 된 것입니다. 홍낙임의 경우는, 애당초에 소식이 미칠 곳이 아니었으니, 그들과 어찌 결탁할 리가 있었겠습니까?" 했다.

심문하기를, "그렇다면 그 외의 흉악한 잔당과 결탁한 사람에 대해 너는 진실로 들어 안 것은 없느냐?" 하니, 진술하기를, "저는 문을 닫아걸고 홀로 살면서 평소에 친하게 지내는 사람이 없었으니, 다른 사람의 결탁 여부를 어찌 알겠습니까?" 했다.

심문하기를, "너는 목만중(睦萬中)과의 사귐이 어떠하냐?" 하니, 진술하기를, "목만중은 글을 잘하는 사람이었기 때문에 평소 서로 친하게 지내면서 왕래하였습니다. 그런데 중간에 문득 저를 사악한 천주학의 교주로 지목했기 때문에 저는 그와 절교했습니다." 했다.

심문하기를, "이학규(李學逵)와 목만중은 사귐이 어떠하냐?" 하니, 진술하기를, "이학규와 목만중은 서로 친했습니다. 그런데 목만중이 '이학규가 사악한 천주학을 한다'고 지목해 절교했기 때문에 이학규 또한 목만중과 절교했습니다." 했다.

심문하기를, "목만중은 학식이 있는 선비이니, '그가 사악한 천주학을 한다.'고 지목한 것에 어찌 아무런 유래 없이 그리했겠느냐? 그렇지 않았다면 무슨 심보로 쓸데없이 비방했겠느냐?" 하니, 진술하기를, "다른 사람의 마음을 제가 어찌 들여다볼 수 있겠습니까? 목만중이 살아 있으니 그에게 물어보면 알 수 있을 것입니다." 했다.

심문하기를, "오석충이 어떤 사람에게 보낸 편지 중에 '그를 존경하고 믿는다.'는 말이 있었다. 그러니 대간의 탄핵 중에 '본받아 보호했다.'라는 이것과 사실이 다르지 않다. 그런데 너는 어찌 대충 아는 사람이라고 하느냐?" 하니, 진술하기를, "지금 다시 생각해 보니 네 사람 중 세 사람에 대해서는 제가 별다른 일이 없다는 것을 보증할 수 있으나, 오석충은 권철신(權哲身)의 사돈이니 제가 감히 보증하지 못하겠습니다." 했다.

심문하기를, "오석충이 사악한 천주학을 했는지의 여부를 네가 이미 감히 보증할 수 없다면, 흉악한 잔당과 결탁하지 않았다는 것만이라도 보증할 수 있겠느냐?" 하니, 진술하기를, "역시 감히 보증할 수 없습니다." 했다.

심문하기를, "너는 오석충의 일에 대해 감히 보증할 수 없었으니, 그 사람의 의심받을 만한 일에 대해 네가 어찌 알지 못하겠느냐?" 하니, 진술하기를, "사람은 믿을 만하나, 사람을 보증한다는 것은 매우 어렵기 때문에 이처럼 말씀드리는 것입니다." 했다.

심문하기를, "오석충과 목만중의 사귐은 정말 어떠하더냐?" 하니, 진술하기를, "목만중은 오석충에게 매번 사악한 천주학을 했다고 배척했습니다. 목만중에게 물어본다면 오석충의 일은 모두 상세히 알 수 있을 것입니다." 했다.

심문하기를, "여러 죄수들의 진술을 보면, 비록 그 문서 중에 분명히 드러났는데도 불구하고, 한결같이 잡아떼는 것을 능사로 여기니 매우 원통하고 분하다. 너는 분명히 알고 있는 자가 한둘이 아닐 텐데도, 어찌하여 끝내 바르게 말하지 않느냐?" 하니, 진술하기를, "만약 아는 자가 있다면 이 지경에 이르러 어찌 감히 숨기겠습니까? 만약 살아서 감옥 문을 살아서 나선다면 그들을 염탐해 찾아내어 말씀드리겠습니다. 이 밖에 달리 드릴 말씀이 없습니다. 잘 살펴 처리해 주십시오." 했다.

○ **이가환 심문 기록**[25:129]

같은 날인 2월 17일.
죄인 이가환(李家煥), 나이 60세.

추국청에서 다시 심문한 기록을 보고합니다. "이가환 너는 이전 진술에서 '오석충(吳錫忠)이 본받아 보호하며 흉악한 잔당과 결탁되었는지의 여부는 목만중(睦萬中)이 당연히 알 것이다.'라고 했다. 일의 이치로 따지더라도, 오석충과 서로 원수처럼 여기는 목만중이 오석충의 일을 상세히 알겠느냐? 아니면 오석충과 가장 친한 네가 오석충의 일을 상세히 알겠느냐? 이런 일의 이치는 한마디 말로도 결정할 수 있다. 감히 이전처럼 남에게 미루지 말고, 오석충이 한 짓을 낱낱이 바르게 말하라. 만에 하나라도 우물쭈물 얼버무린다면 마땅히 매질할 것이다. 자세히 꼭 집어 진술하라."라고 캐물었습니다. 이에 이가환이 진술하기를, "제가 만약 오석충과 친하여 그가 한 짓을 안다면 어찌 감히 말하지 않겠습니까? 만약 아는데도 말하지 않았다면 당연히 매질해야 할 것입니다. 매질을 더한다면 죽게 된다는 것을 자연히 아는데, 죽을 지경에 이르러서도 어찌 이렇게 숨기고 말하지 않을 리가 있겠습니까? 오석충에 관한 일은 진실로 아는 것이 없습니다. 그러므로 이전 진술에서 네 사람 중 오석충에 대해서는 감히 확언할 수 있다고 말할 수 없습니다." 했다.

심문하기를, "오석충의 문서를 보면, 다른 사람에게 보내는 장문의 편지에서 너를 칭찬하며 영수(領袖)로 추대했고, 사악한 천주학을 배척한 사람을 미워하는 데 더할 여지가 없었다. 따라서 오석충과 친했던 상황을 너는 변명할 길이 없다. 사악한 천주학 외에 흉악한 잔당과 결탁한 일은 분명 그 유래가 있었을 것이다. 때문에 너는 이전 진술에서 '흉악한 잔당은 아마도 바로 홍낙임(洪樂任)일 것이다.'라는 이야기가 무심결에 절로 나왔던 것이다. 지금 바르게 말하지 않으려 해도, 그렇게 될 수 있겠느냐?" 하니, 진술하기를, "제가 이전 진술에서 홍낙임에 대해 거론했던 일은 근래 조지(朝紙)에서 보았더니, 그곳에서는 홍낙임을 '흉악한 잔당'이라고 지목했습니다. 따라서 이것을 근거로 이야기한 것이지 그 사실에 대해 제가 아는 바는 없습니다. 오석충이 비록 '서로 친하다'고 말했다고는 하나 이런 일이 있었는지의 여부에 대해서는 저는 진실로 알지 못합니다. 또한 제게는 하소연할 것이 있습니다. 제 자식은 바로 양자(養子)입니다. 제가 이미 죽을죄를 지었으니, 제 자식의 경우 양자관계를 파기한 연후에야 제 자식은 연좌되는 것에서 벗어날 수 있고, 부모 제사도 끊이지 않게 될 것입니다." 했다.

심문하기를, "네 아들의 양자 파기 여부는 본래 추국하는 장소에서 말할 것이 못 된다. 그런데 네 스스로 죽을죄를 지었다는 것을 알고 있으니, 분명 실제로 죄지은 것이 있어서 그런 것이다. 흉악한 잔당과 결탁한 것과 사악한 천주학의 소굴에 대해 네가 어찌 감히 변명한단 말이냐? 그리고 어떻게 반드시 죽을 것이라는 것을 알았느냐?" 하니, 진술하기를, "이미 이 지경에 들어섰는데, 치료를 담당하는 구료관(救療官)은 매번 지레 죽을까 걱정합니다. 그러므로 저는 스스로 당연히 죽을 줄로만 알고 말씀드린 것입니다." 했다.

심문하기를, "너는 홍낙임과 서로 친한 적이 없었느냐?" 하니, 진술하기를, "원래 얼굴을 마주친 적도 없고 또한 그 집을 알지 못합니다." 했다.

심문하기를, "홍낙임의 집이 어디인지 사람들 중 그 누가 알지 못하겠느냐? 그런데 너는 '모른다.'고만 하니, 둘러대려는 계획에서 오로지 나온 것이다. 변명하면 할수록 더더욱 탄로 나고 있다. 비록 조지에서 본 것으로 말하더라도, 흉악한 잔당들은 또한 숱하게 많다. 그런데 네가 유독 홍낙임을 말한 것은 어찌 아무런 까닭이 없겠느냐?" 하니, 진술하기를, "홍낙임의 생사에 대해서는 제가 비록 알지 못하나, 모두들 홍낙임을 '흉악한 잔당'과 '소굴'이라고 지적했습니다. 때문에 제가 다만 홍낙임만을 '흉악한 잔당'이라고 말한 것이 이 때문입니다." 했다.

심문하기를, "홍낙임의 생사를 네가 정말 모른단 말이냐? 네 말은 하면 할수록 더더욱 간사해지는구나!" 했다. 진술하기를, "남간(南間)에 갇혀 있을 때, 아침에 전달하여 호령하는 소리를 들었는데, 아마도 '홍낙임을 처형한다.'라고 했던 것 같았습니다. 때문에 이미 죽은 줄로만 알았습니다." 했다.

심문하기를, "너의 이 같은 진술 내용으로 보건대, 너는 평소 마음속에 항상 '낙임(樂任)'이라는 두 글자를 자나 깨나 잊지 않았기 때문에 이런 헛소리가 귀에 들어간 모양이다. 또한 너는 일부러 이런 허황된 이야기를 꾸며서, 얼버무리고 둘러대며 대충 처리하려는 계책으로 삼고자 하는구나! 한 사람을 꼭 집어 바르게 말하라." 하니, 진술하기를, "홍낙임이 만약 정말 살아 있다면, 즉시 대질심문해 보면 결탁 여부를 알 수 있을 것입니다. 이렇게 한다면 제게는 진실로 다행입니다. 저는 그가 이미 죽었다고 생각했기 때문에 문득 말했던 것입니다." 했다.

심문하기를, "이번 사건은 사악한 천주학을 다스리는 사건이다. 홍낙임이 비록 '흉악한 잔당'이라고 하지만, 본래 사악한 천주학과는 관련이 없다. 그런데 너는 홍낙임이 분명 이 감옥에 들어왔을 것이라고 생각했는데 그것은 무슨 생각에서였겠느냐! 이것은 다름이 아니라 너의 경우, 소식이 홍낙임과 밀접하게 연관되어서 생사화복(生死禍福)을 홍낙임과 함께 하려고 했기 때문에, 입에서 나오는 대로 했던 진술과 귀가 번쩍 뜨이는 이야기를 매번 홍낙임에게 미루었다. 이것은 진실로 이른바 '무심결에 확실한 진실을 드러낸다.'는 것이다. 이 지경에 이르렀는데 숨기는 것이 무슨 보탬이 되겠느냐? 전부터 친했던 사실과 근래에 밀접하게 결탁한 사실들을 낱낱이 바르게 말하라. 오석충이 홍낙임과 결탁한 진상도 함께 바르게 말하라." 하니, 진술하기를, "저는 홍낙임과는 본래 주고받은 소식이 없습니다. 오석충이 홍낙임과 친했는지 친하지 않았는지는 제가 진실로 알지 못합니다. 이 밖에 별달리 드릴 말씀이 없습니다. 잘 살펴 처리해 주십시오." 했다.

○ 이가환 심문 기록[25:139]

같은 날인 2월 17일,
죄인 이가환(李家煥), 나이 60세.

추국청에서 다시 심문한 기록을 보고합니다. "너의 이전 진술 중에 홍낙임(洪樂任) 등을 가리킨 듯한 이야기는 마음속의 것을 지껄인 말이었다. 그런데도 매번 조지(朝紙)에서 나왔다고 빙빙 돌려 말하는 것은 전혀 말이 되지 않는다. '홍낙임의 집이 어디 있는지 알지 못한다.'거나 '죽었는지 살았는지 알지 못한다.' 등의 진술 및 '홍낙임이 처형되었다.'는 등의 이야기는, 모두 황당하고 괴상하게 진술해 그와 결탁하지 않았다는 것을 증명하려는 짓이다. 이는 도리어 재주를 피우려다 메주를 쑨 격으로 사실은 결탁한 자취가 드러났다. 매질하며 심문하려는 마당에 감히 예전처럼 숨기지 말고 낱낱이 바르게 말하라."라고 캐물었습니다. 이에 이가환이 진술하기를, "제가 많은 말을 할 필요는 없습니다. 애당초에 홍낙임을 알았던 일은 없습니다." 했다.

심문하기를, "홍낙임의 얼굴을 만약 알지 못했다면, 이전 진술에서 '흉악한 잔당은 홍낙임을 가리킨 듯합니다.'라고 말한 것은 무엇 때문이냐?" 하니, 진술하기를, "이미 이전 진술에서 모두 말했습니다." 했다.

심문하기를, "너는 '홍낙임을 알지 못한다.' 말했는데, 오석충(吳錫忠)이 흉악한 잔당과 결탁했는지의 여부를 또한 어찌 바르게 말하지 않느냐?" 하니, 진술하기를, "제가 이미 죽을 지경에 있는데 만약 오석충이 결탁한 것을 알았다면 무엇이 아쉬워 말하지 않았겠습니까?" 했다.

심문하기를, "서울과 지방의 사악한 천주학 괴수에 대해 모두들 너라고 지목했다. 만약 진실로 사악한 천주학을 하지 않았다면 무엇 때문에 이런 지목을 받았겠느냐? 홍낙임의 이름은 너의 입에서 먼저 나왔는데도, 지금 한사코 잡아떼고 숨기니 그게 말이 되느냐?" 하니, 진술하기를, "사악한 천주학에 대한 이야기는 이전 진술에서 이미 모두 말했습니다. 홍낙임에 대한 일은 조지에 나온 흉악한 잔당을 모두들 홍낙임이라고 했기 때문에 이로써 꼭 집어 말했을 따름입니다." 했다.

심문하기를, "홍낙임을 처형한다는 이야기는 무엇 때문에 말했느냐?" 하니, 진술하기를, "감옥에 있던 중 귀로 들은 듯했기 때문에 범죄 사건 처리 원칙의 중요함을 알지 못하고 경솔히 입을 열었습니다. 진실로 얼토당토않은 이야기입니다." 했다.

심문하기를, "애당초에 이런 일이 없었는데도 귀로 들은 듯하다는 것은 결코 말이 되지 않는다. 만약 진실로 들었던 것이 있다면 분명 그것을 전달한 자가 있었을 것이다. 숨김없이 바르게 말하라." 하니, 진술하기를, "갇혀 있던 사람이 어디에서 들을 수 있었겠습니까? 바람결에 아마도 이런 소리가 있었기 때문에 저도 이렇게 알았습니다." 했다.

심문하기를, "이전 진술에서 '오석충의 일은 목만중(睦萬中)이 당연히 알 것입니다.'라고 했다. 오석충이 홍낙임과 통했다면 분명 그 단서가 있을 것이다. 그런데 한결같이 얼버무리고 있다. 너는 이미 재상의 자리를 거쳤으니 다른 죄수들과 비교해 볼 때 사건 처리 원칙이 또한 다르니 어찌 사실대로 바르게 말하지 않느냐?" 하니, 진술하기를, "오석충의 일은 목만중이 많이 알고 있습니다. 그런데 저는 진실로 아는 것이 없습니다." 했다.

심문하기를, "오석충에게 묻는다면 알 수 있겠느냐?" 하니, 진술하기를, "오석충을 붙잡아다가 묻는다면 당연히 알 수 있을 것입니다. 이 밖에 다시 드릴 말씀이 없습니다. 잘 살펴 처리해 주십시오." 했다.

한 차례 매질하여 심문하며, 12대를 때리고 매질을 멈추었다.

금대(錦帶) 이가환(李家煥) 한시의 정치·지리 환경과 시문학의 대응*

김 동 준 | 이화여대 국어국문학과 교수

1. 서언

정조(正祖) 시대 정치사 · 학술사 · 문학사의 비극적 명인 금대(錦帶)[1] 이가환(李家煥: 1742~1801)에게 다가가, 정치 · 지리적 환경을 긴밀히 고려하면서 시문학 대응과 작품의 의의를 재탐구하려는 것이 이 글을 쓰는 취지이다. 시인의 영역으로 제한하기에는 이가환의 역사적 위상이 심중하고 다면적이기에, 이 글은 서정시로서의 문예성에 집중하기보다는 시인이 마주했던 상황과 시의 대응에 각도를 맞추어 보려 한다.

익히 알고 있듯이 이가환은 정조에게 신뢰받았던 남인계의 대표적 정치가이자, 이익(李瀷)의 종손자로서 경세학(經世學)을 연마한 성호학파(星湖學派)의 계승자였고, 부친 이용휴(李用休)를 이어 문학적 명성을 인정받은 출중한 작가이기도 하였다. 총명함과 해박함으로 세상을 놀라게 한 천재였지만 그는 결국 차가운 정치 투쟁과 고문의 현장에서 서교(西敎)의 우두머리로 지목되어 비참한 최후를 맞았다. 생의 마지막에 마주한 비열한 세계는 사후에조차 영향을 주어 그의 문집뿐 아니라 부친 이용휴의 저술까지 심각하게 훼손시켰다. 전모를 갖춘

---

* 이 글은 재단법인 실시학사의 발표회(「조선후기 실학사의 재조명」, 2022. 12. 20.)의 내용을 보완한 것이다. 본고의 제3장, '김화 유배기의 환경과 서정의 다층적 양상'을 별고로 마련하여 「김화(金化) 유배기 이가환(李家煥) 한시(漢詩)의 전개 양상과 문학적 가치」(『이화어문논집』 59집, 2023)라는 논문으로 수록하였음을 밝힌다.

1 錦帶(비단 띠)라는 호는 『禮記』 · 「玉藻」, "거사는 비단 띠를 두르고, 제자는 명주 띠를 두른다.(居士錦帶, 弟子縞帶.)"라는 구문에서 나온 것 같다. 여기서의 거사는 천자, 대부 아래의 士 계층에 속하는 존재로 특히 '학문과 기예가 뛰어난 처사(居士, 道藝處士也.)'를 일컫는다. 요컨대 금대는 관료보다는 학자로서의 의미가 강한 어휘이다.

명가의 시문집이라면 응당 보유했을 20~30대 청장년기의 왕성한 자료가 사라져 버렸고, 창의와 실험을 즐겼을 어떤 지점의 활발한 작품도 불가피하게 인멸되었을 것으로 추정된다.[2]

그러나 생전과 생후의 비극을 넘어 일부 자료들이 전수됨으로써 그의 삶과 문학을 논구할 여지가 남은 것은 천만다행한 일이다. 실시학사의 집단적 학술 역량을 모아 이번에 '실학연구총서'의 조명 대상을 이가환으로 결정하게 된 것도 매우 의미심장한 시도라고 판단된다. 생애, 학술, 지식, 산문 등을 종합 탐구하는 소중한 자리에 참여하여, 한시를 통해 이가환의 내면과 행간을 살피는 작업이 본고에 주어진 임무이다.

정치·지리적 환경이란 거의 누구에게나 영향을 미치는 조건이다. 그렇지만 당대의 예민했던 현실 정치를 경시한 채 이가환의 현전 한시를 설명하는 것은 작품의 실상과 이면, 작가의 고민과 선택을 간과할 우려가 있기 때문에, 본고에서는 특히 정치·지리적 좌표 속의 현장과 연관하여 이가환 한시를 구체적으로 검토하려 한다. 또한 현전시 작품의 작성 시기와 맥락이 모호한 경우가 많아 기존 연구사에서 오독하고 오해한 부분이 적지 않으므로 이번 기회에 가능한 이를 바로잡아 보고자 한다. 한시의 영역에 집중하되, 충실한 보고서를 제출한다는 의도에서 가능한 꼼꼼하게 논의를 진행하려 한다.

---

2 신유박해를 당하는 과정에서 이가환의 시문 다수가 사라진 것으로 추정된다. 인멸이 타인에 의한 것이었는지 본인이 조처한 결과인지는 분명치 않다. 투옥되어 사망하기 1년 전부터 그는 천주교에 연루시켜 자신을 숙청하려는 세력을 걱정하고 있었다. 빌미가 될 시문을 미리 정리할 시간이 없지는 않았다.

2. 이가환 한시 연구의 밑바탕

2.1. 제가(諸家)의 평가

제가의 비평을 현전 이가환 한시에 오차 없이 적용하기는 어려울 것 같다. 20년의 유배를 마치고 귀향한 다산 정약용(丁若鏞: 1762~1836)이 1818년에 쓴 역작 「정헌묘지명(貞軒墓誌銘)」[3]은 이가환 연구의 출발점이자 어쩌면 도착지일 수 있다. 그런데 이 장편 묘지명에서조차 시인으로서의 이가환을 부각한 진술은 거의 찾기 어렵다. 그를 아꼈던 정조에게서도 이가환의 시적 재능에 대한 칭찬을 찾기 어렵고, 동시대 동료 성대중(成大中)과 이덕무(李德懋)의 평가에서도 시인으로서의 위상에 대한 별도의 칭찬은 희미하다. 문학사의 흐름을 조망하면서 김택영(金澤榮)이 혜환(惠寰)·금대(錦帶) 부자의 기궤(奇詭)·첨신(尖新)한 문학 경향을 특기했지만 그 대상이 시인지 산문인지 분명치 않을 뿐만 아니라, 언뜻 보아도 기궤첨신(奇拔尖新)한 부친 이용휴의 시에 비하면 아들 이가환의 현전 한시는 기발함보다는 정격(正格)의 범주 안에 주로 분포되어 있다. 역대 제가(諸家)의 비평과 현전 이가환 한시가 정비례하기 어려운 상황인 것이다.

왜 이런 현상이 빚어진 것일까? 우선, 현전 한시 총 234제 332수를 보면[4] 대략 김화(金化) 유배기(流配期)까지의 작품군과 해배(解配) 사

---

3 『定本 與猶堂全書』, 한국고전종합DB, 203~224쪽에 이르는 장편으로서, 정조 시대의 정치사, 이가환의 삶, 그리고 정약용 자신에 대한 간접적 해명이 융합된 장편 역작이다. 글의 서두에, 유배 18년 뒤인 무인년(1818) 가을에 살아 돌아와 몇 명신의 행적을 적는다고 하였다. 자신의 자찬묘지명을 비롯해 秘傳 6전이 이 무렵에 지어졌다.

환기(仕宦期)의 작품군이 양대 축을 이루고 있는바, 그 외의 작품을 거의 접할 수가 없다. 1786년(45세) 7월에 정주 목사(定州牧使)로 임명되었다가 1787년 4월에 김화로의 유배 처분을 받고 다시 1789년 2월에 승지에 제수될 때까지의 시 작품이 106제로서 거의 절반 분량에 이른다.[5] 참고로 김화 유배기의 시는 인생관과 사회관을 내포한 작품이 적지 않지만, 해배 이후의 시편은 만시(挽詩), 송별시(送別詩), 수창시(酬唱詩)에 편중되어 있고 수량과 다양성이 떨어진다. 결과적으로 현전하는 시편은 이가환 시 세계의 일부 시기 일부 성향만을 보유하고 있다.

자료의 한계를 전제하더라도 이가환의 문학을 보다 가까이서 목격한 이들의 증언은 여전히 경청해 볼 만하다. 먼저 국왕 정조의 견해를 본다. 「정헌묘지명」과 『일성록(日省錄)』, 『승정원일기(承政院日記)』 등을 참조하면 이가환 문학에 대한 정조의 인상을 몇 군데서 발견할 수 있다. 정조는 문헌 편찬 등을 통해 우문(右文) 정치를 주도하는 과정에서 이가환의 박식함과 문학 역량을 적극적으로 활용하고자 했다. 『춘관지(春官志)』, 『대전통편(大典通編)』, 『화성성역의궤(華城城役儀軌)』 등의 편찬을 맡겼거니와[6] 문헌 편찬 이외에도 탕평의 기조 위에서 문단

---

4 김효정은 현전 금대 한시를 총 235제 354수로 합산하였다. 다만 이 중에서 산문만 전하는 「題沈氏壁」 1제, 「題鄭滄海遊海嶽畵卷」 25항 중 산문 21항을 빼면 결국 234제 332수가 된다.

5 국립중앙도서관 소장 4책본 『시문초』를 기준으로 삼으면, 권2의 「別純玉」이 1788년 6월, 「題鄭滄海遊海嶽畵卷」이 1788년 9월경에 쓰여진 것으로 추정되며, 「縣齋和尹生贈別」부터는 1789년 해배 복귀 후의 작품으로 짐작된다.

6 「정헌묘지명」에도 『大全通編』(1785), 『華城整理通考』(1795, 미완), 『樊巖集』(1799)이 언급되어 있다. 특히 이 묘지명에는 정조가 1799년에 이가환에게 부탁하여 '數理와 曆象의 本源을 밝히는 책을 편찬하게 하고자 하여 燕京에서 책을 구입하려고'

의 대권을 맡겨 보려 했다. 그 대표적 조치가 1792년 성균관 대사성(成均館大司成)으로의 전격 발탁이었다.[7] 하지만 특지(特旨)에 의한 이 발탁은 심한 반발을 초래했다. 성균관의 일부 유생들은 남인계의 신임 대사성 이가환이 주관한 반시(泮試)에 반발했고, 반대 정파의 부교리 이동직(李東稷)은 이가환의 소품(小品) 문체를 환기시키며 성균관 대사성 직의 부당함을 직격했다. 「정헌묘지명」의 다음 부분은 반론이 비등한 즈음에 정조가 이가환을 옹호한 발언 대목이다.

> 이가환은 그 집안이 본래 좋은 축에 들었으나 백 년을 불우하게 지냈으므로 정숙(精熟)한 문예(文藝)를 쌓고도 스스로 조정의 버림을 받은 초야(草野)의 사람으로 자처했다. 그래서 그가 토해내는 말들은 하나같이 비장(悲壯) 강개(慷慨)한 것뿐이었고, 그 마음에 맞는 자들은 제해(齊諧)와 색은(索隱)한 무리들이었다. 처신이 불안하면 할수록 말이 더욱 편벽되고 말이 편벽될수록 문장이 더욱 기궤해졌다. 화려한 문장은 팔자 좋은 사람들에게 양보하고 자신은 「이소(離騷)」와 「구가(九歌)」를 빌려 불우한 처지를 읊었다. 하지만 이것이 어찌 이가환이 좋아서 한 것이겠는가, 이것은 조정이 그를 그렇게 만든 것이다.[8]

했으나, 이가환이 '數理와 敎法도 분간하지 못하고 한 통으로 여겨 배척하는 세태'를 들어 끝내 고사한 일화가 적혀 있다. 다산의 기록을 신뢰하자면 1799년 현재, 정조는 수리와 역상 즉 수학과 과학의 전문가로 이가환을 주목하고 있었던 것이다.

7 이 무렵 정조는 노론 · 소론 · 남인의 삼각 축을 조성하여 조제 탕평을 안정화하려 하였는데, 그 일환으로 남인 이가환에게 성균관을 맡겨 문단의 권력을 배분하려 하였다. 이를 간파한 노론이 긴장하며 강력하게 저지시킨 결과 성균관 대사성에서 곧 물러나게 되었으며, 이후 그는 노론의 강력한 경계 대상이 되었다.

8 丁若鏞, 『定本 與猶堂全書』 권15, 「貞軒墓誌銘」, "至於家煥, 未嘗非好家數, 而落拓百年, 斲輪而貫珠, 自分爲羈旅草莽, 發之爲聲者, 悲吒慷慨之辭也, 求而會意者, 齊諧索隱之徒也. 跡愈詭而言愈詖, 言愈詖而文愈詭. 絺繡五采, 讓與當陽, 「離騷」 · 「九歌」, 假以自鳴, 豈家煥之樂爲? 朝廷之使然." 이하 「정헌묘지명」 관련 번역은 정태현 역을

위에서 정조에게 진단된 이가환의 문장은 '비타강개(悲吒慷慨)'로 요약되고 있으며, '처지와 말이 곤궁해지면서 문장도 더욱 기궤해졌다(言愈詖而文愈詭)'는 발언도 눈에 띈다. 근 백 년의 불우한 가문사,[9] 색은행괴(索隱行怪)한 무리와의 어울림,[10] 「이소(離騷)」와 「구가(九歌)」에 의탁한 불평의 문학 경향[11]도 이가환의 문학에 대한 정조의 인상이다. 측근의 신하들을 주시했던 정조의 평소 습관으로 보아 정조는 당시에 이가환의 가문 · 처지 · 과거 그리고 문학 성향 등을 이렇게 파악하고 있었던 것이다. 그런데 정조에게 증언된 「이소」 · 「구가」의 강개(慷慨)한 경향 및 제해(齊諧) · 색은(索隱)한 교유도 실상에서 완전히 빗나간 오판이었다고 보기는 어렵다. 이 인상이 비록 군주의 관점에서 나온 편향이었다 할지라도 그렇게 관찰될 수 있는 부면이 실재했었다고 보

참조하여 필자가 약간 다듬은 것이다.

9 1706년에 李潛이 장살된 이후 1777년 이가환이 증광시에 급제하기까지 약 72년이 걸렸다. 다만 1742년에 李孟休가 장원급제한 일이 있으므로 정조의 인식이 정확하다고 볼 수는 없겠다.

10 사실 부합 여부를 떠나, 1792년 현재 시점에서 정조는 이가환이 어울리는 무리 중에 색은행괴, 즉 규범과 질서에 어긋난 사람이 많다고 본 것이다. 관료 사회에 진입하지 못한 사람들을 지칭한 발언이지만 서학과 연결될 소지가 남아 있다. 姜世靖의 『松潭遺錄』에, "이가환은 벼슬에 오르기 전부터 서학을 몹시 믿었으니, 이철환에게 전수받은 것으로 참으로 이른바 난형난제라 할 것이다. 남몰래 서로 배워 익히면서도 겉으로는 안 그런 척 꾸몄다. 그의 무리인 이벽과 이기양, 권일신, 이승훈 등은 바로 대대로 벼슬한 집안인 데다 얼마간 才藝를 지닌 자들이었다. 남몰래 사귐을 맺어 오로지 邪學을 공부하면서 벗들을 부르고 부류를 끌어모았다."는 대목이 있다. 이 인용문은 정민(2022), 97쪽에서 재인용함.

11 원망과 근심을 주성분으로 삼는 「이소」 · 「구가」의 경향이 현전 이가환의 시편에 그대로 대입되기는 어렵다. 그러나 정주 목사와 김화 유배를 거쳐 복귀한 51세의 신하 이가환에 대하여, 1792년의 정조는 이가환 문학의 주류를 근심과 원망으로 이해한 셈이다. 정조가 어떤 작품을 보고 그런 판단을 했는지는 확실치 않다.

는 편이 합리적이다.

그러나 현전 시에서는 이를 적절하게 검증할 시편이 남아 있지 않다. 김화 유배기의 시가 위의 발언이 등장한 1792년 이전에 놓여 있다 할지라도, 위 진술의 지목 대상은 아마도 이가환의 문과 급제(1777년, 36세) 이전 시문과 그 이후 일부 조각을 가리키는 것이라 추측된다. 특히 이가환의 현전 시편에서는 부친 이용휴의 한시에서 보이는 첨신한 파격성이 거의 보이지 않고, 대부분의 작품이 절제된 서정과 정격의 형식으로 조성되어 있다. 「이소」와 제해(齊諧)를 연상시키는 작품이 실재했는지, 혹은 정조의 의도를 고려하여 이가환이 스스로 이러한 성향의 작품을 지워버렸는지는 분명치 않다.[12]

제왕인 정조가 용인술의 각도에서 신하인 이가환을 비평했던 반면, 다산 정약용은 후배의 관점에서 존경하는 선배의 모습을 부각하고자 하였다. 역작 「정헌묘지명」에는 그래서 성호학파의 집단 역량이 학파의 막내였던 기린아 이가환에게 전수되는 과정, 타고난 총명함으로 구경(九經) 사서(四書)와 시부(詩賦) · 잡문(雜文) · 총서(叢書) 등을 막힘없이 전공했던 데 대한 찬탄을 아낌없이 예찬하였다.[13] 그런데 이

12 『승정원일기』 1795년 7월 7일에 수록된 박장설의 상소가 주목된다. 그는 이 상소문에서 이가환을 '邪學을 주창하며 유학에 背馳한 자'로 규정하며 맹공격하였다. 그런데 정조는 '연전에 옥당의 李東稷이 올린 상소에 대해 비답하면서, 골짜기로부터 나와 높은 나무에 올랐고 썩은 두엄에서 새롭게 변화했다(自谷而喬, 化腐爲新)는 구절에 비유하여 이가환이 스스로 새롭게 하는 길을 열고 인정에 어그러지는 설을 배척하게 하고자 하였다.'고 변론해 주었다. 정조의 이 변호를 이가환이 몰랐을 리 없고 무시할 수도 없는 상황이었으므로, 이후 이가환이 자신의 시편을 스스로 재정리했을 가능성이 있는 것이다.

13 丁若鏞, 『定本 與猶堂全書』 권15, 「貞軒墓誌銘」, "況其强記之性, 超絶古今, 一經眼終身不忘. 遇有觸發, 一誦數千百言, 如鴟夷吐水, 流丸轉阪. 九經四書 · 二十三史, 以

장편 묘지명 속에는 금대 시문학의 경향을 엿볼 수 있는 일부 단서가 눈에 띈다.

[가] 공에게는 보통 사람들과 매우 다른 면 몇 가지가 있다. 넓고 깊은 지식을 품고 있으면서도 저술은 난삽하였으며, 신랄 강직한 성품을 지녔음에도 적수를 만나면 겁을 내었고, 천지 만물의 이치를 세밀히 분석할 줄 알았음에도 세상일을 헤아림에는 막힌 데가 있었다. 계축년 상소는 하고자 해서가 아니라 부득이하여 올린 것이지만[14] 그러나 끝내 이로 인하여 패망하였으니 아는 자들은 이것을 슬퍼한다.[15]

[나] 공은 또 감식 능력이 정통하여 당·송·원·명의 시를 한 번 들으면 백에 하나의 착오도 없이 모두 어느 때의 시인지를 알았고, 우리나라 사람의 시로는 더욱 그를 속일 수 없었다. 공의 생질 허질(許瓆)[16]이 중국과 우리나라의 역대 시집을 가지고 그 속에서 시를 뽑아 종일토록 물어도 끝내 한 번도 틀린 적이 없었다.[17]

至諸子·百家·詩賦·雜文·叢書·稗官·象譯·算律之學, 牛醫·馬巫之說, 惡瘡·癰漏之方, 凡以文字爲名者, 一叩皆輸寫不滯, 又皆研精核實, 一似專治者然, 問者駭愕, 疑其爲鬼神."

14 계축년의 상소는 성균관 대사성 직에서 벗어나 개성 유수로 나갔을 때 올린 1793년의 상소이다. 종조부 섬계 이잠에 대한 반대파의 공격이 계속되자 이가환은 결국 이잠에 대한 변론 상소를 올려 자신의 가문에 씌워진 올가미를 타파하려 했다. 하지만 이 상소가 화마가 되어 이가환의 정치적 운명이 위태롭게 되었다는 것이 후배인 정약용의 추론이다.

15 丁若鏞, 『定本 與猶堂全書』 권15, 「貞軒墓誌銘」, "公有絶異於人者數事. 腹笥之藏, 地負海涵, 而至其述作則艱澀, 峭剛之性, 薑辛桂辣, 而至其遇敵則怯懦, 天地萬物之理, 斤剖斧劈, 而至其料事則褊塞. 癸丑之疏, 非其所欲, 亦不得已而爲之, 卒以此亡, 知者悲之."

16 許瓆(1755~1791): 자는 純玉. 큰 누님의 아들로서 금대가 매우 친애한 조카였다. 許晩(1732~1805)의 아들로 포천 출신이며 이가환을 종유했던 문인이다.

[가]는 「정헌묘지명」 본문에 포함된 지문이고 [나]는 부속 삽화 중 하나이다. 부속 삽화 중에는 다산이 금대를 모시며 겪었던 흥미로운 일화들이 수록되어 있는데, [나]에서 보듯이 우리나라 및 중국의 역시 한시에 정통했던 감식 능력이 증언되어 있다. 그런데 이 기사의 찬양 대상은 감식안이지 작시 능력이 아니다. 시인으로서의 능력을 평가 유보한 셈이다. 그런 면에서 장지연이 편한 『대동시선』에 이가환의 시가 5제 6수만 실려 있음[18]도 유의할 만하다. 정치적 위상에 비하면 시문학사에서의 인지도가 높지는 않았다고 판단할 수 있는 현상이다.

[가]에는 범인과는 다른 면모 몇 가지가 특기되어 있는데, 그중 생강과 계수처럼 쏘는 성품이었음에도 적수를 만나면 겁내고 나약해졌다는 부분이 눈에 띈다. 겁에 대한 지적은 이가환의 한시가 중앙 복귀 후에 왜 그렇게 신중해졌는지에 대한 간접 증언으로 삼을 만하다. 1789년 2월에 승지에 제수되어 중앙으로 복귀한 그는, 1790년대에 남인 관료계의 핵심 인물로 성장해 나갔지만 점차 반대파의 살벌한 표적이 되었다. 섬계(剡溪) 이잠(李潛: 1660~1706), 소품 문체, 천주교와 서학 등에 누차 연루되면서 처신이 위태로워지곤 했던 만년의 10년 동안, 그는 원치 않는 권력 투쟁의 살얼음판을 조심조심 헤쳐 나가야 했다. 그런 환경이었기에 때로는 겁을 내지 않을 수 없는 국면이 있었

---

17 丁若鏞, 『定本 與猶堂全書』 권15, 「貞軒墓誌銘」, "公又鑒識精通, 唐宋元明之詩, 一聞皆知其世, 百無一錯, 東人詩尤不可諱. 公之甥許瓚, 持華東歷代詩集, 終日抽問, 卒無一錯."

18 「練光亭」(7절 2수), 「箕子廟」(5율), 「雪晴」(5율), 「遣悶」(7율), 「白門」(7율), 「送萬德還耽羅」(7고).

으리라 보이며, 솔직하고 분방한 시의 향유, 낙관과 자유를 표출하는 자기표현이 어려웠으리라 짐작된다. 겁을 내었다는 다산의 진술은 다른 각도에서 보면 신중하고 조심스러웠다는 쪽으로 해석되어야 실제에 가깝다고 본다.

한편, 정조와 정약용에 비하면 중간자적 입장의 성대중(成大中)의 인물평은 다소 차갑다. 서얼 출신으로서 문명이 높았던 성대중은 정조 시대의 재승박덕한 3인으로 심익운(沈翼雲), 노긍(盧兢), 이가환을 콕 짚어 제시하면서 이렇게 말하고 있다.

> 대체로 덕을 넘어서는 재주는 반드시 자신에게 재앙을 가져온다. 이가환은 노긍을 꺼렸고 노긍은 심익운을 꺼렸는데, 이가환의 박학다식에는 노긍이 미치지 못했으나 학문의 조예는 이가환을 능가하였고, 심익운의 재주는 또 노긍보다 한 수 위였다. 그러나 이가환은 사학(邪學)을 신봉한 역적죄로 처형당했고, 노긍은 어떤 사건에 연루되어 위원(渭原)에 유배되었다가 사면되어 돌아왔으나 끝내 굶주림 속에 죽었으며, 심익운 역시 귀양 가서 죽었으니, 모두 자신의 재주 때문에 이 지경에 이른 것이다.[19]

위 기사의 전후에는 심익운에 대한 진술이 상대적으로 자세한 만큼 노긍과 이가환을 부차적으로 다루고 있다. 적시한 3인에 대한 성대중의 시각은 인재를 아꼈던 정조의 배려에도 불구하고 결국 각자의 덕이 모자라 비극을 피하지 못했다는 것이다. 그런데 이가환에 대해서

---

19 성대중, 『靑城雜記』 권5, 「醒言」, "大抵勝德之才, 必爲身災. 李家煥憚盧兢, 兢憚翼雲, 家煥之博洽, 兢所不及, 而超詣則勝之翼雲之才, 又居其右. 然家煥以邪逆誅, 兢坐事配渭原, 宥還, 竟死於餓, 翼雲亦謫死, 皆以才至此."

는 박흡(博洽)했다는 정도의 인색한 인정과 더불어 '사학으로 인해 주살되었다(以邪逆誅)'는 냉혹한 평가를 각인시켜 놓았다. 천주교 신자가 아니라 했던 이가환의 자기 변론 및 옥중에서의 항거와는 무관하게 네 글자의 매몰찬 평으로 이가환의 삶을 제한해 버린 것이다. 이런 태도로 이가환을 바라볼 경우, 시의 성취는 이미 입에 함부로 올릴 수조차 없는 것이 되고 만다.

그럼에도 성대중의 위 이가환 관련 기사는 숙청 이후의 사회적 분위기를 가늠하는 증거라 할 수 있다. 그 사이에 황사영의 『백서(帛書)』에서처럼 '문장이 온 나라 안에서 으뜸이요 기억력이 귀신 같았다'[20]는 증언도 존재했지만, 사학에 물들어 처단되었다는 세간의 평판은 이가환의 삶과 시문학에 대한 정당한 평가를 기대할 수 없게 만들었다. 그리하여 그의 문학에 대한 적당한 평가는 19세기라는 한 세기가 지난 후에야 출현할 수 있었다. 1907년, 중국 남통에서 신위(申緯)의 시집을 발간할 때 쓴 김택영이 쓴 서문 속에 혜환·금대 부자의 기궤하고 첨신한 문학 경향이 섬광처럼 언급되었다.[21] 하지만 이 역시 현전 이가환 한시와의 연결 여부를 논증하기에는 부분적이고 모호한 인상 비평으로 처리되어 있었다. 결국 이가환의 시문학에 대한 충분하고 적절한 논평은 조선이라는 왕조에서 끝내 이루어지지 못했던 것이다.

---

20 황사영, 『帛書』, "李家煥自在幼少, 才智超群. 及長, 風度魁偉, 文章冠一國, 無書不覽, 强記如神."

21 金澤榮, 『韶濩堂文集』 권2, 「申紫霞詩集序」, "自英廟以下, 則風氣一變, 如李惠寰·錦帶父子, 李炯菴·柳泠齋·朴楚亭·李薑山諸家, 或主奇詭, 或主尖新."

2.2. 현전 한시 자료

이가환 한시가 수록된 시집을 참조하여 현전 작품을 표로 제시하면 다음과 같다. 일람의 편의를 위해 작품 목록 전체를 제시하면 다음과 같다.

【금대시집(錦帶詩集) 비교표】[22]

번호	詩題	국립중앙도서관 소장				규장각 소장		
		(가)	(나)	(다)	(라)	(마)	(바)	(사)
		詩文艸 (한古朝43-가50)	詩文草 (古貴3648-99-9)	詩文 (성호古3648-62-904)	錦帶詩文鈔 (성호古3648-62-1080)	詩文艸 (古3428-372)	錦帶集 (古3428-373)	錦帶詩文鈔 (古3428-439)
1	待月亭	v	v	v	v	v		v
2	長短句, 黔巖傳舍	v	v	v	v	v		v
3	箕子墓	v	v	v	v	v		v
4	奉別巡察使趙公【名曮】	v	v	v		v		
5	送嘉山守李君德叟還朝【名懋】	v	v	v		v		
6	步前韻, 贈尹生	v	v	v		v		
7	贈六愛	v	v	v	v	v		v
8	贈別州民	v	v	v	v	v		v
9	練光亭次鄭知常韻	v	v	v	v	v		v
10	又次多字韻	v	v	v		v		
11	述古	v	v	v		v		
12	次韻贈洪進士【名啓徵】	v	v	v		v		
13	贈全生允涵	v	v	v		v		
14	贈盧吏惠準	v	v	v	v	v		v
15	次韻贈趙吏翼賢	v	v	v		v		

22 이 표는 김효정(2015a)의 부록을 재정리한 것이다. 약간의 착오를 수정하여 사용한다. 이용을 허락해 준 김효정 동학께 감사드린다.

16	花江謫中, 追酬趙生晉範大同江舟中見示二十八韻, 兼簡全生允涵	v	v	v		v		
17	次申震澤韻【名光河】	v	v	v		v		
18	奉和申進澤見贈古風一首	v	v	v	v	v		v
19	贈襄陽崔上舍【名昌迪】	v	v	v		v		
20	雨	v	v	v		v		
21	次許勝菴見示韻【名曼】	v	v	v		v		
22	酬宋芝溪【名載道】	v	v	v		v		
23	酬宋之溪	v	v	v		v		
24	寄宋芝溪	v	v	v		v		
25	寄題鄭察訪龜巖幽居【名道復】	v	v	v	v*	v		v*
26	中秋夜, 過鄭察訪銀溪驛舍留贈	v	v	v		v		
27	觀音寺	v	v	v	v	v		v
28	玉水菴	v	v	v		v		
29	日日	v	v	v	v	v		v
30	觀放鷹	v	v	v	v	v		v
31	秋至	v	v	v		v		
32	贈平康宗人【名型】	v	v	v	v	v		v
33	過沈進士郊居, 晩歸	v	v	v		v		
34	夜	v	v	v		v		
35	雨驟至	v	v	v		v		
36	題紅葉	v	v	v	v	v		v
37	贈崔秀才【名鎭九】	v	v	v		v		
38	寄題李先輩藏岩幽居	v	v	v		v		
39	次許勝菴見訪韻	v	v	v		v		
40	秋日, 栢谷村口, 送許勝菴及從姪幼輿	v	v	v		v		
41	寄題沈進士雲輿幽居	v	v	v		v		
42*	題沈氏壁	v	v	v		v		
43	秋盡	v	v	v		v		

44	花江漫興	v	v	v	v	v		v
45	花江四時詞, 留題主人李氏壁	v	v	v	v	v		v
46	峝男行【爲朴生師舜作】	v	v	v		v		
47	重寄藏菴	v	v	v		v		
48	艮翁李公, 頃寄和韻見懷之作, 誘誨勤懇, 感激孤憤, 斐然有作, 追次却呈	v	v	v		v		
49	梅花引贈文老人【名斗郁】		v	v		v		
50	遣興	v	v	v	v	v		v
51	曉	v	v	v		v		
52	雪晴	v	v	v	v	v		v
53	射虎歎	v	v	v	v	v		v
54	檢田歎	v	v	v		v		
55	夜坐	v	v	v		v		
56	早起	v	v	v		v		
57	遣悶	v	v	v	v	v		v
58	白門	v	v	v	v	v		v
59	奉酬許勝菴見懷之作	v	v	v				
60	追酬桂進士新安餞席送別韻	v	v	v				
61	酬桂進士相憶見寄之作	v	v	v				
62	酬桂進士兼柬洪進士	v	v	v				
63	酬李生宗式	v	v	v				
64	鄭君行, 贈鄭君賢希還新安	v	v	v				
65	答許勝菴	v	v	v				
66	戲呈沈大士, 覓杜詩	v	v	v				
67	趙生晉範, 見貽近體, 恨不遠送頃行, 兼問近狀, 倚韻却寄	v	v					
68	再疊謝沈大士, 惠杜詩	v	v					
69	冬至	v	v					
70	對雪, 戲效元和體, 三十六韻	v	v					
71	送許氏二甥還玉溪	v	v					
72	送丁使君景行之任歙谷【名	v	v					

	載運】							
73	四君詩	v	v					
74	酬許勝菴	v	v					
75	奉呈李艮翁	v	v					
76	臘月六日, 文老家賞梅. 文老愛梅, 自擔歸數百里外	v	v					
77	贈裵生慶祚	v	v					
78	尹公輓(代人)	v	v					
79	倚韻贈沈生	v						
80	倚韻, 酬宋芝溪憶金剛雪景, 路次先訪之作	v						
81	疊栢谷韻, 酬朴生爾素	v						
82	元日, 寄純玉	v						
83	次沈生厦成韻	v						
84	人日	v						
85	偶出	v						
86	雨	v						
87	枕泉軒	v						
88	倚韻, 酬辛監役	v						
89	次許勝菴韻	v						
90	贈文蘆	v						
91	謝歙谷丁使君餉湖蟹	v						
92	迢遰	v						
93	寄題馬峴朴氏幽居【名舜羽, 其父震輿, 戊申以向兵赴義】	v						
94	雨	v						
95	酬李承宣見贈韻	v						
96	次祥原宗人來訪見示韻	v						
97	倚酬重表兄李敬庸	v						
98	雨過栢谷, 用槎川韻	v						
99	文水瀑	v						
100	酬沈進士	v						

101	步宗人司諫韻, 贈申生	v						
102	次沈進士見寄韻	v						
103	贈吳使君	v						
104	次韻呈許勝菴, 兼速其來	v						
105	喜純玉到	v						
106	別純玉	v						
107*	題鄭滄海遊海岳畵卷	v						
108	縣齋和尹生贈別【名得梯】	v						
109	題延安李氏八旌閭重修用原韻	v						
110	寄題金逸人連化幽居【名德運】	v						
111	奉寄寧越李使君【名東郁】	v						
112	顯隆園遷奉挽章	v						
113	趙先達挽【名進道】	v						
114	贈光國【族孫是銑】	v						
115	金兵使輓	v						
116	送聖在	v			v		v	
117	奉和樊巖蔡相公御製賡韻	v			v		v	
118	用前韻贈高生【名仁基】	v			v		v	
119	恭和御製謁思陵志感韻	v			v		v	
120	送洪生孟浩【名大然】	v			v		v	
121	贈權甥穉福	v			v		v	
122	房錄事輓【名如坤】	v			v		v	
123	題金生梅	v			v		v	
124	次慶州孫氏家內賜雞川君三寶韻	v			v		v	
125	李積城輓【名德懋】	v			v		v	
126	秋日同諸君西池賞荷拈風字共賦	v			v		v	
127	陪羣公重過西池	v			v		v	
128	送尹員外彝敍還海南【名持範】	v			v		v	
129	贈李侍郎公會菊【名鼎運】	v			v		v	

130	洪知事輓【名聖源】	v			v		v	
131	陪遊籠山亭應製	v			v		v	
132	是夜泛舟太液池應製	v			v		v	
133	西池賞蓮奉和丁海左有懷寄示之作	v			v		v	
134	倚韻奉呈權尚書	v			v		v	
135	李堤川輓【名熻】	v			v		v	
136	鄭磬菴輓【名延慶】	v			v		v	
137	次韻奉呈同樞愼公重牢宴席	v			v		v	
138	金同敦寧輓【名蓍耉】	v						
139	題金白巖遺詩後	v			v			v
140	恭和內賜中和尺韻	v			v			v
141	哭申辰澤【名光河】	v						
142	追輓許右巢【名是】	v						
143	送汝鼎入燕, 再從彛煥	v						
144	哭宋芝溪	v						
145	永川鄭處士萬【名一鑽】	v						
146	奉次侍郎洪公耆老陞秩韻【名周萬】	v						
147	申石北遷葬輓詞【名光洙】	v						
148	次許睡牕韻【名源】	v						
149	梅窩步宋氏韻【名悌】	v						
150	七夕	v						
151	七月十七夜, 偕誠吾姜承宣忱 · 德能申京兆郎奭相 · 无咎尹正言持訥, 登洗劍亭, 風雨晦冥, 蕭林澒洞, 夜過半, 陰翳盡消, 月色皎然	v						
152	倚海左韻 贈崔秀士學初	v						
153	今上戊午春正月, 大司馬權公, 以七十入耆社, 左相樊巖公, 贈以絶句, 有小序, 司馬公, 又有七言四韻一首, 述	v						

	世德敍恩造, 要同人屬和, 余亦率爾奉次							
154	送李侍郞仲輝按節關北【名集斗】	v						
155	南城春望	v						
156	陪申大鹵, 遊金氏園林	v						
157	恭和御製, 三月十九日, 望拜皇壇, 激減倡義, 命文正公尹煌不祧韻	v						
158	又和是日, 拜金忠武公應河後孫宅基宣傳官, 仍試射, 賜第韻	v						
159	春暮, 偕聖勛李校理錫夏・徯父韓校理致應・華五沈校理奎魯, 无咍, 遊洗劍亭	v						
160	暮歸, 登彰義門	v						
161	山茶	v						
162	沈正言輓【名鳳錫】	v						
163	白牧丹	v						
164	燈夕見招, 共登西園, 瞻眺遠近, 慨然興懷, 短述見志	v						
165	吳氏園	v						
166	李上舍【奎鎭】大溪幽居 四詠	v						
167	贈鄭生	v						
168	送申蕉石入月溪【名夔相】	v						
169	送族孫是論	v						
170	七月十六夜, 陪樊巖相公, 泛舟是岸亭前	v						
171	寄申蕉石	v						
172	寄題松石園	v						
173	道傍車, 酬申大鹵	v						
174	重過吳氏園	v						
175	送秋	v						

176	哭尹生昌殷	v						
177	李校理平仲輓【名福潤】	v						
178	樊巖蔡相國輓詞	v						
179	丁獻納善長輓【名志元】	v						
180	李江陵穉輝輓【名景溟】	v						
181	申同敦寧輓【名光堯】	v						
182	用鍊光亭贈別韻, 送趙生晋範, 還西京 兼柬舊知	v						
183	次七灘亭韻, 贈孫進士秉魯	v						
184	題申甥鼎權試券	v						
185	恭次御製手圈諸書韻	v			v			v
186	七月十六夜, 與沈學士華五乘舟泝洄二水	v			v			v
187	是岸亭	v			v			v
188	卄七夜, 尹正言无咎, 携洪生得書至, 甚喜有作	v			v			v
189	月夜與人玉滄江泛舟同賦	v			v			v
190	贈申大鹵	v			v			v
191	秋晩大鹵五沙見過	v			v			v
192	籜下夜過同賦【申甫相】	v			v			v
193	悼櫻廬姬人	v			v			v
194	奉酬沈學士華五	v			v			v
195	送金仲振還義城【名英鐸】	v			v			v
196	故壯勇外使趙判書輓【名心泰】	v			v			v
197	簡寄申蕉石	v			v			v
198	哭權承旨東野【名坪】	v			v			v
199	哭洪判尹【名周萬】	v			v			v
200	酬沈子【名鍵】	v			v			v
201	西城小集	v			v			v
202	半湖宅映山紅盛開, 拈僧字共賦	v			v			v
203	又得紅字	v			v			v

204	喜雨	v			v			v
205	松日樓小集	v			v			v
206	徐氏園	v			v			v
207	觀畫共大鹵賦	v			v			v
208	踈軒夏日	v			v			v
209	近水亭, 偕尹侍郎李京尹申令共賦	v			v			v
210	是夕泛舟値雨	v			v			v
211	入夜	v			v			v
212	明日放船, 風急復還, 尹侍郎申令先歸	v			v			v
213	亭子留題	v			v			v
214	送蔡尙書留後沁都【名弘履】	v			v			v
215	贈五沙	v			v			v
216	陪羣公, 宴南營水閣, 拈韻	v			v			v
217	沈君仲賓, 種玆佳菊, 菊旣茂矣. 不戒于夜, 畦畹俱空. 好事聞之, 競相贈遺, 所獲過初. 喜而有詩, 余亦屬和	v			v			v
218	朴石浦, 家藏崇禎戊辰甲申大統曆	v			v			v
219	奉次表兄三秀翁四一詩韻. 柳進士光鎭	v			v			v
220	九孔琴	v			v			v
221	恭述擬大行大王輓詩十首, 庚申六月二十八日, 正宗大王忌辰	v			v			v
222	十一月晦夜, 臥念每歲別頒曆日, 愴然有述	v			v			v
223	申士洽【名惠淵】, 見示近詩, 中有和鄙人之作, 更和一絶, 時士洽新拜官	v			v			v
224	和尹侍郎梅花	v			v			v

225	五沙李尚書輓	v			v			v
226	贈人詩	v						
227	送萬德還耽羅				v			v
228	申童子書識後				v		v	
229	辛亥秋八月, 以檢田行過漆谷, 省視兩殤葬. 歲月滋久, 榛莽翳然, 愴然有述				v		v	
230	酬新安洪進士寄示韻				v		v	
231	寄題鐵山鄭氏耕讀亭				v		v	
232	戲次尹彝敍韻				v		v	
233	送韓學士徯甫以書狀赴燕				v			v
234	送鄭汝海之任結城				v			v
235	五沙宅共賦, 時尹侍郎許以空舍, 借大鹵住				v			v

* 제42제 「題沈氏壁」은 시 원문이 없고, 제107제 「題鄭滄海遊海岳畫卷」(25항)은 제발(題跋) 형태의 작품임.

이제, 위 작품이 수록된 이본 7종을 대비하여 살피기로 한다.

① 李家煥, 『詩文艸』, 국립중앙도서관 소장, 청구기호 : 한古朝43-가50
② 李家煥, 『詩文草』, 국립중앙도서관 소장, 청구기호 : 古貴3648-99-9
③ 李家煥, 『詩文』, 국립중앙도서관 소장, 청구기호 : 성호古3648-62-904
④ 李家煥, 『錦帶詩文抄』, 국립중앙도서관 소장, 청구기호 : 성호古3648-62-1080[23]
⑤ 李家煥, 『詩文艸』, 서울대 규장각한국학연구원 소장, 청구기호 : 古3428-372
⑥ 李家煥, 『錦帶集』, 서울대 규장각한국학연구원 소장, 청구기호 : 古3428-373

23 한국문집총간 제255집의 『錦帶詩文鈔』는 이 책을 저본으로 삼았다.

⑦ 李家煥, 『錦帶詩文抄』, 서울대 규장각한국학연구원 소장, 청구기호 : 古3428-439

[* 위는 『錦帶殿策』, 『大東詩選』 등의 산문집과 시선집 자료는 제외한 것임]

위 국립중앙도서관 소장본 4종, 규장각 소장본 3종에 대해서는 해당 기관에서 이미 해제가 제공되고 있다. 아울러 위 이본에 대한 설명은 김효정의 석사 논문에 자세하거니와 논문 부록에는 7종의 수록 시편에 대한 비교표를 작성하여 연구의 편의를 돕고 있다.

이본 7종 중에서 연구자들이 지금까지 선본으로 삼았던 자료는 ①이다. 춘(春)·하(夏)·추(秋)·동(冬) 4책 중에서 춘책에 224제의 시가 시기순을 고려하여 편차되어 있다.[24] 여타 이본에 비해 현전 수록 작품이 가장 많다. 여기에 수록되지 않는 9제가 위 ④의 끝에 실려 있고, 누락된 칠언고시 「매화 노래, 문노인에게 드리다(梅花引贈文老人)」 1제가 위 ②, ③, ⑤에 실려 있다. 10제를 합하면 총 234제의 한시가 현재 조사된 작품의 총량이다.

①을 중심으로 하건대 ④는 ①의 일부와 미수록분 9제가 실려 있다. 이 9제는 위 ⑥의 5제와 ⑦의 4제를 합친 결과이다. 따라서 ④는 ①, ⑥, ⑦을 참조하여 발췌한 것으로 추정된다. 한편, ②와 ③은 ①의 작품과 모두 겹친다. 그런데 이 중 주목할 자료는 2권 1책 낙질본인 ②이다. 권1에 목차와 시 58제가 실려 있고 권2에는 시문 목차와 함께 시 21제까지만 남은 형태이다. 김화 유배기까지의 시편이 남아 있고 이후는 모두 낙질이다. 주의할 사실은 ②의 수록 시편이 규장각본인 ⑤와

---

24 春冊을 제외한 3책은 산문 수록분이다. 김효정은 춘책의 시 전체를 225제로 보았으나 이 중 산문작 「題沈氏壁」을 제외하면 224제가 된다.

일치하되 순차만 달라졌다는 점이다. 저자 수택본으로 추정되는 ⑤의 경우 작품별 시기가 들쭉날쭉한 부분이 있는데 ②가 시기순을 감안하여 ⑤를 재편성한 것으로 짐작된다. 선후 관계로 보자면 ⑤ → ②의 이동을 확인할 수 있으나, 연구자의 입장에서라면 ②의 편차 결과가 오히려 연구에 많은 도움을 줄 수 있다. 편자가 작품의 작성 순서를 감안하여 시기별로 배열하고자 했기 때문이다. 선본 ① 역시 이 순서를 그대로 따르고 있다. 따라서 ②를 활용할 경우, 남아 있는 목차에 의거하여 김화 유배기까지의 시편을 시기순으로 고찰해 볼 여지가 커진다.

②의 가치에도 불구하고 편자가 정확하게 시기를 재구했는가는 더 자세히 따질 필요가 있다. 이와 관련하여 매우 주목되는 자료가 바로 규장각 소장본 ⑤이다. 전체 40장 낙장 필사본인 이 책은 교정 기록과 간단한 일기 몇 장이 남아 있으며 저자의 수택본으로 추정되는 책이다.[25] 책의 앞뒤 여백에 남아 있는 총 4장의 일기는 1787년 4월, 5월, 11월, 12월의 일을 간략히 적어놓은 형태이지만, 김화 유배 전후의 시를 고증하는 데 꼭 살펴야 할 중요 기록이다. 예컨대 4월의 일기에 따르면 이가환은 의금부의 취리(就理)에 응하기 위해 1787년 4월 7일에 정주를 떠나 가산, 안주, 평양을 거쳐 한양으로 왔고, 27일에 김화로의 정배 명령을 받은 후 다음날인 28일에 포천의 누님 댁을 들른 다음 유배지로 향하였다. 5월의 일기에는 김화의 생창역(生昌驛) 배소에 도착한 이후의 생활과 특기할 사항들이 적혀 있어서 유배 초기의

25 김영진이 규장각본 『시문초』의 해제에서 저자 수택본으로 추정하며 일기 자료를 주목한 적이 있다.

정황을 알려주며, 11월과 12월의 일기도 만난 사람, 주변 인물, 편지 왕래 등을 점검할 수 있게 해준다. 기존의 연구는 이 일기 자료에 충분히 주의하지 않았던 까닭에 현전 한시의 작성 시기와 맥락을 오독하는 실수를 범하곤 하였다. 시기를 고려하여 재정리한 ②의 자료도 이 일기를 보았을 가능성이 있으나 필자가 보건대 여전히 첫머리 10여 제의 작품 순서가 모호하다. 결국 ②에서 정비한 도입부의 작품 순서도 완전히 신뢰하기 어려운 것이다.

이외 이본 중 ⑦은 ④를 참조하여 후대의 인쇄용지에 시체별로 선별 수록한 것으로 보인다. 시체별 편성 기준을 적용하여 권상(卷上)에 고시 9수, 근체시 80수, 육언(六言) 1수가 차례로 실려 있다. 시와 산문이 적힌 불분권 1책 분량의 ⑥은 27제의 시편만이 선별되어 있으나 차후 ④에 수용되는 5제를 간직하고 있다. 이 5제가 ④를 제외한 여타의 이본에 중첩되지 않기에 ⑥가 ④에 선행했음을 추정할 수 있겠다.

이상의 자료 검토를 통해 본고에서 간추려 강조하고 싶은 내용은 이러하다.

첫째, 위 ①에 실린 한시 작품이 현전 작품 대부분을 포괄한다. 이외의 10제는 ②, ③, ④를 통해 보완된다.

둘째, 저자 수택본으로 추정되는 ⑤는 이본 계열 최초의 자료로 여겨지며, 특히 4면 분량의 일기 메모는 김화 유배 시기의 작품을 고증하는 데 필수적이다.

셋째, 김화 유배기까지의 시를 시기순으로 재편한 ②는 김화 유배기의 시를 연구하는 데 소중한 자료이다. 다만 편자가 정한 순서에도 모호한 부분이 있으므로 ⑤의 일기 자료를 유의해서 대비할 필요가 있다.

3.3. 연구사 검토

시 작품과 관련된 기존의 연구 논저 및 번역서를 시기순으로 배열하면 다음과 같다.

[논저]

정우봉(1984), 「李家煥의 文學論과 詩世界」, 고려대학교 석사학위논문.[26]

김동준(2001), 「이가환 漢詩 연구」, 『한국학논집』 35, 한양대학교 한국학연구소.[27]

박동욱(2008), 「금대 이가환 유배 한시 연구-金化 유배 시기를 중심으로」, 『동방학』 15, 한서대학교 동양고전연구소.

김영수 · 김효정(2014), 「錦帶 李家煥 輓詩 研究」, 『동아시아고대학』 36, 동아시아고대학회.

김효정(2015a), 「錦帶 李家煥의 시문학 연구」, 단국대학교 석사학위논문.

______(2015b), 「錦帶 李家煥 詩文學 一考察」, 『한국한시연구』 23, 한국한시학회.

명평자(2016), 「錦帶 李家煥의 散文 연구」, 충남대학교 박사학위논문.

______(2017), 「錦帶 李家煥의 詩論 一考」, 『동남어문논집』 43, 동남어문학회.

______(2022a), 「錦帶 李家煥의 詩의 창작 배경」, 『한국사상과문화』 105, 한국사상문화학회.

______(2022b), 「錦帶 李家煥의 經世詩 一考」, 『인문사회21』 13, 인문사회21, 동남어문학회.

여운필(2022), 「錦帶 李家煥의 삶과 詩」, 『한국한시연구』 30호, 한국한시학회.

---

26 정우봉(2021)에 시론 부분이 정리되어 재수록됨.

27 한양대학교 한국학연구소 편(2002), 『18세기 조선지식인의 문화의식』, 한양대학교 출판부에 재수록됨.

김동준(2023), 「김화(金化) 유배기 이가환(李家煥) 한시(漢詩)의 전개 양상과 문학적 가치」, 『이화어문논집』 59집, 이화어문학회.[28]

[번역서]

송준호 · 안대회(1996), 『한국고전문학전집』 28, 고려대학교 민족문화연구소.[시문 발췌 번역.]
안대회 옮김, 이용휴 · 이가환 지음(2003), 『나를 돌려다오』, 태학사.
조남권 · 박동욱 역(2009), 『이가환 시전집』, 소명출판.
박동욱 옮김(2014), 『금대집』, 한국고전번역원.

한시 연구에 집중한 연구사는 정우봉의 1984년 석사논문부터 시작된다. 다만 최상천(1982)에서 보듯 『금대전책(錦帶殿策)』을 중심으로 한 산문 연구가 이에 앞서면서 산문 연구의 길을 텄고,[29] 그보다 먼저 홍이섭(1956)에서 시발되는 서학 · 과학 · 실학 분야의 연구가 흐름을 형성해 왔다.[30] 근대의 연구사도 전반적으로는 천주교 → 실학 → 문학의 순서로 시대의 요구에 응했던 것이다.

정우봉(1984), 김동준(2001), 박동욱(2008)의 초기 연구는 25년 동안 겨우 3편의 논문이 제출될 만큼 연구사가 소략했음을 방증하며, 연구의 동기와 시각도 각각 달랐다. 정우봉의 관심은 문학 일반론을 이가환의 문학론과 시 작품에 적용하면서 이가환 한시가 도달한 문학성을 탐구하는 데 있었다. 미학 연구의 맥락을 따른 것인데, 실제로 고분(孤

---

28 이 논문은 실시학사에서 기발표(2022. 12. 20)한 내용 일부를 따로 묶어 작성한 결과이다. 본고의 일부로 다시 가져와 작성한다.

29 최상천(1982); 문수영(1995); 이미선(2006); 명평자(2016)

30 홍이섭(1956); 엄미원(1985); 하성래(2001); 구만옥(2006) 등.

憤)의 세계[31]와 유의(幽意)의 세계[32]를 두 축으로 삼아 시세계를 조명하였다. 이때 추출한 정치적 비운, 실학적 경륜, 백성에 대한 공감, 청징(淸澄)의 추구 등 핵심 개념은 이후 연구에서도 빠뜨리기 요소가 되었다. 하지만 고분(孤憤)의 경향을 김화 현감(金化縣監) 시절로, 유의(幽意)의 경향을 1797년의 한거(閒居) 시절에 대응시켜 작품 세계를 분류하고 있는바, 여기에는 사실의 오해,[33] 분류의 편의[34] 등 취약점이 존재하고 있었다. 이가환의 현전 한시는 지금 보아도 작품 낱낱을 고증하기가 무척 까다로운데, 석사 논문 작성을 겸한 최초의 연구로서는 이 난도를 극복하기가 어려웠을 것이라 보인다.

김동준(2001)도 마찬가지다. 하성래(2001)와 함께 한양대학교 한국학연구소의 이가환 특집에 참여했던 연구 성과지만, 이 역시 시론과 창작 준거를 제안한 다음, 경외공간(京外空間)의 우수(憂愁)와 재경공간(在京空間)의 정서로 양분하여 시세계를 설명했다.[35] 하지만 이 논문에서 김화 유배를 김화 현감 좌천으로 오해하는 등의 기초적 검증에 실패하였고, 경외와 재경의 공간적 양분 위에 각각 우수와 즉흥을 단순 대입시킴으로써 이가환의 삶에 밀착된 연구에 미치지 못했다. 이가환 한시에 대한 충실한 탐구가 요구되는 단계였지만 미흡한 수준에

---

31 하위 항목에서 정치적 비운과 갈등, 실학적 경륜의 좌절과 울분, 백성들의 세계에 대한 공감(35~49쪽)을 짚었다.

32 하위 항목에서 離俗的 지향, 淸澄한 세계의 희구(50~59쪽)를 살폈다.

33 단적으로 김화 유배를 김화 현감으로의 좌천이라 이해한 것(35쪽)은 사실을 벗어난 오해이다.

34 유배의 상황과 한거의 상황을 대비시키면 여타 작품들과 복수의 경향이 결과적으로 부차화되고 만다.

35 김동준(2001), 57~65쪽.

서 미봉되었던 것이다.

다시 7년 후에 재개된 박동욱(2008)의 논문은 다행스럽게도 김화 유배 전후의 상황을 변증하면서,[36] 정주 목사에서 김화 유배지로 향하는 과정의 복잡한 심사, 유배지에서의 대면한 민중의 삶과 경세제민의 의지에 주목했다. 유배지에서 느꼈을 우수와 비감의 정조, 한정과 탈주 욕망 등을 아울러 검토함으로써[37] 김화 유배기 한시의 특징적 경향을 의욕적으로 조명해 내었다. 하지만 정주 → 서울 → 김화로 이어지는 동선을 놓치고, 김화 유배 과정과 이곳의 정치·지리적 환경을 충분히 고려하지 못했다. 또한 김화 유배기 이가환의 복합적 심리를 유배·낙척불우(落拓不遇)·우수·탈주로 초점화한 까닭에 상황에 맞서는 시인의 여유와 정신적 저력을 경홀하게 남기고 말았다.

박동욱 이후 이가환 한시 연구에 주력한 연구자는 김효정과 명평자이다. 두 사람은 각각의 연구를 바탕으로 석사논문과 박사논문을 작성하게 되는데, 이를 가능하게 한 발판은 이가환 한시의 완역이었다. 번역의 경우 일찍이 송준호·안대회(1996)의 성과가 있었지만, 일부를 발췌한 데 그쳤다. 그러나 2009년에 조남권·박동욱 역(2009)의 『이가환 시전집』이 공간됨으로써 후속 연구에 활기를 불어넣었다.[38] 군데군데 번역상의 실수가 존재하지만, 완역의 출현이 후배들의 연구를

---

36 박동욱(2008), 43~45쪽. 작품 고증에 대한 성실함이 보이는 대목이다. 다만 국립중앙도서관 소장 4책본 『詩文艸』에 근거한 이 변증도 결국은 정주 목사 → 유배지 김화로 이해한 까닭에 혼동을 해결하기 어려웠다.

37 김화 유배기의 서정을 낙척불우로 인한 우수와 비감(56~61쪽), 閒靜에서의 탈주 욕망(62~66쪽)으로 대표화하고 있다.

38 이 번역서는 필자의 이번 연구에도 많은 도움을 주었다. 다만 동의할 수 없는 번역이 적지 않으므로 기존 번역을 참조하되 가능한 재번역을 거치고자 했다.

촉진시켰음은 분명하다. 이 중 김효정은 이가환의 만시 연구(2014)를 거쳐 시문학 전체를 포괄하는 석사논문(2015)을 제출하였으며, 근기남인 문단 내에서의 이가환의 역할을 추가적으로 검토(2015)하였다. 석사논문에 포함된 이본 관계, 생애와 교유는 향후 연구에 도움이 될 만하며, 시세계를 조명하면서 설명한 '그리움과 울적한 심사', '관인으로서의 자세' 또한 이가환 한시의 이해에 기여하는 성과이다.[39] 이 논문 부록에 실린 【금대 시집 비교표】는 현전 금대 한시를 이본에 따라 일목요연하게 일별할 수 있도록 하여 향후 연구자에 많은 도움을 주리라 생각한다. 남인문단 내에서의 위상에 주목하여 해배 후 사환기의 역할을 시문학 속에서 검토한 후속 논문[40]도 김화 유배기에 집중되었던 연구 경향을 보완하는 의미가 있을 것이다. 하지만 여전히 이 일련의 논문에서도 김화 유배 과정에 대한 사실 관계, 김화 유배지의 정치·지리적 성격과 이가환의 능동적 대응 등이 적절히 조명되지 못하는 한계를 이어받고 있다.

이가환의 산문 연구로 박사학위 논문을 제출한 명평자는 학문 경향, 문학이론에 대한 탐구를 수행한 바탕 위에서[41] 한시의 시론(2017), 창작 배경(2022a), 경세시(經世詩, 2022b)를 연이어 연구해 냈다. 다만 이 일련의 논문은, 기존 연구를 재론하는 과정에서 논의를 보완하고

39 하위 항목으로 다룬 '단절된 세상에서의 戀歌'(48~54쪽)는 김화 유배기 한시 일부를 검토한 결과이고, '영원한 이별의 悲歌'(54~61쪽)는 만시를 대상으로 한 설명이다.

40 해배 복귀 후 중앙에서 재임하는 동안 이가환이 남인 문단에서 수행한 역할을 한시 자료를 통해 설명한 것이다.

41 명평자(2016), 위의 박사논문. 2장에서 학문적 연원, 西學에 대한 인식, 古學과 博學을 점검했고, 3장에서는 六經 학습과 자득, 사실적 묘사와 참된 문장의 추구, 효용적 가치 중시의 문학관(9~76쪽) 등을 검토했다.

종합하는 방식을 취하고 있음에도 논의의 심도를 더하지 못했거나,[42] 경세시처럼 특정 주제를 독립시켜 검토하였음에도 논의가 대체로 상식적 수준에 머물며 깊이 있는 분석이 수반되지 못하였다.[43]

이가환 한시에 대한 근래의 연구 성과는 여운필(2022)의 「금대 이가환의 삶과 시」이다. 작가론에 관점에서 작성된 이 논문은 유배기의 시편과 해배 후의 삶과 시를 추적하면서, 당시의 정치사 및 이가환의 처지 그리고 상관되는 작품의 특징과 작법 등을 꼼꼼하게 검토하였다. 시를 통로로 삼아 이가환의 삶과 내면을 설명한 성과로서 작품 분석의 깊이를 느낄 수 있게 되어 있다. 그러나 이 논문에서도 김화 유배의 과정 중에 입경한 사실이 포착되어 있지 않으며, 작품의 분석 또한 작법과 주제에 치중되어 있어서 정치 · 지리적 문맥에서 작품을 재검토하는 본고와는 관점이 다소 다르다. 연구사의 마지막에 놓인 김동준(2023)은 본고의 일부로 수렴하는 논문이므로 여기에서는 평가 대상에서 제외해 둔다.

이상 이가환 한시의 연구사를 비판적으로 개괄한바, 시론, 시의 특성, 특정 주제 등으로 연구사가 집중되었음을 확인했다. 또한 연구자들의 시각은 대체로 경세 관료로서의 지향과 유배기의 불우를 양단으로 삼아 이가환 한시의 이쪽과 저쪽을 조명하는 방식이 주류를 이루어왔다. 이러한 시각과 설명이 틀린 것이었다고 하기는 어렵다. 이가환의 시 세계에서 빼놓아서는 안 될 특징적 지점을 포착한 공이 있기

42 명평자(2017)의 시론 연구는 정우봉의 시론 연구를 응용한 것이다.

43 명평자(2022b)의 경세시 연구는 唐虞 · 三代之治의 이상, 愛民矜恤의 탄식, 經世濟民의 개혁지향이라는 범주를 설정하고, 그 안에 몇몇 작품을 배당하여 해설하는 수준에 그치고 있다.

때문이다. 하지만 한편으로 기존 연구는 유배라는 상황을 지나치게 비극적인 상태로 과잉 해석해 온 듯하다. 김화 유배기의 상황은 앞뒤 맥락을 보다 구체적으로 고찰해야 마땅한데 유배에 종속되고 수동화되는 존재로서의 이미지가 과도하게 부각되었다.

유배 체험 안에는 물론 비애가 스며들지 않을 수 없다. 하지만 유배인이 불우한 상황과 맞서며 구축했던 내면의 힘과 저항이야말로 어쩌면 더 깊은 심급에 이른 작품이요 표면과 다른 본질일 수 있다. 그렇기에 본고에서는 기존의 연구에서 간과하곤 했던 내면의 능동성을 더 응시하며 해석의 균형을 보강하려 한다. 일면이 아닌 다면의 복합체로 김화 유배기 이가환을 재해석해 보려 하는 것이다. 이를 위해 김화 유배의 과정에 주목하면서 당시의 작품과 환경을 고려한 미시적 분석을 수행하려 한다. 특히 기존 연구에서는 정주 → 서울 → 김화에 이르는 행정(行程)을 파악하지 못함으로써 적지 않은 혼선과 오해를 범하였다. 이번 기회에 이에 대한 보정이 이루어지기를 바란다.

아울러 해배 사환기의 시편의 경우도 역시 이가환이 처한 정치 현실을 밀접하게 고려하면서 분석될 필요가 있다. 작가가 처한 현실과 접속된 구체적 분석이 진행되지 않으면, 경세가와 실학자라는 당위적 개념을 따라 작품의 실상이 제대로 파악되기 어려울 것이다. 사환기 한시의 과작(寡作) 경향 및 시 쓰기 태도, 작품의 절제감은 시인의 처세와 신중한 고민이 반영된 결과라고 읽힌다. 작품이 산생된 현장으로 나아가 이가환 시의 이면까지를 탐색할 수 있을 때 비로소 진정한 모습이 밝혀질 수 있으리라 기대한다.

3. 김화 유배기의 환경과 서정의 다층적 양상

3.1. 유배 과정과 관서(關西) 사민(士民)의 여망 대면

『대전통편』 편찬의 공로를 인정받아 1786년 6월 동부승지에 발탁되었던 이가환은 겨우 한 달 뒤인 7월에 외직인 정주 목사에 제수된다. 노론의 견제를 받은 여파였다. 이듬해인 1787년 4월에는 관청의 곡식을 잘못 사용했다는 등의 이유로 암행어사 이곤수(李崑秀)의 파직 서계에 이름이 올랐다. 상경하여 대명했던 그는 4월 27일에 원춘도(原春道) 김화현(金化縣)에 3년간 정배하라는 판결을 받았다. 현전 이가환의 시가 시작되는 때도 이 무렵이다. 【금대시집 비교표】의 제1~3번[44]인 「대월정(待月亭)」, 「장단구, 검암전사에서(長短句 黔巖專舍)」, 「기자묘(箕子墓)」부터 「육애에게(贈六愛)」, 「고을 백성들과 이별하며(贈別州民)」, 「연광정에서, 정지상의 운에 차운하여(練光亭 次鄭知常韻)」, 「옛 뜻을 서술하다(述古)」 등을 거쳐 제13~15번 「유생 전윤함에게 주다(贈全生允涵)」, 「관리 노혜준에게 주다(贈盧吏惠準)」, 「차운하여 관리 조익현에게 주다(次韻 贈趙吏翼賢)」까지가 모두 이 기간에 창작된 시이다. 이후 제16번 「화강 유배 중에, 유생 조진범이 대동강의 배 안에서 보여준 28운을 소급하여 수창하고, 겸하여 유생 전윤함에게 편지 삼아 부치다(花江謫中, 追酬趙生晋範大同江舟中見示二十八韻, 兼簡全生允涵)」부터 제107번 「창해 정란의 해악화권에 제하여(題鄭滄海遊海岳畫卷)」까지가 김화 유배기에 작성된 시편이라 추정되고, 이후 제108번 「현의 서재에서 유생 윤득제에게 화답하다(縣齋和尹生贈別 名得梯)」부

44 이하 연번은 【금대시집 비교표】의 일련번호를 말한다.

터 권말의 「어떤 사람에게 준 시(贈人詩)」 및 보완 9제까지가 해배 후 사환기에 지어진 작품으로 판단된다.

그런데 기존 연구에서 중요하게 다루었으면서도 혼선이 많았던 부분이 바로 제1~15번의 작품들이다. 이는 규장각본 『시문초(詩文艸)』의 일기 자료를 간과했던 데서 연유한 것이므로 이번 기회에 이를 바로잡아 보고자 한다. 우선 위의 일기 중 처음 4월의 내용을 보면 이곤수의 파직 서계에 따라 이가환이 서울의 의금부로 나아가 심문을 받는 과정이 나온다. 그는 4월 7일에 정주에서 출발하여 가산(嘉山)에 숙박했고, 8일에는 안주와 숙천을 지나 9일 밤에는 평양에서 묵었다. 기왕의 연구자들이 이 사정을 알지 못했기 때문에 제1~12번이 정주에서 서울로 오는 과정에서 제작되었음을 이해하지 못하였고, 그래서 대부분이 정주 목사로 부임하는 과정에서 산생된 시라 추정하고 말았다. 이후 4월 10일에는 중화, 11일에는 봉산, 14일에는 임진, 15일에는 검암(黔巖)을 거쳐 입경했고, 16일에는 대명한 후 17일에 의금부에 취리(就理)하였다. 그리고 10여 일의 조사를 받은 뒤 4월 27일에 3년간 김화 정배하라는 처분을 받았던 것이다.[45]

5월의 일기도 주의가 필요하다. 특기 사항을 일자별로 메모한 기록 중에는, 5월 1일 유배지인 생창역(生昌驛)에 도착했고, 3일, 10일, 14일에는 가서를 왕환했다. 16일에는 본관(本官)과 우관(郵官)의 내방을 받

---

45 李家煥, 『詩文艸』, 서울대 규장각한국학연구원 소장본(古3428-372)의 4월 일기 추출: "初七日, 晴. 發行, 宿嘉山, 初八日, 晴. 中火安州, 宿肅川, 初九日, 晴. 中火順安, 宿平壤, 初十日, 或陰或晴, 或小雨. 宿中和, 初十一日, 或陰或晴, 夕微洒. 中火黃州, 宿鳳山, 十四日, 晴. 中火, 宿臨津, 十五日, 中火黔巖, 入京, 十六日, 晴. 待命, 十七日, 陰. 就理, 二十七日, 定配所."

았으며 17일에는 신광하(申光河)의 편지를 받았다.[46] 사소해 보이는 이 사실이 중요한 이유는, 이 정보가 유배지에서 작성된 현전 시들을 파악하는 데 큰 도움을 주기 때문이다. 예컨대, 매형인 허만·허질 부자가 거주한 곳이 포천이므로 뒷바라지와 왕래가 용이했다는 점, 현지의 본관(本官)과 우관(郵官)이 유배인 이가환에게 호의적이었으며 신광하를 비롯한 인사들이 자유롭게 편지를 왕래했다는 점을 고려하면 유배 당시의 환경과 시편의 시기 등을 추론하기가 쉬워진다. 6월부터 10월까지의 일기는 결락된 듯한데, 11월과 12월의 일기 속에 등장하는 인물과 사건 역시 김화 유배지의 시들을 고증하는 데 필수적인 자료이다.

이제 정주 목사에서 김화 유배지로 이동하는 동안의 작품들로 돌아가 보자. 제1번 「대월정(待月亭)」에서 이곳이 어디인지는 확정할 수 없으나 정주목에 이 정자가 있었을 가능성이 높다.[47] "가련하여라 밝은 보름달이여, 비단 창문 열려 있는 걸 알면서도, 그저 난간 구비에서, 주저하며 들어오지 않으려 하네.(可憐明月色, 應解綺牕開. 只在欄干

46 상동, 5월의 일기 추출: "五月初一日. 到配於生昌驛, 初三日, 或[1자 결락]或晴. 小同還, 寄家書, 初十日, 晴. 後得來, 見家書, 十一日, 晴. 參望哭, 悲慟難抑, 十四日, 大雨. 後得還抱川, 十六日, 雨午乍晴. 本官與郵官來訪, 十七日, 晴. 見申震澤書, 十九日, 或雨或晴. 訪李判官宜耇, 鏡城謫行, 二十二日, 朝雨, 午後或陰或晴, 夜雨. 北兵使李漢豊, 遞歸迺訪, 本官見來訪, 二十五日, 陰或微洒. 郵官來訪."

47 元在明, 『芝汀燕記』 권1, 국립중앙도서관 소장. 1804년 11월 12일자에는 '정주목사 吳文常과 함께 대월정에 올랐다(同正使登待月亭)'는 기사가 있다. 여운필(2022)은 대월정을 평안도 祥原郡의 待月樓라 보기도 하였다. 다만 정주-평양-(상원)-검암-서울 경로 중에 내륙으로 쑥 들어간 상원의 대월루에 들렀을까는 의문이다. 한편 수택본 『시문초』에서, 이 시는 「練光亭」과 「贈別州民」의 사이에 놓여 있어서 마치 평양을 배경으로 한 듯 배치되어 있다.

曲, 徘徊不肯來.)"에서, 망설이는 달은 당시 시인의 심회가 기탁된 상관물로 보인다. 4월 15일경에 지었을 제2번 「장단구, 검암전사에서(長短句 黔巖專舍)」(2수)는 사패(詞牌) 형식의 장단구로서, 제1수의 '지난해의 기억(記得往年)'과 제2수의 '금일의 감회(今日重來)'가 표현되어 있다. 제1수는 정주 목사로 나갔던 작년의 일인 만큼 '일천 기병을 대동하고 동방을 향하는(千騎出東方)' 위엄과 집안일을 당부하며 이별했던 장면을 표현하였고,[48] 제2수는 상경 도중 다시 들른 검암역의 '수양버들에 필마를 매어둔 채(匹馬繫垂楊)' 착잡해하는 감정을 묘사하고 있다.[49] 지난 10개월 동안 동부승지, 정주 목사, 파직 서계로 이어졌던 과정이 마지막 구의 부평 같은 인생 감각[浮生]을 초래한 듯하다. 다음 작품인 제3번 「기자묘(箕子墓)」는 『대동시선』에도 선발된 작품이다.[50]

해 저무는 기성(箕城)의 북쪽에서	落日箕城北
망설이는 나그네의 심정이여!	低徊過客情
의관의 제도는 그 옛날 그대로요	衣冠猶制度
우로 같은 덕이 세상 끝까지 미쳤네.[51]	霜露盡聲名

48 "집안의 일들을 자세히 물어보느라, 이별 임해 나도 몰래 할 말이 길어지네.(家中事仔細商量, 臨分更覺話頭長.)"

49 "눈앞의 풍경은 이리저리 가물거리는데, 부평 같은 인생은 강물처럼 경황 없네.(眼前景多少悠揚, 浮生只是水流忙.)"

50 『대동시선』에는 제목이 「箕子廟」로 되어 있으며, 본문의 글자는 같다. 본고는 이 작품이 정주 목사로 나가는 과정에서 지어진 것이 아니라 소명을 위해 상경하는 과정에서 지어진 것으로 파악한다.

51 霜露 구문은 『中庸章句』 제31장의 "聲名洋溢乎中國, 施及蠻貊, 舟車所至, 人力所通, 天之所覆, 地之所載, 日月所照, 霜露所墜, 凡有血氣者莫不尊親."이라는 구절에서 점화된 듯하다. 聖人의 聲名이 세상 곳곳, 하늘이 덮고 땅이 실어 주는 곳, 서리와 이슬이 내리는 곳에 모두 전해진다는 내용이다.

시내 따라 내 마음도 흘러가는데	磵水琴心遠
산어귀에는 보리 향기가 싱그러워라.	山門麥氣淸
홍범(洪範) 구주(九疇)는 끝내 적막해졌건만	九疇終寂寞
예나 이제나 서생은 넘쳐나는구나.	今古漫經生

평양성 북쪽에 위치한 기자(箕子)의 사당에 제한 시이다. 수련에는 심문에 응해야 할 착잡함이 보이고, 함련에는 기자가 끼친 혜택이 표현되었다. 경련은 기자의 「맥수가(麥秀歌)」[52]를 점화하여 회고의 심정을 섞은 다음, 미련에서는 홍범 구주의 이상이 끝내 사라지고 말았음에도 세상에는 항상 서생[經生]들만 부질없이 넘쳐난다고 하였다. 구주(九疇)가 환기하는 기자의 정전법(井田法)은 성호학파가 지향하는 토지 제도였거니와 마지막 구에서는 그것을 실천에 옮기지 못하는 자신을 한낱 경생(經生)이라 빗대고 있다. 이상과 현실 사이의 감회를 짜임새 있게 구성한 회고시인바, 『대동시선』에서 이 점을 눈여겨 선발한 것이 아닌가 한다.

무엇보다 이 시기 이가환 한시에서 꼭 검토해야 할 면모는 관서와 평양에 대한 이가환의 인식이다. 위 「기자묘」에서 정전법이 환기되었듯이 그는 토지 제도 개혁의 단서로 평양을 주목했을 뿐만 아니라 인재 선발과 관련해서도 관서 사민에 대한 차별을 매우 부당하게 여겼다. 예컨대 그의 산문 「기전고의 서문(箕田攷序)」에는 기자 정전의 실현을 희구한다고 명시했고,[53] 정주 목사 부임 중에 쓴 「정주진사 제명

52 箕子가 周나라로 가는 중에 殷의 옛 도읍을 회고하며 서글피 부른 노래. "보리 이삭은 일렁이고, 벼와 기장은 무성하구나. 저 교활한 사람이, 나를 좋아하지 않은 탓이네.(麥秀漸漸兮, 禾黍油油. 彼狡童兮, 不與我好兮.)"

53 『錦帶詩文抄』, 「箕田攷序」. 기자 정전에 대한 저술 등을 수렴하여 엮은 『기전고』의

안의 서문[定州進士題名案序]」에는 인재 차별을 반대하는 입장을 분명히 하고 있다. 특히 『정주진사제명안(定州進士題名案)』에 쓴 이 서문은, 수백 년 지속된 서북인 차별에 대한 법적 근거가 없을 뿐만 아니라 하늘도 국가도 차별을 원치 않으며, 무엇보다 '성상께서도 관원의 인사를 할 때마다 서북인을 거두어 쓰라고 간절하게 당부하였다'[54] 고 적었다. 게다가 전관(銓官)이 잘못된 풍습을 깨닫고 정주의 인재 중에 유능한 사람을 발탁해야 한다는 취지로 서문을 마무리한 까닭에,[55] 이 글의 내용은 정주 진사들의 비원을 대변하게끔 되어 있었다.

생각건대, 서북인의 차별을 해결해보자는 이 주장은 평양과 정주 등 관서 사민들이 환호하는 메시지였을 것이다. 정조의 신임을 받은 인물이 국왕의 차별 반대 표명까지를 전하는 상황이었으므로 이제 그는 서북인의 여망을 수용하는 입장이 되었다. 평양에서의 이별 장면 및 김화 유배기에 분포한 시편을 보면 정주를 비롯한 서북인 지식인들과의 왕래가 유독 눈에 띄는바, 이 이면에는 서북인의 숙원이 서려 있었다고 할 수 있다. 심문에 응하러 입경하는 길목이었음에도 관서의 선비들이 도열하듯 모여들어 작별했던 시편 속의 풍경은 그런 흐름에서 분석되어야 더 적절하고 의미심장해진다.

서문으로, '평양에 남은 井田을 단서 삼아 장차 제왕의 법이 되기를 바란다(待有王者作 必來取法)'는 희망이 담겨 있다.

54 『錦帶詩文抄』, 「定州進士題名案序」, "上每當政, 注以收用西北人, 申戒至懇惻."

55 『錦帶詩文抄』, 「定州進士題名案序」, "余來守定州, 州有進士題名案. 取而考之, 自景泰庚午, 迄于今, 著名凡若干人, 注官者廑若干人. 噫! 天欲限之邪, 何爲賦其才, 使得成名, 國家欲錮之邪, 考絜令無之. 且上每當政, 注以收用, 西北人申戒至懇惻. 吾故表而出之, 以見天之無私, 國家亦無私, 而爲銓官者, 宜知所畏. 州之注官者,若干人, 皆在百年上下, 今則絶無, 故吾又表而出, 以見俗習之流失, 愈往而愈甚云."

그런데 이와 관련해 눈여겨볼 장면이, 사촌형 이삼환(李森煥)이 쓴 「관서기행(關西紀行)」 중, 이가환이 정주 목사로 부임하여 시험을 베푼 1786년 9월의 24일의 백일장 정경이다. 7월 4일에 정주 목사에 제수된 이가환은 일행과 더불어 9월 4일에야 출발하여 9월 13일에 임소에 도착했다. 당시 이삼환은 조카인 허질(許瓆)과 함께 선묘(先廟)의 사판(祠版)을 봉행하며 이가환을 배행하던 차였다. 이삼환이 기술한 「관서기행」 9월 24일의 백일장 관찰기에는, 서북인의 힘찬 문체에 대한 칭찬, 준수한 외모와 굳센 태도, 서북인에 대한 정조의 인재 수용 의지, 자존감이 꺾인 채 향소(鄕所) · 군직(軍職) 등으로 떠도는 서북 사인에 대한 연민, 잘못된 인재 선발 세태에 대한 개탄 등이 담겨 있다.[56] 이는 「정주진사제명안의 서문」의 현실 인식 및 논조와 거의 일치하는 모습이다. 더욱이 이가환과 이삼환에게서 보이는 공통의 태도는 그들의 스승인 성호 이익에게서 발원한 것이라 할 수 있다. 아래 『성호사설』 권8, 「인사문(人事門) · 상벌(尙閥)」의 일부를 본다.

56 서울 정릉 저택 · 고양 · 송경(개성) · 봉산 · 평양 · 숙천 · 정주의 행정이었으며, 9월 13일에 정주 納淸亭에 도착하였다. 10여 일 유숙 후인 24일에 이가환이 관서의 선비를 모아 시부를 시험하는 백일장 기사가 나온다. 李森煥, 『少眉山房藏』 권6, 「關西紀行」, "二十四日晴. 廷藻聚士試詩賦, 俗稱白日場. 余觀其文體則穠纖研麗之態, 雖遜於京華, 然遒健有氣力, 不可以遐遠而忽棄也. 劢之登進士者三十餘人, 通經及第五十人, 他劢之所未有, 蓋關西人物皆俊俏秀傑 勁直過而恥巧詐, 勇敢多而少選軟. 與之語, 皆通悟識事理, 誠人才之府也. 但朝家枳塞其人, 自上每有收用之命, 而終不通淸顯, 故其人亦不敢自比於他路, 劢之鄕所及軍職, 朝夕趨謁官長, 鞠跽拜立, 殆類吏隷. 問之, 則皆累世登第, 仕窟不絶, 兄弟子姪或方出入郎署, 屢典郡紱, 此不成事體. 今世人士, 一登仕籍, 門戶頓別, 匹庶化爲望族, 寒門變作貴勢, 獨於西北一路不然, 何哉? 若拔擢人才, 許踐華職, 無間他道, 則以其氣槩才勇, 必懷親上死長之心, 緩急賴其用, 况地接燕塞, 實爲南北往來之衝耶."

벌열(閥閱)을 숭상하는 폐단이 오늘처럼 심한 적은 없었다. …… 서북(西北)과 구도(舊都: 開城)의 인물은 물리치고 그 사람의 행실과 재능은 논하지도 않는다. …… 우리나라는 단군·기자로부터 서쪽에 나라를 세웠고, 삼국으로 분열했던 것을 고려가 통일하여 개성에 도읍하였으며, 성조(聖朝 조선)에서 한양에 도읍을 정하였으니, 이는 문화(文化)가 서쪽에서 차츰 동쪽으로 옮겨온 것이다. 그런데 개경 서쪽을 무엇 때문에 이처럼 심히 버려두는가? 나는 『시경』 『소아(小雅)』의 「대동(大東)」[57] 시를 세 번 반복하여 읽고 탄식하였다. …… '화려한 옷을 입고, 백관에 시용한다.(粲粲衣服, 百僚是試.)'고 한 것은 풍(酆)·호(鎬) 지역 사람[만을 우대한 것]을 가리킴이요, '길쌈을 할 수 없어, 갈대 신으로 서리를 밟네.(杼柚其空, 葛屨履霜.)'라 한 것은 동도(東都: 洛陽) 지역의 사람을 [차별하게 된 일을] 말한 것이다. …… 우리나라의 개경이 이와 비슷한데, 저 고려의 절개를 지킨 신하들이 과연 무슨 죄가 있기에 그 자손들을 금고하여 3백 년이 지나도록 풀어 주지 않는 것인가? 이 밖에 서북도 또한 단군 기자의 옛터인데, 그곳 사람들 보기를 말갈 사람들과 같이 보는 것은 또 어째서인가? 이것이 모두 벌열을 숭상한 잘못이다. …… 국가가 서북의 민심을 잃은 지가 오래이니, 오늘의 계획으로는 그 고장을 벼슬의 고장으로 변화시키는 것만 한 것이 없다.[58]

57 「大東」: 『詩經』, 「小雅」의 편명. 동쪽의 나라가 부역과 착취에 시달리는 참상을 묘사하고 있다.

58 『성호사설』 권8, 「人事門·尙閥」. 바로 이어 구체적 대안이 이렇게 제시된다. "北道의 4陵·濬殿과 箕子廟·檀君祠 등에 그 고장 사람을 가리어 參奉을 시키고 秩이 차면 승진시켜, 京官을 삼기를 한결같이 常例로 삼아, 차츰 士大夫의 풍속을 이루게 한다면 어찌 도움이 적겠는가? 武臣도 邊堡로부터 들어와서 경관이 되는 예를 열어 놓으면, 민심에 크게 기뻐하여 유사시에 반드시 도움이 될 것이다. 그러나 처음 除授할 때에 반드시 그 고장 사람을 등용하여야 바야흐로 유익할 것이다." 한국고전종합DB의 번역을 가감하여 사용한다.

「상벌(尙閥)」은 벌열을 숭상하는 폐단에 대한 성호의 준론을 담은 글이다. 위 대목은 중국의 지역 차별과 이에 대한 『시경』의 반응을 바탕으로 깔면서, 개경 이서의 서북인 차별을 준엄하게 비판하고 있다. 개경과 평양이야말로 동국 문명의 원천이기에 이 지역의 인재를 과감하게 등용해 서북인의 민심을 회복해야 한다고 했는데, 이러한 일련의 인식은 앞서 보인 이삼환·이가환의 입장과 합치되는 것이다. 말하자면 관서 지역에 대한 긍정적 인식이 성호학파에게서 공유되었던 결과, 정주 목사로 부임한 이가환이 적극적으로 서북인과 공감했던 것이라 해석될 수 있다. 기존 연구에서 잦게 인용된 다음의 시편 「고을 백성들과 이별하며(贈別州民)」에도 교감의 각도에 유의하여 읽어볼 필요가 있다.

「고을 백성들과 이별하며(贈別州民)」

백성들 몰려와 갈림길에서 오열하며	髫白奔波咽路岐
한목소리로 사또! 부르며 눈물을 흘리네.	一聲使道淚雙垂
"이러느니 얼른 집으로들 돌아가	不如趁早還家去
남자는 밭 갈고 여자는 길쌈들 하시게."	男力耕田女績絲

정주 목사에서 파직되어 정주 주민과 이별할 때 지은 시라고 연구되었던 시이다. 하지만 엄밀히 말한다면 이 시는 소환 과정에서 남긴 것이며 장소를 정주로 확정할 수도 없다. 위의 시 바로 앞에 편차된 「순찰사 조공을 받들어 이별하다(奉別巡察使趙公)」와 「조정으로 돌아가는 가산 군수 덕수 이공을 전송하며(送嘉山守李君德叟還朝)」는 확실히 1787년이 아닌 1786년 정주 목사 부임 도중에 지은 시로 추론되지

만,[59] 이어지는 제9번 「연광정에서 정지상의 운에 차운하여(練光亭 次鄭知常韻)」는 "사월의 강 다락에는 꽃이 이미 져버린(江樓四月已無花)" 1787년 4월의 작품이 분명하고,[60] 같은 현장에서 작성된 제10번 「다시 '다(多)'자의 운에 차운하여(又次多字韻)」도 마찬가지다. 평양의 유생들에게 준 제11번 「옛 뜻을 서술하다(述古)」 10수 연작은 작중에 보이는 늦봄 절기와 10수의 말미 "비록 그대들에게 줄 것은 없으나, 그대들을 좋아하여 싫어하지 않는다.(雖無予之, 好爾無斁.)"라는 구절로 석별의 정을 표시한 것으로 보아 평양에서의 송별연을 배경으로 삼은 것이다. 이어지는 제12번 「홍진사에게 차운하여 주다(次韻贈洪進士)」도 "장정(長亭)마다 고을 선비들이 몰려와 서 있는데, 사월이라 맑은 바람이 돌아가는 소매에 분다.(長亭霧列一州賢, 歸袂風淸四月天.)"라고 한 것으로 보아 상경 중에 지은 작품이 분명하다.

작품 전후의 배열 상태가 이러하므로 애민의 음성이 가득한 「고을 백성들과 이별하며」 역시 평양에서 지어졌을 가능성도 있다. 상경 중의 시편에 유독 평양을 배경으로 한 작품이 많다는 것도 이를 방증한다. 작품으로 돌아가 보면, 밭 갈고 길쌈하는 백성들에게까지 이별의 마음을 전하는 장면이 인상적인 시이다. 이런 애민의 자세는 아버지

---

59 「奉別巡察使趙公(名曮)」의 趙曮(1727~1787)은 1786년 3월부터 1786년 11월까지 평안도 관찰사로 재직했고, 「送嘉山守李君德叟還朝(名楙)」의 이무는 1786년 5월부터 1786년 12월까지 가산 군수로 있었다. 이무는 부친과 교분이 있었던 인물로서 1786년 8월의 중국 사신 영접 도감에 이가환과 함께 배칙 차사원으로 차출되었다. 정주 목사 부임 중의 작품이므로 이 두 작품이야말로 가장 첫머리에 배치되어야 하지만 혹 편자가 착각했을 수 있다. 이러한 판단은 평양 즈음에서 작성된 제9~11제가 1787년 4월의 상경 중에 작성된 작품이라는 점과 관련된다.

60 1786년 9월에 정주 목사에 부임한 저자가 1787년 4월에 待命하러 상경 중이었음을 강조해둔다.

이용휴의 목민관 송별시에 자주 보이는 당부를 연상케 하거니와,[61] 거꾸로 보면 당시 관서 사민들이 이가환에게 가졌던 기대감을 엿보게 한다. 몰려온 주민들이 사또를 연호하는 풍경은 석별의 마음 못지않게 이가환에 대한 주민들의 신망을 느껴보게 한다.

그런데 관서 사민과의 작별 장면에서 가장 주목되는 작품은 10수 연작 「옛일을 서술하다(述古)」이다. 『시경』 집구체 송별시인 이 시는, "평양은 인성(仁聖: 箕子)의 옛 수도인데도 유람하는 이들이 풍경에 빠져들어 대부분 음탕한 시문이나 짓는다. 하지만 이것은 결코 덕을 높이고 풍속을 장려하는 것이 아니다. 이 때문에 술고(述古) 10장을 지어 바로잡고 이곳의 인사(人士)들에게 남기나니 그들이 근본으로 돌아가 마음을 훙기하도록 하고자 한다."[62]는 서문이 달려 있다. 전체 10수의 시상은 (1) 인재가 버려지고 있으나 은·상(殷商)과 기자의 유풍이 남아 있는 평양, (2) 인재가 가득하므로 덕을 행하라는 권유, (3) 홍범구주 등의 유법(遺法)이 남은 이곳 평양, (4) 봄날 서울로 향하며 벗들과 이별하는 심정, (5) 유생들과의 이별연, (6) 관서 인재들의 등용을 바라는 마음, (7) 도와주지 못하는 데 대한 미안함, (8) 임금에 대한 자신의 변치 않는 충정, (9) 신독(愼獨)의 자세로 훗날을 기다리라는 당부, (10) 평양 유생에 대한 애정과 신뢰 표현으로 구성되어 있다. 이 중 제1, 4, 6수를 든다.

---

61 이용휴, 『惠寰居士詩集』, 「送申使君之任漣川 名光洙」, "村婦從兩犬, 栲栳盛午饁. 或恐虫投羹, 覆之以瓠葉."(제5수); 「送鄭使君之任舒州」, "首陽鄭持國, 閑事都不解. 惟能解一事, 手到起民懥."(제2수), "先去民所苦, 次免民所負. 又從民所好, 此爲民父母."(제3수) 등.

62 "平壤, 仁聖故都, 遊者, 流連光景, 多爲淫豔之辭, 甚非所以崇德勵俗也. 故賦述古十章以矯之, 遺其人士, 俾反本興感. 述而不作, 亦以寓斲雕回淳之意云."

아! 너희 은(殷)과 상(商)은　　咨汝殷商
그 선량한 사람을 쓰지 않았기에　　不用其良
이와 같은 성인조차도　　維此聖人
멀고 먼 대동(大東)으로 왔도다.　　遂荒大東 (제1수)

내가 떠나 서쪽으로 가는데　　我征徂西
마침 늦봄이 되었구나.　　維莫之春
새들은 [벗 향해] 서로 노래하고　　鳥鳴嚶嚶
아아, 나는 그 사람을 그리워하네.　　嗟我懷人 (제4수)

이와 같은 사람들이여!　　乃如之人
언제나 곧 돌아오려나.　　方何爲期
온갖 관직에 두루 등용해봄은　　百僚是試
준수한 선비에게 마땅한 일일세.　　髦士攸宜 (제6수)

위 연작의 취지 전체가 앞서 본 「상벌(尙閥)」과 호응된다는 점, 『시경』의 구절을 인용하여 발신의 설득력을 높이려 하였다는 점이 우선적으로 관심을 끈다. 작품을 따라가면 먼저 제1수에서는 은(殷)나라와 상(商)나라가 덕이 쇠한 까닭에 기자와 미자(微子)처럼 선량한 인물을 등용하지 못하였고, 그 때문에 기자와 같은 성인이 이곳 대동(大東) 즉 평양으로 오게 되었다고 하여, 평양이 기자의 유풍을 간직한 곳임을 환기시켰다. 기자와 평양을 연관시킨 심리는 앞의 「기자묘」 등에서 확인된 바와 같다. 제4수에서는 늦봄에 친구들을 이별하고 서쪽으로 떠나지만, 친구를 부르며 우정을 노래하는 새들과 달리 자신은 이제 벗들을 떠나야 함을 표현하였다. 관서 사인들과의 우정을 노래한 것으로, 여기에서의 봄철은 1787년 4월의 시간 배경과 어울린다. 제6

수는 이처럼 훌륭한 인물들이 언젠가 돌아오게 되면, 각종 관직에 시험 삼아 등용하여 그 준수함을 증명하게 될 것이라 하였다. 송별 현장의 관서 사인에게 언젠가는 등용의 기회가 꼭 있을 것이라며 위로하는 발언이다.

위에 인용하지는 않았으나 이가환은 이 연작에서 그들을 훌륭한 인재들이라 호칭하며 두루 덕을 행하라 권하는(제2수) 한편, 온화한 표정으로 즐거이 술을 함께 마시며 어울리고(제3수), 보는 이가 없다고 제멋대로 행하지 말고 각자의 인격을 잘 유지하라는(제10수) 당부를 남기고 있다. 요컨대 이 10수 연작은 평양의 송별연에 모인 관서 사인에게 보낸 메시지와 당부가 집약되어 있는 것이다.

이상 이가환에게 기대된 관서인의 여망에 초점을 맞추어 상경 시편을 살펴보았는데, 물론 「연광정에서 정지상의 운에 차운하여(練光亭次鄭知常韻)」처럼 서정적인 시도 공존하고 있다. 『대동시선』에도 선발된 이 작품은 제2수에서 “대동문 바깥으로 흘러가는 긴 강물은, 돌아오는 물결은 없고 떠나는 물결만 보인다.(大同門外長江水, 不見廻波見逝波.)”고 하여, 이별의 심회를 강물에 빗댄 멋진 묘사를 빚어내고 있다. 또한 헤어짐을 아쉬워하는 이들에게 준 시도 감동적으로 표현되었던바, 「차운하여 진사 홍계징에게 주다(次韻贈洪進士 名啓徵)」의 제2수 “관서의 그대를 나는 그리워하고, 서울의 나를 그대는 그리워할 텐데, 우리들 마음은 저 밝은 달처럼, 애초 서쪽 동쪽으로 제한되지 않으리.(我憶君關右, 君思我洛中. 寸心如白月, 初不限西東.)”에서처럼 촉촉한 이별의 정도 표현되어 있고, 다음의 「유생 전윤함에게 주다(贈全生允涵)」처럼 다정한 정경도 보인다.

바람이 살랑살랑 봄날 옷자락을 펄럭이는데	葉葉春衣風細吹
채찍 거두고 금빛 방죽을 말 가는 대로 걸었지.	金堤信馬玉鞭垂
백사장까지만 가면 작별하겠다 약속했는데	只言來作沙頭別
긴 숲을 지나 놓고서도 헤어질 줄을 모르네.	送過長林也不知

진사 홍계징(洪啓徵)과 유생 전윤함(全允涵)은 훗날의 김화 유배기에도 왕래를 계속하게 되는 인물인데, 이가환은 정주 목사 시절에 사귄 유생들과 마음을 주고받는 시편을 다수 남겼다. 이들은 이가환이 정주 목사 시절에 주관한 시부(詩賦) 시험과 연관된 사람일 수도 있겠지만, 어쨌든 이 시의 전윤함처럼 특히 이가환을 따랐던 사람도 있었다. 봄날의 금빛 방죽을 나란히 말 타고 걷는 두 사람의 풍경은 파직 걱정 따위는 전혀 끼어들지 못하고 있으며, 차마 헤어지기 아쉬워 백사장을 지나고 다시 긴 숲을 지나는 모습이 그림처럼 곱게 그려지고 있다.

따라서 정주에서 평양을 거쳐 서울로 향했던 이 시기의 시에 우수, 비애, 울적 등을 과장하여 해석한다면 그것은 실상에 맞지도 않고 당시 이가환의 내면을 적절히 포착했다고 할 수도 없다. 오히려 그는 외직인 정주 목사를 지내는 동안 평양과 정주의 관서 사인들과 깊은 교감을 얻을 수 있었고 관서 사민의 여망을 받는 자리로 이동하였다. 그런 점에서 이 시기는 상실의 시기가 아니라 기대를 획득하는 시기였다고 새롭게 이해될 필요가 있다. 이 점은 김화 유배기의 시를 이해하는 초석이 될 것이다.

3.2. 한지(閒地) 방출과 김화 유배지의 정경

즐거운 유배란 애초 존재하기 어렵다. 문책받은 신하가 반성은커녕 유배를 노래한다면 그야말로 경우에 어긋난 것이기 때문이다. 그럼에도 유배의 수동성에만 강박되어 좌절의 측면을 지나치게 강조하다 보면 자칫 시인의 능동적 정서를 경시할 우려가 있다. 기존 연구에서 김화 유배기의 한시에 대해 우수와 비애를 부각시키곤 하였지만, 실상을 들여다보면 보완된 해석이 필요하지 않을까 한다. 그러자면 1787년 유배 초기의 상황으로 되돌아 가볼 필요가 있다.

4월 27일에 3년간의 김화 정배를 명받은 그는, 28일에 의정부를 지나 포천 읍내의 누님을 뵌 다음[63] 5월 1일에 김화 생창역(生昌驛) 유배지에 도착했다.[64] 이틀 뒤인 3일에는 소동(小同)을 시켜 가서(家書)를 보냈고, 10일에는 후득(後得)이 전한 가서를 받았으며, 14일에는 후득이 포천에서 돌아왔다고 일기에 적었다. 매형 허만이 계신 인근의 포천이 서울 정릉의 가족과 유배지 김화를 잇는 중간 거점이 되었음을 알게 하는 기록이다. 이달 16일에는 본관(本官: 이만운)과 우관(郵官: 정도복 추정)의 우호적 내방을 받았고 17일에는 신광하의 편지를 받았다고 하였으니, 유배 첫 달인 5월부터의 현지 정경이 그렇게 절망스럽지만은 않았음을 알 수 있다.

11월과 12월의 메모도 비슷한 양상을 전해준다. 11월 3일에는 도치(道致)가 가서를 가져왔기에 다음날 회신을 보냈으며, 5일에는 정주의

63 李家煥, 『詩文艸』, 서울대 규장각한국학연구원 소장본(古3428-372), 일기 메모, "二十七日 定配所, 二十八日 或陰或晴 夕雨 發配 中火議政府 宿抱川邑內 拜姊氏."

64 우거한 곳의 집 주인은 이씨 성의 아무개였다. 수택본 『시문초』, 「記昌城尉事」, "丁未, 余爲御史所劾, 敵金化, 寓居縣之李姓家."

유생 정현희(鄭賢希)가 내방했고, 6일에는 평강(平康)의 종인 이재경(李載經)·이재위(李載緯) 형제가 찾아왔다. 15일에는 장암(藏巖: 이계이(李啓爾) 추정)을 통해 가서를 전달받았고,[65] 16일에는 누님의 아들인 순옥(純玉: 허질(許瓆))·수옥(壽玉) 형제가 포천에서 찾아왔다가 18일에 가서를 가지고 떠났다. 19일에 흡곡 현령인 정재운(丁載運)이 내방하며 가서를 전달해 주고 다음날 떠났으며, 24일에는 이집의(李執義: 미상) 편에 가서를 부쳤고 26일에는 고성(固城) 군수인 이자정(李子庭: 미상)의 방문을 받았다.[66] 며칠 간격으로 가서 왕래와 지인 방문이 계속되고 있는바 이 사실들은 현전 김화 시절 시편의 작성 시기 추정의 결정적 근거가 된다.

12월 1일에는 노비 홍복(福興)과 천복(天福)이 가서를 가져왔고 다음날 이들이 돌아가는 길에 편지를 부쳤다. 5일에는 김풍헌(金風憲) 편으로 가서를 부탁했고 7일에는 주인(主人) 집으로 돌아와 묵었다. 이는 어딘가 외출한 곳에서 숙박하고 돌아왔다는 뜻이다. 11일에는 포천을 통해 가서가 도착했고 12일에는 가서를 부쳤으며, 흥미롭게도

65 「藏菴記」의 장암 주인 李啓爾를 말한 듯하다.

66 李家煥, 『詩文艸』, 서울대 규장각한국학연구원 소장본(古3428-372), 11월의 일기 추출: "初三日, 雪. 道致來, 家書至, 初四日, 或晴或陰. 道致還, 付家書, 初五日, 晴. 定州鄭生賢希來訪[鄭賢希로 추정], 初六日, 晴. 平康宗人, 載經·載緯來訪[형제], 初七日, 或陰或晴. 鄭生及載經兄弟還歸, 十四日, 晴. 冬至, 十五日, 晴. 自藏巖, 見家書, 夜雪, 十六日, 朝陰, 仍晴. 純玉·壽玉來訪[형제], 十八日, 晴, 夜雪. 許生兄弟還歸, 付家書, 十九日, 晴. 丁歙谷景行來訪, 見家書[鄭載運], 二十日, 晴. 丁歙谷作行, 二十四日, 朝陰, 午晴, 頗溫. 李執義便, 付家書 [李萬運?], 二十六日, 晴. 固城倅李子庭來過, 福同來, 見家書." 11월 일기 하단에 '南面 陽地里'라는 지명 표기가 있는데 이곳은 김화의 千佛山이 위치한 마을이다. 「許勝菴關西錄跋」에서 이가환이 꼭 방문해 보고 싶었으나 가보지 못한 곳으로 서술되어 있다.

15일에는 학을 샀다. 유배 현지에서 취미로 학을 기르게 되었음을 알 수 있다. 16일과 18일에는 우관의 방문을 받았고, 19일에 관에 도착한 가서를 전해 받았으며, 20일에는 고성 군수의 편지를 받았다. 21일에는 역리(驛吏) 노계채(盧啓采) 편에, 26일에는 본읍을 통해 가서를 부쳤다. 27일에는 지계(芝溪) 송재도(宋載道)가 들렀다가 다음날 떠났는데 마침 돌이(乭伊)가 가서를 가져왔다. 이날은 또한 마침 입춘일이었다.[67] 가서 왕래가 잦은 중에, 학을 매입하는 장면, 송재도의 방문, 우관·역리·군수 등의 도움 등에서 보듯 유배지에서의 삶이 절박하지 않았음을 추측할 수 있다. 유배지의 여건이 절망과 비참으로만 해석될 수 없음을 알려주는 증거들이다.

이상의 일기 자료를 통해 유배지의 생활을 간단히 일별해 보았지만, 김화 유배기 한시를 깊이 있게 분석하기 위해서도 김화 유배에 대한 정치·지리적 접근이 더 필요하다. 우선, 김화가 놓인 지리적 위치부터 생각해 본다. 김화는 서울-포천-철원-김화-회양-금강산으로 이어지는 경로에 위치한 곳이다. 며칠 만에 서울에 닿을 수 있고 금강산 유람객이 들러가는 요로이다. 중죄인을 가두는 절해고도나 변경의 배소에 비하면 이곳 금강산 부근의 한적한 김화 고을은 냉정한 처벌의 장소로 읽혀지지 않는다. 또한 이곳은 현의 중심에 관아와 향

---

67 상동, 12월의 일기 추출: "十二月初一日, 陰. 福興天福來 見家書, 初三日, 晴. 奴輩還, 付家書, 初五日 或陰或晴 金風憲家便 付家書, 初七日, 晴. 還寓主人家, 十一日 晴 抱川便 家信至, 十二日, 晴. 還寓, 回便, 付家書, 十五日, 晴. 買鶴, 十六日, 或陰或晴. 訪郵官, 十八日, 晴. 郵官來訪, 十九日, 晴. 壽官來, 家書至官也, 仍卽還, 金風憲家便, 見家書, 二十日, 晴. 見固城倅書, 二十一日, 驛吏盧啓采便, 寄家書, 二十六日, 晴. 本邑吏便, 付家書, 二十七日, 朝微雪, 仍晴. 芝溪來過, 二十八日, 朝陰仍晴, 芝溪作行, 乭伊來, 見家書. 立春, 二十九日, 風. 小雪, 三十日, 雪. 盧啓采回, 見家書."

교가 있고 관아 앞으로 화강(花江: 일명 은계(銀溪))이 흐르는 아름다운 땅이자, 고을 어귀의 생창역 우관(郵官)을 지나 직목역(直木驛) - 창도역(昌道驛) - 신안역(新安驛) - 은계역(銀溪驛)[68]으로 이어지는 역참이 발달한 지역이며, 천불산(千佛山)과 충렬사, 유림(柳琳) 장군 승전지 등이 감싼 수려한 고을이기도 하였다.

다음으로, 당시 왕래한 사람들의 분포를 주의할 필요가 있다. 서남쪽의 포천은 일찍이 부친의 선산이 있어서 그가 3년 상을 치른 곳이자 매형댁인 허만 · 허질의 주거지가 위치한 곳이다. 포천 일대에 선산과 저택을 소유한 양천허씨는 이용휴 · 이가환 부자와 대를 잇는 친교를 계속했고 조카 허질은 이가환을 잘 따르는 인물이었다.[69] 김화 유배 시편에 자주 등장하는 송재도(宋載道)는 연상의 포천 선비로서 김화에 유배된 이가환과의 교유를 지속했다.[70] 김화 서북쪽 평강 지역의 종인과 남쪽 상원 지역의 종인, 서울의 사촌 형과 조카 일행 등의 일족들이 이따금 찾아와 이가환을 돌보았다.

김화에서 유지한 인맥도 꼼꼼히 확인해 두어야 마땅하다. 유배 전

---

68 이 은계역은 회양 경내에 있다. 지도에는 회양에서 발원한 강물이 김화를 거쳐 흘러나가는데, 이가환은 이곳을 화강으로 지칭하고 있다.

69 李用休, 『惠寰雜著』, 「書贈外孫許瓆」에, "今汝, 我孫也. 且我老病, 耳目寄於汝, 臥起須於汝, 書冊机杖之役, 汝又皆任之, 其益甚多."라 한 구절이 있는 것으로 보아, 허질이 만년의 이용휴를 곁에서 보필한 것 같다. 또한 사위인 허만을 위해 「勝菴許君生誌銘」까지 써줄 만큼 사이가 가까웠으므로 허만이 이용휴의 포천 장지에 도움을 주었을 가능성도 있다. 이용휴의 무덤은 나중에 충남 예산의 장천으로 이전했다.

70 성대중, 『研經齋全集』 권19, 「世好錄」의 '宋載道' 항목에 "宋公載道, 字德文, 號芝溪, 恩津人. 抱之鳴皐, 其婦家也, 贅居之. 治文章有逸調, 好以筆翰琴棋自娛. …… 入洛, 好從洪公良浩洪公秉喆遊."라 한 부분이 보인다. 포천의 명고에 있는 처가에 가서 산 듯하여, 금강산을 오가는 중에 김화의 이가환과 시를 두어 차례 수창하였다. 서울에 오면 紫閣詩社에 참여하여 홍양호, 신광하 등과 교유했다고 한다.

반기의 김화 현감이었던 이만운과 역참을 관장하는 찰방 정도복은 이가환의 처소를 자진해서 찾아올 만큼 친절함을 보였으며, 옆 고을 흡곡 현령인 정재운과 회양 군수인 이헌경(李獻慶: 1719~1791)은 남인계 동당의 관료로서 그를 지원해 주고 있었다. 서울에서는 부친 대부터 세교를 이어온 평산신씨 신광하 등이 위로의 편지를 보내왔고, 김화 현지에 적응하는 동안 운흥(雲興)의 심진사, 인근의 문노인(文老人: 문두욱(文斗郁)), 장암(藏菴)의 이선배(李先輩: 이계이(李啓爾)) 등이 새로 벗이 되어 주었다. 나아가 정주에서 인연을 맺었던 관서의 사인들이 연말연시 인사차 혹은 금강산행을 겸하며 김화의 이가환을 종종 방문했음도 눈에 띈다. 조진범(趙晋範), 전윤함, 계진사(桂進士), 홍진사(洪進士) 및 유생 이종식과 정현희 등이 현전 시편에서 관심 가는 인물들인데, 이가환이 관서 지역 사인들과의 연계를 소중하게 여겼음을 알게 한다. 이렇듯 외부와 단절된 유배가 아니라 다양한 사람들과 접속하는 생활 속에서, 그는 독서와 저술에 힘을 쏟는 한편으로[71] 그리고 유배지 경내의 기행과 그 안에서의 시 수창을 누릴 수 있었다.

수동적인 수인의 생활 못지않게 경내에서 자유로운 유배 생활이 가능했던 만큼 어떤 면에서 이 시기 유배는 비공식적인 휴식 같은 양상을 띠기도 했다. 정치적 상황으로 보더라도 그가 국왕 정조의 신뢰를 잃었다고 할 수는 없었다. 의금부의 심문을 거쳐 정조가 하필 김화를

71 수택본 『시문초』에는 김화 유배기 산문으로, 「記昌城尉事」, 「記訓局卒事」, 「壎篪稿小傳(松隱許公, 聾窩許公, 鶴洲許公, 湖隱許公)」, 「奉送金化李使君(萬運)還京師叙」, 「藏菴記(李宇亨)」, 「樂是廬記」, 「烈女李定愛墓碣銘」, 「記趙烈女事」, 「綺園記」, 「答申生矣測書」, 「三守齋記」, 「栗翁墓誌銘」(李咸休), 「庠生鄭君墓誌銘」, 「聾窩稿序」, 「知非齋記」, 「可以所記」, 「金化縣人吏廳重修壁記」, 「我菴銘」, 「送李臥翁遊楓嶽序」 등이 표시되어 있다.

정배지로 정해준 것은 암묵적 배려가 작용한 결과였다고 해석될 만했다. 김화라는 지역 자체가 사람을 버려두는 유배지라기보다는 잠시 물러가 있다가 다시 돌아와야 하는 곳, 시간의 문제일 뿐 중앙 복귀를 위해 대기하는 곳으로 해석되기에 충분한 장소였기 때문이다. 이 점은 이가환 본인도 얼마간 감지한 바였던 것 같다. 「서울로 돌아가는 김화 현감 이만운을 전송하는 글의 서문(奉送金化李使君萬運還京師敘)」의 일부를 본다.

> 현감 이공은 늘 한번 만나고 싶은 사람이었다. [그래서 이곳 김화에 오게 된 것이] 매우 기뻤으나 죄인인지라 관부로 찾아뵐 수 없었고 한편으로는 뵐 수 없을까 두렵기도 했다. 그런데 공이 자주 나를 찾아주셨다. …… [중략: 이만운과의 만남과 해박함에 대한 칭찬] …… 스스로 생각하기를, 오랜 벼슬 끝에 한가로운 방출[閒放]을 얻고 더구나 박아(博雅)한 군자를 만나 귀의하게 된 것이 다행이라 여겼다. 날마다 듣지 못한 식견을 들을 수 있기를 바랐는데 얼마 되지 않아 공이 또한 파직되어 돌아간 탓에 그럴 수가 없었다.[72]

위 지문에서 주목되는 부분은 한가로운 방출[閒放] 즉 한가로운 유배지를 얻게 되었다는 대목이다. 지문 바로 앞에서는 정주 목사 시절에 꼭 가보고 싶었던 묘향산을 보지 못했던 아쉬움을 적었고, 이어 위에서처럼 김화에 와서 꼭 보고 싶었던 이만운을 만나게 된 것을 천행처럼 기술하였다. 실제 현감 이만운은 1784년 12월부터 대략 1787년

---

72 『詩文艸』, "金化縣監李公, 亦常欲一見者也. 雖甚欣, 然罪人不可謁官府, 又恐不得見也. 公乃數見訪 …… 自以久仕宦, 得取閒放, 又得博雅君子爲依歸爲幸. 庶幾日聞所不聞, 未幾公亦罷歸, 未能也."

연말까지 재직했던 듯한데,[73] 앞서 일기에서 보았듯 이가환의 우거지로 손수 찾아올 만큼 우호적인 인물이었다. 위의 기사에는 그에 대한 고마움이 직접 표현되어 있다. 참고로 그와 같이 자주 찾아오곤 했던 우관 중 주목되는 인물은 찰방 정도복(鄭道復)이다. 오늘날의 우편 역장에 상응하는 찰방의 임무를 맡은 정도복과 친분을 나누며, 이가환은 그의 거처를 찾기도 하고 경내를 기행하며 시를 수창하기도 하였다. 현지 관료의 배려 속에 본인 스스로가 한가한 유배라 인식하면서 1787년의 유배 생활이 열렸던 것이다. 이 점은 「장암기(藏菴記)」에서 주인 이계이와의 만남을 흔쾌하게 기념하고,[74] 「낙시려기(樂是廬記)」에서 단출하지만 자신의 이곳 처소를 기뻐한다(今主人適處約耳, 故以樂是爲善.)」고 했던 태도와도 상통한다.

그렇기에 현전 김화 유배기의 한시를 통해 보더라도 현지 문인들과 어울리는 즐거움, 방문한 사람들에 대한 반가움, 현지에 대한 지지적 관찰, 민생에 대한 경세가로서의 고민, 그리고 격려해 주는 지인들에 대한 회신 등이 더 높은 비중을 보인다. 물론 유배라는 격리 상황과 부자유한 처지에서 발원한 우수의 서정이 유배자의 내면을 파고들었음을 부정할 수는 없다. 비, 가을, 밤, 새벽 등 고독감을 일으키는 시간대에 지어진 작품들에서 우수의 정조가 짙게 스며들어 있는바[75] 우

---

73 『日省錄』에 의하면, 1784년 12월 25일 임명하여 1787년 6월 16일 현재도 재직 중이며, 1788년 3월 23일자 기사에는 이미 魚在沼로 교체되어 있다.

74 관아의 왼쪽 數百 弓의 거리에 장암이 있다고 하였다.

75 제20번 「雨」의 미련 "가동이 家書 전해올 기대를 끊고, 웅크리고 앉아 노정을 계산해 보네.(絶念僮傳信, 艱難坐計程.)", 제31번 「秋至」의 미련 "떠돌기도 하고 머물기도 하는 인생, 둘 모두가 세월을 보낼 만하네.(流轉兼棲息, 雙堪送歲華.)", 제34번 「夜」의 수련 "베개에 은은한 푸른 소나무 소리를, 처량하게 고요한 밤에 듣는다.(旅

수의 감성이 일맥을 이루고 있었다고도 보인다. 아래 3수는 유배 첫해 인 1787년의 착잡한 심리를 대변하는 예들이다.

「날마다 날마다(日日)」

날마다 날마다 저녁노을이	日日黃昏色
사립문으로 일부러 찾아오네.	柴扉故自來
몸 바깥의 사물은 허무한 것이요	虛無身外物
세간에서의 내 재주는 졸렬하구나.	短拙世間才
먼 강물에선 어룡도 잠잠한데	遠水魚龍靜
깊은 산에서는 초목이 울어대네.	深山草木哀
지척이면 온통 넘실대는 바다라는데	滄溟渾咫尺
어디가 신선 사는 봉래산이려나?	何處是蓬萊

「새벽(曉)」

돌아가는 꿈도 끝내는 꿈일 뿐	歸夢終爲夢
수심이 찾아와 꿈도 꾸지 못하네.	愁來夢不成
달빛 창은 새벽빛이 되었고	月牕連曙色
눈보라 골짝엔 바람소리 매섭네.	雪壑壯風聲
이런저런 평생의 일들	多少平生事
처량하게 남을 후세의 이름.	凄凉後世名
한 동이 술을 가져다가	何如一尊酒
단번에 다 마셔보면 어떠할까?	且就眼前傾

枕含翠籟, 凄凉靜夜聞.)", 제49번 「遣興 三首」 중 제2수의 부분 "시월 그믐의 은계 서쪽, 고향 소식 없어 내 마음 처량한데, 아들 손자 조카들 하나도 없이, 빈집에서 서글피 늙은 아내 누웠으리.(十月之交銀溪西, 故鄕無書客心凄. 弟侄兒孫一無有, 空宅悄然臥老妻.)" 등.

「백문(白門)」

백문의 소식으로는 버들가지가 봄철 같다는데	白門消息柳烟絲
잎 날리는 숲속에서 옛 가지를 마주하네.	搖落風林對故枝[76]
허둥지둥 견책당하던 날이 아직도 생각나는데	尙憶蒼黃嚴譴日
막막해라 영원한 하직의 날이 다가왔구나.	正臨曛黑永辭時
몇 해 뒤에나 외로운 무덤에 몸 이끌고 가 뵐까	孤墳幾歲將身到
지금은 병든 몸으로 눈에는 슬픔이 가득하네.	病骨于今在眼悲
맑은 눈물은 화강 산골의 빗줄기도 아니련만	淸淚由來非峽雨
어째서 주르륵 주르륵 멈춰지지 않는 걸까!	不知何事鎭垂垂

위 제29, 51, 58번 작품은 1787년 8월부터 이해 11월 사이에 작성된 시이다. 29번에 선행하는 제26번 「중추절 밤에 정찰방의 은계역사를 지나다 머물며 주다(中秋夜, 過鄭察訪銀溪驛舍留贈)」는 1787년 8월 15일에 창작된 것이고, 58번에 후행하는 제64번 「정군을 위한 노래, 신안으로 돌아가는 정현희 군에게 주다(鄭君行, 贈鄭君賢希還新安)」에서의 신안 유생 정현희는 일기에 따르면 11월 5일에 방문하고 7일에 떠난 것으로 되어 있다.[77]

「날마다 날마다」는 유배 3개월이 지난 어느 날 저녁의 감회를 표현

76 『대동시선』에는 風林이 楓林, 故枝가 古枝로 되어 있고, 한국문집총간본에는 故枝가 古枝로 되어 있다.

77 "初五日, 晴. 定州鄭生賢希來訪, 初七日, 或陰或晴. 鄭生及載經兄弟還歸." 참고로 현전 김화 유배 시기의 한시는 필자가 추정하건대 1788년 9월을 하한으로 삼는다. 25건의 제발로 이루어진 「題鄭滄海遊海岳畵卷」은 정란(1725~1791)이 1788년 9월의 금강산행과 관련이 있을 것으로 보이는 까닭이다. 강세황의 「遊金剛山記」를 참조하면, 정조의 奉命寫景 임무를 받은 김응환, 김홍도 일행이 금강산으로 들어가자, 강세황이 아들 강빈 일행을 데리고 갔다가 9월 14일 장안사에서 정란과 박황을 만나 함께 잤다고 하였다.

한 것이다. 이즈음 송재도의 내방과 찰방 정도복과의 수창 등이 있었음에도 유배인에게 비치는 석양은 처연한 색조를 띠고 있다. 몸 바깥의 일들이 허무하게 느껴지는데 자신의 재주는 졸렬하다고 한 독백과 울어대는 초목과 강물 속 어룡이 동요된 심리를 은유하고 있다. 인근 금상산으로 훌쩍 떠나고 싶은 마음도 홀가분한 비상보다는 심리적 탈출을 연상시킨다. 겨울에 들어 쓴 「새벽」에는 유배인으로서의 착잡함이 더 커졌다. 고향 가는 꿈을 채 못 이루면서 새벽까지 뒤척이며 눈보라 치는 새벽을 맞고 있다. 「백문」은 『대동시선』에 선발된 작품으로, 창작 배경이 되는 구체적 사건 파악이 어렵다. 다만 백문은 서대문의 별칭으로 서울 정릉 본가와 가까운 곳이다. 이곳에서 전달된 상심스런 소식으로 인해[78] 그는 바람 날리는 숲속에서 흐느끼며, 임금께 견책받던 지난날과 지금 누군가를 영별해야 하는 아픔을 토로한 다음, 유배지에서 병들어 가는 신체와 묘소로 찾아가지 못하는 안타까움을 표현했다. 그리고 미련에서는 김화 협곡의 빗줄기 속에서 남몰래 하염없이 눈물 흘리는 모습으로 자신을 형상화했다. 만시의 상심에 버금가는 정서가 확인되는 대목이다.

외로움과 쓸쓸함을 느끼며 잠 못 이루는 모습은 「한밤에 앉아(夜坐)」[79]나 「동지(冬至)」[80] 등에서도 이따금 점철되는 모티브이지만 다음 해의 봄이 될 즈음에는 오히려 처연한 심리가 사라지고 평화로운 교유시의 빈도가 높아진다. 1787년 겨울 무렵을 배경으로 삼는 「화강

78 挽詩風의 정조로 보아 누군가의 부고를 듣고 지은 시라 추정해 보지만 확실치는 않다.

79 "孤館寒燈夕, 羣山積雪時. 遙指清漏下, 猶是五更遲."

80 "失眠轉輾悲南至, 此夜疑過昨夜長."

사시사, 주인 이씨의 벽에 써서 남긴다(花江四時詞, 留題主人李氏壁 四首)」[81]와 「허승암과 수창하며(酬許勝菴)」를 보기로 한다.

「화강사시사, 주인 이씨의 벽에 써서 남긴다
(花江四時詞, 留題主人李氏壁 四首)」

서리 내리자 수수와 기장을 일제히 거두고 寒霜黍秫齊收
한 해 저물어 수레도 쉬고 소도 누웠네. 暮歲休車臥牛
소반에 신선한 채소 과일을 담뿍 담아 盤飣鮮新果菜
붉은 단풍과 자색 국화 속에 한가히 노니네. 丹楓紫菊閒遊[82] (가을)

놀란 새 푸드득 날고 달빛은 희미한데 驚鳥飛翻月虛
새하얀 눈이 창가의 책을 비춰주네. 透明雪照窗書
한기 속에 오똑히 아랫목에 앉았자니 生寒兀兀深坐
등잔 몽당지고 화로 훈훈한 초저녁일세. 檠短爐薰夜初[83] (겨울)

「허승암과 수창하며(酬許勝菴)」

…… 내가 천지 간에 태어나 我生天地內
수인씨의 세상에 고생하며 苦此燧人烟

81 "烟林餉饁人家, 遠望依依日斜. 田野輕風細雨, 泉源漾柳浮花."는 봄을, "番番麥刈雲黃, 處處蠶繰雪香. 樽酒携來勞勸, 村前綠嫩分秧."은 여름을 읊은 것이다.

82 한국문집총간본에는 閒遊가 開遊로 되어 있으나 오기인 듯하다. 회문을 적용하면, "遊閒菊紫楓丹, 菜果新鮮飣盤. 牛臥車休歲暮, 收齊秫黍霜寒.(한가히 노니나니 국화는 자색이요 단풍은 붉은데, 채소 과일 싱싱하게 소반에 가득하네. 소도 눕고 수레도 쉬는 한해의 끝, 수수 기장 거두자니 서리가 차가워라.)"가 된다.

83 회문을 적용하면, "初夜薰爐短檠, 坐深兀兀寒生. 書窓照雪明透, 虛月翻飛鳥驚.(초저녁 훈훈한 화로에 짧은 등잔, 아랫목에 오똑 앉았자니 한기가 솔솔. 서창에 비친 눈빛은 투명도 한데, 희미한 달빛 속에 새가 푸드득.)"이다.

굴곡진 인생에 쇠한 풍속 따르고 屈曲順衰俗
어느덧 백발이 되어 버렸지만, 奄冉及華顚
얽매는 일들 돌아보지 않으면 有累但不顧
어디 간들 한가함이 없으리오. 安往獨無閒
몸을 맡겨 가는 대로 살아가면 委形任所適
멀든 가깝든 한결같이 한적해지리.[84] 遠近壹蕭然

1787년 섣달 무렵 매형 허질과 나눈 위 「허승암과 수창하며」는 이가환의 심회가 비교적 솔직하게 피력된 고시이다. 생략된 전반부에는 수레바퀴 자국에 갇힌 물고기 같은 처지이지만 도연명처럼 귀거래를 천명하며 헛된 이름은 구하지 않겠다는 뜻을 밝혔다. 그리고 위에서 보듯 얽매임을 신경 쓰지 않으면 어디든 한가로워지지 않겠느냐며 홀가분하게 자기 삶에 순응하는 태도를 보이고 있다. 특히 매형 허질은 허심탄회한 대화가 가능했던 까닭에 1787년 가을의 금강산 기행 겸 방문했던 때에는 경쾌한 농담마저 배합하였다. 32구의 장편 「가을날 백곡촌의 입구에서 허승암과 종질 유여를 보내며(秋日 栢谷村口 送許勝菴及從姪幼輿)」 중에는 산 너머까지 따라가 전송하는 아쉬움에 이어, "승암(勝菴)은 강호에 노니는 선비인지라, 집안일의 얽매임은 추호처럼 버리셨으니, 머리털이 빠져 낙엽 진 나무 같아도, 나는 듯한 걸음은 신선이 따로 없네.(勝菴湖海士, 家累秋毫捐. 脫髮如脫木, 飛屐似飛仙.)"라는 농담을 섞었다.

금강산 구경 가는 매형을 보낸 이 무렵, 그는 장암의 이선배를 방문

84 원문의 '蕭然'은 여기서 한적하다, 시원스럽다의 뜻으로 보았다. '蕭然有淸風', '蕭然淨我心', '蕭然已淸爽', '蕭然洗濁昏'과 같은 시 구절에서 이런 용례가 확인된다.

하기도 하고 운홍의 심대사를 찾아가 노닐기도 하였는데, 심대사와는 더욱 허물없이 사귀었는지 이후에는 희작시까지 왕래하는 모습을 보인다.[85] 그리고 그 사이에 작성했던 시편이 「화강만흥(花江漫興)」과 「화강사시사(花江四時詞)」인데 위에 든 작품은 가을과 겨울을 소재로 삼은 부분이다. 가을 편에서는 때맞춘 수확과 농가의 휴식, 소반에 가득한 채소, 단풍과 국화 구경이 어울려 평화로운 김화를 그려주고 있다. 겨울 편은 달빛과 서창으로 시상을 연결하며 겨울철의 운치 있는 독서 생활을 묘사하고 있다. 봄과 여름을 읊은 시도 꽃 피는 마을과 농잠(農蠶)하는 민가의 정경을 충만한 정서로 노래하고 있다. 결핍이나 우수와는 질적으로 다른 갈래의 평화로운 서정이 펼쳐지고 있는 것이다. 더욱이 「화강사시사」 네 편은 거꾸로 읽어도 시가 되는 회문시 작법이 적용된 결과로서, 이가환이 이때 느꼈을 흥감을 한껏 고조시키고 있다.

이런 양상은 김화 유배 시기의 한시가 우수에 기울어지지 않고 안정, 여유, 관조, 평화, 기쁨에 이르기까지 다층적으로 공존했음을 선명하게 증명한다. 동지 무렵에 이삼환과 왕래한 36운의 원화체(元和體) 장편시 「눈을 대하며, 장난삼아 원화체를 본받다(對雪, 戲效元和體, 三十六韻)」는 온갖 묘사와 전고를 열거하며 지적 유희를 방불케 하고 있으며, 당시 친분을 나눈 심대사에게 준 시 「심진사의 운홍 유거에 제하여 부치다(寄題沈進士雲興幽居)」(3수)에서도 심리적 안정감을 확인할 수 있다. 이 심대사로 추정되는 심씨 댁의 벽에 써놓은 「심씨의

85 「沈大士覔杜詩」. 이외에 「倚韻贈沈生」, 「疊栢谷韻, 酬朴生爾素」 등에도 유머 감각이 섞여 있다.

벽에 쓰다(題沈氏壁)」의 인용 구절, "군자는 현재에 편안히 거하여 하늘의 명을 기다린다.(君子居易而俟命)"[86]와 "스스로 많은 복을 구한다(自求多福)'[87]는 심대사의 인생관에 대한 예찬이라기보다는 그 당시 이가환 자신의 다짐과 지향을 표상한 것이라 이해된다. 요컨대 김화 유배기의 이가환은 우수에만 침잠되지 않고 여유와 안정, 나아가 고요한 자기 대면의 기회를 고루 경험하고 있었던 것이다.

3.3. 유배 체험에서 계발된 감성과 폭넓은 대응

정치인 이가환의 생애에서 김화 유배는 실패를 뜻하는 사건이지만 이면적으로는 대기와 반성의 기회를 안겨주었다. 3년의 정배 기간을 다 채우지 않고 그는 1789년 1월 석방 명령을 받고 2월에 승지에 발탁되어 권력의 한복판으로 복귀한다. 1787년 5월부터 1789년 1월까지 약 21개월의 시간 속에는 2절에서 본 것처럼 우수, 안도, 휴식 등의 여러 감정 결이 복합되어 있었다. 그런데 문학의 관점에서 보면 이 정치적 시련기가 시인 이가환에게 풍부한 환경을 제공해주었다. 격렬하고 소모적인 정치 투쟁으로부터 멀어진 대신, 유배자인 그에게 고요한 반성과 자아의 대면, 사람과 사람의 진정한 어울림, 동지끼리의 연대와 격려, 민생의 현장에 대한 생생한 관찰이 다가왔기 때문이다. 실패 속에서 시가 빛나는 유배의 역설이 김화에서 이루어지고 있었던 것이다.

---

86 『예기』, 「中庸」, "上不怨天, 下不尤人, 故君子居易以俟命, 小人行險以徼幸."에서 나온 구절이다.

87 『시경』, 「文王」, "無念爾祖, 聿修厥德. 永言配命, 自求多福."에서 나온 구절이다.

김화 유배기의 현전 시편들이 왜 1788년 9월에서 멈추었는지는 알 수 없다. 그러나【금대시집 비교표】의 제15제부터 107제까지 약 93제가 1787년 5월부터 1788년 9월까지의 17개월 사이에 집중된 사실은 유의할 만한 현상이다. 해배 사환기인 1789년 2월부터 1801년 2월까지 약 12년 144개월 동안 겨우 127제가 남게 된 것에 비하면 김화 유배기 시편의 빈도가 얼마나 높은지를 금방 알게 된다. 생애 내내 학자로서의 입지가 시인으로서의 면모를 앞섰던 그이지만 이 김화 유배기만큼은 시가 학술보다 선호되었음을 확인할 수 있다. 그런 점에서 이가환에서 김화는 금대 시의 정수를 배태시키는 땅이 되어준 것이다.

김화 유배기 이가환 한시의 매력으로 눈을 돌릴 때 제일 먼저 주목되는 것이 사람들과의 사귐이다. 벼슬이 떼이고 야인이 되자 오히려 그에게는 정으로 맺어지고 마음으로 연결되는 관계가 확대되었다. 정주와 평양에서 만났던 선비들, 김화 현지에서 새로 맺은 벗들이 그들이다. 김화 유배기 한시의 첫 장을 여는 제15번 「차운하여 관리 조익현에게 주다(次韻 贈趙吏翼賢)」부터 음미해 본다.

동쪽으로 청산은 푸른 하늘과 나란한데	青山東望碧天齊
매번 도착 때마다 석양이 말굽에 잠겼네.	每到斜陽入馬蹄
김화현 앞 비단결 같은 시냇물 가에서	金化縣前縠紋水
문득 눈물을 훔치며 작별 악수를 나누네.	却彈淸淚作分携

조익현은 의금부의 나장(羅將)으로 추정됨 직한 인물이다. 고관의 유배였던 만큼 관례상 의금부 소속의 관리가 호송했을 가능성이 높아서이다. 서로 서먹했을 사이지만 시 안에서는 마치 다정한 친구처럼

형상화되었다. 서울에서 김화 배소에 이르는 동안 마치 서로 길동무가 된 듯한 분위기이다. 계급에 의한 수직적 위계가 아니라 다정과 친밀로 결속되는 수평적 인간관계는 김화 시기 전체로 확장된다. 위 시의 바로 뒤 작품인 제16번 「화강의 유배지에서, 대동강의 배 안에서 유생 조진범이 보여주었던 시 28운에 뒤따라 화답하고 아울러 유생 전윤함에게도 편지 삼아 보낸다.(花江謫中, 追酬趙生晋範大同江舟中見示二十八韻, 兼簡全生允涵)」가 대표적이다. 이 오언배율 28운 장편은 뒤에 이헌경의 「이승지가 화강 유배 중에 보여 준 28운에 화운하여(和李承旨花江謫中見視二十八韻)」로 이어지고, 다시 이가환의 화답시로 이어지며, 먼 훗날인 1799년에 조진범을 이별하며 주는 시에 다시 이용하는 운이 된다.[88]

수신자인 조진범과 전윤함은 정주 목사 부임 중에 가까워진 관서 사인들을 대변하는 인물이다. 이들은 대동강에서 이가환을 전송했을 뿐만 아니라 김화에 유배된 이후에도 연락을 이어 나갔다. 관서 차별에 반대한 이가환이 복귀하여 언젠가 그들의 숙원을 이루어 줄 날을 기대했을 수도 있고, 아니면 새로 맺은 귀한 인간관계를 계속하고 싶은 욕구가 작용했을 수도 있지만, 어쨌든 이가환의 입장에서 보면 자신을 기억해주는 관서 사인들이 고맙게 느껴지는 것은 분명한 일이었다. 그렇기에 위의 장편 배율의 들머리는, "벼슬 끊긴 것이 어찌 부끄럽지 않으랴만, 전원으로 돌아 올 인연이 남아 다행(解組寧無愧, 歸田

88 이헌경, 『艮翁集』, 권8. 이헌경에게 이가환이 다시 화답한 배율이 제48번 「艮翁李公, 頃寄和韻見懷之作, 誘誨勤懇, 感激孤憤, 斐然有作, 追次却呈」이며, 훗날 관직에 복귀하여 조진범에게 준 제182번 「用鍊光亭贈別韻, 送趙生晋範, 還西京, 兼柬舊知」도 같은 운을 쓰고 있다. 김화 초기와 중기 그리고 사환기에 거듭되고 있는 것이다.

幸有因.)”이라 한 뒤 송별 이후의 삶을 이렇게 전하고 있다.

처음 만났을 땐 맹민(孟敏)처럼 서먹했지만[89]	相逢知孟敏
멀리 헤어질 땐 왕륜(汪淪)처럼 정이 들었네.[90]	遠送見汪淪
손을 잡아 함께 안개 속에서 배를 탔고	携手登烟艇
활짝 웃으며 낚싯줄을 마주했으며,	開顔對釣綸
옷을 전당 잡히자며 웃음으로 재촉했고	笑催衣典肆
미친 홍이 일면 붓놀림이 신통했었네.	狂覺筆通神
[중략: 대동강 선유 장면 묘사]	
득실 따윈 모두 환영(幻影)으로 돌리고	得喪都輸幻
담소와 해학은 더욱 진솔함을 따랐더라네.	談諧轉任眞
어쩌다 관서에서의 자취를 거두어	初收關外跡
갑자기 협곡의 유배인이 되고 보니	俄作峽中人
절벽의 냇물 소리는 늘 성낸 듯하지만	絶澗聲常怒
연이은 산봉의 정취는 무척 듬직하다오.	連峯意甚淳
외로운 해바라기 꽃이 혼자 흔들리고	孤花飄衛足
낯선 새가 방 안까지 날아들어 오며,	怪鳥上承塵
오랜 바위에는 고드름이 다투듯 달렸고	石老爭懸乳
늘어진 등나무는 혹은 띠와 흡사한데,	藤垂或似紳
이 협곡이 나 같은 이물도 받아주었지만	大爐從異物
빈 골짝에 반가운 손님은 뚝 끊겼더라네.	空谷斷佳賓

89 後漢의 孟敏이란 사람이 시루를 짊어지고 가다가 땅에 떨어뜨려 깨뜨리고 말았는데도 돌아보지도 않고 가자, 郭泰라는 사람의 물음에 ‘깨진 시루를 돌아보아 무엇하냐?’며 그냥 갔다는 고사. 여기서는 깨진 항아리 보듯 서로를 하찮게 여겼다는 뜻으로 쓰였다.

90 李白이 친구인 왕륜에게 준 「贈汪淪」이라는 시에, “도화담 물은 깊이가 천 척이지만, 나를 보내는 왕륜의 정은 못 따라가지.(桃花潭水深千尺, 不及汪淪送我情.)”라는 구절이 나온다.

[중략: 홀로 가을을 보내는 정경]

시절은 삼경(三徑)이 거칠어 가는 가을	時序荒三徑
천지 사이에 이 몸을 맡겨 두노라니,	乾坤寄一身
귀한 주먹을 마음대로 휘둘러댔다지만[91]	尊拳雖自奮
좋은 곳에서 깊으신 사랑을 입게 되었네.[92]	善地荷深仁
그렇다 해도 백성들의 아픔이 생각나	尙念黎元疾
끝내는 한나라의 순리(循吏)에게 부끄럽구려.	終慙漢吏循
이런 내 인생을 어찌 말할 게 있겠소만	生涯焉足說
벗 사귀는 도를 다시 말하게 되는구려.	交道且重陳

[중략: 보고 싶은 마음과 보내온 시에 대한 고마움]

어찌 옛 벗이 그립지 않으리오	豈不懷朋舊
이제는 은둔하여 살고 싶으니,	方將就隱淪
밤 강가에서 낚싯대 드리우고	投竿碧溪夜
봄날의 앞산에서 약초를 캐며,	採藥前山春
나 홀로 선경을 찾아다닐 땐	獨往窮靈境
어느 벗들 같이 따라오시려는지.	何人可繼臻

맹민과 왕륜의 고사를 불쑥 꺼내, 처음 만났을 때는 깨진 시루 보듯 했던 사이가 송별할 때는 한량없이 정이 들고 말았다고 시상을 연 뒤, 벼슬은 끊겼으나 전원으로 돌아오게 되어 다행이라는 소감을 서두에 밝혔다. 이어 정답게 함께 했던 선유와 송별 장면을 불러낸 다음 김화 협곡의 인상을 생생히 묘사하고 있는데, 노한 시냇물 소리, 듬직한 산

---

91 晉나라의 劉伶이 말다툼을 벌이다가 상대가 자기를 주먹으로 치려 하자 '나는 닭갈비처럼 약한 몸이라 어찌 그대의 귀한 주먹[存拳]을 받겠느냐?'고 해서 상대를 웃게 만들었다는 고사. 여기서 存拳은 자신을 유배로 내몰았던 정적들을 비유한 표현이다.

92 원문의 '荷深仁'은 정조 임금의 깊은 은혜를 입었다는 뜻으로 이해된다.

봉우리, 홀로 핀 해바라기, 처음 보는 낯선 새, 줄지어 매달린 고드름, 늘어진 등나무 줄기를 통해 변화된 환경에 대한 이색적 느낌을 전달하였다. 작품의 후반부는 상대에 대한 그리움과 깊어 가는 가을을 환기시키다가, 주먹으로 자기를 패려는 듯했던 정적들의 공격에도 불구하고 '깊고 깊은 임금의 은혜를 입어 이렇게 좋은 곳에 오게 되었다(善地荷深仁)'는 안도감을 드러내었다. '선지(善地)'로 명명된 김화의 인상을 다시 확인해 볼 수 있는 대목이다. 바로 뒤의 백성들의 아픔을 치료해주지 못해 훌륭한 관리가 되지 못했다는 대목에서는 관서 사민의 숙원에 대한 공감이 담겨 있는 듯하다. 작품의 끝은 결국 '붕구(朋舊)', 즉 친구와 벗에 대한 그리움으로 수렴되어 가고 있는바, 이는 조진범과 전윤함으로 대표되는 지인들에 대한 마음의 표현이었을 것이다.

정주 유생들과의 관계는 그 이후에도 몇 차례 시의 왕래로 이어졌다. 「신안의 전별연 자리에서 준 계진사의 송별시 운을 뒤따라 수창하며(追酬桂進士新安餞席送別韻)」, 「계진사가 그리워하며 보내준 작품에 수창하며(酬桂進士相憶見寄之作)」, 「계진사에게 수창하고 아울러 홍진사에게도 보낸다(酬桂進士 兼柬洪進士)」, 「유생 이종식에게(酬李生宗式)」, 「정군을 위한 노래, 신안으로 돌아가는 정현희 군에게 준다(鄭君行, 贈鄭君賢希還新安)」 등이 그 예이다. 정황으로 짐작건대, 계진사가 방문했을 때는 홍진사의 문안 편지를 가져왔기에 이가환도 시로 회신하며 정성을 표했고, 유생 이종식과 정현희가 방문했을 때는 지난날 자신이 발탁한 인재들에 대한 감회를 덧보탰던 것 같다.[93] 신안[정주]으

93 이종식에게 준 「酬李生宗式」의 수련은 "琴嘯堂中上日筵, 雄鳴憶數李君先."인데, 이로 보아 금소당의 시부 시험에서 이종식이 두각을 나타내었음을 추측할 수 있다.

로 돌아가는 정현희에게 준 「정군을 위한 노래, 신안으로 돌아가는 정현희 군에게 준다」의 일부를 본다.

정군의 높은 의리는 하늘의 구름과 같으니 　鄭君高義天雲屬
누구랑 비슷할까, 옛날의 소곡[94]이라 하겠네. 　誰其似者古巢谷
산악의 냉기가 세모의 절기에 매섭건만 　崢嶸玄陰逼歲晏
발에 물집 트도록 화강 구비로 나를 찾아왔네. 　繭足訪我花江曲
[중략: 정현희가 소매에서 시를 꺼내 보여줌]
소 잡고 새 술 거르기는 분수에 없는 일이라 　椎牛釃酒分所無
헤진 집에서 마주 보며 거친 밥을 나눠 먹네. 　破屋相對飯脫粟
빈천하면 친척도 멀어진다고 옛말에 일컬었거늘 　古稱貧賤親戚離
누가 꿈에라도 뵙기를 이리 독실히 했었을까? 　誰爲夢見他人篤
군이 원하는 바가 한번 뵙자는 것임을 알겠는데 　知君所求在一見
돌아간다 인사하고 급히 떠남을 벌써 보게 되네. 　旣見告歸還局促
어젯밤의 북풍에 층층 구름은 흩어지고 　昨夜北風散重雲
은계역 앞으로 아침 해가 떠오르네. 　銀溪驛前升朝旭
사방은 맑은 하늘 아래 온통 백설인데 　四顧青天蓋白雪
휑한 들판의 길로 행인들이 서둘러 가네. 　曠野一道行人促
군의 마음은 금석같이 굳고 간장도 뜨거우니 　君心金石君腸熱
살을 에는 추위쯤이야 어찌 해가 될쏘냐. 　折綿之寒安能毒
목격했던 백성들 참상을 아직도 못 잊었으나 　目擊猶未忘凋瘵
한가한 신세 되어 영욕을 잊은 지 오래라네. 　身閒久已任榮辱
신안 고을 사람들이 혹여 나에 대해 묻거들랑 　新安士民如相問
이런 뜻을 군에게 부탁하니 나를 위해 전해다오. 　此意憑君爲我告

94 巢谷은 宋나라 인물인데, 蘇軾과 蘇轍 형제가 먼 지역으로 유배 갔을 때, 걸어서 소철을 찾아뵙고 난 다음 다시 海南의 소식에게 인사하러 가다가 新州에서 병으로 죽었다 한다.

정주의 정현희 군이 잊지 않고 찾아준 데 대한 고마움을 소재로 삼은 고시이다. 이별사를 대신한 듯한 시상의 흐름을 타고, 송나라의 소곡에 견줄 만한 정군의 남다른 의리, 고생하며 찾아왔건만 변변찮은 음식을 대접하는 미안함, 한번 얼굴 뵙자고 찾아왔다가 이내 총총히 떠나는 모습이 전개된 다음, 마지막 4구에서 정주의 사민에게 전해달라는 부탁으로 시가 마무리되어 있다. 원문의 '조채(凋瘵)'는 백성들이 헐벗고 병든 것을 가리키는 말로, 자신이 정주 목사 재임 중에 본 목격한 참상을 지칭한 표현이다. 정현희 군이 힘든 정주 고을 상황을 알려주자 이가환이 몹시 미안해하고 있음을 드러낸 대목이다. 그러나 유배 죄인인 자기로서는 영욕조차 잊은 사람이 된 터이니, 혹 기대를 품고 내 거취를 묻는 사람들이 있다면 부디 이 마음을 전해달라 하였다. 미안하고 고맙고 애틋한 마음을 담은 시편이라 하겠다. 이외에 김화에서 다져진 교감은 매형 허질을 비롯해 조카들에게 준 시편,[95] 은계역 찰방 정도복과 마음을 주고받은 작품들로 이어졌고,[96] 포천에 거주한 선배 송재도와는 허심탄회한 심정을 이따금 시편으로 왕래하였다.[97]

그와 더불어 주목되는 현상은 동지적 연대의 정경이다. 여기서는 간단히 신광하(1729~1796), 이헌경과 왕래한 고시를 예로 들어본다. 애초 가문 간 교분이 있었던 신광하는 유배에 처한 이가환에게 「정조 이가환에게 부친다(寄贈李廷藻家煥)」를 보내, 동방의 빛나는 새가 사

95 「喜純玉到」, 「別純玉」 등.

96 「寄題鄭察訪龜巖幽居(名道復)」(8수), 「中秋夜 過鄭察訪銀溪驛舍留贈」 등.

97 「酬宋芝溪(名載道)」, 「酬宋芝溪」, 「寄宋芝溪」, 「倚韻 酬宋芝溪憶金剛雪景 路次先訪之作」 등.

냥꾼에게 걸려 횡액을 입었을 뿐 임금의 본뜻은 아닐 것이라며 위로하였다.[98] 이에 신광하의 위로를 받아들인 이가환이 「진택 신광하 공께서 보내준 고풍 1수를 받들어 화답하며(奉和申震澤見贈古風 一首)」로 회신하였던바, 회답시의 내용은 임금에 대한 자신의 충심을 진하게 드러내는 방향으로 전개되었다.[99] 이들 시의 행간에는 김화 유배가 정조의 본의에 의한 방축이 아니라는 추측이 전제되어 있는데 이 점은 김화에 인접한 회양의 부사 이헌경도 그러했던 것 같다.

이가환의 대선배 이헌경은 1785년부터 1788년 초까지 회양에 재임 중이었던바, 금화로 유배 온 이가환이 먼저 조진범에게 주었던 28운 배율로 인사하는 시를 올렸다. 그러자 이헌경이 화답한 시가 바로 「화강 유배 중에 이승지가 보내준 28운에 화답하여(和李承旨花江謫中見視二十八韻)」인데,[100] 이 속에는 "재주와 명성이 있음에도 객지에 머물고, 내보내고 견책한 것도 은륜(才名還旅食, 行遣亦恩綸.)"이라 하여 정조의 처분을 은혜의 소산이라 간주한 부분이 눈에 띈다. 작중에는 또한 "명마가 어찌 움츠러들겠는가? 날갯짓하는 새들도 자주 어울린다.

---

98 申光河, 『震澤先生文集』 卷9, 「寄贈李廷藻(家煥)」, "東方有奇鳥, 毛羽含文彩. 棲君阿閣上, 珠樹何璀璀. 獨立百鳥群, 意慾橫四海. 搖搖挾彈者, 誰知路旁在. 握瑜匪要寵, 懷璧反見罪. 放逐豈天意, 擠排竟誰悔. 颶鴂溯凱風, 時序忽復改. 歎我有所思, 芳華薄言抹."

99 "꺾여 쓰러짐은 실로 가련하지만, 바른 절개를 어찌 후회하리오. 고기 바쳐 임금님 국에 들어가면, 나이와 모습이 영영 바뀌지 않으시고, 털을 바쳐 임금님 부채가 되면, 변변찮아도 행여 써주실 것이네.(摧頹誠可閔, 耿介寧當悔. 獻肉充君羹, 年貌長不改. 獻毛爲君扇, 菲薄倘見採.)" 이 종결부에서 봉황은 정조를 지시하며 빛나는 꿩은 자신을 가리킨 표현이다. 못된 이의 탄알을 맞고 추락한 상황은 자신의 김화 유배를 뜻한다.

100 여운필(2022), 226~228쪽에서 이 시를 자세히 분석하였다.

(良騏寧躉躉, 習鳥且頻頻.)”며 이가환을 명마와 습조(習鳥)에 견주는 한편으로, 말미에는 “노쇠한 나는 물러나야 하건만, 자네 같은 준걸이 어찌 잠겨 있는가? 곤(鯤)은 변신 전에 물결을 치고, 잠룡은 곧 봄을 맞으려 하는도다. 봉래산 바람이 가로막지 않는다면, 노를 날려 어느 때나 가볼까!(老衰宜屛蟄, 才俊豈沈淪. 鯤化將排水, 龍藏欲及春. 蓬萊風不阻, 飛棹幾時臻.)”라고 하여, 봄을 맞아 겨울의 얼음을 깨고 날아갈 잠룡과 수면 위로 솟구칠 거대 물고기 곤어로써 이가환의 앞날을 축복하였다. 기대가 듬뿍 담긴 시편에 응하여 다시 올린 시가 바로 현전하는 「간옹 이헌경 공께서 화운하여 마음을 보이신 작품을 요즈음에 보내주셨다. 가르치고 타이르심이 간절한지라 감격하여 외롭고 울컥한 마음이 일었다. 분발하여 시를 짓고 뒤따라 차운하여 다시 보내드린다(艮翁李公, 頃寄和韻見懷之作, 誘誨勤懇, 感激孤憤, 斐然有作, 追次却呈, 名獻慶)」인바, 이 시에는 이헌경의 인품에 대한 흠모와 자신의 유배에 대한 반성이 녹아들어 있다. 장편 배율을 교환하며 연대감을 다져가고 있는 정경이다.

진솔한 사귐과 동지적 연대에 이어 김화 유배기 시에서 돋보이는 부면 한 갈래는 고요한 관조와 자아의 대면 장면이다. 제36제 「붉은 낙엽에 제하여(題紅葉)」를 보면 “가련하구나 하찮은 재질로, 펴고 지기를 하늘에 맡겼으니. 소나무의 푸르름은 배우지 않고, 쓸데없이 조화옹의 권세를 겨루는가!(自憐菲薄質, 開落一聽天. 不學青松樹, 空爭造化權.)”라고 하여, 단풍과 청송이라는 상관물 사이에 자신의 자아를 투사시켜 보고 있다. 이런 태도는 제85번 「우연히 외출했다가(偶出)」의 경·미련, “가느다란 길은 중간에 끊긴 듯하고, 평평한 물길은 거꾸로 흐르는 듯하네. 저녁 햇살에 날벌레들 몰려다니며, 얽혔다 풀어졌다

떼 지어 놀고 있네.(細路如中斷, 平川似倒流. 飛蟲滿斜日, 歷亂亦羣遊.)” 에서도 관조와 명상의 분위기가 감돌고 있다. 길과 인생, 강물의 겉과 안, 석양에 보이는 벌레의 군무 등은 유배자의 시선에서 관찰된 인생과 세태로 해석될 수 있기 때문이다. 이런 점은 유배 체험이 서정의 감각을 새롭게 계발시켜 준 지점이라 할 수 있다. 나아가 제57번 「번민을 털어내려(遣悶)」를 읽어보면 반성적 독백의 깊이도 느껴진다. 2수 연작 중 첫 번째 것으로 『대동시선』에도 선발된 작품이다.

고운 단풍 숲에 쓸쓸히 서리 내리는데	蕭條錦樹落天霜
강관(江關)의 객이 되어 세월이 흘러가네.	爲客江關日月長
서릿발 천불산(千佛山)은 누워서 보기 좋지만	千佛風霜供坐臥
빙설의 오산(五山) 속에 겨울옷으로 바꿔입었네.	五山氷雪變衣裳
쇠한 얼굴로 백성들 통곡을 대하노라니	衰顔實對蒼生哭
지난날 헛되이 좋은 벼슬을 좇았었구나.	往歲虛隨粉署香
저물녘 문간에서 지팡이 짚고 우두커니	薄暮柴門扶杖立
시든 풀과 망망한 들판을 시름겹게 바라본다.	愁看荒草野茫茫

강관(江關)의 객은 화강과 협곡에 유폐된 자신을 비유한 표현이며, 원문의 분서(粉署)는 화려하게 채색된 높은 관청 즉 고관을 뜻한다. 승지를 지냈던 경험을 의미하는 듯하다. 천불산은 김화현의 좌측에 위치한 명산으로 이가환이 가보고 싶었던 곳이며, 오산은 김화현을 둘러싼 사방의 산들을 일컬은 것이라 보인다. 전체적인 시상은 유배객의 우수와 관료로서의 반성이 융해되는 가운데 독백과 명상의 색조가 강하다. 쇠한 얼굴로 창생의 통곡을 대하게 된 지금에야, 화려한 관서에서 근무했던 과거의 허위를 반성하는 지점은 이 시를 한층 더

묵직한 심도로 이끌어간다. 저물녘 사립문 밖에 서서 시들어 가는 들판을 바라보는 시인의 모습도 또한 잔잔한 여운을 던져주고 있다.

특히 경련의 대우에 짜여진 대비, 즉 백성들의 통곡을 실제로 마주하는 현재 상황과 단청 칠한 향기로운 관서에서 헛되이 소일했다는 지난날의 상호 대조는 이 시에서 가장 영롱한 대목이다. '실대(實對)'와 '허수(虛隨)', '창생의 통곡(蒼生哭)'과 '분서의 향기(粉署香)'를 마주 세움으로써, 시인은 시나브로 고관으로서 잘못 살아온 듯한 지난날의 자신을 정면으로 상대하고 있다. 이어 차가운 겨울의 유배지에서 황량한 농민들의 들판을 바라보는 시인의 형상이 이 아픈 반성을 감싸며 처연하게 물들고 있다. 스산한 풍경 속에서 자신의 인생을 관조적으로 응시하는 장면이 매우 감동적이다.

마지막으로 김화 유배기 시편 중에 가장 현장감이 높고 사회적 의식이 고양된 국면을 보기로 한다. 김화의 환경에 적응하며 현장의 삶을 관찰하며 쓴 일군의 시들에서 이런 경향이 도드라진다. 특히 연작과 고시가 주목되는데, 전자로는 20수 연작 「화강만흥(花江漫興)」이 대표적이며, 후자로는 「측력행, 박사순을 위해 짓다(崱屴行, 爲朴生師舜作)」, 「호랑이를 잡은 데 대한 탄식(射虎歎)」, 「검전에 대한 탄식(檢田歎)」을 주목할 수 있다. 이 중 제44번 「화강만흥」 20수는 화강에서의 생활을 펼쳐 읽을 수 있도록 잡영한 것이다. 전체 구성은 (1) 화강에서의 삶과 독백, (2) 생활 환경, (3) 역참과 역로, (4) 강산의 풍경과 소박한 민생, (5) 국왕이 주필한 곳, (6) 유절(幽絶)한 위치, (7) 유림 장군의 승전, (8) 차천로의 백곡(栢谷) 일화, (9) 단표누항의 태도, (10) 장씨 노인이 판 샘, (11) 충장공 원호(元豪)의 사당, (12) 유림 장군의 백전(栢田) 전투, (13) 병자호란 당시의 김화와 현재, (14) 저녁 산책 소감, (15) 임란 때의 전투와 축성, (16) 허름한 내 거처와 가을 소감, (17) 산골의 가을 과일과 대궐 생각, (18) 망향의 심회와 등고, (19) 역졸 양치학(楊致鶴)과 주민 송달연(宋達淵), (20) 가을 보내는 마음과 연군의 심정 순으로 되어 있다. 처음과 끝의 작품을 대비해본다.

망망한 이 세상에	莽莽人間世
내 삶은 어디로 가는 걸까?	吾生安所之
경세의 뜻은 쓸쓸해졌으나	蕭條經濟意
성스런 임금의 때에 감사하네.	感激聖明時
서쪽 정주는 풍상에 멀고	西塞風霜遠
동쪽 김화 땅은 세월 더딘데	東關歲月遲
어찌 알았으랴 늙어가는 날	豈知垂老日
떠도는 신세로 갈림길에 있을 줄.	飄泊尙臨岐 (제1수)

사립문 아래 지팡이 짚고 서서	倚杖柴門下
저물어 가는 가을을 보내네.	秋色送將歸
저문 산에는 굽은 길 많고	暮山多曲折
차가운 강물엔 석양이 어리네.	寒水少光輝
세상을 개탄하며 봉황을 노래하고 다니고[101]	歎世行歌鳳
임금을 생각하여 꿈에서도 옷을 거꾸로 입네.	思君夢倒衣
나의 인생이 정녕 얼마나 되길레	此生眞詎幾
내 마음과 길이 어긋나고 있는가?	長與寸心違 (제20수)

101 초나라의 은자인 陸通은 미친 것처럼 행동하고 벼슬하지 않았으므로 당시의 사람들이 楚狂이라 불렀다. 그가 孔子 앞을 지나가면서 "봉이여, 봉이여! 어찌 그리 덕이 쇠하였는가?(鳳兮鳳兮, 何德之衰?)"라고 한 말이 『論語』에 나온다. 세상에서 덕이 행해지지 않음을 탄식하는 문맥으로 쓰였다.

1787년 늦가을로 접어드는 시점에서 화강의 환경과 주민들의 삶, 그리고 유배된 신료로서의 자기 자신을 종합하여 읊은 시이다. 1수에서는 갈림길에서 표류하는 측은한 자신을 소재로 삼았다. 성명(聖明)한 성군의 시대에 경세의 뜻을 세워 보필하지 못함을 죄송하게 여기는 문맥이다. 정주와 김화를 대비시키며 목사였던 자신과 유배자인 현재 모습을 대비시켜, 표면적으로는 왜소해진 자아를 표현해 낸 듯 보인다. 마지막 20수도 그렇다. 군주를 도와 세상의 덕을 세우는 데 겨를이 없어야 할 때 마음과 달리 산골에 유폐된 처지라고 한 것이다.

제1, 20수의 처음과 끝은 신료의 자기 서술로 수미를 호응시켰다. 그리고 뜻이 차단된 현재를 비감스럽게 표현한 듯 보인다. 하지만 이 외피는 유배된 자의 겸손한 자기비판이지 깊은 좌절감과는 상관이 없다. 제2수부터 제19수까지 묘사된 대부분의 소재가 긍정적 시각에서 포착되고 묘사되기 때문이다. 예컨대, 단사표음의 태도를 다짐하는 제9수는 이렇다.

맑은 가을의 풍경을 아득히 바라보다가	迢遞淸秋望
지나는 사람 없어 서글피 홀로 돌아온다.	無人悵獨還
기러기는 소리는 강물을 비스듬히 건너고	鴈聲斜度水
구름의 그림자는 먼 산을 넘어간다.	雲影逈過山
하늘 끝에서 쇠약해짐을 달게 여기나	衰謝甘天末
세상에 퍼진 명성 탓에 고달프구나.	聲名苦世間
단사표음으로 늘 자족하지만	簞瓢常自足
반드시 안회처럼 될 필요는 없겠지.	未必爲晞顔

전반부는 고독한 유배인의 쓸쓸한 정경을 그려내고 있지만 마지막

에 이르러 안회처럼 높은 경지는 아니라 해도 단사표음의 자세로 자족하며 생활하겠다는 다짐이 부각되고 있다. 억눌린 자아에 치중해 있었다면 사실 이 작품은 '만홍(漫興)'으로 표제화되지도 않았고 20수에 이르지도 않았을 것이다. 화강에서의 생활에 적응하면서 능동성을 회복하는 즈음에라야 가능한 형태이기 때문이다. 이는 화강의 환경을 읊은 제2수 "훗날 살 곳을 고르라면, 무릉 찾아 헤맬 일 없으리.(他時要卜築, 應免武陵迷.)", 금강산과 서울을 잇는 통로로서의 화강 역참을 읊은 제3수 "산적 나온단 소리 들은 적 없고, 항상 관리들이 연이은 걸 보네.(不聞山賊逼, 常見使星聯.)", 병자호란 당시 김화 백전 전투에서 승리한 유림(12수), 산골 마을의 가을 과일을 먹다가 서울 궁궐에서 추억을 소환하는 장면(17수)에서도 유사한 분위기를 점검할 수 있다. 말하자면 「화강만흥」은 화강의 환경에 적응해 가는 중에 접하게 된 소재들을 집약한 결과라 할 수 있다. 시로 쓴 현재의 화강 생활기인 셈인데, 현지의 산천, 민생, 역사와 더불어 자기 소회를 20수 연작의 틀로 조성한 결과라 하겠다.

한편, 「호랑이를 잡은 데 대한 탄식(射虎歎)」, 「검전에 대한 탄식(檢田歎)」은 애민시 혹은 경세시를 대변하는 작품으로 자주 인용되었는데, 여기에서는 그런 경향을 인정하는 전제 위에서 그가 현지인의 삶으로 더 다가섰음을 눈여겨보고자 한다. 호랑이 사냥과 관가의 횡포를 서사한 24구의 고시 「호랑이를 잡은 데 대한 탄식」은, 포상은커녕 꾸지람만 받고 허탈하게 귀가하는 사냥꾼과 한바탕 잔치를 기대했던 이웃들의 낭패감에 포커스를 맞추면서 팍팍한 그들의 삶이 절로 드러나도록 하였다. 이와 짝을 이루는 바로 뒤의 24구 고시 「검전에 대한 탄식」은 마을 사람들의 억울함을 보다 생생히 그려내고 있다.

산에서는 구기자와 가래가 나는 법이고	山林出杞梓
강에서는 물고기와 게가 많은 법이니	澤國饒魚蟹
그에 따라 토지에 맞도록 세금 거둠은	因之作任土
만세에 걸쳐 변함없는 기준이었건만	萬世一模楷
강마을 사람들에게 곡식을 내라 했으니	淸水賦嘉穀
아서라, 정말로 이해하기 어렵구나.	咄咄眞難解
내가 처음 화강에 이르렀을 때	我初到花江
장맛비가 여름부터 가을까지 뿌려대서	陰雨夏秋洒
무성하던 기장과 서숙의 밭이	嶷嶷黍稷疇
끝없이 바다처럼 변해버렸고	渺渺翻渤澥
느닷없이 큰 재앙이 들이쳐	俄然受災然
급작스레 개와 닭도 정신없었지.	急疾鷄犬駭
회초리는 그야말로 신물(神物)이란 말인가	萑楚故神物
시냇가에 거둔 쌀이 수북하구나.	沙灘玉粒夥
약한 자는 소리 삼키고 흐느끼며	弱者吞聲泣
뭔가 말하려다 그만 그치고 마는데	欲語且復罷
욱하는 사람은 관가에 소송하려 하지만	强者將訴官
이웃들이 어리석다고 비웃는구나.	鄰曲嗤其騃[102]
전당 잡히자니 아껴 둔 것이 없고	典鬻不遑惜
채소와 장작에도 벌레가 먹어 들었네.	蔬[103]薪到蟲豸
물건을 재면 놀랍도록 헐값 만들어	稱物怪價輕
참담한 마음에 차마 팔 수가 없구나.	慘沮不忍買
울부짖는 저 불쌍한 사람들에게	嗷嗷衆赤子
그 누가 젖을 먹일 유모가 되어줄까?	誰其爲黃嬭

102 국립중앙도서관본 『詩文草』(古貴3648-99-9)에 따라 騃로 읽는다.

103 국립중앙도서관본 『詩文草』(古貴3648-99-9)에 따라 蔬로 읽는다.

화강 유배기에 민생의 고통을 정면으로 응시하며 생생하게 서사한 시이다. 5월 1일에 생창역에 유배지에 도착하여 가을이 될 때까지 비가 자주 내려 김화현을 감싸고 도는 은계가 범람하였음을 알 수 있다. 수확을 해야 할 산간 농토가 수해를 입은 탓에 세금 거둘 형편이 되지 못했건만 주민들에게 회초리질하여 기어이 곡식을 짜내는 관가의 학정이 묘파(描破)되어 있다. 아울러 시인의 시선은 가혹한 조처에 대항하는 현지민의 모습을 하나하나 응시함으로써 고발의 현장감을 높이고 있다. 힘 약한 사람, 욱하는 사람, 전당이라도 잡히려는 사람을 열거하여 김화 백성들에 대한 그의 연민과 지지를 투사시키고 있는 것이다. 관리라면 응당 아이 보살피듯 백성의 아픔을 어루만져야 하거늘 울부짖는 백성들에게 외려 채찍을 가하고 마는 비정함을 강도 높게 비판한 시라 하겠다.

위의 탄식 시 2편은 현전 이가환 한시 전체에서 비판적 사회시로 분류할 수 있는 유이한 작품들이다. 이 작품들은 아마도 그가 칭찬했던 현감 이만운이 돌아간 다음의 상황에서 지어졌을 것이지만, 조채(凋瘵) 즉, 시들고 앓는 주민들의 현실을 외면하지 않았다는 점에서 공감하려는 태도를 확인시켜 준다. 현지의 산물에 맞추어 세금 부과해야 한다거나 적자를 보살피는 유모가 되어야 한다는 발언 안에 목민 관료로서의 감각이 그대로 남아 있으나, 이 시에서 빛을 내는 지점은 현장의 백성들에게 진정성 있는 시선을 던지며 문제를 해결하려는 마음을 표현하였다는 사실이다. 관료였으나 유배인이 된 이가환이 김화 유배지에서 길어 올린 강건한 내면의 힘이 이 작품에 함유되어 있다고 하겠다.

4. 해배 사환기의 환경과 신중한 작시 경향

4.1. 환해(宦海) 역정과 감정의 절제 양상

1789년 1월의 해배와 2월 25일 승지 제수는 바야흐로 이가환의 재개를 기대하게 만드는 형세였다. 한 해 전인 1788년 2월에 우의정에 임명된 채제공은, 현릉원(顯隆園)으로 사도세자를 천봉(遷奉)한 1789년 9월에 좌의정으로 발탁됐다. 남인계의 진출에 따라 이가환의 앞날도 밝아질 듯 보였다. 하지만 이가환은 이 무렵부터 섬계 이잠과의 관련, 천주교 신봉 문제 등으로 노론 벽파의 집중적 견제를 받았다. 그 여파로 1790년 12월에는 천주교 신자가 많은 광주 부윤에 전략적으로 천거되어 그 자신이 서학 탄압에 앞장서야만 했다.

1791년부터 1801년까지의 십 년은 환해(宦海)에 출렁이는 험로와 같았다. 측근 역할을 맡기려는 정조와 남인을 누르려는 노론 벽파의 갈등 속에서 존망을 가를 위기가 반복되었다. 기폭제가 된 것은 1792년 성균관 대사성 제수였다. 앞서 보았듯이 이가환에 대한 노론의 전면적 공격이 퍼부어졌고 마지못한 정조는 단 하루 만에 이가환을 개성 유수로 내보냈다.[104] 이 또한 이가환의 보호를 겸한 임시 조치였지만 노론의 공세는 더 커졌다. 참다못한 이가환이 1793년 1월 24일에 섬계 이잠의 충정에 대한 변론의 글을 올렸고, 대결이 악화되는 과정에서 심환지·김이소·김종수 등 노론 중신들이 이가환에 대한 정조의 호의적 처분을 문제 삼았다. 두 달 뒤인 3월에는 개성 유수에서도 체

104 『일성록』, 1792년 9월 18일 기사, '대사성 李家煥을 開城留守에 특별히 보임하였다.' 참조.

차(遞差)와 유임이 오락가락하는 처지가 되었다.

하지만 그는 1793년 9월에 다시 성균관 대사성으로 복귀했고 1794년 5월의 형조 참판을 거쳐 1795년 1월에 형조 판서에 올랐다. 특히 1795년 1월의 대규모 인사에서 정조는 채제공을 좌의정, 이가환을 공조 판서, 정약용을 동부 승지에 올려 남인계가 권력의 한 축을 이루도록 조처했다.[105] 하지만 이해 5월에 주문모 신부 사건이 발생하여 천주교 문제가 위험 수위에 올랐고,[106] 7월에는 박장설(朴長卨)이 서교와 이잠을 들어 다시 이가환의 급소를 맹공한 결과, 그는 다시 7월 25일에 천주교 탄압이 불가피한 충주 목사에 보임되었다.[107] 12월에는 채제공의 추천으로 경모궁 상호도감(上號都監) 당상으로 복귀하였으나, 1796년에는 관직 이력이 확인되지 않으며 1797년 4월에야 도총부 도총관 직책이 확인된다. 이 기간은 이력의 소강상태였으나 현전 시편 중에 남인 관료들 간의 모임을 배경을 한 작품 여러 편이 남아 있다. 11월에는 중인 시선집인 『풍요속선(風謠續選)』의 서문 중 하나를 써주

105 이가환과 정약용에게 『華城整理通考』 편찬의 임무가 이때 주어졌다. 「送萬德還耽羅」도 이 기간에 지은 것으로 관료 시각에서의 소감이 드러나 있다.

106 1795년 5월 11일, 진사 한영익이 주문모 신부를 밀고하자 영의정 채제공이 정조에게 보고하여 주문모 신부를 체포하려다 실패한 일이 있다. 정민(2022), 395쪽.

107 충주 목사 보임 이유와 관련하여, 정민이 소개한 姜世靖의 『松潭遺錄』 한 대목이 참고된다. "충주의 사족인 이최연과 이기연 형제가 권일신에게 배워 오로지 사학에다 마음을 쏟았다. …… 당시에 사학의 소굴로 일컬어진 곳은 내포의 여러 고을과 충주와 양근, 여주와 이천이라고 한다. 임금께서 몰래 사람을 시켜 이들 고을을 염탐케 하여 사학이 더욱 심하다는 것을 밝게 아셨다. 특별히 이가환을 충주 목사에 보임하고 정약용을 금정 찰방에 앉혔다. 임금의 뜻은 그들의 무리에게 죄를 알게 하고, 또 사학 하는 무리가 두려워 그만두게 하려 한 것이었다. 해가 바뀌고 나서야 체직을 허락하였다. 이가환과 정약용의 무리가 비로소 담을 잃고 겁을 먹었다." 정민(2022), 319쪽 재인용.

고 있는데 이 책의 발문 하나를 쓴 이시선(李是銑)[108]의 요청이 있었을 것 같다. 중인 문집에 대한 서문 등이 이 무렵 작성되었으리라 추정된다.[109]

1797년 12월에 한성부 우윤, 1798년 6월에 지의금부사에 임명되었다. 하지만 1799년 1월 18일 채제공이 사망하고 이해 여름 즈음이면 그는 자신에게 다가오는 공격을 심각하게 걱정하고 있었던 듯하다.[110] 1800년 6월 28일 정조의 서거, 1800년 어느 날 벗 이정운(李鼎運: 1743~1800)의 사망이 잇따르며 그 불길함은 더욱 짙어졌다. 급기야 정순왕후의 수렴청정 아래 집권한 노론 벽파는 정조의 국장이 마무리되자마자 잔인한 박해를 시작했다. 1801년 2월 9일에 사헌부 집의 민명혁(閔命赫) 등이 '흉추(凶醜: 이잠 지칭)의 여얼(餘孼)로 화심(禍心)을 품고 불평분자들을 끌어모아 스스로 교주(敎主)가 된 이가환을 엄히 국문하기'를 요청하였고[111] 그날 밤 그는 의금부에 체포되어 심문을 받았다.

---

108 국립중앙도서관본 『시문초』에 「送聖在(族孫 是鏞)」이 실려 있다. 『風謠續選』에 붙은 4편의 발문(丁彝祚, 李是鏞, 洪儀泳, 李德涵 찬) 중 하나를 그가 쓴 것으로 되어 있다. 참고로 자가 光國인 李是銑(1743~?)과는 다른 인물이다.

109 「陪申大卤, 遊金氏園林」(1798), 「吳氏園」(1798), 「寄題松石園」(1798), 「重過吳氏園」, 「風謠續選序」(1797), 「玉溪淸遊卷序」 등.

110 「정헌묘지명」, 부록 「閒話」 첫 번째 항목. "기미년(1799) 여름 내가 貞軒公을 방문하였더니, 공이 근심스러운 기색으로 말하기를, '黨人들이 千金을 걸고 나를 얽어 넣으려 하니 이 일을 장차 어찌할꼬?' 하기에 내가, '대감을 얽어 넣는 데 천금이라면 나 같은 것은 5백 금에 불과할 것입니다. 공께서는 張耳와 陳餘의 일을 듣지 못했습니까?' 하고 서로 크게 웃었다."

111 丁若鏞, 『定本 與猶堂全書』 권15, 「貞軒墓誌銘」, "2월 9일 司憲府執義 閔命赫 등이 아뢰기를, '이가환은 凶醜의 餘孼로 禍心을 품고 불평분자들을 끌어모아 스스로 敎主가 되었으니, 이승훈 · 정약용도 함께 하옥하여 엄히 국문하소서.' 하였다. …… 공은, '正卿인 내가 이런 지목을 받았으니 죄가 죽어 마땅하다.' 하니, 옥관은 드디어 승복한 것으로 여겼다. 공은 면하지 못할 줄을 알고 단식한 지 6~7일 만에 氣絶

2월 10일에 1차, 11일에 2차, 14일에 3차, 15일에 4차, 17일에 5차, 18일에 6차 심문을 받는 과정에서 몇 차례 곤장을 맞으며 상황은 돌이킬 수 없는 지경으로 치달았다. 정약용은 「정헌묘지명」에서 '정경(正卿)인 내가 이런 지목을 받았으니 벗어날 수가 없다.'고 한 이가환의 말을 인용하며 며칠의 단식 끝에 사망했다고 적었다. 반면 『일성록』에서는 '이가환은 사학의 수괴로서 지만(遲晩)[112]한 뒤에 물고(物故)[113]되었다'고 보고하였다.[114] 죽음에 대해서조차 이토록 대조되는 기록이 남은 셈이다.

생의 마지막 몇 년 동안 그가 서교로 인해 곤궁에 처한 상황은 황사영의 『백서(帛書)』에도 흔적이 남아 있다. 1795년 주문모(周文謨) 신부 사건 이후에 정조가 점차 신임을 거두어 가고 있었음에도 노론 벽파가 이가환과 정약용을 끝끝내 해치려 했다는 대목,[115] 이가환을 충주 목사로 내보낸 것은 주문모 사건 이후 수세적 상황에서 취한 정조의 불가피한 처분이었는데 결국 버림받고 등용되지 않아 글짓기로 소일했다는 대목[116]은 현전 시를 이해하는 단서가 된다. 사소한 빌미가 자

하여 죽으니, 끝내 棄市하였다. 이때가 3월 24일이었다."

112 추고 당한 관원이 자기의 죄를 자복하는 것.

113 죄인이 죽음을 당하거나 혹은 죄인을 죽인 일.

114 『일성록』 순조 1년 신유(1801) 2월 26일, '의금부가 죄인 李家煥 등이 物故한 것으로 아뢰었다.', "義禁府啓言, 罪人李家煥 …… 擧世之以邪魁指目, 無以發明, 遲晩後物故."

115 "이가환은 문장이 세상에서 출중하고 정약용은 재기가 뛰어났으므로, 을묘년(1795: 주문모 신부 입국 사건) 이전에는 선왕이 그들을 총애하고 신임하였으나 을묘년 이후로는 차차 소외당해 버림을 받았습니다. 그럼에도 이 두 사람은 벽파가 몹시 꺼려 끝끝내 해치려고 하였습니다.(李家煥文章蓋世, 丁若鏞才機過人. 乙卯以前, 先王寵任之, 乙卯後, 漸見疎棄, 然此二人爲僻派之所深忌, 必欲中害.)"

116 "교우에게 주리를 사용한 것도 역시 가환에게서 시작된 것입니다. 또한 관기를 첩

칫 참화를 부를 수 있는 시간이 1795년부터 1801년 사망 시점까지 계속되었다는 것은, 작품의 과작화(寡作化)와 신중한 경향을 예측해 볼 수 있게 하기 때문이다.

실제로 현전 시편을 볼 때 해배 사환기 한시는 수량이 적다는 점과 송별·수창 등의 응수 문자가 대부분이라는 점이 특징이다. 【금대시집 비교표】 제108번~238번까지의 해배 사환기 작품은 총 128제에 불과하여 작품 수 자체가 매우 드문 상태이다.[117] 또한 128제 중 만시가 30제, 송별시 19제, 수창시가 25제로 전체의 58%인 합 74제로 계산되는데, 연작이 만시와 송별시에 집중되었음을 고려하면 약 70% 내외가 의례적 상황에서 창작된 셈이다. 영회와 경물 시가 상대적으로 드물다는 점은 김효정이 조사한 제재별 분포 양상에서도 재확인된다.[118]

과작화와 신중한 작시 경향은 김화 유배기에 비해 많은 변화를 예고하는 표징이다. 유배기에 보였던 비판적 사회시 자체가 자취를 감추었고 연작이나 장편도 드물어졌다. 10구를 넘기는 작품은 겨우 9제 9수로서 이 또한 만시가 다수이며 조진범에게 준 28운 배율 1수가 그

으로 삼았는데, 이러한 짓은 다 자기에게 대한 비방을 벗으려고 한 일이었습니다. 그러나 그 뒤로는 버림받고 다시 등용되지 아니하였으므로 집에 들어앉아 글을 짓는 것으로써 스스로를 즐겼습니다.(家煥治以嚴刑, 逼令背教, 用周紐於教友, 亦自家煥始. 又納官妓爲妾, 皆所以掉脫謗也. 然自後枳廢, 不復進用, 居家以文章自娛.)"

117 이가환의 만년 작품이 현전 수량에 그치는 것은 아니었으리라 본다. 1795~1780년 사이에 그는 주변 인물들과 어울리며 서울 정릉, 한강, 인왕산 등지에서 시를 상당수 남겼다. 많지는 않더라도 더 많은 작품을 지었을 듯한데 현전하는 시편은 더 간추려진 결과인 듯 보인다. 탄압의 빌미가 될 만한 작품을 본인이 없앴다고 추측해 볼 수 있겠지만, 여전히 사후에 작품이 훼손되었을 여지도 있다.

118 김효정(2015a) 47쪽. 그가 분류한 해배 이후 시 193수 중 경물시 29수, 영회시 13수, 합 42수(약 22%) 외의 작품은 교유시, 차운시, 만시, 응제시에 속하며, 김화 시기에 있었던 사회시 계열이 해배기에는 발견되지 않는다.

나마 주목된다.[119] 만시도 연작이 드물어졌고 편폭을 넓힌 잡영도 차단되었다. 결과적으로 사환기의 작품 전체는 다양하거나 분방한 술회를 기대하기 어려운 상황이 되고 말았다. 대신에 그는 꼭 필요한 인간관계의 국면에서 시를 아껴 사용하였다. 왕실과 관련된 시편들,[120] 채제공 · 신광하 · 이정운 · 이덕무 · 조덕린 · 송재도 등의 만시,[121] 동료 모임에서 쓴 시[122] 등이 대표적인 예들이다. 이 중 조진도(趙進道: 1724~1788)의 만시를 예로 들어 신중한 시 쓰기의 실례를 살펴본다.

「선달 조진도의 만시(趙先達挽 名進道)」

임금님 은혜 말하려다 눈물 먼저 흐르는데	君恩欲說淚先垂
무사히 잠깐 가면 고인을 뵐 수 있으리라.	無事須臾可見之
사면이 늦었다고 황천길에 한탄치 마시길	泉路莫嗟回照晩
예로부터 화일(化日)[123]은 정말 천천히 천천히 왔으니.	由來化日儘遲遲

---

119 「顯隆園遷奉挽章」(40구), 「金同敦寧輓 名著耇」(16구), 「陪申大鹵 遊金氏園林」(12구), 「李江陵稺輝輓名景溟」(24구), 「用鍊光亭贈別韻, 送趙生晋範, 還西京 兼柬舊知」(56구), 「(承命)恭次御製手圈諸書韻」(20구), 「贈申大鹵」(12구), 「送金仲振還義城 名英鐸」(16구).

120 「顯隆園遷奉挽章」, 「恭和御製謁思陵志感韻」, 「陪遊籠山亭應製」, 「是夜泛舟太液池應製」, 「恭和內賜中和尺韻」, 「恭和御製, 三月十九日, 望拜皇壇, 激減倡義, 命文正公尹煌不祧韻」, 「又和是日, 拜金忠武公應河後孫宅基宣傳官, 仍試射, 賜第韻」, 「(承命)恭次御製手圈諸書韻」, 「恭述擬大行大王輓詩十首(庚申六月二十八日, 正宗大王忌辰)」.

121 시기순으로 「趙先達挽 名進道」, 「李積城輓 名德懋」, 「哭申辰澤 名光河」, 「哭宋芝溪」, 「樊巖蔡相國輓詞」, 「五沙李尙書輓」.

122 서대문 밖 서지, 마포 한강, 창의문 밖 세검정 등에서 쓴 다수의 시와 국화 · 연꽃 · 모란 · 매화 등을 함께 감상하며 쓴 시가 있다.

123 化日은 덕과 교화로 나라가 다스려지는 날을 말하는데, 여기서는 조진도의 한이 정조에 의해 해소되는 날을 지칭한다.

조진도는 단 1수의 만시로 그치기엔 사연이 많은 인물이다. 그는 조덕린(趙德隣: 1658~1737)의 손자로서, 조덕린은 1725년에 영조의 처분과 당쟁의 폐해를 논하는 상소를 올렸다가 노론의 매서운 공격을 받고 종성에 유배된 사람이다. 1706년 이잠의 상소를 연상시키는 인물인데, 후에 이 상소 때문에 사판(仕版)에서 직명이 삭제되고 추국을 당한 끝에 제주 유배지로 가던 중 사망하였다. 하지만 1788년 11월에 마침내 정조가 조덕린을 사면하고 죄를 탕척(蕩滌)해 주었는데 이 과정에 힘을 보탠 관료가 바로 우의정에 발탁된 채제공이었다. 그러자 조덕린의 탕척 건에 대해 노론의 윤시동(尹蓍東)과 김종수(金鍾秀) 등은 영조를 모욕한 인물이라며 사면에 반대하고 이를 지원한 채제공을 맹비난하였다. 게다가 훗날 김종수는 섬계 이잠을 변론한 이가환의 1793년 1월의 상소에 대해 극렬한 반대 상소를 올리며 이잠과 조진도를 같은 맥락으로 묶어 지목하였다.[124] 노론의 시각에서 보자면 이잠과 조진도는 똑같이 불온한 인물이었다.

손자인 조진도의 삶도 기구했다. 1760년에 과거 문과 시험에 합격했으나 홍계희 등 시험관의 농단이 문제되어 삭과(削科) 조치되고 말

---

124 『일성록』, 1793년 1월 29일 기사. 판중추부사 김종수가 개성 유수 이가환이 종조부인 섬계 이잠을 변론한 것에 대해 극렬한 반대 의견을 보이며 상소를 올렸다. "신이 늦게야 이가환의 疏本을 보고 자신도 모르게 가슴이 섬뜩하고 머리털이 곤두섰습니다. …… 흉악한 李潛의 상소가 들어오던 날에 그의 측량하기 어려운 말들이 인자하신 어버이와 효성스런 자식 사이인 두 분 성상을 이간하고 한 시대의 충성스럽고 현명한 신하들을 도륙하려는 계책에서 전적으로 나왔음을 통촉하시고서는 즉시 그에게 법을 적용하셨으니, 이 일은 더욱 광명정대하고 과감한 조치였습니다. …… 아, 趙德隣에 대한 처분이 성상의 생각 중에서 한 가지 실수였다는 점에 대해서는 5, 6년 이래로 신이 이미 남김없이 통렬하게 진달하였습니다."라 한 대목이 주목된다.

았다. 한 서린 삶을 살다가 1788년 사망 후 6개월이 지나 복권이 되었던바 위의 만시는 이즈음 작성된 것이라 보인다. 이가환의 입장에서 보면, 조덕린·조진도 조손의 사면 과정은 마치 이잠과 자신의 소망을 대리한 느낌으로 다가왔을 듯하다. 기·승구에서 조진도의 눈물을 강조하여 정조 임금이 가문을 통째로 사면해 준 은혜를 부각하였으며, 전·결구에서는 사망한 조진도가 돌아가신 조부를 뵈러 저승길을 갈 때도 유감이 남지 않으리라 위로한 것이다. 단 1수로 쓴 조심스러운 만시지만 1789년 무렵 이가환의 속마음이 압축된 시였다고 해석될 수 있다. 이렇듯 절제되고 신중한 모습은 채제공과 이정운의 만시에서도 재확인된다.

「재상 번암 채제공의 만시(樊巖蔡相國輓詞)」

끄떡없는 높은 산이요 자루를 드리운 북두성인데	高山不動斗垂杓
머리카락으로 천 균을 버티며 뼈가 녹으려 하셨네.	一髮千勻任骨銷
남기신 한은 위급한 시절을 부지하는 것	遺恨扶持危急日
여생을 성명(聖明)의 조정에 보답하셨네.	餘年報答聖明朝
문장으로도 공훈으로도 길이 빛나실 텐데	文章勳業長輝暎
조정에서도 강호에서도 모두가 쓸쓸해졌네.	廊廟江湖兩寂廖
나아가 곡하려 해도 내가 온통 연루되어	欲哭吾私渾□[125]事
백발에 청천을 바라보며 눈물을 뿌리네.[126]	白頭霑灑望青霄

125 缺字. 빈소에 나아가 곡하지 못하는 이유는 나에게 어떤 이유가 있어서라는 문맥으로 파악하였다.

126 여운필(2022)의 번역을 다듬어 사용함.

「상서 오사 이정운의 만시(五沙李尙書輓)」

번암이 기미성 타고 떠나자 오사도 연달아 갔으니	樊翁箕騎五沙聯
옥순 같은 인물들을 망연자실 바라다보네.	玉笋班行望渺然
눈 못 감는 건 아직 색동옷이 슬퍼서인데	不瞑目猶悲彩服
홀로 수염을 잡고 푸른 하늘로 떠나셨구나.	獨攀髥已上靑天
허무해라, 손님 묵게 한 곳에 남은 베개와 침구	空餘枕簟留賓地
이제 볼 수 없구나, 시로써 같이 놀던 현인들을.	無復風騷接武賢
저택[生]이든 무덤[死]이든 마음에 간직하여[127]	華屋丘山心事在
응당 반갑게 다시 만날 인연이 있으리라.	秖應良會有因緣

번암 채제공과 오사 이정운은 이가환의 관료 인생에서 매우 소중했던 인물이다. 그럼에도 단 1수만으로 애도를 표현한 것은 상식적으로는 납득하기 어려운 현상이다. 1799년에 사망한 번암은 정조대 남인계의 후원자였고 정조와 더불어 이가환의 버팀목이 되어준 사람이다. 혹 1795년 이후부터 천주교에 대한 의견 차이로 관계가 소원해졌다 쳐도[128] 1수의 만시로 그칠 사이가 아니었다. 이런 맥락을 감안하면 단 1수에 그친 번암의 만시는 오히려 절제되고 압축된 느낌을 준다. 머리카락 하나로 천 균의 무게를 버텼던 삶, 문장과 공훈 양면에서 빼어났던 역량을 집약시켜 표현한 다음, 어떤 사연인지 빈소에 직접

127 華屋과 丘山은 생사와 흥망의 무상을 표현한 것이다. 華屋은 화려하게 치장된 부잣집을, 丘山는 산에 놓인 무덤을 의미한다.

128 「정헌묘지명」에는 1797년 정월 16일 달밤에 尹弼秉 · 李鼎運 등이 번암을 찾아가 답교놀이를 청하자 '나 대신 葉西 권대감[權𢢀]에게 가라'며 사양하는 장면이 나온다. 다음 장면에서는, 번암이 二更 무렵에 참여하여 특별히 이가환을 초청하고 廣通橋 장막 안에서 서로 깊은 대화를 나누었다고 적었지만, 세간에서는 당시에 이미 두 사람의 관계를 소원하게 보았던 듯싶다.

나아가 곡하지 못하고 청천 하늘을 우러러 홀로 눈물을 흘리는 자신을 형상화하여 비감의 깊이를 더했다. 탄탄한 시상을 따라 번암의 삶과 애도의 마음을 압축한 양상이라 하겠다.

1년 선배 이정운(李鼎運: 1733~1800)의 만시도 단 1수이다. 이정운은 현전 시편에서도 출현 빈도가 높은 벗이자 소릉(少陵)과 대릉(大陵)으로 연명될 만큼 각별한 사이였다. 번암에 이은 그의 죽음이 이가환에게 결코 가벼웠을 리가 없건만 역시 단 1수의 만시로써 이정운과의 영별을 가름하고 있다. 수련은 번암에 이은 오사의 죽음을 안타까워했고, 함련은 부모님보다 먼저 하세한 슬픔과 그럼에도 선왕 정조를 따라간 충정을 연결해 두었다. 경련은 친구 붙들어 재우기를 좋아했던 오사와 그의 방에 남은 침구를 부조시키면서, 벗들과 함께 밤새 시문을 즐길 일이 이제는 없게 되었다고 하였다. 친구를 위해 비치해 두었던 고인의 사랑방 침구를 예시하여 이정운과 이가환의 깊은 우정을 은유한 것이 이 시의 묘미이다. 경련에서는 생사와 홍망을 넘어 다시 만날 인연이 꼭 있으리라 전하였는데, 몇 달 뒤에는 이 벗을 따라 그도 옥중에서 비극적 운명을 맞았다.

소중한 지인들의 죽음에 대해서조차 그가 왜 이토록 인색할 만큼 시를 아껴 썼는지는 알 수가 없다. 신중해질 수밖에 없는 상황이었다는 짐작 외에는 적절한 추측이 어려워서이다. 이런 경향은 정조 대왕의 서거를 읊은 시 「삼가 의작하여 쓴 대행대왕의 만시 10수(恭述擬大行大王輓詩 十首 庚申六月二十八日, 正宗大王忌辰)」에서도 조심스러움을 보여준다. 제목의 '의(擬)'자에 주의해 보면 그가 만시를 직접 써 올릴 공식적 지위에 있지 않았음을 유추할 수 있다. 더욱이 채제공 사후 사학(邪學)의 죄인으로 몰아가려는 험악한 시국에서 이 '의(擬)'자를 들이는 것과 빼는 것은 차이가 크다. 이 글자가 빠지면 자칫 참람된 소행으로 공격받을 수 있기 때문이다. 이런 신중한 태도는 1799년 여름에 지은 「어제수권에 제하신 운에 삼가 차운하여(恭次御製題手圈諸書韻)」에도 적용될 수 있다. 천주교도로 내몰리는 위기 상황에서 그는 성리학의 정통 계보를 확립하려 한 정조의 『어제수권(御製手圈)』 작업에 열성적으로 참여하여 자신이 성리학자이지 천주교 신도가 아님을 증명하고자 했다.[129]

자기 검열에 가까울 만큼의 조심스러운 경향은 한편으로 절제감이 강한 시들을 만들어 내기도 했다. 아래 「시랑 윤필병의 매화시에 화답하여(和尹侍郎梅花)」는 오사 이정운의 만시 바로 앞에 놓인 시로, "이때 오사의 장지를 청성으로 정했다(時五沙卜葬靑城)"는 원문 주석으로 보아 이정운의 장례 기간에 시랑 윤필병의 집에 모여 이 매화시를 썼던 듯하다. 참고로 청성은 포천의 다른 이름으로 이가환과는 관계가 깊은 곳이다.[130]

---

129 이상 이 단락의 채제공 관련 내용은 여운필(2022), 278~279쪽 참조. 참고로 이가환의 「恭次御製題手圈諸書韻」에는 다음과 같은 서문이 붙어 있다. "手圈諸書者, 三禮 · 兩漢史 · 宋五賢 · 唐宋八大家 · 陸宣公奏議中要語. 我聖上, 幾餘留神, 始以靑圈, 繼以硃圈, 命文學之臣, 繕寫校讐, 以備淸燕之覽. 戊午冬十有二月, 賤臣以簪履之思, 亦與執役之末, 乃於翌年四月, 內降御製十韻, 命以賡進. 榮感之極, 忘僭恭次, 仍不削藁, 以示盛事於子孫." 정조의 手圈諸書는 三禮, 양한 사서, 송의 오현, 당송의 팔대가, 육선공 주의 중에서 핵심을 간추려 손수 권점을 가하고 출판하려 한 일련의 책이다. 이가환은 1798년 12월부터 이 역사에 참여하였다. 1799년 4월에 정조가 御製十韻을 내어 賡載詩를 요구하자 이 十韻詩를 제출하였다. 마지막에 '이 초고를 손대지 말고 성사를 후손에게 보인다.'고 기록한 것은 집안의 학문적 입장을 『어제수권』의 계보에 맞추라는 지시처럼 읽힌다. 이 역시 천주교와의 관련성을 없애려 한 의도가 느껴진다.

130 매형 승암 허만, 선배 지계 송재도, 부친 이용휴의 선산 등이 포천과 연결된다.

옥 같은 꽃잎이 해를 지나 피었는데 玉蘂經年發
흔들리는 등잔불에 가물가물 보이네. 風燈過眼昏
색과 향기가 지난해와 마찬가진데 色香依舊是
성글고 빽빽함을 뉘와 함께 품평하랴. 疎密與誰論
백문의 아래엔 집집마다 비추는 달빛 白下家家月
청성의 땅에는 곳곳마다 들어선 마을. 青城處處村
처량히 이웃에서 피리 가락 소리 들리니 凄凉鄰笛裡
이때는 정말 넋이 다 녹아버릴 듯하구나. 此地獨消魂

경련의 청성은 포천을 가리키고 백하(白下)는 백문의 아래쪽 대릉(大陵)을 가리킨다. 이 대릉 지역에는 윤필병(尹弼秉), 이정운 형제, 채홍리(蔡弘履) 등이 살고 있어서[131] 소릉[貞陵]의 이가환이 정겹게 여긴 지역이었다. 이날도 백하의 윗마을 대릉골로 시랑 윤필병을 찾아 매화를 감상한 것인데, 시상이 매화 예찬과는 전혀 다르다. 수련에는 어여쁜 매화꽃이 지난해에 이어 다시 피었지만 바람 부는 등잔 아래서 보니 가물가물 흐리다고 하였다. 풍등 때문이라고는 하였으나 흐려진 눈은 벗을 잃은 상실감까지를 포함한 것이다. 함련에서는 작년에도 이 꽃을 함께 감상했던 한 사람, 즉 이정운이 빠졌음을 아쉬워하고 있다. 경련에서는 백하와 청성을 대비시키고 있다. 달빛 아래 노닐던 백하의 집들과 무덤을 따라 촌락을 이룬 포천의 대비 속에는 이정운의 생전 터전인 백하와 사후의 무덤이 놓인 포천이 교차되어 있다.

131 『다산시문집』 권2, 「大陵三老歌」의 원주에 '서대문 안 貞陵에는 대릉과 소릉 두 마을이 있는데 능은 다른 곳으로 옮겨갔으나 이름은 옛날 그대로 있다. 세 노인이란 참판 윤필병, 판서 채홍리, 판서 이정운'이라 하였다. 「李季受宅, 陪大陵諸老飮」이라는 시의 주석에도 "尹參判弼秉, 蔡判書弘履, 李參判鼎運兄弟也."라 하였다. 세 사람은 1770년대 채제공이 주도한 終南社 시회의 구성원이기도 하다.

백하와 청성을 들어 생과 사를 대조시켰다. 그래서 이 시는 매화를 감상하는 시임에도 결국은 우아한 꽃 감상이 아닌 넋이 녹을 것 같은 애도로 시상이 바뀌었다. 표면적으로는 매화 감상시인데 이면적으로 이정운의 만시로 읽히며 「상서 오사 이정운의 만시」보다 더 함축적인 비유 효과를 담게 되었다.

비유적 함축에 의한 절제의 방식은 채제공과 관련한 시에서도 유사한 면을 보게 된다. 현전 시편에서 번암과 직접 관련된 시는 「번암 채상공께서 어제시에 갱재한 운을 받들어 화답하다(奉和樊巖蔡相公御製賡韻)」(1791), 「지금 주상의 무오년 봄 정월에 대사마 권공께서 70세로 기로소에 드셨는데 좌상이신 번암공이 절구를 드렸다 …… (今上戊午春正月, 大司馬權公, 以七十入耆社, 左相樊巖公, 贈以絶句 ……)」(1798), 「7월 16일 밤에 번암 상공을 모시고 시안정 앞에서 배를 띄우다(七月十六夜, 陪樊巖相公, 泛舟是岸亭前)」(1798년 7월, 2수), 「재상 번암 채제공의 만시(樊巖蔡相國輓詞)」(1799) 4제 뿐이다. 두 사람의 오랜 친분에 비하면 매우 적은 수량이다.[132] 그런데 이 중에서 1798년 7월 16일 기망일에 한강변 용산의 시안정(是岸亭)에서 뱃놀이를 함께 한 시는 번암 사후의 추모와 관련해서도 주목해 둘 필요가 있다. 시안정[133]은 1788년 우의정에 발탁된 채제공이 조정에서 이따금 물러나 있을 때 머물던 정자로서 남인계 관료의 회합을 겸한 시회가 열린 장소였

---

132 이 점은 『樊巖集』에서도 마찬가지이다. 권17에 「開城伯李廷藻, 趁冬至候班上京, 來訪纍舍, 詩以贈之.」가 실려 있는데, 개성 유수 시절인 1793년 동지 무렵에 작성된 것이다. 이가환 사후에 나머지 작품들이 삭제되었을 가능성이 있다.

133 당시에는 龍山坊의 桃花洞에 속하였으나 지금은 마포구에 포함된다. 마포대교 북단의 언덕에 위치한 정자인데 이 언덕 넘어 용산 방면에 南營이 있었다. 남영은 한강 조망하는 위치 덕에 회합의 장소로 자주 이용되던 명소이다.

다.[134] 이가환이 참여한 1798년의 7월 모임은 시기적으로 뒤늦은 편이었으나 번암 사망 몇 개월 전의 모임이었기 때문에 결국은 이가환이 초대된 마지막 시안정 회합이 되고 말았다.

2수로 구성된 이 시는 7월 16일 달밤의 시안정 풍경과 한강 선유의 흥취를 조화롭게 묘사한 평범한 시였다.[135] 그런데 몇 달 뒤인 1799년 1월에 번암이 사망하고 다시 돌아온 1799년의 7월 16일 기망일(旣望日)에 그는 심규로 등과 다시 시안정을 방문하였다. 「7월 16일 밤에 학사 화오 심규로와 더불어 배를 타고 이수를 거슬러 오르며(七月十六夜 與沈學士華五乘舟泝洄二水)」, 「시안정에서(是岸亭)」, 「27일 밤에 정원 윤무구가 유생 홍득서랑 왔기에 매우 기뻐서 짓는다(卄七夜, 尹正言无咎, 携洪生得書至, 甚喜有作)」가 이 시기에 지어진 작품으로 그는 무슨 연유인지 1799년 7월 27일까지도 이곳 시안정에 머물러 있었다.[136] 도성으로 복귀하지 않고 한강 변에 오래 체류하고 있었다는 것은 이 무렵 분주한 중책이 없는 상태에서 무엇인가 고민이 적지 않았던 사정이 깔려 있었을 것이다.

「시안정에서(是岸亭)」

용 기운이 성해 아직 빗기운 자욱한데　　龍氣猶蒸雨
하늘에는 이미 별 하나가 떨어졌구나.　　乾文已落星

---

134 1788년 이후 시안정 시회에 주로 참석한 이는 권엄, 이정운·이익운, 채홍원 등이었다. 백승호(2006), 『樊巖 蔡濟恭 文學 硏究』, 서울대학교 석사논문, 22쪽.

135 제2수, "黃昏出郭遠囂塵, 舍策登舟自在身. 曲岸微風徐改席, 長洲明月更留人. 終南漢水元來壯, 夜色秋光著處新. 不有東山雲海想, 沙邊鷗鷺肯相親." 제1수는 경물 묘사의 비중이 더 높다.

136 「卄七夜, 尹正言無咎, 携洪生得書至, 喜甚有作.」, "相看成一笑, 留滯又斯亭."

안위를 맡으신 원로 한 분이 사라졌거늘　　安危無一老
한강 가에는 외로운 정자가 남아 있구나.　　江漢有孤亭
길손이 와보니 갈매기는 여전히 하얗고　　客至鷗還白
시절이 바뀌었어도 풀빛은 절로 푸르다.　　時移艸自青
뗏목 배 하나가 난간 가까이 다가오니　　橫槎故近檻
바다에 넘실넘실 떠나가고 싶은 마음뿐.　　渾欲泛滄溟

경물과 감회를 교직한 이 시는, 번암에 대한 추모에서 시작하여 바다로 떠나고픈 소망을 향해 시상이 이동하고 있다. 번암이 떠난 시안정은 어느덧 그를 추억하는 공간으로 바뀌어 있고, 하늘에서 떨어진 별은 지난해에 사망한 번암의 존재감을 지시하는 비유이다. 안위를 책임질 원로가 없어졌다는 언급의 이면에는 국가의 안위뿐 아니라 불안한 시국의 임박을 우려하는 음성도 느껴진다. 경련의 하얀 갈매기와 푸른 풀은 불안한 인간사에 대비되는 자연의 이미지로서 경련의 넘실대는 바다와 통한다. 뗏목 타고 나아가고 싶었던 바다가 한강 하류의 서해였는지 아니면 이 세계를 초월한 별계였는지는 구별되지 않는다. 다만 여기서 짚어야 할 것은 착잡함을 누르며 바다가 상징하는 먼 곳으로 떠나고 싶었던 그 마음이다. 결과적으로 시안정의 경물과 번암에 대한 추모, 막막한 탈출의 욕구가 어울리며 이 시도 함축과 절제의 범위 내에서 오율의 시상이 구성되었다. 막힘없는 감정의 분출이나 쏟아내는 비감의 토로와는 사뭇 다르게 형식과 내용이 꽉 조여져 있는 것이다.

다음 해인 1800년에도 그는 윤필병 · 이정운 · 신석상 등과 함께 마포 서호의 근수정(近水亭)을 찾아 시안정의 감회에 젖는다. 「이날 저녁에 배를 타고 가다 비를 만나(是夕泛舟値雨)」, 「밤이 되어(入夜)」,

「다음날 배를 띄웠으나 바람이 급해 다시 돌아오고 시랑 윤필병과 수령 신석상이 먼저 돌아가다(明日放船, 風急復還, 尹侍郎申令先歸)」, 「정자에 써둔 시(亭子留題)」가 이 과정에서 나온 작품들이다. 「이날 저녁에 배를 타고 가다 비를 만나」를 보면 "어느 마을을 지나고 있나 조용히 물어보니, 저기 멀리서 시안정이 또렷하게 나타나네.(暗問何村過, 遙分是岸生.)"라고 하여 특별히 번암의 흔적을 찾는 눈길을 확인할 수 있다. 1798년 이후 매년 여름마다 한강을 찾아 시안정을 중심으로 번암을 추억했던 것이다. 물론 이 이면에는 거세지는 압박으로 인해 도성 밖 한강에서 위안을 얻어야 했던 상황이 잠재되어 있다.

이상, 애도를 중심으로 과작화 경향과 신중한 시 쓰기 태도를 검토해 보았다. 1793년의 성균관 대사성, 1795년의 형조 판서 시기로 보자면 이때야말로 이가환의 정치 이력이 순탄한 탄력을 받는 기간이었다고 할 수 있다. 하지만 1795년 5월의 주문모 신부 입국 사건 이후부터 1801년의 천주교 탄압 시점까지의 말년 6년을 보면, 이가환의 운신이 극도로 곤란해지는 것에 비례하여 언행이 신중해지지 않을 수 없었다. 그에 따라 시문 작성의 빈도가 줄어들었고 애도시의 사례에서 보듯 절친한 동료의 죽음 앞에서도 말과 글을 아껴야 하는 처지에 놓였다. 환해의 파란 속에서 한량없는 번민이 없을 수 없는 환경이었으나, 그는 생의 마지막까지 감정을 누르며 마음을 가다듬었다. 이 절제감은 근체시를 주로 선택하여 형식과 내용이 절도 있게 조화되는 형태로 발현되곤 하였지만, 그 행간에 눌러둔 의미와 감성은 긴장과 함축의 효과를 지니게 되었다고 하겠다.

4.2. 관료 생활의 여백과 인정의 표현

해배 사환기의 과작화 경향은 치열한 정치 투쟁의 장에서 이가환의 문학 활동 자체가 조심스러웠음을 알려준다. 스스로 삭제한 귀결인지는 알 수 없으나, 최후의 십여 년의 시편 중에는 호쾌한 장편이나 흥에 넘치는 잡영 등이 발견되지 않고, 물러난 지식인들에게서 흔히 나타나는 고뇌의 자기 서사도 보이지 않는다. 응당 가정해 볼 만한 시들이 존재하지 않는다는 점이 이가환 만년 한시의 특징인 것이다. 그럼에도 현전 시편을 일람하면 관료 생활의 여백에서 산출된 몇 갈래 작품군이 눈에 들어온다. 관인 동료들과의 모임을 배경으로 한 작품군, 원림 · 영물 · 감회를 담은 작품군, 그리고 인정(人情)을 전하는 증송시(贈送詩) 등이 여기에 속한다.

관인 동료들과 어울린 일군의 작품들은 서대문 밖 서지에서의 연꽃 모임,[137] 창의문 밖 세검정 모임,[138] 서대문 안쪽 정릉에서의 모임,[139] 사군자 감상을 매개로 한 모임[140] 등을 배경으로 삼고 있다. 시기상으로는 개성 유수에서 서울로 돌아온 1794년부터 1800년까지 분포되어 있으며, 대부분 근체시 1수의 짤막한 형태에 동료들과 함께한 심회를

---

137 「秋日同諸君西池賞荷拈風字共賦」, 「陪羣公重過西池」, 「西池賞蓮奉和丁海左有懷寄示之作」.

138 「七月十七夜, 偕誠吾姜承宣忱, 德能申京兆郎奭相, 无咎尹正言持訥, 登洗劍亭, 風雨晦冥, 蕭林澒洞, 夜過半, 陰翳盡消, 月色皎然」(1797?), 「春暮, 偕聖勖李校理錫夏, 徯父韓校理致應, 華五沈校理奎魯, 无咎, 遊洗劍亭」(1798 봄), 「暮歸, 登彰義門」(1798)

139 「西城小集」, 「松日樓小集」.

140 「贈李侍郎公會菊 名鼎運」, 「沈君仲賓, 種玆佳菊, 菊旣茂矣. 不戒于夜, 畦畹俱空. 好事聞之, 競相贈遺, 所獲過初. 喜而有詩, 余亦屬和」(1800 가을) 「和尹侍郎梅花」, 「半湖宅, 暎山紅盛開, 拈僧字共賦. 權醴泉偖鑄洞舊宅」, 「又得紅字」 등.

간결하게 묘사하고 있다.

오언율시 「가을날 제군들과 함께 서지에서 연꽃을 구경하였는데 '풍(風)'자를 뽑아 함께 짓다(秋日同諸君, 西池賞荷, 拈風字共賦)」를 보자. 이 작품 전체는 "모두들 서지가 좋다 하더니, 연꽃이 정말 붉기도 하구나. 바라보니 하염없이 곱건만, 마치려니 바쁜 신세가 한스럽네. 싱싱한 빛깔은 저녁 햇살과 어울리고, 불어오는 향기는 바람에 실려 가누나. 안타까와라 관로가 가까워, 수북한 먼지가 그치질 않으니.(共道西池好, 殊因菡萏紅. 相看憐脉脉, 欲罷恨匆匆. 出色兼斜日, 吹香更遠風. 所嗟官路近, 堀堁正無窮.)"이다. 수 · 함 · 경 · 미련의 깔끔한 짜임으로 율시의 정격을 구사하였다. 미련에서 세속의 먼지를 경계하는 심정을 끌어와 환해를 향한 약간의 거부감을 투사시켰지만 연꽃 감상의 현장 분위기를 깰 정도는 아니다. 이 작품 뒤에 이어지는 「여러 공들을 모시고 다시 서지를 방문하여(陪群公, 重過西池)」도 오언율시 정격이다.

1년 뒤인 1795년경에 지은 「서지에서 연꽃을 구경하며, 해좌 정범조 공께서 회포를 적어 보내주신 작품에 삼가 화운하다(西池賞蓮, 奉和丁海左有懷寄示之作)」도 역시 오언율시 1수로서 서지의 연꽃 구경을 소재로 삼았다. 서지상련(西池賞蓮)의 유행을 따라 이가환도 친목을 도모하는 모임에 참여했던 것 같다. 경 · 미련에서 "눈앞에 가득한 서지의 연꽃들, 가슴 아팠던 지난해의 연꽃 구경. 초대를 받고 서글피 쳐다보니, 참으로 인생이란 물 위에 떠 있는 것.(滿眼前池色, 傷心去歲遊. 招邀兼悵望, 眞覺此生浮.)"이라 하여, 어쩐 일인지 신나는 흥취보다는 뿌리 없는 인생에 대한 허무감을 토로하고 있다. 1795년 봄 무렵 이가환의 심리를 가늠해 볼 수 있는 대목이지만, 근체 1수의 단형이라는 점을 유의해 둘 만하다. 다작을 삼가되 다만 1수라도 지어 현장의 분위기를 상하지 않게 하려는 배려가 느껴진다.

이렇게 근체 1수로 모임의 감흥을 조절하는 경향은 동료들과 함께한 세검정 구경이나 한강 나들이 때에도 비슷한 양상이다. 홍겹게 오갔어야 할 수창시마저 드물어진 이 현상에는 현장에서 애초 시 쓰기를 삼갔을 가능성과 더불어 후에 관련 작품을 스스로 삭제했을 가능성이 공존한다.[141] 그런 중에도 약간의 예외가 주목된다. 신광수(申光洙)의 아들인 신우상(申禹相)·신석상(申奭相) 등과의 왕래 시편이 대표적이다.

이용휴와 가까웠던 신광수는 아들 5형제를 두었는데[142] 이 중 신우상과 신석상 등의 가장(家藏) 필사본 문집에 이가환과 왕래한 시들이 더러 남아 있다. 두 집안은 혼인으로도 연결되어 있거니와[143] 신광수의 동생 신광하도 이가환을 아낀 사이였다. 선대부터의 우호, 신우상 형제와의 교분을 바탕으로 이가환의 만년 시에는 예외적일 만큼 여러

---

141 삭제의 가능성을 고려해야 하는 까닭은, 압박해오는 정적의 공격에 대비해 빌미가 될 작품을 제거했을 수 있기 때문이다. 더구나 채제공, 정범조, 정약용 등 이가환과 가까웠던 이들의 문집에서도 그와의 관계를 알려주는 작품들이 대부분 소거되어 있기도 하다. 천주교의 수괴라는 혐의가 살벌하게 작용한 여파 탓에 주변인들의 문집에서 이가환 관련 자료들이 대거 말소되었을 것이라 짐작된다.

142 申禹相(1730~1799), 申夔相(1732~1800), 申渭相(1735~1786), 申奭相(1737~1816), 申甫相(1743~1806). 초명은 각각 申孟權, 申敬權, 申應權, 申命權, 申達權이었다. 신우상의 『懶雲稿』, 신기상의 『蕉石集』, 신석상의 『大鹵遺稿』가 남아 있다. 신기상이 양지 현감을 지내다가 1798년 5월에 春川 保安驛에 유배된 일, 신석상이 1799년에 형조 좌랑, 1800년에 定山 현감을 지낸 일은 현전 이가환 한시 이해에 필요한 정보이다. 김동준(2012), 「懶雲 申禹相의 詩文에 대하여」, 『돈암어문연구』 25집, 2012, 125~157족 참조.

143 이용휴의 사위이자 이가환의 매형인 申熹淵도 신광수의 고령신씨 가문의 일원이다. 이가환의 시에도 「題申甥鼎權試券」, 「申士洽, 名惠淵, 見示近詩, 中有和鄙人之作, 更和一絶, 時士洽新拜官」 등이 보인다.

시편이 남아 있다. 현전 시편 중에서 「월계로 들어가는 초석 신기상을 보내며(送申蕉石入月溪 名夔相)」(1798), 「초석 신기상에게(寄申蕉石)」(1798)], 「길가의 수레, 대로 신석상에게 수창하여(道傍車, 酬申大鹵)」(1798), 「대로 신석상에게(贈申大鹵)」(1800), 「늦가을에 대로 신석상과 오사 이정운이 방문해 주셨기에(秋晩 大鹵五沙見過)」(1800), 「탁하 신보상이 밤에 들렀기에 함께 짓다(籜下夜過同賦 申甫相)」(1800), 「초석 신기상에게 편지 삼아 부치다(簡寄申蕉石)」, 「그림을 감상하며 대로 신석상과 함께 짓다(觀畫共大鹵賦)」, 「오사 이정운의 댁에서 짓다, 이 때에 시랑 윤필병이 빈집을 대로 신석상에게 빌려주어 거주하게 하였다(五沙宅共賦, 時尹侍郎許以空舍, 借大鹵住)」, 「근수정에서 시랑 윤필병, 경윤 이정운, 수령 신석상과 함께 짓다(近水亭偕尹侍郎李京尹申令共賦)」(1800) 등이 그 예들이다.

1798년에 신석상에게 준 6구의 시 「길가의 수레, 대로 신석상에게 수창하여」에는 흉금을 여는 고백과 동질감이 스며 있다.

그대는 보지 못했소, 길가의 수레가	君不見道傍車
자욱한 풍진 속에서 바큇살 어긋난 것을.	風塵冥冥輪輻疎
종묘와 조정은 저 하늘에 있건만	淸廟明堂在天上
도성 진흙탕 길에 마부마저 낑낑거리고.	九衢泥塗困僕夫
쓸쓸한 돛배만 부질없이 가엽구려	蕭瑟布帆空相憐
백 폭의 돛이 가을 강에 버려져 있으니.	百丈委絶秋江邊

고장 난 수레와 버려져 있는 배로 자신들을 형상화한 점이 특히 눈에 띄는 시이다. 5년 선배 신석상과의 격 없는 동질감을 나누며, 조정으로도 강호로도 방향을 결정치 못하는 심정을 나누고 있다. 전라도

군산이 고향인 신석상과 충청도 여주·예산에 종친이 계신 이가환에게, 배와 수레는 고향 가는 길을 상기하는 사물이다. 속마음을 솔직하게 드러낸 시라 하겠는데, 그만큼 신석상에 대한 이가환의 믿음을 느끼게 한다. 이 점은 12구로 된 「대로 신석상에게(贈申大鹵)」(1800년)에서 "나 또한 기심을 잊은 사람, 서로 보면 표정이 밝아졌네. …… 은퇴하면 대숲 길로 오갈 테니, 얼른 돌아와 이웃이 되어 주오.(余亦忘機者, 相看顔色好 …… 歸休步苔竹, 卜鄰須及早.)"라는 다정함으로 이어진다. 살벌해지는 1800년 시점에서 이가환이 이만큼의 속정을 따뜻하게 내보인 시는 드물다.

신석상의 관점에서 보면 이가환은 선대의 세교를 바탕으로 교분 깊게 맺어진 사이였다. 군산에서 상경하여 1794년 숭릉(崇陵) 참봉을 출발점으로 종친부 직장(直長), 한성부 주부(主簿)를 거친 그는, 1799년 형조 좌랑, 1800년 정산(定山: 충남 청양) 현감을 지내는 과정에서 이가환 가문과 교유를 유지하였다. 은퇴하면 돌아와 이웃이 되어 달라고 한 위 이가환의 부탁은 정산 현감 시절의 신석상에게 전하는 마음이었을 것이다. 다만 신석상의 『대로유고(大鹵遺稿)』에는 교유의 흔적이 몇 군데 남아 있지만 1795년 이후의 작품은 발견되지 않는다.[144] 참고로 신석상의 형님 신기상의 『초석집(蕉石集)』에도 이가환과의 교유를 짐작케 하는 시가 전하지만 대부분 이가환의 한시의 운을 차운한 수준에 머물고 있다.[145]

---

144 「過惠寶道人故宅」, 「木齋李子木木瓢子歌」, 「早歸來行 贈李侍郎(家煥)」 등의 시와 손녀 상을 위로한 산문 「慰錦台書」 등이 보인다. 「木齋李子木木瓢子歌」는 이삼환이 선물한 표주박을 읊은 장편고시이고, 「早歸來行 贈李侍郎(家煥)」은 섬계 이잠의 충정에 적극 공감한 시이다.

관료 사회 내에서의 조심스러웠던 교유만큼이나 영물시와 감회시도 남겨진 작품이 많지는 않다. 「김생의 매화(題金生梅)」, 「칠석날에(七夕)」, 「산다(山茶)」, 「흰 모란(白牧丹)」, 「오씨의 정원(吳氏園)」, 「송석원에 부치다(寄題松石園)」, 「다시 오씨의 정원을 들러(重過吳氏園)」, 「가을을 보내며(送秋)」, 「서씨의 정원(徐氏園)」, 「밤이 되어(入夜)」 등 10여 수에 불과하기 때문이다. 그럼에도 이 시들은 그가 송석원을 비롯하여 인왕산 아래의 정원을 이따금 방문했음을 알게 하며 때로는 마음 바닥의 소감을 들려주기도 한다. 1788년 가을에 담담히 읊은 「가을을 보내며」이다.

정릉의 마을은 백문의 동쪽	貞陵洞府白門東
나무들 우수수 또 추풍이 부네.	萬木蕭蕭更晩風
국화는 그림 마냥 푸른 담장에 자라고	菊蘂畵圖垂翠壁
기러기는 청아히 울며 찬 하늘 건너네.	鴈聲環珮度寒空
서책은 아랑곳없이 몽땅 내던져 둔 채	盡將書史拋身外
장차 술잔을 즐기며 눈 안에 두려 한다.	且喜杯罇在眼中
생애 내내 탈 없는 경지에 이른 분은	直到生涯無一事
세상에 오직 저 녹피공만 그러했으리!	世間惟有鹿皮翁

1788년 가을을 보내는 시점에서 어떻게 살까 자문하고 있는 시편이다. 제7구의 '생애(生涯)'에 대해 본인이 직접 세주를 달아 '생애는 일생을 가리키지만 지금 사람들은 흔히들 살아가는 방법의 뜻으로 쓰기에 일부러 뽑아 써본다(生涯, 指一生也. 今人多作生理用, 故試爲拈出.)'고

145 步錦帶見寄韻却寄」, 「奉次錦帶尙書贈儀仲韻」, 「奉次錦帶尙書秋日見懷投示之韻」, 「復用錦帶秋字韻 成七律二首」, 「寄呈錦帶尙書兼寄接枝梅」.

하였다. 어떻게 살아가야 하는가를 고민해 본 흔적이라 할 수 있다. 작중에는 국화와 술잔의 편안함도 보이지만 낙엽과 기러기의 쓸쓸함이 교차하다가 마침내는 탈 없는 인생으로 마음이 옮겨가고 있다. 세속을 벗어나 잠산(岑山)이라는 신선계로 비상한 녹피옹(鹿皮翁)의 전설을 들며 세상 밖으로 향하고픈 심정을 툭 토해내고 있는 것이다. 그렇지만 이 담담한 술회마저도 채제공의 사망, 정조의 서거를 지나며 다시 보기 어려운 것이 되고 만다. 이 시에는 아직 비극적 감각이 도래해 있지 않다.

이제 이가환 해배 이후 시에서 음미해 볼 마지막 장면, 즉 인정을 담은 증송시(贈送詩)를 보기로 한다. 원치 않는 비극으로 향하는 과정이었음에도 이가환 한시를 시종일관한 것은 유생과 친족에 대한 증송의 시편이었다. 유생을 대상으로 한 범위에는 낙향하는 홍대연에게 준 「유생 홍맹호를 보내며(送洪生孟浩 名大然)」, 월협으로 돌아가는 정환에게 준 「정생에게(贈鄭生)」, 의성으로 귀향하는 김영탁에게 준 「의성으로 돌아가는 김중진을 보내며(送金仲振還義城 名英鐸)」, 정주의 홍진사에 답한 「신안의 홍진사 보내온 운에 수창하여(酬新安洪進士寄示韻)」 등이 있고, 친족과의 송별을 담은 작품으로는 족손 이시선과 이시륜에게 준 「광국에게(贈光國, 族孫是銑)」, 「족손 시륜을 보내며(送族孫是論)」 등이 있다. 금화 해배 후에 한 살 어린 족손 이시선에 써준 「광국에게(贈光國, 族孫是銑)」를 보면 심금을 흔들 만큼 시상의 결이 잘 조성되어 있다.

치달아 오르려 했던 젊은 날의 꿈,	宿昔飛騰意
반백 살이 되어 서로를 바라보네.	相看半百身

귀밑머리는 온통 듬성듬성해졌는데 鬢毛渾短少
시구는 도리어 맑고도 신선하여라. 詩句轉淸新
천 리나 멀고 멀었던 관서의 달 千里關西月
삼 년을 떨어져 지낸 화강의 봄 三年峽裡春
지금까지 흘린 우리 둘의 눈물이 向來雙別淚
방울방울 서로의 옷자락에 스며 있다오. 一一在衣巾

1790년 전후에 지어졌으리라 추정되는 시이다. 이시선은 항렬로는 손자 벌이지만 1743년생으로 이가환보다 한 살 어린 벗이자 이용휴도 무척 아꼈던 인물이다. 서울에 거주하며 1774년에 진사시에 합격했으나 문과 급제는 하지 못했던 듯하다. 작중에는 50세의 노인이 되어 서로를 바라보는 연민이 녹아 있거니와, 정주 목사와 화강 유배 시절 내내 그리워하면서도 떨어져 지낸 나날이 상기되고 있다. 방울방울 눈물진 옷자락은 두 사람이 얼마만큼 서로에게 소중한 사람이었는지를 단번에 알려주는 징표이다.

무엇보다 석별을 표현한 이가환의 시편 중 가장 눈길을 붙드는 것은 정주 목사 시절부터 맺은 관서 사인과의 지속적인 인연이다. 홍진사, 계진사를 비롯한 관서의 선비들은 이가환의 말년까지 우의를 지키며 지역 차별 해소의 기대를 품었던 것 같다. 특히 1799년 작 「연광정 증별 때의 운을 사용하여 평양으로 돌아가는 유생 조진범을 송별하고 아울러 옛 지인들에게 편지를 겸한다(用鍊光亭贈別韻, 送趙生晋範還西京, 兼柬舊知)」는 빠뜨리기 어려운 작품이다. 조진범은 대동강 전별연에서 28운 배율을 지어 바쳤던 인물로, 이 장편 28운은 앞서 살폈듯이 이가환이 화강 유배기에 평양 유생들에게 보낸 운으로 차용되었고 이헌경에 보낸 28운으로도 쓰였다. 화강 유배지를 찾아와 문안했던[146] 조진범이 이제는 서울에서의 방문을 마치고 돌아가는 상황인지라 이가환으로서는 감개가 남달랐을 것이다. 작품의 도입부를 먼저 본다.

가난을 내쫓지 못해 지금도 가난하나 未逐猶今貧
상봉하니 옛날보다 갑절이나 친근하네. 相逢倍昔親
어찌 그리 얼굴은 변함없이 그대로인가? 那能顔不改
생각해 보면 만나볼 꿈도 꾸지 못했었거늘. 緜似夢無因
[평양의] 잔치에서 볼 때는 술잔을 권했었고 接讌催歡伯
[송별연에서] 시로 어울릴 때는 종이를 찾았었지. 稱詩覓蔡倫
오직 그때는 여유로운 시절을 만나 惟時遭暇豫
때마침 경륜을 펼쳐볼 만했었네. 適可展經綸
훌륭한 선비들이 뜰에 모두 이르렀고 多士庭咸造
천 개의 등불에는 부처의 신묘함이 있었지. 千燈佛有神
[원문주: 때마침 사월 초파일 연등일이었다.(時適八日燃燈)]

꿈에도 생각지 못한 상봉의 기쁨을 말한 다음, 시상은 22년 전인 1787년 4월 8일 연등일에 행해졌던 대동강 전별연으로 직행하고 있다. 경륜을 펼쳐볼 만했던 시절에 평양의 훌륭한 선비들을 만나 주연을 향유한 기억이 행복하게 묘사되었다. 이어 작품은 구름 개인 삼각산과 꽃이 핀 한강으로 작중 공간을 옮기면서 조정의 알아줌을 받지 못하는 조진범을 위로한다. "형산의 박옥을 품은 채 울고 있다 할지라도, 화로의 금은 단련할수록 더욱 순정해지는 법.(荊玉懷雖泣, 爐金鍊更純.)"이라 하여, 형산의 옥 덩어리를 올리고도 되려 누명을 썼던 변

146 「趙生晋範, 見貽近體, 恨不遠送頃行, 兼問近狀, 倚韻却寄. 四首」(비교표 제67번 참조)

화(卞和)에게 조진범의 처지를 중첩시켰다. 조진범이 적극적으로 자신의 등용을 위해 노력했으나 결과가 여의치 못했음을 추측할 수 있는 대목이다. 화로의 금에 비유하며 낙담한 조진범을 다독이는 장면을 지나자 시는 중반부로 들어선다.

평양에서 수고롭게 내 소식을 물어주니	西京勞問訊
참되고 순박한 옛 풍속이 떠오르네.	舊俗想眞淳
연광정 강물 빛은 거울처럼 반짝였고	江練光涵鏡
부벽루 푸른 강물은 티끌 하나 없었지.	樓浮碧出塵
인현(仁賢)한 분들의 자취가 남은 곳이라	仁賢餘軌躅
사라진 듯 해도 선비 높이는 곳이었네.	埋沒尙衿紳
밭 가는 농부도 정전(井田)을 편히 여겼고	耒耜安箕井
시서(詩書) 읽는 선비는 국빈(國賓) 되길 사모했지.	詩書慕國賓
남을 끌어주기에 끈 짧은 게 부끄러웠으나	吹噓慙短綆
어진 사람 만날 때는 수레 돌리기를 아쉬워했네.	歷賢恨歸輪

관서 사민과의 대면 시절에 보였던 평양 인상이 다시 재현된 부분이다. 평양의 사인들은 1799년 현재에도 이가환의 지원을 고대했던 듯한데, 숙원을 해결해 주지 못한 그는 다만 평양의 지역과 인재를 예찬하고 있다. 어진 이들을 만나기를 좋아했으나 끌어주기에는 끈이 짧아 부끄러웠다는 그때의 마음을 다시 꺼내어 실질적으로 돕지 못하는 현재의 미안함을 전하고 있는 것이다. 그리고 자신도 벼슬을 접고 낙향하겠다는 다짐을 전하며 시상은 마무리 단계로 흘러간다.

운림(雲林)으로 언젠가는 돌아가고 싶으니	雲林終欲往
왕래하는 편지를 자주 해야겠구나.	魚雁若爲頻

전윤함(全允涵)은 반딧불 잡아 공부하기 좋아했고, 全喜囊螢舊
[원문주: 전윤함을 가리킨다.(指全生允涵)]
이수첨(李壽添)은 다행히 새로 집을 지었다지. 添憐縛屋新
[원문주: 족손 수첨(壽添)을 가리킨다.(指族孫壽添)]
고민후(高敏厚)는 박봉(薄俸)에 시달리지만 高生沾薄祿
뛰어난 기술로 진기한 보배를 모았네. 絶藝聚奇珍
[원문주: 고민후 군이 취진자를 잘 만들었다.(高君敏厚, 工作聚珍字)]
살아가는 일은 대개가 힘들지만 生事皆攻苦
훌륭한 말씀에는 더러 쓴맛이 난다네. 音徽或受辛

공부 좋아하는 전윤함, 새집을 마련한 이수첨, 취진자를 잘 만든 고민후 등을 하나하나 기억하며 평양의 인재들을 아련히 떠올리는 장면이다. 풍파 치는 환해에서 벗어나 평양의 사람들과 교유하며 살고 싶다는 희망이 드러나 있다. 그럼에도 살아가는 일이란 대개 각고의 노력이 필요하고 좋은 말일수록 쓴맛이 난다는 구절에 이르면 살아가는 것이란 여전히 쓰고 힘들다는 감각이 드러나고 있다. 이어 28운 장편의 마지막은 서울에서 다시 보자는 약속을 지나 다음과 같이 맺음된다.

준마는 응당 맘껏 달려야 하는 법, 騄騏應奮迅
박달나무 바퀴라도 물에 빠지면 어찌하랴?[147] 檀輻豈淸淪
가녀린 보리는 이제 여름을 맞는데 細麥初迎夏
그윽한 꽃은 저 홀로 봄에 피어 있네. 幽花獨殿春
서쪽에서 오는 역사(驛使)가 많으니[148] 西來饒驛使

147 아무리 좋은 수레라도 물에서는 소용없다는 뜻. 조진범이 아직 역량을 마음껏 펼치지 못함을 비유함.

148 '驛使'는 급한 연락을 위해 驛馬로 오가는 심부름꾼. 여기서는 조진범의 평양과 이

편지가 자주 오기를 기다리겠네. 爲待尺書臻

1799년 여름의 이 이별 뒤에 조진범과 다시 왕래가 있었는지는 알 수 없다. 튼튼한 수레처럼 혹은 씩씩한 준마처럼 달리기를 축원했지만 조진범으로 상징되는 평양의 인재들이 실제로 등용되는 일은 일어나지 않았다. 관서 차별은 조선이 끝나도록 철폐되지 않았기 때문이다. 하지만 이가환의 현전 시편에서 정주 목사 시절, 화강 유배기, 해배 사환기를 가로지르며 지속되었던 것이 관서의 사인에 대한 동감과 연민이었다는 점은 끝까지 되새겨볼 의미가 있다. 실질적인 해결자가 되어주지는 못했지만 마음으로나마 그들과 동행하려 했던 그 진심은 여전히 따스한 온기를 품고 있기 때문이다.

5. 결언

가문과 학파의 기린아로 촉망받았던 천재가 천주교 탄압의 와중에서 허망하게 꺾이자 종형인 이삼환(李森煥: 1729~1813)은 마음 놓고 울지도 못했다. 아우를 제사하는 글을 읽어보면, 몸도 쇠하고 정신도 흐릿하여 생사에 연연하지 않은 지가 오래라면서 억지로나마 장례를 맞이해 영결을 고한다고 하였다. 그러면서 '한 세상에서의 인간의 삶이란 모두가 거품 같거나 환영 같은 것(人生一世, 儘是泡幻耳.)이므로 이 이치를 안다면 눈을 감을 수 있을 것'이라고 위로했다. 역사 속에는

가환의 서울을 잇는 심부름꾼을 가리킴.

무수한 현인과 악인, 용맹한 사람, 복 많은 사람, 글 잘하는 사람들이 있었지만 하나같이 훌쩍 사라졌노라 열거하면서 이가환의 죽음에서 한의 무게를 덜어주려 영혼을 달랬다.[149] 겉보기에는 달관한 듯 보이는 이 글에는 차마 꺼내지조차 못한 아쉬움과 슬픔이 진하게 감돈다. 한의 무게를 덜어주고 잊어버리고 편히 가라는 형님의 마지막 인사처럼 들린다.

지금 보아도 이가환의 죽음은 개인의 비극을 넘어 많은 아쉬움을 남긴다. 수학과 과학의 학문적 역량을 발휘하여 국가 차원의 학술적 편찬을 주도했더라면 정조시대 학술사는 한 단계가 상승했을 가능성이 있고, 성호학파의 계승자로서 실학의 현실화를 이룩했다면 그 또한 역사적인 성과가 되었을 것이다. 하지만 몇 건의 국가 전적과 얼마간의 잔질 유고를 남긴 채 그는 비련의 세상을 스스로 떠나갔다. 세상에 마음껏 기여하며 자신도 한껏 즐거워할 복된 인생이 그에게는 끝끝내 허락되지 못했다. 이것은 참으로 그를 위해서도 그의 꿈을 위해서도 슬픈 일이다.

본고는 이 비극적 명인이 남긴 시문 가운데서 시를 주의 깊게 촘촘히 읽어보려 노력하였다. 일부 남겨진 시편이 이가환의 내면을 모두 알려주기에는 한계가 많은 상태지만, 그럼에도 이 안에는 이가환의 마음을 만나게 해주는 많은 회로가 내재해 있다. 글을 맺으며 다시

---

149 李森煥, 『少眉山房藏』 권3, 「祭從弟廷藻(家煥)文」, "木公老人, 衰癃昏憒, 宜死不死, 殆同鷄窠中生活, 凡死喪悲慽, 都不繫戀久矣. 今於從弟廷藻之葬, 收召神魂, 强爲一言以訣曰, 人生一世, 儘是泡幻耳. 賢如顔閔, 暴如蹻跖, 行如尾己, 凶如共兜 …… 凡天下古今吉凶禍福, 可喜可悲, 可驚可愕, 可恨可異之事, 倏焉如塵消雲空, 廓然不見其跡. 彭殤齊等, 臧穀俱亡, 苟達此理, 君可以瞑乎?"

윤곽을 간추려 보자면 이가환의 현전 시편은 김화 유배기와 해배 사환기의 양대 범주로 구성되어 있다.

우선, 김화 유배기의 한시가 비애와 우수의 수동적 정서에 치중하지 않고 반성과 비축의 능동성을 함유하였음을 살필 수 있었다. 오히려 이 당시 유배 체험은 감성과 인식을 계발해 주는 요소로 작용했다. 진솔한 인간관계가 형성되어 진정을 주고받는 시들이 늘어났고, 고요한 관조와 자기 대면을 보여주는 깊이 있는 작품들도 등장했다. 동료 간의 연대와 격려, 민생 현장의 진지한 관찰과 동감이 김화 유배기의 한시를 다채롭고 의미 있게 만들어 주었다. 관서 사인들과의 만남을 오랫동안 이어가면서 지역과 인재의 차별을 안타까워한 그 태도는 온기와 향기가 밴 따뜻한 시를 낳았다. 백성들의 통곡을 대하며 관료의 삶을 반성하는 장면과 저물녘의 황량한 들판을 시름겹게 바라보는 그날의 모습은 김화 유배기에 발견되는 진면목이라 할 것이다.

해배 사환기의 시편은 김화 시기에 비하면 양질 양면에서 모자라는 상태라 진단된다. 정치적 위상 및 주변의 기대와는 달리, 현전 시편은 적은 분량과 지나친 과작화(寡作化)가 특징이다. 다만 생애의 마지막 10년 동안 이가환이 처했던 냉혹한 정치 환경을 고려하면 양질 양면에서 왜 현전 시편이 그렇게 신중해졌는지를 이해할 수 있었다. 이는 만시, 송별시, 수창시 등 어쩔 수 없는 필수적 국면에서 시 쓰기 자체를 조심한 결과이지만 한편으로는 과작화와 더불어 절제되고 압축적인 시를 빚어내게 하였다. 1수로 마감되는 정격의 근체시가 주로 활용되었다는 점이 이를 뒷받침해 준다. 그럼에도 조진범에 준 1799년의 28운 배율을 보면 인정의 교통을 그리워했던 이가환의 심회가 울려 나오고 있다.

시란 사람의 마음을 담는 그릇이자 쓴 사람의 마음을 읽게 하는 매개이다. 학문과 활동 못지않게 누군가를 이해하자면 그의 마음으로 다가가지 않을 수 없다. 시를 통해 패기와 결기가 번득였을 청년기의 이가환을 만나지 못한 것이 아쉽다. 신중함의 이면에 꾹 눌러두었을 심연의 갈증도 결국은 그의 시가 충분히 대변해 주지 못한 것 같다. 도달하고 싶은 꿈과 행복감을 주는 소망도 이가환의 현전 시편은 좀체 말해주지 않는다. 한 시대의 천재로 기억되는 그에게서 펼쳐진 서정이 이토록 제한적이라는 사실, 이것이야말로 이가환의 슬픔과 시대적 비극을 절절히 알려주는 증거가 아닐까 싶다.

參考文獻

李家煥,『詩文艸』, 국립중앙도서관 소장, 청구기호 : 한古朝43-가50
李家煥,『詩文草』, 국립중앙도서관 소장, 청구기호 : 古貴3648-99-9
李家煥,『詩文』, 국립중앙도서관 소장, 청구기호 : 성호古3648-62-904
李家煥,『錦帶詩文抄』, 국립중앙도서관 소장, 청구기호 : 성호古3648-62-1080
李家煥,『詩文艸』, 서울대학교 규장각한국학연구원 소장, 청구기호 : 古3428-372
李家煥,『錦帶集』, 서울대학교 규장각한국학연구원 소장, 청구기호 : 古3428-373
李家煥,『錦帶詩文抄』, 서울대학교 규장각한국학연구원 소장, 청구기호 : 古3428-439
金澤榮,『韶濩堂文集』, 한국문집총간 347.
成大中,『研經齋全集』, 한국문집총간 273~279.
申光河,『震澤先生文集』, 한국역대문집총서 1118, 경인문화사.
李　瀷,『星湖僿說』, 한국고전종합DB.
李森煥,『少眉山房藏』, 한국문집총간본 속집 92,
李獻慶,『艮翁集』, 한국문집총간 234.
張志淵 편,『大東詩選』, 아세아문화사 영인본, 1980.
丁若鏞,『定本 與猶堂全書』, 한국고전종합DB.
黃嗣永,『帛書』.
『承政院日記』, 한국고전종합DB.
『日省錄』, 한국고전종합DB.

1. 번역서

박동욱 옮김(2014),『금대집』, 한국고전번역원.
안대회 옮김(2003), 이용휴 · 이가환 지음,『나를 돌려다오』, 태학사.
조남권 · 박동욱 역(2009),『이가환 시전집』, 소명출판.

2. 논저

김동준(2001), 「이가환 漢詩 연구」, 『한국학논집』 35, 한양대학교 한국학연구소.

______(2012), 「懶雲 申禹相의 詩文에 대하여」, 『돈암어문연구』 25, 돈암어문학회.

______(2023), 「김화(金化) 유배기 이가환(李家煥) 한시(漢詩)의 전개 양상과 문학적 가치」, 『이화어문논집』 59집, 이화어문학회.

김영수 · 김효정(2014), 「錦帶 李家煥 輓詩 硏究」, 『동아시아고대학』 36, 동아시아고대학회.

김효정(2015a), 「錦帶 李家煥의 시문학 연구」, 단국대학교 석사학위논문.

______(2015b), 「錦帶 李家煥 詩文學 一考察」, 『한국한시연구』 23, 한국한시학회.

명평자(2016), 「錦帶 李家煥의 散文 연구」, 충남대학교 박사학위논문.

______(2017), 「錦帶 李家煥의 詩論 一考」, 『동남어문논집』 43, 동남어문학회.

______(2022a), 「錦帶 李家煥의 詩의 창작 배경」, 『한국사상과문화』 105, 한국사상문화학회.

______(2022b), 「錦帶 李家煥의 經世詩 一考」, 『인문사회21』 13, 인문사회21, 동남어문학회.

문수영(1995), 「錦帶 李家煥의 散文硏究」, 경상대학교 석사학위논문.

박동욱(2008), 「금대 이가환 유배 한시 연구 – 金化 유배 시기를 중심으로」, 『동방학』 15, 한서대학교 동양고전연구소.

백승호(2006), 『樊巖 蔡濟恭 文學 硏究』, 서울대학교 석사학위논문.

엄미원(1985), 「錦帶 李家煥 硏究」, 이화여자대학교 석사학위논문.

여운필(2013), 「이헌경의 삶과 시」, 『한국한시작가연구』 17, 한국한시학회.

______(2022), 「錦帶 李家煥의 삶과 詩」, 『한국한시연구』 30호, 한국한시학회.

정　민(2022), 『서학, 조선을 관통하다』, 김영사.

정우봉(1984), 「李家煥의 文學論과 詩世界」, 고려대학교 석사학위논문.

______(2021), 「조선후기 시론사의 구도와 전개」, 고려대학교 출판문화원.

최상천(1981), 「貞軒 李家煥 硏究 : 錦帶殿策의 분석을 중심으로」, 고려대학교 석사학위논문.

하성래(2001), 「李家煥과 西學과의 관계」, 『한국학논집』 35, 한양대학교 한국학연구소.

한양대학교 한국학연구소 편(2002), 『18세기 조선지식인의 문화의식』, 한양대학교 출판부.

금대(錦帶) 이가환(李家煥) 산문의 지향과 창작의 실제

백 진 우 | 서강대 국어국문학과 부교수

1. 머리말

이가환(李家煥, 1742~1801)은 조선후기 문학사에서 빼놓을 수 없는 중요한 작가 가운데 한 명이다. 비록 당시 권력에서 소외되어 있던 남인 출신인 데다가 남아 있는 문집마저 온전하지 않은 관계로 그에 관한 연구가 수월하지 않은 형편이지만, 그간 일련의 선행 연구를 통해 이가환의 문학적·학문적 의의와 위상에 대해서 다양한 접근이 시도되어 왔으며 연구 성과가 차츰 축적되어 가고 있는 실정이다.

본고에서 다루고자 하는 이가환의 산문에 대해서도 유의미한 연구 성과가 지속적으로 제출되고 있다. 그 경향을 살펴보면 초기에는 작가 의식을 중심에 두고 산문 세계를 고찰한 석사학위논문이 제출된 바 있다.[1] 이후 문체론의 측면에서 그의 기문(記文)과 전(傳)을 다룬 연구가 제출되었으며,[2] 이를 바탕으로 범위를 확장하여 산문 전체를 다룬 박사학위논문이 제출되기도 하였다.[3] 이러한 선행 연구를 통해 그의 산문이 지니는 특징과 작품 세계를 전반적으로 살필 수 있게 되었다. 아울러 학술 논문 외에 오늘날 대중을 위한 번역서에서도 이가환의 산문 작품이 비중 있게 다뤄지고 있다는 점에도 주목할 필요가 있다.[4] 당시의 문예물로서도 의미가 있을 뿐만 아니라, 현대 독자들에

---

1 문수영(1995); 이미선(2006).

2 명평자(2015a); 명평자(2015b).

3 명평자(2016).

4 李家煥 외 저, 송준호·안대회 역(1996); 李用休·李家煥 저, 안대회 역(2003); 李家煥 저, 박동욱 역(2014); 이가환 외 저, 안대회·이현일 역(2017). 송준호·안대회(1996)에 22편, 안대회(2003)에 26편, 박동욱(2014)에 54편, 안대회·이현일(2017)에 2편이 선역되어 있다. 이하 본고의 원문 번역은 기존 번역문이 있을 경우 이를 인

게도 일정한 울림을 주는 글이라고 평가할 수 있기 때문이다. 이와 같은 선행 연구 성과들은 향후 이가환 산문 연구에 있어 큰 도움이 될 것으로 생각한다.

현전(現傳)하는 그의 사문집은 7종의 이본이 있으며, 그 가운데 산문 작품은 약 200여 수를 헤아린다. 이 이본들은 모두 원고의 정리나 선별이 엄밀하게 이뤄지지 않은 미정고본(未定稿本)이다.[5] 남아 있는 작품들의 창작 시기를 보면 주로 45세(1786년)에서부터 몰년에 이르는 때에 해당한다. 이 시기는 이가환이 중앙 정치에서 밀려나 정주목사(定州牧使)로 외직을 나갔다가 다시 김화현(金化縣)으로 유배되었던 때에 해당한다.[6] 따라서 45세 이전 젊은 시절의 작품은 거의 확인할 수

용하되, 필요할 경우 윤문 또는 수정하였음을 밝힌다. 참고한 번역서는 참고문헌 목록에 제시하였다.

5 이가환의 산문 전체를 정리한 가장 최근의 연구인 명평자(2016), 203~206쪽을 참조하면 이가환의 산문 작품 총수는 203편이다. 이가환 문집을 다룬 몇몇 해제 자료에서 밝힌 작품 수와는 아주 약간 차이가 있다. 이는 松隱, 聾窩, 鶴洲, 湖隱 네 인물의 小傳을 합쳐 놓은 「壎篪稿小傳」의 작품 수를 헤아리는 방식, 그리고 운문과 산문의 중간 성격의 작품을 헤아리는 방식, 목록에 작품명만 남아 있고 실제 작품이 수록되지 않은 작품을 헤아리는 방식의 차이에서 비롯한 결과로 보인다. 이가환의 산문은 한국문집총간 수록본인 『錦帶詩文鈔』(국립중앙도서관 소장본: 성호古3648-文62-904)에서 71편을, 『近畿實學淵源諸賢集』 수록 영인본 『詩文艸』(국립중앙도서관 소장본: 한古朝43-가50)에서 190편을 확인할 수 있다. 이 두 이본에 포함되지 않고 다른 이본에서만 확인할 수 있는 작품은 「記趙烈女事」, 「禽獸居記」, 「題沈氏壁」, 「李希道哀辭」의 네 편이다. 한편, 본문에서 언급한 7종의 이본에 해당하지는 않지만 正祖의 策問에 대한 답변을 모은 『錦帶殿策』에도 6편의 산문이 수록되어 있다. 문체로는 對策 3편, 論 3편이다. 이본 현황에 대해서는 다음 장에서 자세하게 검토하고자 한다.

6 특별히 『詩文艸』(규장각 소장본: 古3428-372) 수록 시문의 경우 정주 목사 재직 시부터 김화 유배지에서 지은 것들로 시기를 확정할 수 있다. 이에 대해서는 김영진의 해제를 참조.

없는 셈이다.

문체에 있어서는 다른 이들과 주고받은 '편지[書]'가 극히 소략하게 남아 있다는 점이 특징적이다. 이는 아마도 이가환이 사학(邪學)을 신봉하는 이로 지목되어 죽음을 맞이했기 때문인 듯하다. 마찬가지 이유로 다른 이들이 이가환의 시문집을 대상으로 남긴 서발문(序跋文)도 확인할 수 없다. 특정 작가의 문집을 대상으로 남긴 서발문이 특정 작가의 문학관과 성향을 파악할 때 유용하다는 점을 감안한다면 이는 무척 아쉬운 부분이다.

이처럼 수학기(修學期)와 초기 사환기(仕宦期)의 작품을 확인하기 어렵다는 사실, 그리고 저자의 문학관을 타인의 객관적 시선으로 간취해 낼 수 있는 서발문이 없다는 사실은 이가환의 문학을 온전하게 연구하는 데 있어서 무척 큰 제약으로 작용한다.

그렇다면 남아 있는 이가환의 산문을 어떤 시선으로 바라봐야 할 것인가? 필자는 향후 이가환 산문의 진면(眞面)에 접근하기 위해서는 먼저 다음과 같은 세 가지 의문에 대한 답변을 찾는 노력이 필요하다고 생각한다.

첫째, '기(奇)'에 관한 의문이다. 이가환의 부친 이용휴(李用休, 1708~1782)의 산문이 '기' 하다는 데 대해서는 당대의 논평가들이나 현대 연구자들이나 모두 쉽게 인정하는 사실이다. 기존 고문 작가들의 상투성을 벗어난 참신성과 파격성을 높이 평가한다. 그리고 이는 내용과 형식 모두를 두고 하는 말이다. 이가환의 가계나 학맥을 고려하더라도 당시의 일반적인 문풍(文風)과는 다른 새로움을 기대할 만하다. 물론 부자간의 문풍이 반드시 같을 필요도 없고 계승될 필요도 없다. 하지만 세례의 흔적은 분명 어디에든 남아 있을 것이다.

둘째, '패관소품체(稗官小品體)' 지적에 관한 의문이다. 1792년, 당시 부교리였던 이동직(李東稷)이 이가환을 두고 "학문상으로는 대부분 이단(異端) 사설(邪說)들이고 문장이래야 순전히 패관소품을 숭상할 뿐입니다. 누구나 알고 있는 경전을 언제나 별 쓸모없는 것으로 보고 있으니 그들 문장은 문장이라고 말할 수도 없습니다."[7]라는 말로 공격했던 사건은 익히 잘 알려져 있다. 이에 대해 반대파의 정치 공세를 위한 빌미라고 보는 견해도 있으나 정조의 비답(批答)으로 미루어 보면 이가환에게 어느 정도 패관소품체 창작에 관한 혐의가 있었음을 짐작할 수 있다.

셋째, '순정함'에 관한 의문이다. 이가환은 정조가 친림(親臨)한 문신(文臣) 제술(製述)에서 여러 차례 수석을 차지하고 극찬을 들을 정도였다. 정조 즉위 초부터 문장 실력으로 눈에 들었던 것이다.[8] 정조는 이가환의 시권(試券)을 보고 '허두(虛頭)와 축조(逐條)가 장원보다 낫다'라고 평가하기도 하였고,[9] 문신 제술에서 수석으로 손꼽으며 '일찍이 전책(殿策)에서 그 박식함을 보았는데, 오늘 제술에서는 더더욱 해박함에 놀랐다'라고 평가하기도 하였다.[10] 그 밖에도 이가환의 문장이 '절재(絶才)'라는 사실을 여러 차례 직접 언급하기도 하였다. 이는 이

7 『정조실록』 권36, 정조 16년 11월 6일(1792), "其學則多出異端邪說, 其文則專尙稗官小品. 至於經傳菽粟, 每視以弁髦, 亦不可以文華言也."

8 『정조실록』 권5, 정조 2년 2월 12일(1778), "親臨文臣製述, 居首副正字李家煥陞六品."

9 『승정원일기』 1,398책 정조 1년 4월 21일(1777), "上曰, '李家煥試券入之.' 賤臣持入, 上命國榮讀之. 上曰, '虛頭及逐條, 顯勝於壯元文矣.' 命批五處訖."

10 『승정원일기』 1,413책 정조 2년 2월 12일(1778), "上命書傳敎曰, '今日文臣製述時, 論三上居首副正字李家煥之文, 眞所謂近來無此作也. 曾於殿策, 見其博識, 今日所製, 尤極該富. 其在作成之道, 豈循常例? 特爲陞六調用.'"

가환이 문장 실력으로 국왕의 신임을 얻었음을 잘 보여준다.[11]

이가환 산문에 대한 위의 세 가지 의문은 일정 부분 교집합을 이루는 한편 독립적으로 존재하기도 한다. 또한 자료의 한계로 말미암아 특정한 사안에 대해서는 정밀하게 접근하기 어려운 것도 사실이다. 하지만 엄밀하게 따져본다면 이를 기준으로 이가환 산문의 특징을 몇 가지 층위로 나누어서 살펴볼 가능성도 충분하다. 문제는 현재 남아 있는 이가환의 산문 작품을 볼 때 '기' 또는 '패관소품체' 작품으로 볼 만한 글을 어느 정도까지로 파악할지가 쉽지 않다는 점이다. 이용휴 산문을 닮은 글을 확인할 수는 있지만 또 대부분의 글이 그런 것은 아니다. 이것이 단지 그의 원고가 불완전하게 남아 있기 때문인지, 아니면 재야(在野)에 머물던 아버지와 달리 관직에 중용되어 관리 생활을 했기 때문인지, 그것도 아니면 유배시기를 전후하여 문풍의 변화가 있었기 때문인지 정확하게 예단하기는 어렵다.[12] 또한 남아 있는

---

11 이가환은 특히 策文 작성에 있어서 정조의 큰 신임을 얻었다. 1778년 「不納維州論」으로, 1780년 「不渡烏江論」으로, 1781년에는 「蕭何大起未央宮論」으로 장원을 차지하였다. 그때마다 정조는 이가환의 솜씨를 극찬하며 은전을 내리기도 하였다. 이에 대해서는 다음의 논문을 참조. 백진우(2014), 361~366쪽.

12 실례로 안대회(2003), 28~29쪽에서는 이가환의 산문을 두고 "대체로 아버지 혜환의 자장을 크게 벗어나지 않고, 수사나 내용, 주제 면에서 혜환의 특징을 계승하였다. 그의 글을 읽으면 역시 奇의 느낌을 단번에 받을 수 있다. 그러나 결코 혜환의 아류작을 생산한 작가가 아니라 독특한 그만의 개성을 가졌다."라 하여 이가환이 이용휴의 자장 안에 있다고 보았다. 반면 박동욱(2021), 71~72쪽에서는 산문 창작에 있어 이용휴의 영향력을 인정하면서도 "사람들에게 이용휴, 이가환 부자는 함께 언급되곤 한다. 그래서 이가환의 글을 읽으면서 이용휴의 글이 보여주는 파격성을 기대할 만하다. 하지만 이가환의 남은 글들을 읽어보면 우리 예상을 빗겨간다. 의외로 기발하고 새로운 느낌의 글이 드물기 때문이다."라 하여 일정한 시각 차이를 보인다.

작품들의 창작 시기를 볼 때, '순정함'을 대표하는 작품으로 제시할 만한 글도 명확하지는 않다.

본고에서는 위에서 제기한 세 가지 의문점을 전제로, 그의 산문 작품을 통해 간취할 수 있는 '지향'에 주목하여 논의를 전개하고자 한다. 여기서 말하는 지향은 다소 광범위하고, 추상적이며, 모호할 수도 있다. 이가환이 산문 창작 과정이나 결과물을 통해 명시적으로 밝힌 지향을 의미하기도 하고, 산문 작품을 통해 독자가 은연중 깨닫게 되는 지향을 의미하기도 하기 때문이다. 따라서 이는 이가환 산문의 일면을 확인하기 위한 하나의 방편에 불과할 수도 있다. 하지만 이가환 산문의 전반적인 면모를 확인하는 데 있어서는 일정 부분 유효할 것으로 기대한다. 이 지향을 확인하기 위해 본고에서는 문체 분류를 통한 범주화는 잠시 접어두고자 한다.

실제로 이가환의 산문 작품을 찬찬히 읽다 보면 전통적인 문체 갈래가 가지는 장르적 관습에 크게 얽매이지 않았음을 확인할 수 있다. 이를 두고서 '기존의 문체 형식을 거부하고 새로운 문체를 실험했다.'라고까지 말하기는 어렵다고 하더라도 '기존의 문체 형식에 얽매이지 않고 자유롭게 창작에 임했다.'라는 말로는 설명이 가능할 듯하다. 이러한 시도가 이가환 산문의 전모를 밝히지는 못한다고 하더라도 그의 개성적 면모가 어디에서부터 기인했는지 확인하는 단초가 될 것으로 기대한다.

2. 이가환 산문 작품 개황

정약용(丁若鏞)이 이가환을 두고 지은 「정헌묘지명(貞軒墓誌銘)」에서는 그의 저서(著書)로 『금대관집(錦帶館集)』 10책이 있으며 편수(篇數)는 미상이라고 언급하였다.[13] 이 글은 1818년에 지은 것이므로 이가환 사후(死後) 15년이 지난 때이다. 따라서 당시까지도 문집의 체제를 갖춘 완고(完稿)가 정리되지 않았음을 짐작할 수 있다. 현재 남아 있는 자료 대부분이 공간(公刊)되지 않은 필사본이며, 그마저도 대부분 낙질본(落帙本)인 이유도 여기에서 찾을 수 있다.

현재 실물을 확인할 수 있는 이가환의 시문집은 총 7종으로 파악된다. 먼저 전체 작품 목록을 소장처와 문체별로 나누어 제시하면 다음과 같다.[14]

문체	제목	국립중앙도서관 소장				규장각 소장		
		(가)	(나)	(다)	(라)	(마)	(바)	(사)
		詩文艸 한古朝43-가50	詩文草 古貴3648-99-9	詩文 성호古3648-62-904	錦帶詩文鈔 성호古3648-62-1080	詩文艸 古3428-372	錦帶集 古3428-373	錦帶詩文鈔 古3428-439
疏 (3)	辭大司成疏	○			○		○	
	開城留守時陳懇疏	○			○		○	
	因人言乞骸疏	○						

13 丁若鏞, 『與猶堂全書』 文集 권15, 「貞軒墓誌銘」. "所著有錦帶館集十冊, 篇數未詳."

14 열람의 편의를 위해 본서 소재 김동준의 원고 "금대(錦帶) 이가환(李家煥) 한시의 정치 · 지리 환경과 시문학의 대응" 내 한시 자료 목록과 이본 기호를 통일하였다. 문집의 缺落으로 인해 목차에서만 보이고 해당 문집에서 실제 작품을 확인할 수 없는 경우에는 △로 표시하였다.

	竹軒集序	○			○		○	
	定州進士題名案序	○			○		○	
	箕田攷序	○			○		○	
	春水集序	○			○		○	
	伊溪集序	○			○			○
	送冬至副使李侍郎入燕序 名基讓	○			○			○
	郭槐軒集序 名再謙	○			○			○
	禮谷實紀序 郭趄	○			○			○
	風謠續選序	○			○			○
	聾窩稿序	○	○	○				
	贈沈生序	○	△					
	廣平世稿序	○	△					
	送權生稺福序	○	△					
	大東韻玉序	○						
	開城王氏族譜序	○						
序 (47)	海山勝遊序	○						
	星州都氏族譜序	○						
	竹牖集序	○						
	鴻書類林序	○						
	陽坡柳公春坊日記序	○						
	率更詩序	○						
	泛齋集序	○						
	玉泉詩社卷序	○						
	兒戲原覽序	○						
	痴窩壽詩序	○						
	玉溪清遊卷序	○						
	癸丑賞春詩序	○						
	好年生九老會詩序	○						
	同聲集序	○						
	知中樞院事李公實記序	○						
	風峰遺事序	○						

	平巖集序	○						
	極齋集序	○						
	松塢逸稿序	○						
	松潭遺事序	○						
	眞愚艸序	○						
	達山張公遺事序	○						
	丹陽禹氏族譜序	○						
	雲來亭集序	○						
	梅山集序	○						
	奉送金化李使君 萬運 還京師敍	○	○	○		○		
	眉泉書院長貳有司題名案序				○		○	
	柳文簡公遺事序				○			○
	梅軒集序 名壽崗				○			○
	送朱生序				○			○
	贈沈仲賓序 日魯				○			○
	送李臥翁遊楓嶽序		△					
記 (20)	讀書處記	○			○		○	
	春塘臺射記	○			○		○	
	潮衙亭記	○			○		○	
	德川書院重修記	○			○			○
	遵五堂記	○			○			○
	記昌城尉事	○	○	○		○		
	記訓局卒事	○	○	○		○		
	藏菴記	○	○	○		○		
	樂是廬記	○	○	○		○		
	綺園記	○	○	○		○		
	三守齋記	○	○	○		○		
	知非齋記	○	△					
	可以所記	○	△					
	金化縣人吏廳重修壁記	○	△					
	梅窩記	○						

	順事亭記	○						
	睡牕記	○						
	樂淸臺記	○						
	記趙烈女事		○	○		○		
	禽獸居記			○		○		
墓誌 (23)	學生權公墓誌銘	○			○		○	
	盧漢源墓誌銘	○			○		○	
	成均生員韓公墓誌銘	○			○			○
	農庄安公墓誌銘	○			○			○
	荷潭安公墓誌銘	○			○			○
	東窩權公墓誌銘	○			○			○
	栗翁墓誌銘	○	○	○		○		
	庠生鄭君墓誌銘	○	○	○		○		
	贈通政大夫戶曹參議韓公墓誌銘	○						
	筌窩文公墓誌銘	○						
	進士南公墓誌銘	○						
	篤行朴公墓誌銘	○						
	祭酒禹先生碑銘	○						
	斧窩權公墓誌銘	○						
	許純玉墓誌銘	○						
	上谷崔公墓誌銘	○						
	翠竹朴公墓誌銘	○						
	陶窩朴公墓誌銘	○						
	遯菴南公墓誌銘	○						
	兩傳軒蔡公墓誌銘	○						
	崇祿大夫知中樞府事康公墓誌銘	○	△					
	中訓大夫尙衣院直長蔡公墓誌銘	○	△					
	學生蔡公墓誌銘	○	△					
碣銘 (墓表)/ 碑銘/	進士崔公墓碣銘	○			○		○	
	聾巖李先生墓碣銘	○			○		○	
	副司直尹公墓碣銘	○			○			○

	龜庵金公墓碣銘	○			○			○
	南皐朴公墓碣銘	○			○			○
	布衣殉難李公墓碣銘	○			○			○
	安溪李公墓碣銘	○			○			○
	張公墓碣銘	○			○			○
	省齋崔公墓碣銘	○			○			○
	守吾齋安公墓碣銘	○			○			○
	月下趙公墓碣銘	○			○			○
	成均生員權公墓碣銘	○			○			○
	監察權公墓碣銘	○			○			○
	兵曹佐郎權公墓碣銘	○			○			○
	烈女李定愛墓碣銘	○	○	○		○		
	孝子洪此奇碣銘	○						
	升窩趙公墓碣銘	○						
	寒溪吳公墓碣銘	○						
壙銘(34)	成均進士間泳朴君墓碣	○						
	嶧陽文公墓碣銘	○						
	湖隱朴公墓碣銘	○						
	磨巖趙公墓碣銘	○						
	成均進士淩虛朴公墓碣銘	○						
	成川府驪興李氏三德政碑閣銘	○						
	梅園金公墓碣銘	○						
	三嘉縣丘坪尹母姜氏旌閭碑銘	○						
	西江祠雙節碑銘	○						
	寒岡遺墟書堂碑銘	○						
	潛溪許公墓碣銘	○						
	雪山安公墓碣銘	○						
	布衣殉難贈參議宋公遺墟碑銘	○						
	潮溪柳公墓碣銘	○						
	鄭周夢壙銘	○						
	友松金公墓表				○			○

行狀 (12)	經筵監春秋館事李公行狀	○			○		○	
	凝堂崔公行狀	○			○		○	
	塤齋尹公行狀	○			○			○
	陽村柳公行狀	○			○			○
	右參贊秋潭尹公行狀	○			○			○
	知非子蔡公行狀	○	△					
	活源蔡公行狀	○	△					
	天一齋洪公行狀	○						
	梅隱姜公行狀	○						
	懶菴鄭公行狀	○						
	潛溪許公行狀	○						
	弼善鄭公諡狀	○						
傳 (7)	還我小傳	○			○		○	
	鄭信國傳	○			○			○
	壎篪稿小傳(松隱, 聾窩, 鶴洲, 湖隱)	○	○	○		○		
	烈女林氏傳	○						
	郭山二士傳	○						
	淸道郡義士傳	○						
	處士韓公小傳[15]	△						
贊 (6)	崔義士贊	○			○			○
	默軒尹公贊 名希聘	○			○			○
	鄭滄海倚樹像贊	○						
	鄭滄海小像贊	○						
	尹公善述贊	○						
	景武公畫像贊	○						
銘/箴 (10)	申矣測菊花硯銘	○			○		○	
	由正橋銘	○	○	○		○		
	四箴	○						
	硯銘	○						
	荷葉硯銘	○						
	硯銘	○						

	鄭玄恭硯銘	○						
	尹配有研銘				○		○	
	鄭玄恭研銘				○		○	
	我菴銘		△					
題跋(33)	鶴峯金先生辛未疏元藁跋	○			○		○	
	日本陶國興書帖跋	○			○		○	
	李氏三世忠孝錄跋	○			○		○	
	七灘集跋	○			○		○	
	淸虛逸稿跋	○			○		○	
	李護軍家所藏詩文跋	○			○		○	
	卞氏世稿跋	○			○		○	
	徐樂齋集跋	○			○		○	
	寶城郡社壇修治記跋	○			○		○	
	書申童子也汲蘭亭修稧帖臨書後	○			○		○	
	書申童子也汲道德經臨書後	○			○		○	
	題所贈朱生光謙雅誦後	○			○			○
	遊名山志跋	○			○			○
	廣文堂所藏詩卷跋	○			○			○
	古文淵鑑跋	○			○			○
	金士吉皇明樂府跋	○			○			○
	題樂吹帖	○						
	題野沙帖	○						
	許勝菴關西錄跋	○						
	鄭滄海不朽帖跋	○						
	車雲巖雪冤錄跋	○						
	忠州牧使題名案跋	○						
	張遊擊府牌跋	○						
	隙靑菴遺墨跋	○						
	柏溪金公遺事跋	○						
	遆菴金公遺墨跋	○						
	宗人熙天東遊錄後跋	○						

	書慶州崔氏世壽帖後	○						
	書玉余齋遺草後	○						
	書白社會卷後	○						
	書華山詩社卷後	○						
	書邦慶賀詩後	○						
	題沈氏壁		○	○		○		
引(1)	清浦子遺稿小引	○						
祭文(3)	祭權處士文 名濟綸	○			○			○
	祭姨母李母柳夫人墓文	○						
	明淑公主修墓後祝文	○						
書(2)	答申生矣測書	○	○	○		○		
	答姜浚欽書 (附日本陶國興與趙相觀書)	○					○	
說(2)	雜說	○						
	姜浚欽字百源說	○						
哀辭(1)	李希道哀辭			○		○		
계	204	190	29	18	71	17	32	40

이가환의 산문 작품 전체 면모를 확인하기 위해, 각 이본별 특징과 특기할 만한 사실 정보를 제시하면 다음과 같다. 선행 연구와 해제를 참조하고, 여기에 더해 새롭게 밝혀낸 사실을 함께 정리하였다.[16]

(가) 이가환(李家煥), 『시문초(詩文艸)』, 국립중앙도서관 소장

(청구기호 : 한古朝43-가50)

(가)는 춘(春) · 하(夏) · 추(秋) · 동(冬) 4책으로 이루어져 있다. 산문은

15 목록에서만 보이고, 실제 작품은 전하지 않는다.

16 이본 현황에 대해서는 주로 김효정(2015), 3~6쪽과 명평자(2016) 45~49쪽을 참조하였다.

하 · 추 · 동 3책에 수록되어 있다. 가장 많은 작품을 수록하고 있거니와 문체별로 분류가 되어 있기 때문에 한시나 산문 연구에서 모두 선본(善本)으로 삼아왔다. 각 책의 표지에 표기해 둔 문체 분류에 따라 수록작을 정리하면 다음과 같다.

하책에는 기(記), 서(序), 잡설(雜說)을 수록하였다. 이 가운데 잡설에는 설(說), 찬(贊), 제발(題跋), 인(引)의 문체가 들어 있다. 산문으로 분류한 하권의 목차에는 칠언고시인 「매화인증문로인(梅花引贈文老人)」이 기록되어 있으나, 실제 작품은 수록되어 있지 않다. 또한 목차의 하단에 '시로 넣을 것[入詩]'이라 가필(加筆)이 되어 있다.

추책에는 제문(祭文), 전(傳), 행장(行狀), 발(跋), 서(書), 제발(題跋), 기(記), 소(疏)를 수록하였다. 이 가운데 「처사한공소전(處士韓公小傳)」은 목록에 제목만 보이고 실제 작품이 수록되어 있지는 않다. 대신 「환아소전(還我小傳)」이 본문에 두 번 수록되어 있다. 이는 필사 과정의 오류로 보인다.

끝으로 동책에는 묘지명(墓誌銘)과 묘갈명(墓碣銘)을 수록하였다.

(나) 이가환(李家煥), 『시문초(詩文草)』, 국립중앙도서관 소장

(청구기호 : 古貴3648-99-9)

(나)는 2권 1책본이다. 시와 산문이 별도의 구분 없이 수록되어 있다. 시와 산문 모두 전반적으로 수록 작품의 일치 정도를 봤을 때, (다) 및 (마)와 일정한 영향 관계를 찾을 수 있다. 김영진의 해제에 따르면 규장각 소장본인 (마)의 교정 사항을 반영하여 정사(淨寫)한 이본이 (나)와 (다)에 해당하는 것으로 보인다.[17] 따라서 (나), (다), (마) 수록 작품의 창작 시기는 모두 정주목사 재직기, 김화 유배기인 1786년 말

17 다음의 해제를 참조. 김영진, 『詩文草』(국립중앙도서관 소장본: 古貴3648-99-9) 해제, 국립중앙도서관.

부터 1788년 초에 해당한다.

(나)의 하권 뒷부분에 수록된 만시(輓詩) 「윤공만(尹公輓)」 이후 부분은 결락(缺落)되어 제목만 확인할 수 있고 원문은 확인할 수 없다. 이에 해당하는 작품은 모두 13편인데, 이 가운데 「아암명(我菴銘)」과 「송이와옹유풍악서(送李臥翁遊楓嶽序)」는 여타 이본에서 보이지 않는다. 따라서 이 두 편은 원문을 확인할 수 없고 제목만 전하는 작품이다.

(다) 이가환(李家煥), 『시문(詩文)』, 국립중앙도서관 소장

(청구기호 : 성호古3648-62-904)

(다)는 2권 1책본이다. 권수제(卷首題)는 '시문(詩文)'으로 되어 있고, 표제는 '금대시문초(錦帶詩文鈔)'로 되어 있다. 권2 뒷부분이 결락된 낙장본이다. 목차는 따로 없으며 시와 문이 정리되지 않은 채 뒤섞여 있다. 산문으로는 18편이 실려 있다. 흥미로운 사실은 「농와고서(聾窩稿序)」를 제외하고는 (마)의 수록작과 일치한다는 점, 그리고 낙질본 (나)에서 제목만 전하고 실제 수록되지 않은 작품들을 제외한 현전작과 거의 정확하게 일치한다는 점이다. 이는 (나), (다), (마)가 같은 계열에 속하는 이본임을 짐작게 한다. 작품의 일치 정도를 봤을 때, 결락된 부분에는 (나)에 수록된 작품이 있었을 것으로 보인다.

(라) 이가환(李家煥), 『금대시문초(錦帶詩文抄)』, 국립중앙도서관 소장

(청구기호 : 성호古3648-62-1080)

(라)는 2권 1책본이다. 권상에는 시가, 권하에는 문이 수록되어 있다. 문은 문체별로 나누어 제시되었으며, 작품명 없이 문체만 제시한 목차에 소(疏) 2수, 서(序) 14수, 기(記) 5수, 묘지(墓誌) 6수, 갈명(碣銘) 14수, 묘표(墓表) 1수, 행장(行狀) 5수, 전(傳) 2수, 찬(贊) 2수, 명(銘) 3수, 제발(題跋) 16수, 제문(祭文) 1수로 표기되어 있다. 총 71수의 산문이 수록되어 있으며, 대부분 창작 시기가 1791년부터 1800년에 이르는 만

년 소작(所作)이다. 한국문집총간 수록본의 저본(底本)으로, (가)와 함께 가장 많이 활용되어 온 이본이다.

(마) 이가환(李家煥), 『시문초(詩文艸)』, 서울대학교 규장각한국학연구원 소장 (청구기호 : 古3428-372)

(마)는 불분권(不分卷) 1책이다. 목차는 따로 없으며 시와 문이 뒤섞여 있다. 저자 수택본으로 추정된다.[18] 여기에는 17수의 산문이 수록되어 있다. 곳곳에 교정 흔적이 있으며, 청묵(青墨)과 주묵(朱墨)으로 비점(批點)이 찍혀 있거나 평(評)이 달려 있기도 하다. 정주목사 재임부터 김화 유배 시기인 1786년 말부터 1788년 초의 작품을 수록하고 있다.

(바) 이가환(李家煥), 『금대집(錦帶集)』, 서울대학교 규장각한국학연구원 소장 (청구기호 : 古3428-373)

(바)는 불분권 1책이다. 표제, 권수제, 목차 정보가 없으며 시와 문이 뒤섞여 있다. 표지에 신해(辛亥), 임자(壬子), 계축(癸丑), 갑인(甲寅)의 간지(干支)가 기록되어 있어 1791년부터 1794년 사이에 창작한 시문임을 짐작할 수 있다. 32수의 산문이 수록되어 있으며, 거의 대부분이 (라)와 중복된다.

(사) 이가환(李家煥), 『금대시문초(錦帶詩文抄)』, 서울대학교 규장각한국학연구원 소장 (청구기호 : 古3428-439)

(사)는 2권 1책본이다. 권상에는 시가, 권하에는 문이 수록되어 있다. 문은 문체별로 나누어 제시되었으며 순서대로 서(序) 9수, 기(記) 2수, 묘지(墓誌) 4수, 갈표(碣表) 13수, 행장(行狀) 3수, 전(傳) 1수, 찬(贊)

18 다음의 해제를 참조. 김영진, 『詩文艸』(규장각 소장본: 古3428-372) 해제, 규장각한국학연구원.

2수, 제발(題跋) 5수, 제문(祭文) 1수 등 총 40수의 작품이 수록되어 있다. 여기 수록된 작품은 모두 (라)에 중복하여 수록되어 있다. 창작 시기는 1795년에서부터 1800년 사이에 해당한다. (사)는 필사에 사용한 인쇄용지로 볼 때, 20세기 초반에 만들어진 필사본으로 추정된다.

이상으로부터 확인할 수 있는 사실을 근거로 현전하는 이가환 산문의 전반적인 현황과 이본 간 상관관계를 제시하면 다음과 같다.

첫째, 현전하는 이가환의 산문을 문체별로 보자면, 큰 비중을 차지하는 순으로 각각 서(序) 44수, 묘갈명(墓碣銘)·비각명(碑閣銘)·광명(壙銘) 34수, 제발(題跋) 33수, 묘지명(墓誌銘) 23수, 기(記) 20수, 행장(行狀) 12수, 잠명(箴銘) 9수, 전(傳) 7수,[19] 찬(贊) 5수, 소(疏) 3수, 제문(祭文) 3수, 인(引) 2수, 서(書) 2수, 설(說) 2수, 애사(哀辭) 1수가 남아 있다. 총 203수이다. 여기에 더해 정조(正祖)의 책문(策問)에 대한 답변을 모은 『금대전책』에 대책(對策) 3수와 논(論) 3수가 남아 있으므로, 총 209수의 작품을 확인할 수 있다. 제목만 남아 있고 원문을 확인할 수 없는 작품으로는 「아암명(我菴銘)」 1수가 있다.

둘째, 가장 많은 작품을 수록하고 있는 (가)를 제외하고, 나머지 6종의 이본은 두 계열로 나눌 수 있다. 먼저 (나), (다), (마)는 하나의 계열에 해당한다. 가장 먼저 이가환의 정주목사 재임기, 김화 유배기에 (마)가 이루어졌고, 여기서의 교정 사항 등을 반영하여 정리한 정사본이 (나)와 (다)이다. 이 계열에서 수록한 작품은 1786년 말부터 1788년 초에 해당한다. 다음으로 (라), (바), (사)가 다른 하나의 계열

19 본고에서는 松隱, 聾窩, 鶴洲, 湖隱 네 인물의 小傳을 합쳐 놓은 「壎篪稿小傳」을 한 편의 작품으로 헤아렸다.

에 해당한다. (바)와 (사)에서 수록하고 있는 작품을 합치면 (라) 수록 작품과 거의 일치하기 때문이다. (라)에서 (바)와 (사)가 갈라져 나왔는지, 혹은 (바)와 (사)를 바탕으로 하여 (라)가 이루어졌는지, 그 선후 관계를 확정할 수는 없으나 일정한 영향 관계에 있음은 분명하다. (바)에서 수록한 작품은 1791년에서 1794년 사이에 해당하며, (사)에서 수록한 작품은 1795년에서 1800년 사이에 해당한다.

셋째, 현전하는 작품들의 창작 시기는 (나), (다), (마) 계열이 1786년부터 1788년에 해당하고, (라), (바), (사) 계열이 1791년부터 1800년에 해당한다. (가)에만 수록되어 있는 작품 가운데 창작 연도를 확정할 수 있는 작품들로 미루어 볼 때, (가) 수록작도 대부분 1786년 이후 작품들로 추정된다. 「옥계청유권서(玉溪淸遊卷序)」(1786년 이후), 「종인희천동유록후발(宗人熙天東遊錄後跋)」(김화 유배 이후), 「계축상춘시서(癸丑賞春詩序)」(1793), 「매산집서(梅山集序)」(1795), 「대동운옥서(大東韻玉序)」(1795), 「호년생구로회시서(好年生九老會詩序)」(1798) 등이 이에 해당한다.

3. 이가환의 산문 인식과 창작의 지향점

그간 이가환의 문학론에 대해서는 주로 시론 또는 시의 풍격을 중심으로 연구되어 온 가운데,[20] 최근 들어 그의 산문 전체를 정리하면서 이가환이 제시한 문학 이론을 '육경(六經)에 근본한 자득(自得)의

---

20 정우봉(1984); 김동준(2001); 김효정(2015).

강조', '사실적 표현을 통한 진문장(眞文章)의 추구', '문학의 효용적 가치 중시'로 나누어 살핀 연구가 제출된 바 있다.[21] 이가환의 문학론과 관련해서는 주로 현전하는 작품 속에서 그가 다른 이에게 남긴 직접 발화를 재구성하는 방식으로 이루어져 왔다. 이하 본 장에서 인용하는 자료 역시 새로운 것이 아니라 기존 선행 연구에서 이가환의 문학관을 파악할 때 검토되었던 것들이 대부분이다. 다만 여기서는 산문과 시에 대한 인식 차이를 보여주는 언급을 중심으로, 산문 인식에 중점을 두고 자료를 엮어 읽으며 재검토하고자 한다.

산문과 관련하여 가장 높은 층위에서 검토할 만한 글은 당대의 문체(文體)에 관한 정조의 물음에 답한 대책문(對策文)인 「문체책(文體策)」이다.[22] 이 글은 이가환이 김화 유배를 마치고 조정으로 복귀한 1791년에 작성하였다.

정조는 당대의 선비들이 시서(詩書)나 육예(六藝)의 문체를 본받지 않고 자잘한 패가(稗家)와 소품(小品)에만 몰두하고 있다는 사실을 비판하며,[23] 이에 대한 해결책을 답안으로 제시할 것을 요구하였다. 또한 정조는 이 질문의 말미에 "그대들은 이번 대책으로 짓는 글부터 근래의 투식을 벗어버리고 옛 규범을 만회하여, 나를 빈말 하는 사람으로 만들지 말라."[24]라고 하여 답안으로 작성하는 글부터 당대에 만

21 명평자(2016), 49~76쪽.

22 이 글은 『錦帶殿策』에 실려 있다. 『금대전책』에는 3편의 對策이 실려 있는데, 모두 1789년에 正祖가 親試로 시행한 시험의 답변이다.

23 李家煥, 『錦帶殿策』, 「文體策」. "(正祖 問) 近來文風漸變, 其所謂操觚之士, 不本乎詩書六藝之文, 埋頭用心, 反在於稗家小品之書, 發而爲詩文, 騈儷之作也. 筆未落紙, 氣已索然."

24 李家煥, 『錦帶殿策』, 「文體策」. "(正祖 問) 子大夫其自是策, 擺近臼挽古轍, 使予莫爲

연하는 패가소품체의 투식을 탈피하고 옛 체제와 격식에 맞춰 순정하게 작성하기를 요구하였다. 이는 패관소품체를 경계하고 순정한 문체로 돌아가야 한다는 문체반정(文體反正)의 논리와 일맥상통한다.

이가환은 답변으로 제출한 「문체책」에서 당대 문장의 폐단에 대한 정조의 인식에 공감하며, 예악(禮樂)과 정벌(征伐)에 대한 책임과 권한이 국왕에게 있듯이 문장(文章)에 대한 책임과 권한 역시 국왕에게 있다고 하였다. 이가환은 이 글을 통해 문장이 세도(世道)와 관계되는 것이기에, 국왕이 주도하여 문풍(文風)을 가다듬고자 하는 정조의 문체 정책을 적극 옹호하는 논리를 펼쳤다.

> 아, 문장은 성대해지고 쇠퇴해지는 것이 있습니다. 그리고 세도(世道) 역시 그에 따르는 법입니다. 그런즉 그 관계가 긴중함은 실로 예악(禮樂)이나 정벌(征伐)과 더불어 서로 엇비슷하여 크게 차이가 없는 것입니다. 그런데도 예악과 정벌의 권한에 대해서는 반드시 윗사람에게 있다고 하면서도, 문장의 권한에 대해서만은 유독 윗사람에게 있지 않다고 하는 것은, 신은 그 말을 감히 믿지 못하겠습니다. 신은 매번 당대의 문장이 시들해져서 떨치지 못하며 공교로워서 마땅치 않은 것을 보고는, 일찍이 그것을 위하여 크게 두려워하고 몹시 걱정하면서 탄식하지 않은 적이 없었습니다. 그런데 그 두려움은 문장에 대해서만 있는 것이 아니라, 사람에 대해서 있었으며, 사람에 대해서만 있는 것이 아니라, 세도에 대해서 있었습니다. 이에 그 권한이 위에 있는 것 같지 않으면서도 실로 위에 있는 것에 대해서 깊이 탐구해 보고서 한 번 주상전하 앞에서 말씀드릴 생각을 하였습니다. 그러면서도 도리어 말이 미치광이와 같고 일이 참람스러운 탓에 입을 다물고 있으면서 감히

空言."

> 말하지 못한 지가 오래되었습니다. 지금 우리 주상전하께서 덕음(德音)을 내리고 명지(明旨)을 내리시어 문체(文體)를 변화시킬 생각을 가지시고 물으시었습니다. 그러면서 가슴 속에 품고 있는 생각을 진달하라고 하시었는바, 이를 계기로 하여 제 견해를 말씀드릴 수 있게 되었습니다.[25]

위의 인용문은 정조의 문체 정책을 적극 옹호하는 이가환의 인식을 잘 보여준다. 오히려 한 걸음 더 나아가, 자신 역시 오랫동안 같은 생각을 가져왔으나 감히 진언하지 못하던 차에 마침 생각을 아뢸 기회가 생겼기에 견해를 밝힌다고 하였다. 이는 옹호를 넘어 적극적인 지지의 수준으로 볼 수 있다. 이러한 인식은 같은 책문에 대한 윤기(尹愭), 정약용(丁若鏞)의 답변과 궤를 같이한다. 윤기와 정약용 역시 대책문의 시작 부분에서 정조와 같은 생각을 지녀온 가운데, 마침 정조의 질문을 받았기에 그에 대한 자신의 의견을 진술한다고 하였다.[26]

『금대전책』에 수록된 글이 모두 이가환이 삼상(三上)을 차지한 책문만을 모아 놓은 글임을 감안한다면, 문체에 관한 이가환의 대책문 역시 정조가 흡족하게 여겼을 가능성이 크다. 이는 단지 글의 주제와 관련이 있을 뿐만 아니라 문체와도 관련이 있다고 볼 수 있다. 애초에 정조가 대책문의 작성에 있어 옛 체제와 격식에 맞춰 순정하게 작성하기를 요구했기 때문이다.

이에 앞서 정조는 1789년 5월의 친시(親試)에 이가환이 제출한 「천

---

25 李家煥 저, 정선용 역(2011), 『금대전책』, 국립중앙도서관. 144~145쪽.

26 尹愭, 『無名子集 · 文稿』 책10, 「文章與世道」; 丁若鏞, 『與猶堂全書』 文集 권8, 「文體策」. 다만, 이가환의 글과 마찬가지로 윤기와 정약용의 대책문 역시 뒷부분이 결락되어 있어서 글 전문을 확인할 수는 없다.

문책(天文策)」에 대해서 “읽어보면 읽어볼수록 더욱 깊은 맛이 있음을 알겠다.[咀嚼益覺津津]”라고 평가하였고, 같은 해 윤5월의 친시에서 제출한 「지리책(地理策)」에 대해서는 “이 얼마나 대단한 글솜씨인가. 넓은 학문도 단지 여사(餘事)일 뿐이다.[何等大手筆, 淹博特餘事]”라고 높게 평가한 바 있다. 이러한 사례는 이가환이 단지 이론적 측면에서 패관소품을 배척하고 순정한 문장으로 되돌려 놓고자 하는 정조의 문체 정책을 지지할 뿐만 아니라, 실제 창작에 있어서도 여실하게 반영했음을 짐작게 한다.

이상에서 확인한 이가환의 문장론은 정조와의 관계 속에서 살핀 것으로, 문장이 세도의 성쇠(盛衰)와 관련이 있다고 보는 효용론의 층위라고 할 수 있다. 또한 국왕을 가까이에서 모시는 신하로서 문장에 대해 견지할 수밖에 없는 당연한 자세라고 할 수 있으며, 국가의 대사(大事)에 대한 의견을 치밀한 논리를 갖춰 제시하는 논책(論策)의 문체에 한정된 경우라고도 할 수 있다. 하지만 이러한 제약을 감안한다고 하더라도, 적어도 이가환이 정조가 표방한 순정한 문체에 부합하는 산문 인식과 작문 능력을 갖추었음을 확인할 수 있다.

다음으로는 이가환이 산문 창작에 대해 어떤 관점을 지녔는지 구체적으로 확인할 수 있는 몇몇 자료를 검토하고자 한다.

먼저 문장을 짓는 이유, 그리고 문장의 역할에 관한 언급을 예로 들어 본다.

> 심하구나, 문장 짓는 일은 그만둘 수가 없구나.
>
> 옛날 오나라 사람들이 초나라 수도 영(郢)에 쳐들어가 소왕(昭王)이 달아나자 종건(鍾建)이 (소왕의 여동생) 계미(季芈)를 업고 피해 화를

> 면했으며, 유유(劉裕)가 환현(桓玄)을 토벌할 때 주영석(朱齡石)은 대대로 환씨의 두터운 은혜를 입었다고 여겨 칼날을 환현에게 겨누지 않고자 하여 후방에 배치해 줄 것을 청하였다. 사람들이 지금까지도 이 두 가지 일을 외며 쇠해지지 않은 것은, 단지 이들의 이름이 역사에 기록되어 있기 때문이다. …… 당시와 비교하면 살촉과 탄환을 제거한 일이 마음은 같지만 지혜는 더욱 뛰어나다. 종건이 왕의 여동생을 업은 일과 주영석이 은혜를 입은 일을 마음에 품어 공의(公義)를 뒤로 한 일은, 그 공적이나 일이 모두 풍봉공에 크게 미치지 못한다. 그런데도 종건과 주영석은 세상에 이름이 드러나고 풍봉공은 드러나지 않았으니, 이 어찌 문장 때문이 아니겠는가?[27]

위의 인용문은 박한남(朴翰男, 1599~1655)의 공적을 기록한 『풍봉유사(風峯遺事)』에 붙인 서문의 첫머리다.[28] 인용문에서 언급한 박한남은 크게 두 가지 공적을 세운 인물이다. 하나는 병자호란 때 적의 화살촉을 맞은 상태에서도 인조(仁祖)를 등에 업고 남한산성으로 대피시킨 공로이다. 다른 하나는 1643년에 명(明)나라가 청(淸)나라를 공격했을 때 명목상으로는 청나라에 종군하였으나 실제로는 명나라에 대한 의리를 생각하여 금주성(錦州城)에 주둔만 했을 뿐 전투에 참전하지 않았던 공로를 말한다. 이가환은 종건(鍾建)과 주영석(朱齡石)이라

---

27 李家煥, 『詩文艸』 夏, 「風峯遺事序」(朴翰男). "甚矣, 文之不可已也. 昔吳人入郢, 昭王出走, 鍾建負季芈以免, 劉裕討桓玄, 朱齡石自以世受桓氏厚恩, 不欲以兵刃相向, 請在軍後. 人至今誦此兩事不衰者, 徒以名載於史也. …… 比之其時, 去鏃去丸者, 心同而智尤高. 夫建之所負王之妹也, 齡石懷私恩後公義, 其功與事, 皆不及公遠甚, 彼顯而此晦, 豈非以文也."

28 朴翰男의 한자명은 朴漢男으로 기록되어 있기도 하다. 이가환이 『風峯遺事』로 제목을 붙인 저술은 『風峯實紀』로 보인다. 이와 관련한 글로 柳疇睦(1813~1872)이 지은 「書風峯朴將軍事實後」이 전한다.

는 두 인물의 사례를 역사로부터 가져와 박한남의 공로에 대응시켰다. 종건은 군주의 여동생을 등에 업고 대피시킨 인물이며, 주영석은 옛 은혜를 생각하여 전투에 적극적으로 가담하지 않고 후방으로 물러난 인물이다.

이 글의 작성 목적은 큰 공적을 세운 박한남을 칭송하기 위한 것이지만, 여기서 눈여겨볼 만한 것은 문장을 짓는 이유를 제시한 부분이다. 종건과 주영석 모두 공적을 세운 것으로 칭송받는데 박한남은 그렇지 못하다는 것이다. 이가환이 생각하기에 박한남의 공적이 더욱 높음에도 불구하고, 세상에 제대로 드러나지 않은 이유는 다름이 아니라 문장으로 기록되어 사서(史書)에 실리지 못했기 때문이라고 보았다. 인물이 드러나기 위해서는 문장이 필요하다는 논리이며, 박한남은 공적을 기억할 만한 가치가 있는 인물이기에 문장으로 적어 후세에 전하고자 한다는 것이 이 글의 중요한 논지이다.

현전하는 이가환의 글 가운데에는 인물에 대해 기록한 기(記), 전(傳), 묘도문자(墓道文字)가 다수 남아 있다. 또한 그 가운데는 당대에 주목받지 못한 인물이거나 다른 곳에서 기록 흔적을 찾기 힘든 인물을 대상으로 작성한 글이 많다.[29] 이는 세상에 드러내야 할 인물을 글을 통해 알려야 한다는 생각이 반영된 것으로 보인다. 다음으로는 시와 문에 대한 인식 차이를 살펴보고자 한다.

---

29 이와 관련하여 박동욱(2014), 16쪽의 언급을 참조할 만하다. “이가환은 하층민이나 소외된 계층에 대한 기록을 많이 남겼다. 후세에 전할 만한 행적을 남겼으나 미천한 신분이라는 이유로 정당한 평가를 받지 못했던 인물들의 삶을 적극적으로 기록하였다. 문묘지기, 병졸, 효자, 열녀, 기녀, 유배객까지 다양한 인물을 다루었다.”

> 문장은 마음을 전하고 자손은 세대를 전한다. 세대를 전하기는 쉬우나 마음을 전하기는 어렵다. 사람이 자손 남기는 일이 어찌 끝이 있으랴만, 문장에 있어서는 세상에서 일컫는 도연명(陶淵明) · 사령운(謝靈運) · 이백(李白) · 두보(杜甫) · 한유(韓愈) · 구양수(歐陽脩) · 소식(蘇軾) 같은 경우에도 이들에 부응하여 계승하는 이들이 적었다. 그러나 한유에게는 장적(張籍)과 황보식(皇甫湜)이 있었고, 소식에게는 진관(秦觀)과 장뢰(張耒)가 있었으니, 이들은 모두 직접 지도를 받아 올바른 법도[典刑]를 따랐다. 하지만 도연명 · 사령운 · 이백 · 두보에게는 이런 일이 있다는 말을 듣지 못했다. 어찌 시(詩)라는 것이 마음으로 만나는 것으로부터 깨달아 언어 밖으로 뜻을 두어 세상에 전하기가 문(文)보다 어렵기 때문이 아니겠는가?[30]

위의 인용문은 광평(廣平) 채씨(蔡氏) 가문 네 명의 시를 모은 『광평세고(廣平世稿)』에 붙인 서문이다. 이 서문은 작성 목적 자체가 채씨 가문 인물들의 시작(詩作)을 높이 평가하는 데 있다. 실제로 인용문에 이어지는 문장에서는 모두 시의 특장과 품격으로 네 명을 평가하였다.[31] 전문을 읽어보면 네 명의 시가 보여주는 풍격이 다양하지만 결국은 하나의 뿌리에서 나왔음을 밝히는 글이다. '세고(世稿)'에 붙이기 알맞은 서문이다. 따라서 이 글을 두고 본격적인 산문론이나 산문 작법론이라 말할 수는 없다. 하지만 이 글을 통해 이가환이 시와 문에

---

30 李家煥, 『詩文艸』 夏, 「廣平世稿序」. "文章傳心, 子孫傳世. 傳世易, 傳心難. 人之有子孫者, 何限, 至於文章, 若世所稱陶 · 謝 · 李 · 杜 · 韓 · 歐 · 蘇諸公, 嗣響盖寡. 然韓有籍 · 湜, 蘇有觀 · 耒, 皆經指授, 以追典刑. 陶 · 謝 · 李 · 杜, 未聞有是. 豈非詩者, 悟由心遇, 意在言外, 傳之尤難於文也."

31 예를 들어 蓴塘公 蔡震亨을 두고 '淸穩하여 韻이 뛰어나고', 知非子 蔡聖龜를 두고 '遒逸하여 格이 뛰어나고', 盤桓亭을 두고 '平淡하고', 活源公을 두고 '의리의 정치함이 있었다'라고 평가하였다.

대해 가진 인식 차이를 어느 정도 엿볼 수 있다.

이에 따르면 이가환은 산문을 두고 스승의 지도를 받아 그 법도를 얻을 수 있는 것으로 파악하였다. 후대에 법도를 전하기 어려운 시와 차이가 나는 지점이다. 또한 산문과 대비하여 시를 후대에 전하기 어려운 이유를 '언어 밖에 뜻을 두었기 때문[意在言外]'이라고 했다. 일반적으로 '언외지의(言外之意)'는 시의 가장 중요한 덕목 가운데 하나로 거론되며, 표면으로 드러나는 언어 · 문자로는 도저히 전달하기 힘든 경지를 의미한다.[32] 물론 이러한 언급을 두고서 산문은 작가가 구사하는 언어 안에서 규범화하고 정형화하여 정확하게 전달해야 한다는 주장으로 해석하기는 어렵다. 그러나 적어도 이가환이 산문은 시에 비해 일정한 전범성(典範性)을 가지고 있는 것으로 파악했으며, 그 전범성이란 것은 스승을 따라 배워서 익힐 수 있는 경지로 파악했음을 짐작할 수 있다. 스승을 따라 배울 수 있는 것이라면 시간의 거리가 멀리 떨어진 후대의 인물들도 충분히 익히고 배울 방도가 있음을 의미한다.

또한 이가환은 산문 창작에 있어서 억지로 기이(奇異)함을 추구하는 일을 경계하기도 하였다. 종인(宗人) 이희천(李熙天)이 금강산을 다녀

---

32 이가환이 시의 본질로 '言外之意'를 거론한 경우는 「率更集序」에서도 보인다. 이 서문에서는 글자가 모여 구절을 만들고 시가 될 수 있는 까닭이 그 시의 밖에 있다고 하였다. "시는 신령한 물건이다. 글자를 보태 구를 만들고, 구절을 보태 한 연을 만든다. 한 연과 한 구절이 쌓이지 않으면 시라고 할 수 없다. 그러나 그렇게 만들어진 것이 시가 되는 까닭은 늘 구절과 연 밖에 있다. 작가들은 오히려 그 점을 알지 못하고 독자가 아는 경우가 곧잘 생긴다.(詩, 神物也. 積字而句, 積句而章. 非章句, 無所謂詩者. 然所以爲詩者, 常在章句之外. 作者或不自知, 而觀者知之.)"(李家煥, 『詩文艸』 夏, 「率更詩序」.)

온 후 지은 유산록(遊山錄)에 붙인 서문에서는 이러한 인식이 잘 드러난다. 길지 않은 글이므로 전문을 인용한다.

> 문장 짓는 일은 초상화를 그리는 것과 같아서 오직 비슷해야 할 따름이고 법률을 적용하는 것과 같아서 오직 합당해야 할 따름이다.
>
> 나는 『풍악록』을 많이 보았는데, 대부분은 과장하다가 그 참모습[眞]을 잃은 것이 열에 아홉이었다. 또 혹은 자신이 들던 것만 못하다며 폄하하는 이들도 있다. 그들의 의도를 자세히 살펴보면 참으로 직접 본 것이 있어서 높이는 것이 아니라 대부분은 기발한 논의를 만들어 내기 위해 특이한 것을 구한 것이다. 기문과 시를 지을 때도 또한 한 편이라도 전인들을 크게 뛰어넘기 위해 힘썼으니, 이는 주자가 말한 '이런 의도는 이미 그 자체로 좋지 않다.'라는 것이다. 이는 모두 남을 이겨보자 하는 마음이지 잘 유람하고자 하는 마음이 아니다.
>
> 지금 희천의 『동유록』을 보니, 문은 지나치게 기이함을 구하지 않았고 시는 지나치게 공교함을 구하지 않았으니, 오직 진실했을 따름이다. 이것이 바로 그의 글을 귀하게 여길 수 있는 까닭이니, 기이함과 공교함은 그 안에 들어 있다. 나는 아직 금강산을 유람하지 못하였지만 그가 진실하다는 것을 아는 까닭은 내가 일찍이 김화에 유배되어 한양 동문(東門) 밖에서부터 생창역(生昌驛)까지 이르는 동안에 몸소 그곳을 지나왔기 때문이다. 몸소 지나온 곳에서 그 진실함을 얻었으니 내가 보지 못한 것들도 알 수 있다.
>
> 나는 이를 일러 화가가 백묘법(白描法)을 사용할 때 꾸미지도 않고 더하거나 덜지도 않는 것과 같다고 생각한다. 여기에서부터 구한다면 문장도 여기 있을 것이요, 도 또한 여기 있을 것이다.[33]

---

33 李家煥, 『詩文艸』 秋, 「宗人熙天東遊錄後跋」. "凡爲文字, 如傳神, 惟其似而已, 又如議律, 惟其當而已. 余觀楓嶽錄多矣, 大率夸而失眞者十九. 又或有貶之以爲不及所聞者. 察其意, 非眞有所見以譽之者, 多欲刱爲奇論而求異也. 其爲記若詩, 則又務欲以一

이 글은 유산록을 두고 남긴 글이기는 하지만 일반적인 시문 창작론으로 확대해서 볼 수도 있다. 또한 발문의 성격상 글을 받는 대상인 희천의 글에 대한 평가이기도 하지만 본인 스스로의 시문 창작론을 역설한 글로도 볼 수 있다. 이에 따르면 이가환이 보아온 금강산 유람기나 유람시의 문제점은 참모습을 있는 그대로 그리지 않고 과장하려는 데 있다. 과장은 남들보다 뛰어나게 보이기 위한 마음에서 나오는데, 남들보다 뛰어나려는 의도가 섞이게 되면 그 자체로 좋지 않으며 결국 호승심(好勝心)에 가깝게 된다는 것이다.

적어도 이 글에서 이가환이 지향점으로 설정한 시문의 궁극적인 경지는 꾸미지 않고, 더하거나 덜지도 않아, 있는 그대로의 참모습을 그려내는 데 있다. 그런데 여기서 시와 문에 다소 차이가 있다. 시는 공교해야 하고, 문은 기이해야 한다는 것이다. 다만 공교함이나 기이함 모두 억지로 구해서 될 것이 아니라 오직 진실했을 때 얻을 수 있는 것이다. 산문으로 범위를 좁혀 봤을 때 여기서 말하는 '기이함'은 문자 표현의 측면이라기보다 착상과 논지 전개에 가깝다고 할 수 있다. '기발한 논의[奇論]'를 만들어 내기 위해 '특이한 것을 구[求異]'했다고 보았기 때문이다.

하지만 그렇다고 해서 이가환이 산문 창작에서 '기(奇)'를 부정한 것은 전혀 아니다. 다만 그것을 억지로 구하고자 하는 창작자의 의도가 개입될 경우 진실한 기가 될 수 없다는 견해이다. 이가환이 제시한

篇突過前人, 此朱子所云'此意已自不好者也.' 是皆好勝, 非好遊也. 今見熙天東遊錄, 文不求甚異, 詩不求甚工, 惟其眞而已. 此其所以爲可貴也, 異與工存其中矣. 余未遊金剛, 所以知其眞者, 以余嘗謫金化, 自國東門至生昌驛, 身歷之所. 身歷者, 皆得其眞, 所未見者可知也. 余謂此如畫家白描, 不粉飾, 不增減, 從此而求之, 文在是, 道亦在是."

화법의 비유를 있는 그대로 빌려오자면 꾸미지 않고, 더하지 않고, 덜지 않고 있는 그대로 산문을 창작해야만 기이한 문장을 지을 수 있다는 것이다.

이가환의 실제 산문 창작과 관련하여 이 글에서 또 한 가지 주목할 만한 지점은 자신이 '직접 경험하고', '직접 본' 일을 중시했다는 사실이다.[34] 이는 인용문 중에 글을 과장하지 말아야 한다는 의론에서도 보이고, 이희천의 글에 대한 평가에서도 보인다. 그가 이희천의 글을 높이 평가한 이유도 바로 여기에 있다. 이가환은 김화로 유배되어 금강산 입구인 생창역(生昌驛)까지만 가볼 수 있었을 뿐 아직 금강산을 직접 구경하지는 못한 상황이었다. 자신이 본 것은 도성 동문에서부터 생창역에 이르는 여정에 불과하다. 그래서 이희천이 남겨 놓은 『동유록』 소재 기문이나 시가 금강산을 과장 없이 참모습으로 그려냈는지는 알 수가 없다. 하지만 자신이 직접 본 여정을 기록한 작품들로 미루어 볼 때 자신이 직접 보지 못한 곳에 관한 작품 역시 진실함을

34 자신이 실제로 보고 직접 경험한 일을 중시하는 태도는 산문 창작뿐만 아니라 학문 태도에서도 여실히 드러난다. 일례로 「大東韻玉序」의 도입부에서는 자신이 실제로 보지 못했던 책에 대한 질문을 받고서 제대로 대답하지 못해 부끄러워했던 에피소드를 그려내고, 후에 직접 실물을 본 후에 실상을 확인하고 깨달음을 얻는 과정이 잘 드러나 있다. "어느 날 내가 조정에 있는데 옛것을 좋아하는 조정의 사대부 한 분이 나에게 『大東韻玉』에 대해 물었으나, 그 책은 내가 실제로 보지 못한 것이었다. 그래서 스스로 고루한 식견을 병통으로 여기고는 돌아와 친구들에게 물어보았다. 그러자 누군가가 말하였다. '이 책은 草澗 權公이 편찬한 책일세. 우리나라의 故事를 널리 모아 元나라 陰時夫가 지은 『韻府群玉』을 본떠서 만든 책이라네.' 이 말을 듣고서 나는 그 책이 『韻府群玉』의 아류라고 믿게 되었다.(日家煥在朝, 朝士大夫之好古者, 從家煥詢大東韻玉, 家煥實未之見也. 卽自病其孤陋, 歸而訪諸同人. 或曰, '此草澗權公所纂也. 盖博采東國故事, 倣元陰氏韻府群玉而成編者也.' 家煥固信其爲韻府群玉之流也.)"(李家煥, 『詩文艸』 夏, 「大東韻玉序」.)

얻었을 것이라고 말한다. 현전하는 이가환의 산문 가운데는 자신이 직접 어딘가를 유람하고 남긴 유기(遊記)는 전혀 없다. 대신 다른 이의 생평(生平)을 기록하고 의미를 부여한 소전(小傳), 행장(行狀), 묘지(墓誌) 등을 확인할 수 있다. 이러한 문체 창작에 있어서 「종인희천동유록후발」에서 언급한 '과장 없는 참모습'이 '기'의 발현으로까지 이어졌는지 확인해 볼 문제이다.

하지만 창작에 있어서 작가가 직접 보고 직접 경험한 일을 중시한 관점을 모든 문체에 적용하기는 어렵다. 실제 이가환의 산문 창작에서 유의 깊게 보아야 할 문체는 인물과 풍경을 대상으로 기록하거나 묘사하는 글로 국한할 필요가 있다. 역사를 기록하는 일에 대해서는 일견 이와 상반되는 관점도 나타나기 때문이다. 고려(高麗) 왕조에 대한 충성을 간직하여 이성계(李成桂)의 부름에도 나아가지 않고 절개를 지킨 장보지(張輔之)의 행적을 기리기 위해 지은 「달산장공유사서(達山張公遺事序)」를 보자.

> 옛날 태사공(太史公)이 『사기(史記)』를 지을 때 백이(伯夷)의 일은 기록하였으나 허유(許由)의 일은 기록하지 않았다. 태사공은 일찍이 기산(箕山)에 올라가 허유의 무덤을 본 일이 있다. 그런데도 백이의 일은 기록하고 허유의 일은 기록하지 않았으니, 태사공이 시(詩) · 서(書) · 육예(六藝)를 자신이 직접 목격한 것보다 더욱 믿었기 때문이다. 태사공은 '소략하고 가벼이 믿는다.[疏畧而輕信]'라고 일컬어졌는데도 그 입언(立言)의 신중함이 이와 같았다. 믿을 만하구나, 태사공은 훌륭한 사관(史官)이로다.[35]

---

35 李家煥, 『詩文艸』 夏, 「達山張公遺事序」. "昔太史公作史記, 傳伯夷不傳許由. 太史公

위의 인용문은 서문의 첫머리다. 이가환은 사마천(司馬遷)이 『사기(史記)』에서 백이(伯夷)는 입전하여 기록하였지만, 허유(許由)를 입전하지 않은 일을 언급하였다. 심지어 사마천은 허유의 무덤이 있다고 알려져 있는 기산(箕山)에 올라가 그 흔적까지 직접 목격한 터였다. 하지만 허유에 대한 일을 공자가 언급하지 않은 까닭에 대해 의문을 가졌다.[36] 이가환은 사마천이 열전(列傳)에 허유를 싣지 않은 까닭을 두고 직접 경험이 성인(聖人)의 말씀이 실려 있는 경전에 앞설 수 없기 때문이라고 보았다. 심지어 사마천은 소식(蘇軾)에 의해 '가볍게 믿는다'라는 비판을 받은 적이 있다. 그럼에도 불구하고 이처럼 신중했기 때문에 훌륭한 사관으로 평가할 수 있다고 보았다.

이가환이 허유의 사례를 가져온 이유는, 고려가 망한 후 장공(張公)이 은거했다고 하는 순천부(順天府) 건달산(建達山)에 그의 흔적이 남아 있기 때문이었다. 하지만 사람들의 말을 통해 전해지는 유허(遺墟)만으로는 믿기에 부족하다고 보았다. 그래서 '나는 고려 말의 사적에 대해서 돈후한 덕행을 기록한 사서[惇史]가 없으면 감히 다 믿지 않겠다.'[37]라고도 하였다. 그런데 장공의 경우 서애(西厓) 유성룡(柳成龍)이 남긴 기록이 있기 때문에 두 임금을 섬기지 않고 은거한 일을 신뢰하고 높일 수 있다는 논지를 펼쳤다.

이처럼 '직접 경험하고', '직접 본' 일에 대한 인식에 차이가 나는

嘗登而箕山見許由之冢. 然取舍如是者, 信詩書六藝, 過於信其所目擊也. 太史公號疏畧而輕信, 其立言之愼如此. 信乎, 其爲良史也."

36 司馬遷, 『史記』 권61, 「伯夷列傳」. "太史公曰: 餘登箕山, 其上蓋有許由頎雲. 孔子序列古之仁聖賢人, 如吳太伯 · 伯夷之倫詳矣. 餘以所聞由 · 光義至高, 其文辭不少概見, 何哉?"

37 李家煥, 『詩文艸』 夏, 「達山張公遺事序」. "余於麗季之蹟, 非有惇史, 不敢盡信也."

이유는 결국 글의 성격과 대상의 차이로 보인다. 이가환은 평생 관직에 나아가지 않은 아버지 이용휴와 달리 요직을 거치며 국가의 주요 전적(典籍)을 편찬하는 일에 깊이 관여하였다. 그런 경험이 사적(私的) 글쓰기와 공적(公的) 글쓰기를 분리하여 인식한 결과로 이어진 것으로 보인다.

또한 직접 경험을 토대로 한 진실한 창작은 '인위적인 의도를 가지는가[有意]' 혹은 '인위적인 의도가 없는가[無意]'의 문제와도 결부된다. 다음 자료는 이가환이 다른 이의 시문을 볼 때 무엇을 중요한 기준으로 세웠는지 확인할 수 있는 글이다.

> 나는 본성이 어리석어 세상사에 대해 아는 것이 없지만 오직 문장에 대해서는 노련하여 남들의 글을 보면 그 진위(眞僞)를 제법 구별한다. 구별하는 방법은 다른 것이 아니고 오직 의도가 있느냐 없느냐 하는 것일 뿐이다. 의도가 없다는 것은 그칠 수가 없어서 말하는 것이다. 그칠 수가 없어서 말한다면 그 말은 적을 수가 없고, 적을 수가 없다면 이는 반드시 전해지게 된다. 의도가 있다는 것은 하지 않아도 되는데 하는 것이다. 하지 않아도 되는데 하는 것이니 보는 사람들이 그것을 싫어한다. 사람들이 싫어하는데도 자구를 공교롭게 하여 남들이 좋아하게 만들려고 한다면 그 방법은 더욱 어긋나게 된다. 이런 기준으로 진위를 판단한다면 거의 백에 하나도 어긋나는 경우가 없다.[38]

이가환이 다른 이들의 문장을 평가하는 감식안을 자부하는 글이다.

---

38 李家煥, 『詩文艸』 夏, 「眞愚艸序」. "余性朱愚, 於世務無所解, 惟老於文事, 見人文字, 頗能辨其眞僞. 辨之之術, 無他, 惟曰, 有意·無意. 無意者, 不得已而言也. 不得已而言, 則其言不可少, 不可少, 斯必傳矣. 有意者, 可已而不已也. 可已而不已, 則觀者厭之. 人且厭之, 而求工於字句, 以求悅人, 其術愈左. 以此衡之, 殆百不失一也."

위에서 확인할 수 있는 견해는 시와 문 가운데 어느 한쪽으로 국한되는 것이 아니라 시문 전체를 포괄하는 개념으로 이해된다. 인용문에서 말하는 '진위(眞僞)'는 '참된 시문'과 '거짓된 시문'을 가리킨다.

여기서 말을 그칠 수 없다는 것은 시문 창작의 충동이 안에서부터 일어나 멈출 수 없음을 의미한다. 이는 시문 창작에 있어 매우 자연스러운 동인(動因)으로 간주할 수 있다. 반면 무언가를 억지로 하려는 의도를 가지게 되면 쓸데없는 말을 이리저리 덧붙여 장황하게 될 뿐이다. 그리고 여기에 더해 자구를 아름답게 꾸미는 데 열중하기까지 하면 글은 더욱 잘못되고 만다고 하였다. 다른 한편으로 생각해 보면 이는 당시 많은 사람들이 시문 창작에 있어 인위적인 의도를 가지고 자구를 공교롭게 하는 데 애썼음을 비판하는 언급으로도 읽히는 글이다.[39]

이처럼 인위가 개입되지 않은 것, 이에 대한 찬미는 이가환이 비단 문장에 대해 가진 생각만은 아니었던 듯하다. 이가환은 「기원기(綺園記)」라는 글에서 친구가 만든 화원(花園)인 '기원(綺園)'을 두고 그 아름다움의 이유를 이렇게 말한다. "진짜 정취[眞趣]로 진짜 빛깔[眞色]을 대하고 있으니!"[40] 꾸며내지 않는 천연 그대로의 모습이야말로 다

39 말을 억지로 많이 덧붙여서는 안 된다는 경계는 다른 문집에 붙인 서문에서도 유사한 논조로 제시된다. "옛 군자들이 다른 사람의 아름다움을 칭찬할 때 그 말을 합당하게만 했을 뿐 많이 하지는 않았다. 그래서 멀리 전해질수록 더욱 믿을 만하였다. …… 후세에는 말을 더욱 쉽게 하였는데, 쉽게 하다 보니 말이 많아지고, 말이 많아지다 보니 진실하지 못하였고, 진실하지 못하다 보니 사람들이 믿지를 않는다. 말을 하면 믿지 않는데도 오히려 말이 적다고 걱정하니 미혹된 일이 아니겠는가!(古之君子, 稱人之美, 其辭惟其當, 不惟其多. 故傳遠而愈信. …… 後世其言益以易, 易故多, 多故不能盡實, 不能盡實故人不信. 有言不信, 而尙患其言之不多, 非惑歟!)"(李家煥, 『詩文艸』 夏, 「松潭遺事序」.)

른 아름다움보다 월등하다고 본 것이다.

이상에서 이가환이 다른 이들의 시문집에 써준 서발문을 통해 그가 산문 및 산문 창작을 어떻게 인식하고 있었는지 간접적으로 살펴보았다. 이를 대략 정리하면 다음과 같다. 첫째, 산문에는 학습을 통해 전해주고 전해 받을 수 있는 올바른 법도라는 것이 존재하며, 이는 시와 구별되는 특징이다. 둘째, 남들과는 다른 기이한 문장이 좋은 문장이지만, 이는 억지로 구해서는 안 되며 참모습을 가깝게 그려내어 자연스럽게 도달해야 하는 경지이다. 셋째, 인위적인 의도가 개입되지 않아야 하며, 남들의 기호에 영합할 필요가 없다. 억지 의도가 개입될 경우 거짓 문장이 되고 만다.

지금까지 이가환의 산문 인식과 창작의 지향점을 살펴보았다. 이어지는 논의에서는 이를 염두에 두고 실제 산문 창작의 특징적인 면모를 '자아 인식', '타자 인식', '현실 인식'의 세 층위로 나누어 확인하고자 한다.

4. 이가환 산문 창작의 실제

4.1 '자아'를 향한 시선

이가환이 직접 자신의 목소리로 자신의 처지를 설명하거나 갈망을 드러낸 글은 그리 많지 않다. 하지만 김화 유배기에 지은 몇몇 글에

40 李家煥,『詩文艸』夏,「綺園記」. "以眞趣對眞色哉!"

남아 있는 편린을 모아 보면 당시 이가환의 내면이 어떠했는지 짐작해 볼 수 있다. 먼저 임기를 마치고 서울로 돌아가는 이만운(李萬運)을 떠나보내며 지은 송서(送敍)를 보자.

> 나는 묘향산의 경치가 뛰어나다는 말을 듣고서 늘 한번 유람하고 싶었다. 1786년에 정주 수령으로 나가게 되었는데, 한 번은 공무로 영변에 갔다가 묘향산을 바라보았다. 그러나 일정이 정해져 있어 훗날을 기약했는데, 마침 파직하고 돌아오게 되어 묘향산에 가볼 수 없었다. 돌아와서는 의금부의 조사를 받았는데, 의금부 관리가 논죄하여 김화에 유배되었다.[41]

이가환이 김화로 유배를 갔을 때, 당시 현감으로 이만운이 재직하고 있었다. 이 글은 갑갑한 유배지에서 대화를 나눌 만한 상대가 되었던 이만운이 서울로 돌아가는 일에 대한 아쉬움을 담고 있다. 이어지는 부분에서는 이만운의 사람됨을 높이고, 『삼국사기(三國史記)』를 빌려 베껴 쓰고자 하였으나 이만운이 돌아가는 바람에 필사를 미처 다 마치지 못한 에피소드를 기록하였다. 유배객으로서 이가환의 처지와 관련하여 주목할 지점은 이 송서의 마지막 부분이다.

> 아! 하나의 산을 보고, 한 명의 사람을 사귀고, 한 권의 책을 읽는 것도 외려 제대로 할 수가 없다. 그러니 만약 천하의 이름난 산을 모두 보고, 천하의 좋은 사람을 다 사귀며, 천하의 기서(奇書)를 다 읽고자 한다면 과연 그렇게 할 수 있겠는가?[42]

---

41 李家煥, 『詩文艸』 夏, 「奉送金化李使君萬運還京師敍」. "始吾聞妙香之勝常欲一遊. 歲丙午出守定州, 嘗以事至寧邊, 望所謂妙香者. 以程限待異日, 會罷歸未能也. 及歸對吏, 吏議配金化."

이별을 앞두고 작성하는 송서는 대부분 수신인이 분명하며 상황도 구체적이다. 그래서 사신(使臣)으로 길을 떠나는 이에게는 사신으로서의 역할을 당부하고, 외직(外職)을 나가는 이에게는 지방관으로서의 역할을 당부하고, 유람을 떠나는 이에게는 의미 있게 유람하고 돌아오라는 당부를 한다. 여기에는 당연히 건강하게 긴 여정을 마쳤으면 한다는 기원이 들어 있다.

그런 면에서 이 글은 일반적이지 않다. 이만운과의 이별을 아쉬워하며 작성한 글이지만, 이만운이 자신이 바라던 호인(好人)이라는 사실을 밝힌 것 외에는 이별 이후의 일을 전혀 말하지 않았다. 오히려 상대방이 떠난 후 남겨질 자신에 대한 안타까움과 슬픔이 담겨 있다. 이만운을 전송하는 글이기에 글의 중심에는 이만운이 있지만, 그 이면에는 이가환 자신이 또 하나의 중심으로 제시된 글이라고 할 수 있다.

앞서 인용한 글의 마지막 부분에서 확인할 수 있듯 이가환이 안타까움을 느끼는 대상은 세 가지이다. 따라서 이 글에서 말한 산, 벗, 책은 모두 유배객으로서 이가환이 당면할 수밖에 없었던 크나큰 결핍으로 읽어낼 수 있다. 움직일 수 있는 자유가 제한되어 있었고, 좋은 벗을 사귈 수 있는 여건이 제한되어 있었으며, 마음껏 좋은 책을 읽을 수 있는 여건이 제한되어 있었기 때문이다. 달리 보면 이가환이 해배 이후 아무런 제약 없이 맘껏 하고 싶었던 일이라고도 할 수 있다. 그런 측면에서 이 글은 김화 유배기 자신의 결핍을 잘 보여주는 글로 보인다.

---

42 李家煥, 『詩文艸』 夏, 「奉送金化李使君萬運還京師敍」. "噫! 看一山, 交一人, 讀一書, 尚然. 使欲看盡天下名山, 交盡天下好人, 讀天下奇書, 果可得耶?"

한편, 유배기 이가환의 내면을 들여다보기 위해 반드시 검토해야 할 작품으로는 「금수거기(禽獸居記)」와 「낙시려기(樂是廬記)」를 들 수 있다. 먼저 「금수거기」를 보자.

> 내가 김화 땅에서 귀양살이하게 되면서 두어 칸짜리 집을 빌렸다. 그곳에서 독서를 하다가 맹자(孟子)가 진상(陳相)에게 말하는 대목에서 탄식이 터져 나왔다.
>
> 심하구나. 옛사람을 따라잡을 수 없음이여! '배불리 먹고 따뜻하게 입고 편히 지내면서도 가르침을 받지 않는다면 짐승에 가깝다.'라고 하였으니, 이는 그래도 짐승보다 나은 점이 있는 것이다. 지금 나는 쫓겨나서 집을 떠나 입을 것이나 먹을 것도 넉넉지 않은 상황이므로 배불리 먹고 따뜻하게 입고 편히 거처하는 것과는 다르다. 하지만 옛날 성인들의 글을 읽기도 했고 지금의 군자에게 가르침을 받은 일이 많은데도 오히려 짐승만도 못하니, 하물며 짐승에 가깝다 말할 수 있겠는가.
>
> 개가 똥을 먹으면 사람들은 더럽다고 여기지만, 개가 똥을 먹을 것으로 여기는 것이야 의리에 무슨 해로움이 있겠는가. 나는 간혹 의롭지 않은 것인데도 진수성찬을 먹은 적이 있었으니 이것은 개가 똥을 먹는 것만도 못했다. 돼지는 음란하지만 그것이 잘못된 줄을 스스로 알지 못한다. 그런데 지금 나는 부끄러운 짓인 줄 알면서도 늘 미인을 보면 마음이 흔들리는 것을 면치 못하니, 돼지가 잘못된 것인 줄 모르는 것만도 못한 일이다. 아! 음식과 여색은 일부분을 든 것이니 한마디 말과 한마디 행동에 미루어 간다면 그렇지 않은 것이 없다. 옛날에 가르침이 없어서 짐승에 가까운 사람을 성인이 오히려 또 근심하셨는데, 만일 가르침을 받고도 짐승만도 못한 사람을 보게 된다면 어떠하겠는가.
>
> 아! 부끄러워할 만하고 두려워할 만하다.[43]

이가환의 산문 가운데 자신의 처지와 내면에 대해 이 작품만큼 분명하게 드러낸 글은 거의 없다. 첫머리의 배경 설명을 통해 이 기문은 명칭이 자신의 거처에 붙인 것임을 명확하게 알 수 있는데, 자신의 거처에 '금수(禽獸)'라는 명칭을 붙인 것은 무척 파격적이다.[44] 이 글에서는 유배를 당한 상황임에도 불구하고 식욕(食欲)과 색욕(色欲)이라는 본능에 이끌리고 있는 자기 자신을 무척 부끄러워한다. 사람으로서 성인의 글을 읽고 다른 이들로부터 가르침을 받았는데도 불구하고 본능을 억제하지 못한다는 점에서 짐승만도 못하다고 스스로를 평가하였다.

이 글에는 이처럼 자성(自省), 자조(自嘲), 자학(自虐)의 목소리가 뒤엉켜 있다. 비록 현재 자신이 유배객의 처지이지만, 그렇다고 해서 그러한 상황이 도덕적인 지표를 잃고 마음이 흔들리는 데 대한 변명이 될 수는 없다고 본 것이다. 그런데 이 글을 다른 각도에서 본다면 꾸

---

43 李家煥, 『詩文艸』(규장각 소장본), 「禽獸居記」. "李子居金化, 僦屋數椽. 讀書其中, 至孟子告陳相, 喟然曰, 甚矣! 古人之難及也. 飽煖逸居而無教, 猶能近禽獸, 則是猶有愈禽獸者存也. 今余放逐流離, 衣食不周, 與飽煖逸居異矣. 讀古聖書, 奉教於今之君子多矣, 尙不如禽獸, 矧曰近之云乎? 夫犬食穢, 人視之穢也, 犬視之食也, 於義何害? 余或不義而食珍錯方丈, 曾不如犬之食穢也. 夫豕淫不自知其非, 今余知其可耻, 而常不免動心於靡曼, 曾不如豕之不知也. 噫! 食色擧隅也. 推之於一言一行, 無往不然, 古之無教而近禽獸者, 聖人尙且憂之, 使見有教而不若禽獸者, 當何如也? 嗚乎! 其可愧也夫. 其可懼也夫."

44 앞서 여러 연구자들이 이 글이 가지는 제목과 주제의 파격성에 주목한 바 있다. 김영진(2003), 172~174쪽에서는 「禽獸居記」를 두고 "이 글의 도를 넘는 자기 卑下는 세상에 대한 嘲笑로도 비친다."라고 평가하며 이가환의 대표적인 소품문으로 제시하였다. 안대회(2008) 역시 "글의 제목도 파격적이고, 자신을 짐승이라고 말한 것도 파격적이어서 평범한 옛글의 테두리를 벗어났다."라고 평가하였다. 박동욱(2014), 134쪽에서도 역시 "'짐승이 사는 집'이라는 강렬한 제목이 눈길을 끈다. 자신이 거처하는 집에 대한 이름치고는 흔치 않은 이름이다."라고 하였다.

밈없이 진솔한 자기 고백이라 할 수 있다. 유배를 당해 근신해야 할 처지임에도 불구하고 진수성찬을 누릴 때가 있었고, 미인에게 마음이 흔들릴 때가 있었다는 사실을 있는 그대로 털어놓았다. 그러한 진솔함은 '나는 개돼지만도 못한 사람'이라는 극단적인 언명(言明)으로까지 나아갔다.

평점(評點)이나 교정 지시를 담고 있는 규장각 소장본 『시문초(詩文艸)』에는 이 글이 가장 뒤에 실려 있다. 그리고 글이 끝난 후에 청묵(靑墨)으로 "장난스러운 필치이다. 장난으로 끝을 맺었으니, 산삭해도 괜찮다. [戲劇之筆. 終以戲, 可刪.]"라는 가필이 되어 있다. 이는 글을 빼라는 교정 지시라기보다는 희필(戲筆)이라는 성격에 주목한 평가에 가깝다고 봐야 할 것이다. 그리고 이 평가를 따른다면 「금수거기」는 진지한 반성이나 적극적인 자학의 글이라기보다는 유배객의 처지와 관련하여 자신이 가졌던 감정을 자조의 태도로 드러낸 것으로 보인다.

이 글과 함께 김화 유배기 이가환의 내면을 잘 보여주는 글로는 「낙시려기」를 들 수 있다. 이 글이 누구의 청탁을 받아 어떤 건축물을 두고 지은 기문인지 문면(文面)에 드러나 있지는 않다. 하지만 필자의 추정으로는 이 글이 유배지에서 머물던 자신의 거처를 두고 쓴 글이라고 생각한다. 추정의 근거는 다음과 같다.

이가환의 산문 가운데 기(記)로 분류할 수 있는 작품은 모두 스무 편이다. 그 가운데 인물이나 사건을 기록한 작품 네 편을 제외하고 소거(所居), 누정(樓亭), 서원(書院) 등 건축물을 대상으로 지은 작품은 모두 열여섯 편이다. 이 열여섯 편 가운데 열네 편은 청탁자가 분명하게 밝혀져 있거나 혹은 확실한 대상물이 존재한다. 남은 두 편 가운데 앞서 살펴본 「금수거기」는 김화 유배기에 자신이 세를 내 거처하던 곳을 두고 쓴 글임을 명확히 확인할 수 있다. 이제 남은 한 편인 「낙시려기」는 대상자가 '주인(主人)'이라고만 되어 있을 뿐, 청탁자나 대상물이 분명히 밝혀져 있지는 않다. 따라서 다른 열네 편의 기문에서 청탁자를 명시했던 것과 달리 이 글에서 청탁자를 전혀 드러내지 않았다는 것이 하나의 방증이 된다. 다른 기문의 글쓰기 경향을 고려할 때, 만약 누군가의 청탁을 받았을 경우 청탁자와 대상물을 명확히 밝혀 두었을 가능성이 높기 때문이다. 그리고 곤궁한 처지를 극복할 수 있는 방도를 제시하고 있는 글의 전반적인 주제를 감안한다면 이가환이 자신의 유배지 거처를 두고 지은 기문으로 볼 여지가 상당하다.[45] 또한 앞서 살펴본 「금수거기」에서 자신의 거처를 '두어 칸 집[數椽]'이라고 표현하였는데, 「낙시려기」에서도 동일한 표현으로 거처의 초라함을 밝혀두었다. 이제 「낙시려기」 전문을 살펴보자.

> '이것'을 즐거워한다면 달팽이 집처럼 작은 집에 살고 새끼줄로 띠를 두르고 쌀가루 하나 섞이지 않은 나물국을 먹는 것도 즐거워할 수 있다. 하물며 주인은 집이 비록 두어 칸밖에 안 되지만 비바람을 가릴 만하고, 의복이 허름하지만 추위와 더위를 막을 만하며, 밥이 거칠더라도 아침저녁 끼니를 이을 만하다.
>
> '이것'을 즐거워하지 못한다면, 무고(武庫)가 있던 곳으로 이사해서 집의 벽을 비단으로 꾸미고 날마다 만 전이나 되는 진귀한 음식을 먹

45 장진엽(2023), 210~214쪽에서는 「낙시려기」가 「금수거기」와 마찬가지로 성찰적인 어조를 띤다는 점에서 김화 유배기 자신의 거처를 두고 지은 기문일 가능성이 높다고 보았다. 이 논문에서는 '조선후기 누정기에 나타난 士의 존재 양식에 대한 사유'를 검토하면서 許穆의 「於是齋記」, 丁若鏞의 「於斯齋記」와 함께 이가환의 「樂是廬記」를 분석 대상으로 삼았다. 허목과 정약용의 글은 청탁 대상이 분명하게 밝혀져 있는 반면, 이가환의 글은 청탁 대상이 드러나 있지 않다.

> 어도 오히려 스스로 만족하지 못할 것이니, 하물며 이 집으로 만족할 수 있겠는가.
>
> 주인이 '이것'을 즐거워할 수 있다면 훌륭하다. 그러나 '이것'이란 정해진 것이 없으니, 내가 거처하는 바가 모두 '이것'이다. 지금 주인은 마침 곤궁함에 처해 있으므로 '이것'을 즐기는 것을 훌륭하다고 한 것이다. 만약에 하루아침에 부유하게 되어서도 '이것'을 즐긴다면 어찌 옳겠는가. 그러므로 나는 주인이 별도로 '이것'을 구하고 거처로만 '이것'을 삼지 말았으면 한다.[46]

기발한 착상, 짧은 편폭, 단순한 구성 등을 소품문의 일반적인 특징으로 본다면 이 글은 분명 소품문의 성격을 띤다. 그런데 이 글은 많은 부분이 감춰져 있다. 감춰져 있는 만큼 읽는 이로 하여금 다양한 추정을 불러일으키게 한다. 먼저 '주인'에 관한 문제이다. 물론 이 표현을 바탕으로 기문을 부탁한 이가 따로 있다고 볼 수도 있다. 하지만 앞서 추정하였듯 이가환 본인이 자신의 거처를 두고 지은 기문일 가능성이 크다. 특히 '지금 주인은 마침 곤궁함에 처해 있으므로'라는 표현은 그런 짐작을 가능케 한다. 따라서 이 글에 유배객 처지였던 이가환을 대입해서 읽는다면 그가 유배 생활을 어떤 의지로 극복하고자 했었는지를 알 수 있다. 먹고, 입고, 거처하는 모든 것이 형편없고 부족하다 하더라도 그 생활을 즐거워하고 만족하려는 마음가짐만 있다면 이겨낼 수 있다는 의지로 읽힌다.

---

46 李家煥, 『詩文艸』 夏, 「樂是廬記」. "能樂是, 瓜牛廬, 帶索藜羹不糝, 皆可樂. 矧主人, 屋雖數椽, 足以蔽風雨, 衣雖布褐, 足以禦寒暑, 飯雖疎糲, 足以供朝哺. 不能樂是, 居遂取武庫地, 屋壁被文繡, 日食萬錢, 猶慊然不自足, 矧此哉. 主人能樂是, 善矣. 然是者無定, 凡吾所居皆是也. 今主人適處約耳, 故以樂是, 爲善. 苟一朝居泰而亦樂是, 奚可哉. 故吾欲主人別求所謂是者, 而無徒以所居爲是也."

다음으로 이 글에서 반복적으로 사용된 지시대명사 '이것[是]'이 과연 무엇을 지칭하는가의 문제이다. 이 글에서 아홉 번이나 사용된 '시(是)'는 글 전체의 문안(文眼)이자 자안(字眼)이라고 할 수 있다. 하지만 이가환이 구체적으로 무엇이라고 밝히지는 않았으므로 이를 두고서는 독자마다 다양한 해석이 가능하다.[47] 이가환이 평범한 일상을 중시했다는 사실을 염두에 두고서 '이것'을 '일상'으로 치환한다면 「낙시려기」를 유배객으로서의 자신의 생활을 경계하는 한 편의 글로 읽어낼 수 있다. 비록 허름하고 볼품없는 생활이지만 일상을 즐기는 생활태도를 유지한다면 그 자체로 훌륭한 일이 될 수 있다는 자기 위로이자 다짐으로 읽힌다.

이상에서 김화 유배기에 자신의 상황을 두고 지은 세 편의 글을 살펴보았다. 이를 통해 유배객으로서 이가환이 어떤 번민과 고뇌를 가지고 있었는지 짐작할 수 있으며, 그러한 괴로움을 어떤 방식으로 극복해 나가고자 했는지 살펴볼 수 있었다.

4.2 실질 중시의 기록 태도

이가환은 인물에 관한 기록을 많이 남겼다. 주로 국난(國難)이 있을 때 활약했던 인물에 대한 기록을 많이 남겼는데, 이들을 위해 실기(實

47 기존 연구에서도 '是'가 무엇을 가리키는지에 대한 견해는 다양하게 제출되었다. 박동욱(2014), 105쪽에서는 「낙시려기」의 작품 해설에서 '是'를 '가난'과 '옳음'의 중의적 의미로 보았고, 명평자(2015a), 112쪽에서는 '현재 일어나는 상황을 즐기는 낙천적이며 도덕적인 태도'로 보았으며, 장진엽(2023), 214쪽에서는 중의성을 인정하는 가운데 '현재의 처지'와 '옳음'으로 파악하였다.

記)나 유사(遺事)에 서문을 써주면서 행적을 찬양하기도 했고,[48] 전(傳)을 지어 높이기도 했다. 그러는 한편 신분이 높지 않은 인물들에 주목하는 면모를 함께 보였다.[49] 이들에 주목하여 기록으로 남겼다는 것은, 이들을 평범하지만 평범하지 않은 인물로 보았다는 것이다. 그리고 이들을 기록으로 남김으로써 후대에 그 행적과 의의를 전하고자 하였다.

예를 들어, 심하(深河) 전투 당시 무명용사로 참전했다가 사망한 최영원(崔永元)을 위해 지어준 찬(贊)에서는 "슬프구나! 나처럼 한미한 자는 누가 드러내고 누가 전해줄까?"[50]라 하여 자신이 글을 짓는 이유가 한미한 이를 드러내고 전해주기 위함임을 밝혔고, 살해당한 남편의 복수를 마치고 자결한 열녀 임씨(林氏)를 위해 지어준 전(傳)에서는 논평부를 통해 "그러므로 이 일을 기록하여 드러냄으로써 그 행적이 사라지지 않도록 한다."[51]라고 하였으며, 재주가 있음에도 세상으로부터 외면당했던 노긍(盧兢, 1738~1790)을 위해 지어준 묘지명(墓誌銘)에서는 "오랜 세월 뒤엔 필시 논의가 정해질 테니, 그때는 비명(碑銘)의 글을 상고하리라."[52]라 하여 이들을 기록으로 남기는 이유를 밝혔다.

---

48 임진왜란 때 의병장으로 활동한 郭再謙의 문집에 붙인 「郭槐軒集序」과 郭赿의 문집에 붙인 「禮谷實紀序」, 관리로서 공적을 세운 李軫의 문집에 붙인 「松塢逸稿序」, 병자호란 때 인조를 대피시킨 공로를 세운 朴翰男의 문집에 붙인 「風峰遺事序」 등이 그러하다. 임진왜란 때 의병장으로 활동한 李洪仁을 위해 지은 「布衣殉難李公墓碣銘」, 역시 의병장으로 활동한 崔文炳을 위해 지은 「省齋崔公墓碣銘」이 있다.

49 명평자(2015b), 281쪽에서는 이가환 傳을 전반적으로 다루면서 입전 인물의 확대와 전의 내용 다양화를 중요한 특징으로 보았다. 士人으로 국한되었던 입전 대상을 庶人과 奴僕 등 개성적이고 적극적인 인물로 확장시켰다고 하였다.

50 李家煥, 『詩文艸』 夏, 「崔義士贊」. "哀我微者, 孰發孰傳."

51 李家煥, 『詩文艸』 秋, 「烈女林氏傳」. "故志以著之, 毋令其淫湮沒焉."

그렇다면 이가환은 어떤 인물들을 후대에 전하고자 했을까? 이가환의 인물 기록 가운데 공통점으로 들 수 있는 점은 '자신의 직분'을 다한 이들이라는 점이다. 자신의 직분을 다한다는 것은 사회적 신분의 지위고하와는 관련이 없다. 아들로서, 아내로서, 병졸로서 각기 자신의 직분과 책임을 다한 이들을 이가환은 높이 평가하였다. 그리고 이들의 행적을 글로 남길 때에는 되도록 자신이 직접 보고 직접 경험한 일을 바탕으로 과장 없이 적는 것이 중요한 지점이라고 보았던 듯하다. 정주 목사 재임 시에 부모의 원수를 갚은 삼 남매의 일화를 기록한 「곽산이사전(郭山二士傳)」은 이러한 인식이 잘 드러난 글이다.

이가환이 정주 목사 재임 시에 죄수들의 사건 기록인 옥안(獄案)을 살펴보다가 믿기 힘든 이야기를 접하게 되었다. 사건으로 기록된 복수의 과정과 내용이 너무도 드라마틱해서 믿기 힘들 정도였다. 후사가 끊어질까 봐 자식을 얻은 후 복수를 결행하게 되었다는 사실, 복수를 결행하는 날에 쏟아지던 비를 하늘에 빌어 그치게 했다는 사실, 원수의 머리를 부수고 배를 갈라 창자를 꺼내고 간을 씹어 먹었다는 사실, 누이 역시 형제와 함께 복수에 적극적으로 가담하고 원수의 고기를 씹으려 했다는 사실 등이 모두 그러하다. 이런 믿기 힘든 사실들을 이가환은 모두 사실적으로 묘사하여 기록하였다. 그리고 나서는 다음과 같은 논찬(論贊)을 부기하였다.

> 외사씨(外史氏)는 말한다. 『사기』 「자객열전(刺客列傳)」 가운데 오직 예양(豫讓)만이 군주를 위해 원수를 갚았고, 그다음으로 형가(荊軻)가

---

52 李家煥, 『詩文艸』 冬, 「盧漢源墓誌銘」, "論久必定, 維石有稽."

> 강한 진(秦)나라를 겁박하였다. 그러나 이미 올바른 일이 아니었고 그 나머지는 모두 도적들의 휩쓸리는 듯한 행동이었으니 어찌 칭찬할 만하겠는가! (이한운(李漢雲)과 이한권(李漢權)) 두 사람과 같은 경우에는 서원경(徐元慶)과 왕세명(王世名)에 비교하더라도 또 어떻게 양보하겠는가.
>
> 내가 정주 목사로 있을 때 옛날 죄수의 옥안(獄案)을 열람하다가 두 사람의 일을 보고서는 깜짝 놀라 그들을 찾았으나, 그때 두 사람은 이미 다른 곳으로 이사를 가 버린 뒤였다. 관직을 그만두고 서울로 돌아와서 비로소 이한권을 만나게 되었다. 그러나 그가 진술하는 것이 옛날에 들은 일에 비해 매우 소략하였으니, 그의 의중을 보건대 차마 말할 수가 없고 또 스스로 자처하지 않으려 해서였던 듯하다. 마침내 죄수의 옥안에 기록된 것을 취하고 또 정주 사람들의 말을 증거로 삼아서 이 전을 짓는다.[53]

일반적으로 전에 붙이는 논찬은 인물에 대한 가치판단, 시비분별, 권계(勸戒) 등의 기능을 한다. 여기서도 역시 삼 남매의 행적을 기리는 의미를 담고 있다. 「자객열전(刺客列傳)」에 실린 예양이나 형가의 경우 그 복수를 칭찬할 만한 것이 아니니 삼 남매의 행적과는 비교할 거리도 되지 않는다고 하였다. 다음으로 예시한 서원경과 왕세명은 모두 살해당한 아버지를 위해 복수를 감행하고 자수한 이들이다. 이가환은 아버지를 위해 복수를 감행한 이한운(李漢雲), 이한권(李漢權)

---

53 李家煥, 『詩文艸』 秋, 「郭山二士傳」. "外史氏曰: 太史公傳刺客, 有豫讓爲君報仇, 其次荊軻劫彊秦. 然已非正, 其餘皆盜賊之靡也, 何足稱哉! 若二人, 比之徐元慶 · 王世名, 又何讓焉. 余守定州, 閱舊囚案, 得二人事, 驚而求之. 時二人, 轉徙之它. 及解官, 還京師, 始遇漢權. 其所自述, 比舊聞甚略, 觀其意, 蓋不忍言, 又不欲自居也. 遂取囚案所, 又徵諸定州人, 爲之傳."

형제의 행위를 서원경이나 왕세명의 행위와 같이 높이 평가하였다.

그런데 믿기 힘든 사실을 기록한 이 글을 신빙성 있게 만들어 주는 것은 다음에 이어지는 언급이다. 이가환은 이 사건 기록을 정주 목사로 재직하던 시기에 직접 열람하였으며, 이때 이미 이들의 복수 사건을 더욱 상세히 알려 하고 기록으로 남기고자 하는 의도가 있었던 것으로 보인다. 그렇지 않고서야 그들 형제를 찾을 이유가 없다. 이가환은 이들 형제의 일을 잊지 않고 서울로 돌아온 후 이한권을 만났다. 하지만 이한권은 그 일에 대해 자세하게 이야기하기를 꺼렸던 듯하다. 그럼에도 불구하고 이가환은 이들에 대한 기록 남기는 일을 중단하지 않았다. 이들이 보인 효(孝)의 행적이 사라지지 않고 후대에 전해져야 할 가치가 있는 것으로 판단했기 때문이다. 자식으로서 자신의 직분을 다한 이들로 여겼던 것이다.

여기서 또 한 가지 주목할 지점은 이가환의 기록 태도이다. 자신이 직접 열람한 옥안의 기록, 그리고 직접 들은 정주 사람들의 증언을 토대로 전을 기록했다는 언급으로부터 창작자의 각색이나 과장 없이 사실적으로 기록하고자 하는 태도를 확인할 수 있다.

이러한 태도가 드러나는 다른 글로 「기조열녀사(記趙烈女事)」를 들 수 있다. 조씨 열녀 이야기는 이가환뿐만 아니라 성해응(成海應, 1760~1839)과 홍경모(洪敬謨, 1774~1851)의 문집에서도 확인된다.[54] 그 당시에 사건이 일어났던 김화와 관북 지역에서 널리 알려져 있던 이야기인 듯하다. 글은 다음과 같이 시작된다.

---

54 成海應, 『研經齋全集』 권12, 「書趙處子事」; 洪敬謨, 『冠巖全書』 책10, 「趙處子傳」.

> 내가 김화에 있을 때 부로(父老)들이 나에게 말하기를 "회양(淮陽)에 조씨 열녀가 있는데 그녀의 일이 무척 위대하고 장렬합니다."라 하였다.[55]

「기조열녀사」는 원문 전문이 836자에 달할 정도로 긴 글이지만, 구성과 행문은 무척 간결하다. 억지로 더하거나 보태거나 꾸민 흔적을 찾기 어렵다. 자신이 이 일을 듣게 된 데서부터 시작하여 마침 당시 회양 태수로 있던 이헌경(李獻慶, 1719~1791)과 편지를 주고받은 경위, 그리고 다시 이헌경의 부탁을 받고 글을 짓는 데까지 자연스럽게 이어진다.

글의 첫머리에서 이가환은 김화 부로들이 전해준 조씨 열녀의 일화를 옮겨 두었다. 이들의 전언을 간략히 정리하면 다음과 같다. 조씨는 어렸을 때, 아버지 조중주(趙重周)를 따라 경성(鏡城)에서부터 회양(淮陽)으로 옮겨 살았다. 열예닐곱 살이 되었을 때 도적에게 납치되어 안변(安邊)까지 끌려갔다가 기지를 발휘해서 가까스로 위기를 모면하였다. 도적들은 뒤따라온 회양의 군졸에게 체포되었고, 이후 회양 태수가 형벌로 매를 쳐서 죽이게 되었다. 마침 회양 사람 현후징(玄厚澄)이 그녀를 안쓰럽게 여겨 자신의 손자를 조씨에게 장가보내겠다고 조중주와 약조를 맺었다. 얼마 지나지 않아 조중주와 열녀는 경성으로 돌아오게 되는데 가락지를 증빙으로 혼인을 약속하였다. 그런데 갑자기 이때 현후징이 죽게 되자 그의 손자는 거리가 멀다는 핑계로 다른 이를 아내로 맞이하였다. 그 소식을 들은 열녀는 약속을 저버렸다고 여기고는 스스로 목을 매 자결하였다. 이와 같은 사정을 전해 들은 회양

---

55 李家煥, 『詩文艸』 秋, 「記趙烈女事」. "余在金化, 父老爲余言, 淮陽有趙烈女, 其事甚偉."

태수는 현씨 손자를 크게 질책하고 제수를 갖춰 요제(遙祭)를 지냈다는 얘기이다.

이가환의 인물 기록 태도와 관련하여 특기할 만한 점은, 이 이야기를 들은 후 즉시 친분이 있던 당시 회양 태수 이헌경에게 급히 편지를 보내어 자신이 들은 이야기의 실상을 확인하고자 했다는 사실이다.[56] 이가환의 편지를 받은 이헌경은 자신 역시 회양에 부임한 후에 조씨 열녀 이야기를 들어 어느 정도 알고 있었다는 말과 함께 읍교(邑校)로 있던 현후징의 아들 현창조(玄昌祚)를 불러 듣게 된 그 일의 상세한 전말을 이가환에게 답서로 전해주었다.[57] 이헌경의 답서에 따르면 열녀가 죽은 후에 조중주가 현후징에게 부고를 전해 왔는데 그때 보내온 편지를 집안에서 보관하고 있다고 하였다. 또 현창조의 진술에 따르면 열녀가 자기 부모에게 말하기를 도적에게 납치되었던 날 분명 욕을 당하지 않았는데도 누가 그 결백을 풀어줄 수 있을지 걱정하였다고 했다. 아마 조씨 열녀가 파혼의 이유를 현씨 손자가 자신의 몸이 더럽혀졌다고 여겼기 때문이라고 생각했던 듯하다. 그러면서 이미 정혼을 했으므로 현씨 집안의 사람이며 자신을 믿어준 현후징을 지하에 가서라도 뵙고 싶다는 말을 남겼다고 하였다.

이헌경은 현창조로부터 들은 말을 전한 후 자신이 아버지의 임소 종성(鍾城)에 있을 때 직접 목격한 열녀의 죽음에 관한 일화를 덧붙였다. 그러고는 이가환에게 다음과 같은 당부를 한다.

---

56 李家煥, 『詩文艸』 秋, 「記趙烈女事」. "余卽馳書, 求詳於今太守艮翁李先生."

57 이때 이헌경이 이가환에게 보낸 편지가 이헌경의 문집 『艮翁集』에 남아 있어 그 전말과 내용을 확인할 수 있다. 李獻慶, 『艮翁集』 권13, 「與李定州 家煥 別紙」. "承諭求見趙氏處子烈行始末, 甚盛意也. 僕亦來此, 得聞其槩. 招邑校玄昌祚問其詳."

> 종성(鍾城)과 경성(鏡城)은 인접한 땅이네. 생각건대 북관 지역의 풍기가 드세서 그 풍속에 죽음을 가벼이 여겨 비록 여자라고 할지라도 종종 이런 일이 있는 게 아닐까 싶네. 북쪽 지역은 지나치게 드세고 남쪽 지역은 지나치게 유약하니 이 어찌 백성을 다스리는 이들이 올바르게 이끌지 못하고 알맞게 만들지 못해서가 아니겠는가! 그러나 조씨 처자의 의용(義勇)은 세상에서 잊혀져서는 안 될 터인데 나는 늙은 데다 필력도 막혀서 그 행적을 잘 서술하여 후세 사람들에게 빛나게 할 수가 없네. 지금 마침 자네의 문장은 필시 조씨 처자를 천고(千古)에 썩어 없어지지 않을 수 있게 할 수 있겠네. 그러니 그 일을 모두 기록하여 가려 쓸 수 있도록 하였으니, 자네는 힘을 써주게. 이만 줄이네.[58]

이가환은 이헌경의 답장을 통해 확인한 내용을 간략하게 적은 후, 자신이 김화의 부로들로부터 전해 들은 이야기와 다른 점 일곱 가지를 하나하나 모순되는 지점을 지적하며 거론하였다. 그러고 나서는 조씨 열녀의 자결이 단지 이미 혼인을 약조해서일 뿐만 아니라, 도적을 만났을 때 몸이 더럽혀지지 않았음을 스스로 밝히기 위해서라고 판단한 이헌경의 생각이 자신의 생각과 다르다는 사실을 밝혀 두었다. 그 결론은 다음과 같다.

> 내가 사실을 갖추어 논하는 까닭은 역사를 기록하는 이들로 하여금 시비가 사실을 바꾸지는 않으며 널리 수집하는 일을 그쳐서는 안 됨

58 李獻慶, 『艮翁集』 권13, 「與李定州 家煥 別紙」, "然鍾與鏡隣壤也. 意者北關風氣强勁, 其俗輕死, 雖女子往往有如此者乎. 北過於剛, 南過於柔, 其不在長民者導之以正, 裁之以中歟! 然趙處子之義勇, 宜可不沒於世, 而僕年老筆退, 不能鋪述其蹟, 以耀後人. 今遇吾庭藻文章, 必能使趙處子不朽於千古. 故盡記其事, 以備採擇, 庭藻勉之哉. 不宣."

> 을 알게 하기 위해서이다. 그리고 또한 송사를 판단하는 이들로 하여금 양쪽 편의 말을 모두 가엾게 여겨 신중히 판단하고 백성들의 뜻을 두려워하게끔 하기 위해서이다. 아! 백여 리 떨어진 땅에서 벌어진 수십 년 이전의 일이며 또한 그 변화가 심하지 않았을 텐데도, 조금씩 이야기를 더하거나 덜어내어 이미 이처럼 뒤섞이고 혼란스럽게 되었다. 하물며 저 큰 세상 저 오랜 세월 속에서 애증(愛憎)에 사로잡히고 영고(榮枯)를 좇다가 없는 것을 있다고 하고 하얀 것을 검다고 한 일을 이루 다 헤아릴 수 있겠는가? 아, 두려워할 만하다. 아, 두려워할 만하다.[59]

「기조열녀사」는 위의 인용문과 같이 끝을 맺는다. 이 결론 부분만 놓고 보면 열녀 조씨의 행적을 기리기 위한 글이라기보다는 인물이나 사건을 기록할 때 기록자로서 지녀야 할 올바른 태도를 경계하는 논변문(論辨文)에 가깝다. 하지만 조씨 열녀 사건에 대한 기록이 그 가운데 위치함으로써 자연스럽게 자신이 기록한 열녀의 행적이 얼마나 정확하고 실질에 가까운 것인지를 알 수 있게 하였다.

이가환이 정주 목사 재임 시기와 김화 유배 시기에 여러 유형의 인물을 기록으로 남긴 것은 분명한 사실이지만,[60] 그 이유가 무엇으로부터 비롯되었는지 정확하게 파악하기는 쉽지 않다. 다만 기록의 중요

59 李家煥, 『詩文艸』 秋, 「記趙烈女事」. "余所以備論者, 欲使作史者知是非之未易實, 而博采之不可已. 又欲使聽訟者哀敬兩辭, 大畏民志. 噫! 以百餘里之地, 數十年前之事, 又未嘗盡變其說, 而稍加增損, 已足以貿亂如此. 況天下之大, 古今之久, 挾愛憎, 逐榮枯, 指無爲有, 變白爲黑者, 何可勝數. 吁可畏哉, 吁可畏哉."

60 이가환은 小傳, 贊, 哀祭類 등의 산문 창작을 통해 다양한 이들의 삶을 기록하였다. 선행 연구에서도 지적한 바 있듯 그의 붓끝에서 주로 기록된 이들은 지위나 명망이 높은 이들이 아니었다.

성을 강조하고, 자신이 그 역할을 맡음으로써 사람들에게 잊혀서는 안 된다고 생각한 이들을 세상에 전하고자 하는 의도가 있었음을 확인할 수 있다.

4.3 일상의 중요성 강조

우리는 일상 속에서 많은 일들을 직접 보고 직접 경험한다. 하지만 일상에서 경험하는 모든 일에 가치를 부여하지는 않는다. 오히려 늘 쉽게 접할 수 있기 때문에 특별하게 생각하지 않고 사소하게 여기는 경우가 많다. 그런데 이가환은 누구나 쉽게 경험할 수 있는 일상에 의미를 부여하고, 자신이 부여한 의미를 남들에게 전하고자 한 경우가 많았다. 이때의 서술 방식이 일반적으로 소품문 작가들의 특징으로 손꼽는, 예리한 관찰력으로 일상을 세밀하고 섬세하게 묘사하는 방식은 아니다. 하지만 이가환이 하나하나 제시하는 일상의 모습을 읽어 나가다 보면 쉽게 고개를 끄덕이며 그의 논리에 수긍하게 될 때가 많다.

일상을 중시한 예로, 「순사정기(順事亭記)」라는 제목의 기문을 보자.

> 정원부(定遠府)의 서쪽에 임해산(臨海山)이 있다. 바다를 굽어보지 않았고, 산의 한 줄기가 남으로 치달아 입초산(立草山)이 된 뒤에야 비로소 바다를 굽어본다. 빼어난 경치를 등지고 널찍한 바다를 향했으니 그 장소가 더욱 아름답다. 처사 김 아무개가 그곳에 살면서 정자를 지어 순사정(順事亭)이라고 하고는 그 아들을 보내 나에게 기문을 지어 달라고 청하였다.[61]

위에 인용한 「순사정기」의 시작 부분은 형식적인 면에서나 내용적인 면에서나 여느 누정기(樓亭記)와 크게 다를 바 없다. 이어지는 내용 역시 순리를 따르는 '순사(順事)'라고 하는 누정의 명칭을 파제(破題)하는 데 대부분을 할애하였다.

> 내가 듣자니 처사가 집에서 지낼 때에 아침이면 일어나 세수하고 머리 빗고 나서 집안일을 돌봤다. 그러고는 아침밥을 먹고 여러 일을 처리하였으며, 저녁에는 또 밥을 먹고 날이 어두우면 등불을 켜고 한밤이 되면 잠자리에 들었다. 봄이면 농기구를 사용해 농사짓고 누에 채반에 누에를 쳤고, 여름이면 고치를 켜고 김을 매며, 가을이면 수확하고, 겨울이면 갈무리하였다. 어려서는 부모를 섬기고 장성해서는 스승과 벗에게 나아가며, 자녀를 두어서는 음식을 먹이고 가르치는 것이 남들과 같아 다른 점이 없는 것 같았다.[62]

이 기문에서 이가환은 아침 · 점심 · 저녁 · 밤으로 이어지는 하루의 일상, 봄 · 여름 · 가을 · 겨울로 이어지는 한 해의 일상, 소년 · 청년 · 장년으로 이어지는 인생의 일상을 무척 간결하게 서술하였다. 어느 글자 하나 버릴 것이 없다. 또 굳이 보탤 필요도 없다. 사람이라면 누구나 평생 동안 겪는 일들이 원문 50여 자 안에 다 들어 있다. 기문

---

61 李家煥, 『詩文艸』 夏, 「順事亭記」. "定遠府之西有山, 名曰臨海, 而猶未臨海, 其一支南走, 爲立草之山, 然後始臨海焉. 負秀面曠, 其境尤勝. 處士金君某居之, 名其亭曰順事, 遣其子某求余爲記."

62 李家煥, 『詩文艸』 夏, 「順事亭記」. "余聞處士之居室也. 朝而起, 起而盥櫛, 理家務. 已而進朝飯, 酬百爲, 夕又飯, 日昏上燈, 至夜分乃寢. 春而理農器具, 曲植籧筐, 夏而繅絲耘苗, 秋而獲, 冬而藏. 幼而事父母, 長而就師友, 有子而飮食而敎誨之, 悉與人同, 若無以異者."

을 부탁한 김 처사 역시 이런 삶을 살아가는 평범한 인물이라고 하였다.

> 그러나 반드시 일찍 일어나 세수하고 머리 빗고 의관을 단정히 갖추었다. 집안일을 다스리는 데는 모두 합당함을 얻었고, 먹는 것은 배부름을 구하지 않았으며, 등불을 끄고도 몸가짐을 흐트러뜨리지 않았으니, 이것은 하루의 일이 다스려진 것이다. 농사와 양잠에 힘써서 어른들을 공양하고 그 나머지 것으로 처자식을 편안케 했으니, 이것은 일 년의 일이 다스려진 것이다. 또 부모를 섬김에는 예를 어김이 없었고 스승과 벗에게 나아가서는 스승과 벗들이 그의 선을 칭찬하였으며, 자녀를 교육하는 데에는 이익과 작록(爵祿)으로 하지 않고 경술(經術)로써 권면하였다. 날마다 부지런히 함은 처사가 힘쓴 바이니, 내가 기꺼이 그를 위해 기문을 쓰는 까닭이다.[63]

하루, 한 해, 그리고 인생으로 이어지는 앞의 단락과 동일하게 구성한 문장 논리의 흐름이 자연스럽다. 다만 이 단락은 역접으로 시작하는데, 이는 김 처사의 일상에는 분명 다른 이들의 일상과 다른 점이 있음을 말하기 위해서이다. 하지만 이가환이 김 처사를 높이 평가하는 부분은 선뜻 대단하다고 말하기 어려운 점이 있다. 이 역시 사람이라면 누구나 겪는 일상생활에 불과하기 때문이다. 이러한 의문을 해소하기 위해 독자를 대신한 과객(過客)을 등장시켜 질문을 대신하게 한다.

---

63 李家煥, 『詩文艸』 夏, 「順事亭記」. "然起而必早盥櫛, 而衣冠必整齊, 理家務而咸得其當. 食不求飽, 火滅修容, 則一日之事, 治矣. 力農桑, 以供長上, 以其贏, 寧婦子, 則一年之事治矣."

> 어떤 사람이 지나가다 비웃으며 말했다. "이 또한 사람의 일상생활인데 어찌 칭찬할 것 있겠는가?" 내가 말하였다. "그렇다. 그러나 그 일상적인 것을 따르지 않는 사람이 많아 천하에 비로소 일이 많아졌다. 만약에 한 사람이 이와 같이 하면 한 집안이 다스려질 것이며, 한 나라가 이와 같이 하면 한 나라가 다스려질 것이고, 천하가 이와 같이 하면 천하가 곧 편안하게 다스려질 것이다.[64]

이가환은 이 기문에서 일상을 지키는 일이 결국 수신과 제가의 단계를 거쳐 치국평천하의 단계까지 연결된다고 하였다. 그리고 세상에 문제 되는 일이 많은 이유는 많은 사람들이 일상을 지키지 않기 때문이라고 보았다. 이는 언뜻 보면 쉽게 이해할 수 없는 논리이다. 하지만 이가환이 제시한 대로 하루에서부터 평생으로 이어지는 인생의 흐름을 따라가다 보면 자연스럽게 그와 같은 결론에 수긍할 수 있게 된다.

모든 사람이 겪는 평범한 일상에는 과장이 개입될 수도 없고 과장할 필요도 없다. 따라서 일상은 과장하지 않는 진솔함을 가장 쉽게 찾을 수 있는 곳이다. 그리고 이 평범한 일상을 잘 따르다 보면 결국 천하가 평안해지는 경지에 이르게 된다. 그렇기 때문에 이가환에게 있어 평범한 일상은 결코 몰가치(沒價値)하지 않다. 남들이 대단하게 생각하느냐 아니냐는 그에게 있어 그다지 중요한 문제가 아니다. 자신이 가치를 부여할 수 있고, 그 논리를 만들어 낼 수 있기 때문이다.

이 글을 이가환 산문의 특징을 잘 드러내는 글로 볼 수 있는 이유가

---

64 李家煥, 『詩文艸』 夏, 「順事亭記」. "有過而笑者曰, 是亦人生日用之常, 奚足稱. 余曰, 然. 雖然夫惟不循其常者多而天下始多事矣. 苟一人如是則一身治矣. 一家如是則一家治矣. 一國如是則一國治矣. 天下如是, 則天下方安方治矣."

바로 여기에 있다. 앞서 이가환은 문장 짓는 일을 두고서 "초상화를 그리는 것과 같아서 오직 비슷해야 할 따름이고 법률을 적용하는 것과 같아서 오직 합당해야 할 따름이다."[65]라고 한 바 있다. 평범한 일상을 있는 그대로 그려내고, 독자들이 수긍할 수 있는 논리를 제시하는 면모를 이 글을 통해 확인할 수 있다.

이처럼 일상과 같은 평범함으로부터 가치를 찾아내고 의미를 부여하는 면모는 다음의 글에서도 확인된다.

> 내가 처음 그를 만났을 때 그가 옆에 끼고 다니는 책을 보니 특별한 책이 아니라 모두 평상시에 익히 본 책이었다. 그러나 그의 질문은 모두 망연히 처음 듣는 것 같았다. 그리하여 내가 자리를 피한 때가 여러 번이었다. 오랜 뒤에 살펴보니 그는 무엇인가를 하면 반드시 첫째가 되려는 데 뜻을 두고 있었다.[66]

신의측(申矣測)이라는 인물에 대해 남긴 「환아소전(還我小傳)」의 일부이다. 전반적으로 입전(立傳) 대상 인물인 신의측을 높이 평가하는 가운데, 그와의 첫 만남에서 받은 인상을 기록한 부분이다. 여기에도 역시 신의측에 대해 과장한다거나 특별히 높이려는 의도가 없다. 그저 자신의 본 일, 그리고 그에 대한 자신의 느낌을 있는 그대로 적어두었을 뿐이다.

이가환이 주목한 부분은 신의측이 가지고 다니는 책이 특별한 책이

---

65 李家煥,『詩文艸』秋,「宗人熙天東遊錄後跋」. "凡爲文字, 如傳神, 惟其似而已, 又如議律, 惟其當而已."

66 李家煥,『詩文艸』秋,「還我小傳」. "余始遇之, 視其所挾, 非異書, 皆常所熟也. 及其有問, 皆茫然如始見, 余爲避席者數四. 久而察之, 凡有所爲意, 必在第一等也矣."

아니라 누구나 평상시에 익숙하게 보는 평범한 책이라는 점이다. 하지만 그가 던지는 질문은 비범하다. 그 이유는 어렵고 특별한 책을 보아서가 아닐 것이다. 누구에게나 익숙한 평범한 책을 꼼꼼히 읽고 깊이 생각했기 때문일 것이다. 비록 그 이유를 문면(文面)에 설명해 두지는 않았지만 이 글을 읽는 이라면 쉽게 짐작할 수 있도록 하였다.

평범함에 가치를 부여하고 특기(特記)하고자 하는 의도는 그가 남긴 인물 관련 산문에서도 빈번하게 나타난다. 사실 누구나 할 수 있는 일이지만 하지 못하는 일, 그런 행적을 남긴 이를 특별히 기록한 이유는 이가환이 평범함에 특별한 가치를 부여했기 때문으로 보인다.

5. 맺음말

이가환은 국왕이 추구했던 순정한 문체로 여러 차례 극찬받았을 만큼 전범적 글쓰기에도 능했으며, 문체 · 주제 · 형식의 제약에 얽매이지 않을 정도로 정격을 벗어난 파격적 글쓰기에도 능했던 것으로 보인다. 여기에는 아마도 정조 가까이서 문장을 담당하기도 했고, 외직으로 나아가 목민관으로서 지역의 실정을 세밀하게 살피기도 했고, 유배객의 처지로서 물심양면으로 어려움을 겪었던 다양한 경험이 반영되었던 듯하다.

잘 알려져 있듯, 이가환이 김화 유배에서 풀려나 정계에 복귀한 이후 정치적으로 공격을 받았을 때 '이단(異端)', '사설(邪說)', '패관소품(稗官小品)'이라는 말로 지적을 받고, '경전을 숭상하지 않는다'라는 혐의를 받았다. 정조 역시 이가환을 두둔하기는 했지만, 그의 문체에 다소 문제가 있음을 부인하지는 않았다. 하지만 남아 있는 이가환의 산문을 확인해 보면 문제작으로 거론할 만한 글이 그렇게 쉽게 눈에 띄지를 않는다. 이러한 일반적 인식과 창작 실제 사이의 괴리를 확인하기 위해, 본고에서는 이가환이 산문을 어떻게 인식하였는지, 그리고 창작을 통해 무엇을 지향하고자 하였는지를 먼저 살피고자 하였다.

이가환은 기본적으로 문장이 세도(世道)와 관계되어 세상을 다스리는 데 사용되는 것이라는 인식을 가지고 있었다. 이는 관료로서 지녀야 하는 무척 일반적인 인식이다. 그리고 그에 해당하는 성격의 글을 창작하는 데 있어서 국왕으로부터 그 재주를 크게 인정받았을 정도였다. 이는 아마도 공적(公的)인 성격의 글에 해당할 것이다. 글을 지어 기록을 남기는 이유에 대해서도 역시 후세에 전할 만한 가치를 후세에 온전하게 전달하기 위해서라는 관점을 가지고 있었다. 비록 당대에는 주목받지 못했지만, 자신이 생각하기에 세상에 반드시 드러나야 할 인물들을 신분과 처지에 상관없이 기록한 이유 또한 여기에 있었다고 할 수 있다. 이러한 태도 역시 공적인 관점이 반영된 것이라 할 수 있다.

시문 창작에 있어서는 시와 산문 양쪽에 해당하는 일정한 관점을 견지하였지만, 시와 산문을 분리해서 볼 경우 다소 차이가 나는 지점도 존재했다. 배움을 통해 일정한 경지에 도달하기 어려운 시와 달리 산문은 일정한 법도가 있기 때문에 스승을 따라 배워서 익힐 수 있다고 보았다. 하지만 경전을 높여야 한다는 일반적인 언급 외에, 그가 전범(典範)으로 삼아 학습한 대상이나 작법론이 남아 있지 않기 때문에 구체적으로 어떤 문체를 지향했는지 확증하기는 어렵다. 다만 다른 이들에게 전한 언급으로 미루어 볼 때, 산문 창작에 있어 진실함을 가장 중시했음을 짐작할 수 있다. 이때의 진실함은 꾸미지 않으며 실체보다 더하거나 덜지도 않는 경지를 말한다. 그래야만 기(奇)를 얻을 수 있다고 보았다. 여기서 말하는 기이함이란 남다르고 특이한 글을 의미하지는 않을 것이다. 잘된 글, 성취를 이룬 글에 가깝다. 또 한편으로 진실함과 관계되는 문제로 창작에 있어서 작가의 '의도' 유무를 중시하기도 하였다. 이때의 의도란 읽는 이들의 기호(嗜好)에 영합하기 위해 글을 꾸미고자 하는 억지스러움을 말한다.

다음으로는 산문 창작의 지향과 관련한 논의를 바탕으로 이가환 산문의 구체적인 면모를 세 가지 측면으로 나누어 살펴보았다. 첫 번째로는 자아를 향한 시선이 특징적으로 드러나는 작품들을 검토하였다. 주로 김화 유배기에 지은 작품들이다. 이가환이 유배객으로서 느낄 수밖에 없었던 상실감 · 한계 · 좌절 · 자조 등의 감정, 그리고 이를 극복하고자 하는 나름의 의지를 확인할 수 있었다. 자신에 대해 쓴 글들은 공적인 성격의 글과 달리 형식과 주제의 측면에서 모두 파격성을 띠었다고 볼 수 있다.

두 번째로는 다른 인물을 기록한 작품들을 검토하였다. 이가환은 하나의 역사로서 인물 기록에 대한 중요성을 인지하고, 자신이 중요하다고 생각하는 여러 인물들에 대한 기록을 남겼다. 이들은 국가에 공헌한 인물이기도 하고, 중요한 가치를 몸소 실천한 인물이기도 하다. 기록으로 남길 만한 인물이라고 하면 신분에는 전혀 개의치 않았다. 실제 창작에 있어서는 무엇보다도 사실에 부합하는지를 중시하였다. 이를 위해, 믿을 만한 문헌을 통해 고증하기도 하고 사실과 관계된 인물들을 직접 찾아 확인하는 수고를 마다하지 않았다.

세 번째로는 일상의 중요성을 강조한 작품들을 검토하였다. 이가환은 남들이 쉽게 지나치기 쉬운 일상의 중요성을 높이 평가하였다. 흔히들 평범한 것에는 별 의미가 없다고 생각한다. 하지만 이가환의 생각은 달랐다. 흔들림 없이 평범함을 지킬 수 있어야만 결국 큰 성취로 나아갈 수 있다고 보았다. 앞서 자신을 향한 글쓰기가 자아 인식을 보여주고, 남을 위한 글쓰기가 타자 인식을 보여준다면, 일상의 중요성을 강조한 글들은 세상과 현실을 향한 이가환의 인식을 잘 보여준다고 할 수 있다.

이가환은 굴곡 많은 삶을 살다 갔다. 그래서 현재 남아 있는 이가환의 문집은 온전하지 않다. 산문 작품 역시 대부분 만년을 중심으로 한 생애 일부 기간 동안 창작된 것이다. 온전하지 않은 자료를 가지고서 이가환의 산문 전체를 온전하게 들여다보기란 쉬운 일은 아니다. 현전하는 그의 산문 작품과 그에 대한 당대의 일반적인 평가에는 일정한 온도 차이가 있는데, 바로 이러한 이유가 가장 크게 작용한 것으로 보인다. 하지만 적어도 만년의 이가환이 자기 자신을 어떻게 바라보았는지, 남들을 어떻게 바라보았는지, 그리고 세상을 어떻게 바라보았는지 가늠하기 위해서 깊이 들여다 볼 필요가 있다.

본고에서는 그의 산문을 전반적으로 조망하기 위한 목적으로 일정한 경향성을 중심에 두고 그 의미를 찾아보고자 하였다. 차후 개별 작품을 중심으로 한 연구가 활성화되기를 기대한다.

參考文獻

李家煥, 『錦帶詩文鈔』, 국립중앙도서관 소장본(성호古3648-62-1080).

李家煥, 『錦帶詩文鈔』, 규장각 소장본(古3428-439).

李家煥, 『錦帶集』, 규장각 소장본(古3428-373).

李家煥, 『詩文』, 국립중앙도서관 소장본(성호古3648-文62-904).

李家煥, 『詩文艸』, 국립중앙도서관 소장본(한古朝43-가50).

李家煥, 『詩文草』, 국립중앙도서관 소장본(古貴3648-99-9).

李家煥, 『詩文艸』, 규장각 소장본(古3428-372).

김건우, 『詩文』(국립중앙도서관 소장본: 성호古3648-文62-904) 해제, 국립중앙도서관.

김성애, 『詩文』(국립중앙도서관 소장본: 성호古3648-文62-904) 해제, 한국고전번역원.

김영진, 『詩文艸』(규장각 소장본: 古3428-372) 해제, 서울대학교 규장각한국학연구원.

______, 『詩文草』(국립중앙도서관 소장본: 古貴3648-99-9) 해제, 국립중앙도서관.

박용만, 『錦帶詩文鈔』(국립중앙도서관 소장본: 성호古3648-62-1080) 해제, 국립중앙도서관.

우경섭, 『錦帶集』(규장각 소장본: 古3428-373) 해제, 서울대학교 규장각한국학연구원.

______, 『錦帶詩文鈔』(규장각 소장본: 古3428-439) 해제, 서울대학교 규장각한국학연구원.

李家煥 저, 박동욱 역(2014), 『금대집 : 붓으로 세상을 품다』, 한국고전번역원.

李家煥 저, 정선용 역(2011), 『금대전책』, 국립중앙도서관.

李家煥 외 저, 송준호 · 안대회 역(1996), 『한국고전문학전집28 : 홍재전서 · 영재집 · 금대집 · 정유집』, 고려대학교 민족문화연구원.

李家煥 외 저, 안대회 · 이현일 역(2017), 『한국산문선7 : 코끼리 보고서』, 민음사.

李用休 · 李家煥 저, 안대회 역(2003), 『나를 돌려다오 : 이용휴, 이가환 산문집』, 태학사.

김영진(2003), 「朝鮮後期의 明淸小品 수용과 小品文의 전개 양상」, 고려대학교 박사학위논문.

김효정(2015), 「錦帶 李家煥의 시문학 연구」, 단국대학교 석사학위논문.

명평자(2015a), 「錦帶 李家煥 記文의 주제 표출 양상」, 『어문연구』 84, 어문연구학회.

_____(2015b), 「錦帶 李家煥 傳의 특징 연구」, 『한문학논집』 41, 근역한문학회.

_____(2016), 「錦帶 李家煥의 散文 硏究」, 충남대학교 박사학위논문.

문수영(1995), 「錦帶 李家煥의 散文硏究 -人物描寫에 나타난 作家意識을 中心으로-」, 경상대학교 석사학위논문.

박동욱(2021), 『이용휴 평전: 기이한 나의 집』, 글항아리.

백진우(2014), 「策文의 정치적 활용성에 관한 시론-정조시대 이가환의 「蕭何大起未央宮論」 분석을 중심으로-」, 『동양고전연구』 57, 동양고전학회.

안대회(2008), 「짐승이 사는 집」, 한국고전번역원 '고전산책 메일링서비스' 고전산문, 2008년 4월 8일.

이미선(2006), 「錦帶 李家煥의 散文 硏究」, 영남대학교 석사학위논문.

장진엽(2023), 「조선후기 누정기에 나타난 士의 존재 양식에 대한 사유 검토-'是/斯'에 관한 의론을 중심으로-」, 『한국한문학연구』 87, 한국한문학회.

정우봉(1984), 「李家煥의 文學論과 詩世界」, 고려대학교 석사학위논문.

| 錦 帶 |

금대(錦帶) 이가환(李家煥)의 학문 형성과 '박학(博學)'의 실용적 지향

김 하 라 | 연세대 국어국문학과 부교수

1. '천재' 이가환(李家煥)과 '박학'의 핵심

금대(錦帶) 이가환(李家煥, 1742~1801)은, 성호(星湖) 이익(李瀷, 1681~1763)을 계승하는 기호남인(畿湖南人) 학자로서 조선 후기 학술사에서 중요하게 언급되는 인물이다. 이가환은 주로 천문역산(天文曆算) 등 수리 과학에 해당하는 분야에서 활약한 데 대해 주목을 받아 왔다.[1] 일찍이 학자 이가환의 면모를 가장 정확하고 정성스럽게 되살린 그의 후배 정약용(丁若鏞, 1762~1836) 또한

> 평소에 역상서(曆象書)를 좋아하여 일식과 월식이 발생하는 시기, 오성(五星)이 숨었다 나타나는 시기라든가 황도(黃道)와 적도(赤道)의 거리 및 차이의 도수에 대하여 그 근본 이치를 모두 통달했다. 아울러 지구의 둘레와 지름에 대하여서도 별도로 도설(圖說)을 만들어 후생(後生)을 가르쳤다.[2]

라 하여 천문역산의 공부를 '좋아해' 그 분야의 이론에 통달했을 뿐 아니라, 도설(圖說)과 같은 시각 자료를 만들어 후학을 가르칠 역량까지 겸비한 수리 과학 전문가 이가환의 남다른 면모를 구체적으로 증언했다.

그러나 정약용은 그 증언 뒤에 '그가 지목(指目)을 받게 된 것은 대

---

1 이가환의 학술적 성과에 대한 선행연구는 천문역산 등 이른바 西學 방면에 집중된 경향을 보인다. 하성래(2001); 문중양(2003); 구만옥(2006) 등이 참조된다.

2 丁若鏞, 『與猶堂全書』 文集 권15, 「貞軒墓誌銘」. "雅好曆象之書, 凡日月五星交食伏見之期及黃道赤道交距差互之度, 悉通其本理, 竝地球圜徑諸度, 另有圖說, 以示後生." 「정헌묘지명」의 번역은 한국고전종합DB(정태현 역)를 참조하여 필자가 약간 수정했다. 이하 같다.

략 이 때문이다'라는 말을 덧붙여, 이가환의 그러한 남다름이 결국 '사학(邪學)의 괴수'로 지목받는 빌미가 되었다는 인식도 보였다.[3]

이에 학자로서 이가환의 고유한 장점은 멀리 신유옥사(辛酉獄事)라는 참혹한 귀결과 연결되게 된다. 1801년 2월 14일, 이가환은 고문과 매질로 피가 흐르고 살이 문드러지는 지경에 이르렀으나 "정경(正卿)의 몸으로 이런 지목을 받았으니 그 죄가 죽음에 해당한다."고 하여 벗어나려는 어떤 시도도 하지 않았으며, 이후 6, 7일간 식음을 전폐했다. 2월 24일 그가 기진하여 숨이 끊어지자 결국 기시(棄市)하자는 논의가 이루어졌다.[4]

정약용만큼 이가환과 가깝지 않았던 동시대인의 사후 평가도 어떤 면에서 비슷한 방식을 취한다. 노론계의 문인 성대중(成大中, 1732~1812)은 재승덕박(才勝德薄)이라는 전형적인 용어로 이가환의 천재성

---

3 丁若鏞, 『與猶堂全書』 文集 권15, 「貞軒墓誌銘」. "其得指目, 凡以是也. 李相時秀嘗謂鏞曰: '南人固陋, 庭藻所治者, 必曆象之法, 而固陋者謬相嗔怪.' 亦知言也." 이 점에 대해 정약용은 '이가환이 공부한 것은 그저 曆象法이거늘, 南人들이 고루하여 오해를 하고 괴이하다며 성을 낸다.'는 李時秀의 말을 인용해 천문역산이 천주교와 구분되는 것이라 함으로써 이가환의 무고함을 해명하고자 했다.

4 丁若鏞, 『與猶堂全書』 文集 권15, 「貞軒墓誌銘」. "於是公與錫忠, 迭被拷掠, 血肉糜潰, …… 而公曰: '身以正卿, 得此指目, 厥罪當死.' 獄官遂以爲承服, 公知不免, 卽絶粒不食六七日, 氣絶而死, 議竟棄市. 時二月二十四日也." 한편 『승정원일기』 순조 1년(1801) 2월 25일 조에는 '추국의 일이 시일을 끈 것이 이미 여러 날 되어 권철신과 이가환의 무리가 연달아 徑斃하기에 이르렀다'는 대왕대비의 언급이 보인다(辛酉二月二十五日未時, 上御誠正閣, 大王大妃殿垂簾. 時原任大臣 · 禁府堂上入侍時, …… 大王大妃殿敎曰: '日前賓對, 以後筵稟處爲敎矣. 今筵當爲稟處, 而鞫事之遷延, 已至多日, 如權哲身 · 李家煥輩, 連致徑斃, 獄事有失刑之慮, 誠爲悶然矣.'). '刑이 확정되기 이전, 또는 형을 집행하기 전에 죄수가 갑작스레 죽는 것'을 뜻하는 '徑斃'라는 말이 이가환의 죽음을 표현했다. 이를 통해 2월 25일 이전에 貞純王后 金氏가 이가환의 죽음을 보고받았음을 알 수 있다.

을 제한적으로 인정하며 그의 비극적 최후에 필연성을 부여했는데, 이가환이 '사학(邪學)을 신봉한 역적죄로 처형'된 것이 덕을 넘어서는 재주를 지닌 탓이었다는 성대중의 부정적 평가로부터 그의 천재성을 불길한 것으로 간주하는 통념적 태도를 찾아볼 수 있다.[5]

이러한 시선이 고착된 결과로 학자 이가환의 면모는 신유옥사 이후 '비극적 최후를 맞은 천재'의 이미지에 고정된 면이 없지 않다.

그런데 천문역산에 통달한 이가환의 비범함을 언급한 정약용은, 그의 남다름을 또 다른 방식으로 제시하기도 했다.

> 공은 다른 사람과 전혀 다른 점이 몇 가지 있다. 내면에 온축한 지식이 대지가 만물을 짊어지고 바다가 모든 강물을 받아들이는 것 같은데도, 저술을 하게 되면 간삽(艱澀)하다. 엄격하고 강직한 성품이 생강과 계피처럼 매운데, 적을 만나게 되면 겁을 내고 무기력해진다. 천지 만물의 이치를 자귀와 도끼로 쪼개어 내듯 분석해 내는 분인데, 일을 헤아릴 때에는 성급하고 꽉 막힌 것 같다.[6]

이에 따르면 이가환은 거의 광대무변(廣大無邊)한 박식의 소유자이지만 자신이 알고 있는 것을 유려한 글로 풀어내는 데에는 서툴렀다. 성격이 강직하고 매서워서 아마도 적을 많이 만들었을 것 같은데, 그

---

5 成大中, 『青城雜記』 권5, 「醒言」 "大抵勝德之才, 必爲身災. 李家煥憚盧兢, 兢憚翼雲, 家煥之博洽, 兢所不及, 而超詣則勝之. 翼雲之才, 又居其右, 然家煥以邪逆誅." 성대중의 이 글에서는 이가환, 노긍, 심익운을 조선 3대 천재로 인정한다기보다는 그들을 모두 재승덕박의 프레임에 넣어 부정적인 천재의 예로 보고자 하는 태도가 드러난다.

6 丁若鏞, 『與猶堂全書』 文集 권15, 「貞軒墓誌銘」. "公有絶異於人者數事, 腹笥之藏, 地負海涵, 而至其述作則艱澀; 峭剛之性, 薑辛桂辣, 而至其遇敵則怯懦. 天地萬物之理, 斤剖斧劈, 而至其料事則褊塞."

적들의 공격에는 또 늘 취약했다. 온 우주의 이치를 통찰할 만한 명석함의 소유자이지만 자신에게 일어나는 일에 대해서는 그 명석함이 잘 발휘되지 못했다.

이와 같은 이가환의 남다름은 그를 비극적 최후로 몰고 가는 성격적 결함이 되기도 했을 터이다. 두려움에 함몰된 이가환은 적들에게 제대로 맞서지 못해 속절없이 당했고, 또 자신에게 닥쳐온 일들을 영리하고 꾀바르게 헤쳐 나가지 못해 마지막 순간에는 그저 단식으로 죽음을 선택했다.[7]

그러나 이가환이 지닌 의외의 면모에 대한 정약용의 지적은 어떤 면에서 비범하고도 비극적인 천재로 박제화된 그의 면모에 생명력을 불어넣는 것이기도 하다.

보통 사람들은 10가지를 알고 있으면 100가지를 글로 써낼 수 있는데, 이가환은 100가지를 알고 있어도 한 가지를 풀어내는 것조차 어려워한다. 저술한 글이 난삽하다는 것은 이가환이 그저 지식을 수집해 전달하고 유통시키는 '걸어 다니는 백과사전' 같은 사람이 아니라, 박식을 자기화(自己化)해 재창조하는 일에 많은 노력을 기울이는 학자이

---

7 "너는 무슨 생각으로 연일 먹기를 폐하고 기필코 죽으려고 하는 것인지 그간의 진상을 자세히 진술하라."라는 신문에 이가환은 "저는 용서받지 못할 죄를 지었다는 것을 스스로 알기에 음식을 물리치고 기필코 죽으려는 것입니다."라고 답했고, 용서받지 못할 죄가 무엇인가 묻자 "저의 직책이 재상의 반열에 있었던 만큼, 邪學이라 지목받은 것만으로도 그 죄는 죽어 마땅합니다."라고 답했다.('矣身以何意思連日廢食, 期以必死是喩, 其間情節, 詳細納招爲旀,' …… '矣身自知罔赦之罪, 故廢却食飮, 期於必死矣.' 問曰: '矣身罔赦之罪, 果是何罪乎?' 供曰: '矣身職忝宰列, 得此邪學之目, 其罪當死矣.')(『추안급국안』, 1801년 2월 14일.) 이하 『추안급국안』의 원문은 규장각한국학연구원에서 제공하는 『추안급국안』의 원문 이미지 파일을 참조했고, 번역은 전주대학교 고전학연구소 역(2014)을 참조하여 필자가 약간 수정했다.

고, 그렇게 나온 결과물이 낯선 언어로 구성되어 있어 사람들에게 쉽게 이해되지 못했을 수도 있다는 점을 시사한다.

또한 이가환은 세상의 불쾌하거나 부당한 것들을 포착해 지적하는 지식인 특유의 재능을 갖고 있으며, 주변의 상황과 상관없이 자신의 견해를 표현하는 편이었다. 그는 그것이 남의 분노를 사는 위험한 행동이란 것을 알고 두려움을 품고 있었지만 계속 그렇게 했고 많은 적을 만들어 왔다.

그런데 이 둘째 면모는 학자로서 이가환의 순진함을 보여주는 행동방식이기도 하다는 점에서 세 번째 면모와도 연관이 있다. 즉 우주만물을 꿰뚫어 보는 명석함을 가진 사람이 자기 자신의 문제에 대해서는 성급하고 편협하여 제대로 보지 못한다는 것은, 한 학자로서 연구 대상에 몰두해 있다는 징표일 수 있다. 특히 천문역산과 같은 수리과학에 몰두한 학자라면, 학문 연구의 과정이 연구자의 삶과 별도로 존재할 가능성이 높고, 그 공부가 일상생활을 영위하는 인간관계의 기술 같은 것을 알려주는 것이 아니다. 이로부터 전공 학문의 분야 안에서 흠 없이 견고하게 존재하지만, 그 바깥으로 나왔을 때 취약한 범인(凡人)이 될 수도 있는 어떤 학자의 상황을 상정할 수 있다.

일견 성격적 모순처럼 보이지만, 이가환이 지닌 세 가지 의외의 면모에 대한 정약용의 진술은 학자로서 이가환의 중요한 개성을 구성하는 양단(兩端)을 포괄하고 있으며, 정치인이 아니라 학자로 특화된 이가환의 비범함과 가능성을 함축하고 있다.

학자로서 이가환이 지닌 의외의 면모는 신의측(申矣測)이라는 여항인(閭巷人)을 위해 그가 써 준 다음 글에서도 발견된다.

> 신생(申生)의 이름은 의측(矣測)이다. …… 성품이 질문을 좋아했다. 질문을 했는데 답을 못하거나 답을 해도 상세하지 못하면 문득 다른 스승을 따랐다. 내가 처음 그를 만났을 때 그가 끼고 있는 책들은 특이한 책이 아니고 모두 익히 보던 것들이었다. 그런데 그가 질문을 하니, 모두 처음 듣는 것 같아 아득했다. 내가 이 때문에 자리를 피한 것이 서너 번이었다.[8]

신의측은 여항의 한미한 인물이지만 공부하는 사람이다. 그는 질문을 좋아했고 때로 공격적인 질문까지도 했으며 제대로 답을 못하면 가르침을 주던 사람을 가차 없이 떠나기도 했다. 이가환은 질문을 좋아하는 그의 면모를 눈여겨보았고 그의 질문을 존중하며 수용했다. 공부하는 사람 이가환에게 질문이란 중요한 문제였던 것이다. 게다가 이가환은 신의측이 자신처럼 기문이서(奇文異書)를 접하지도 않고 늘 평범한 책만 보는데도 창의적인 질문을 하는 것을 보고 일종의 충격을 받았다. 조선의 3대 천재라 일컬어지던 그 이가환이 고작 여항인의 질문에 당황해 자리를 피하기도 했다. 자신의 박학다식으로 둘러댈 수도 있었을 텐데 말이다. 공부하는 사람 이가환의 겸손함이 퍽 인상적이며 이 일단을 통해 교조적인 것과 거리가 멀고 대단히 수용적인 그의 학문 태도를 짐작할 수 있다.

본고는 이와 같은 의외의 면모에 함축된 이가환의 참모습에 다가가는 데 관심을 갖고 있다. 이를 위해 우선 신유옥사의 비극으로 덧칠되

8 이가환, 『錦帶詩文抄』 [下], 「還我小傳」 "生名<u>矣測</u>, …… 性好問, 問而不能答, 答而不能詳, 輒從他師. 余始遇之, 視其所挾非異書, 皆常所熟也, 及其有問, 皆茫然如始見. 余爲避席者數四."

기 이전의 학자 이가환의 면모와 그의 박학에 대해 탐색하고자 한다. 이에 1801년 이전의 이가환이 동시대의 지식인을 만나 대화를 나누고 영향을 주고받은 사정을 분석하려 하는데, 이때 주된 자료로 삼은 것이 황윤석(黃胤錫, 1729~1791)의 『이재난고(頤齋亂藁)』다. 수리 과학, 지리학, 언어학을 포함한 다방면의 학술에서 상당한 성취를 이룬 호남 출신의 노론계 학인 황윤석은 생애 동안 학문적 동류(同類)가 될 만한 학인을 탐문하고 만나는 노력을 그치지 않았으며 그것을 자신의 일기 『이재난고』에 고스란히 기록했다. 황윤석은 1760년대 후반부터 이가환과 그의 성취에 대한 소문을 들었으며, 1778년 8월에는 이가환과 우연히 만나 학술적 관심사에 집중된 대화를 나누었던바, 그의 일기에 20대의 수리 과학 연구자에서 30대의 촉망받는 관료문인으로 성장하고 활동하던 이가환의 모습이 포착되어 있는 것이다.[9] 이에 더해, 학자 이가환의 업적이 수렴된 결과로서 『정헌쇄록(貞軒瑣錄)』을[10] 『이재난고』의 기록과 교차 검토함으로써 그의 학술적 성취를 가늠하고자 한다.

9 이 글에서 인용하는 『頤齋亂藁』의 원문은 한국학중앙연구원 한국학 디지털 아카이브에서 제공하는 원문 이미지 파일과 탈초한 원문 텍스트를 기반으로 필자가 수정을 가한 것이며 번역은 필자의 것이다.

10 이가환의 필기류 저술인 『정헌쇄록』은 임형택 선생이 발굴하여 학계에 보고했다. 민족문학사연구소 한문분과의 구성원들이 임형택 선생을 좌장으로 모신 강회에서 이 자료의 역주 작업을 했고, 그 결과물이 임형택 외 역주(2006)으로 제출되었다. 『정헌쇄록』에 대한 해제로서 정은진(2006)이 참조된다.

2. 『이재난고(頤齋亂藁)』에 기록된 정철조(鄭喆祚)와 이가환
– 이가환의 실용적 학문 경향과 관련하여

정약용의 증언에 따르면 이가환은 구경(九經)과 사서(四書) 등 유가(儒家)의 경전, 23사(史)와 같은 사서(史書)는 물론 제자백가서(諸子百家書), 시부(詩賦), 잡문(雜文), 총서(叢書), 패관소설(稗官小說)에 이르기까지 과안(過眼)하지 않은 것이 없었고 기억력이 뛰어나 본 것은 평생 잊지 않은 학인이었다. 또한 그는 역학(譯學)과 산학(算學), 수의학, 의학처럼 중인이 담당하는 기술직인 잡과(雜科)의 학문에도 통달한 면모를 보였다. 이처럼 분야를 막론하고 문자화된 지식을 장악하여 자기화하는 역량이 빼어났던 이가환의 박람강기(博覽强記)에 대해, 후배 정약용은 '어떤 분야에 대해서든 전공자처럼 막힘없이 대답하므로 질문한 자가 깜짝 놀라 귀신이 아닌가 의심할 정도'라고 표현한 바 있다.[11] 그런데 정약용은 이가환을 애도하고 그를 정당하게 기억하고자 한 글 「정헌묘지명(貞軒墓誌銘)」의 결론에 해당하는 명문(銘文)에서 그 박람강기의 핵심을 다음과 같이 요약했다.

흉중에 일만 권 책 감춰 두어	胸韜萬軸
한 번에 일천 언(言)을 토해 냈네.	一吐千言
구고(句股)와 호각(弧角)은	句股弧角
실낱과 털끝까지 분석했네.[12]	縷析毫分

---

11 丁若鏞, 『與猶堂全書』 文集 권15, 「貞軒墓誌銘」. "九經 · 四書 · 二十三史, 以至諸子百家, 詩賦 · 雜文 · 叢書 · 稗官, 象譯算律之學, 牛醫馬巫之說, 惡瘡癰漏之方, 凡以文字爲名者, 一叩皆輸寫不滯, 又皆硏精核實, 一似專治者然, 問者駭愕, 疑其爲鬼神."

12 丁若鏞, 『與猶堂全書』 文集 권15, 「貞軒墓誌銘」. "胸韜萬軸, 一吐千言. 句股弧角, 縷

'구(句)'와 '고(股)'란 직각 부등변 삼각형의 직각을 낀 두 변을 각각 일컫는 말이다. '구고법(句股法)'이 바로 잘 알려진 '피타고라스 정리'이다. '호각(弧角)'이란 '구면각(球面角)', 즉 한 구면 위에 있는 두 개의 큰 원이 이루는 각이다. '구고'와 '호각' 모두 평면 기하학의 술어이므로 그것을 분석한다는 말은 기하학을 정밀하게 연구한다는 의미를 갖는다.

이에 정약용의 위 명문은, 일만 권 책을 내면에 온축하고 있어 어떤 주제에 대해서건 일천 마디 말로 풀어낼 수 있을 만큼 광박(廣博)한 이가환의 학문 세계에서 핵심이 되는 분야가 기하학이라는 점을 명료히 드러낸 셈이다. 게다가 정약용의 저술 중 구고술(句股術)에서 사용되는 형태의 2차 다항식 1,700여 개를 정리한 변환공식집 『구고원류(句股原流)』가 포함되어 있는바, 이가환의 전공이 되었던 기하학의 이 분야를 정약용이 계승하고 있다는 점도 간과할 수 없다.[13]

황사영(黃嗣永, 1775~1801) 역시 정약용과 비슷한 어조로 이가환의 학적 역량에 대해 '신과 같다'고 일컬었으며, 특히 그가 천문학과 기하학에 정밀했음을 강조했다. 이가환은 한 세대나 어린 이 후배를 향해, '이 늙은이가 죽으면 동국(東國)에는 기하학을 하는 종자가 끊어질 것'이라고까지 한바,[14] 그가 만년까지 구축한 광범위한 지식의 세계에서 수리 과학이 차지하는 비중은 결코 작지 않았던 것이다. 이렇듯 이가

析毫分."

13 김영욱 외(2022), 306~307쪽. 『구고원류』는 『與猶堂全書補遺』 제4책에 수록되어 있다.

14 黃嗣永, 「帛書」 "李家煥自在幼少, 才智超群, 及長, 風度魁偉, 文章冠一國, 無書不覽, 强記如神. 又精天文幾何之學, 嘗歎曰: '老夫死則東國幾何種子絶矣.'" 「帛書」의 원문은 여진천(1999)에 부록된 교감 원문 60~80쪽을 참조했다.

환의 학문적 후속 세대는 수리 과학에 특장을 보인 그의 면모에 유독 주목했다.

이가환이 언제부터 수리 과학에 매진하였는지는 알려져 있지 않다. 그러나 정운유(鄭運維, 1704~1772)의 둘째 딸 해주정씨와 혼인한 이래[15] 이 학문 분야에 대한 그의 열의는 본격적인 활로를 찾았을 것으로 보인다. 이는 정운유의 장남이 바로 천문과 역산에 밝은 지식인이자 다재다능한 예술가로 잘 알려진 정철조(鄭喆祚, 1730~1781)인 데 기인한다. 그리고 정철조의 매부가 되어 수학자로서의 역량을 계발하고 있던 20대 청년 이가환의 모습을, 역시 수리 과학자인 황윤석(黃胤錫, 1729~1791)의 일기 『이재난고(頤齋亂藁)』에서 확인할 수 있음은 주목을 요한다. 당색(黨色)이 판이한 노론계 황윤석과 남인계 이가환이 연결되게 된 데에는 소북계(小北系)의 정철조[16]가 중요한 고리 역할을 했다. 이에 황윤석이 정철조의 존재를 알고 만나게 되기까지의 과정을 먼저 따라가 볼 필요가 있다.

1) 황윤석, 정철조의 오촌 당숙 윤곤(尹琨)을 만나다

1767년 2월, 39세의 황윤석은 장릉(莊陵) 참봉의 일로 강원도 영월

15 영조는 정운유에게 '이가환이 경의 사위인가?'라고 물어 보았다(己丑九月十三日卯時, 上御德游堂. …… 運維進伏, 上曰: 李家煥卿之壻乎?)(『승정원일기』, 1769년 9월 13일 조). 이 기록을 통해 국왕이 그 사위 이름까지 알 정도로 정운유의 사회적 지위가 상당했다는 점, 그리고 28세의 이가환이 상당히 촉망받는 청년이었으리라는 점을 추측할 수 있다.

16 정철조가 소북인 점은 김영진(2011), 333쪽 참조. 이 논문에서는 소북의 連婚 관계가 소론 및 남인과 종종 맺어졌다는 데 대해 정철조와 이가환의 예를 들었다.

에 체류하던 중 윤곤(尹琨, 1722~1782)과 만나 정철조에 대해 전해 듣게 되었다. 윤곤은 본디 서울 청파동 사람인데 할아버지 때부터 영월에 거주하여 이제 40년이 되었다고 했다. 황윤석은 이전에 그를 만난 적이 없었지만, 그가 이야기를 나눌 만한 사람이며 그의 집에 빌려 볼 만한 책이 많다는 소문을 듣고 1월 26일, 영월 관아 동쪽 영흥리에 있는 윤곤의 집을 일부러 방문하여 남원윤씨 족보와 명(明) 주지번(朱之蕃)이 지은 자학서(字學書)인 『해편심경(海篇心鏡)』 7책을 빌려 왔었다.[17] 이런 면에서 윤곤은 황윤석이 학문적 관심사와 관련하여 적극적으로 개척한 인맥에 포함되는 사람이다. 게다가 영월의 사인(士人)인 윤곤은 정철조의 친인척으로서, 황윤석의 학술적 연결망을 의미 있게 확장해 주는 역할까지 하고 있었다.

> 29일 계해. 새벽에 춥더니 해가 나니 따스했다. …… ○윤곤(尹琨)과 그의 아우 온(瑥), 그리고 윤창(尹瑒)이 와서 만났다. 윤곤 씨에 따르면 그 외사촌 정철조[18][대사간 정운유(鄭運維)의 아들인데 집이 서울 집거동(集巨洞)에 있음]는 경술(1730)생으로 과문(科文)을 잘하고 역상(曆象)과 산수(算數)의 학문에 전념하여 정통한 인물이다. 그는 마테오 리치의 유법(遺法)을 종주로 삼은 지 20년이 넘었다. 방 하나에 서양 책을 그득히 모아 두고 지내면서 친동생도 그 방에 들어오지 못하게 한다.

---

17 황윤석, 『이재난고』, 1767년 1월 26일 조. "轉往衙東永興里 尹君琨家. 尹君京城 青坡人, 自其大父始居本府, 今四十年矣. 余曾未相識, 而越中無可語, 聞此人獨可語, 又多書冊可借者, 故因此行往訪. 先借其家『南原尹譜』[卽尹君家譜], 余先世八高祖圖中有可檢看故也. 又借『海篇心鏡』七卷以來." 원문의 대괄호는 그 안의 내용이 夾註에 해당함을 표시한다. 이하 같다.

18 외사촌 정철조: '외종질 정철조'의 잘못이다. 기실 윤곤의 외사촌은 정철조의 아버지 정운유이고, 정철조는 윤곤의 외종질이다. 아마도 황윤석이 착각한 듯하다.

[도판 1] 황윤석의 『이재난고』 1767년 2월 29일 조.

스스로 해시계를 제작해 그림자의 움직임을 측정하며, 벼룻돌을 잘 다루고 또 고화(古畫)도 잘 그린다. 그는 남의 집에 서양 책이 있다는 말을 들으면 그 집이 잘 모르는 경상(卿相)의 집이라 해도 무슨 수를 써서든 기어이 빌리고야 만다고 한다. 그의 아우는 건망증이 심해 평소에 책을 많이 읽어도 전혀 외지 못하는데도, 제술(製述)을 하게 되면 기억을 떠올려 끌어다 쓸 수 있다니, 이 또한 기이한 재주다. 4월과 5월 사이에 마땅히 영월에 와서 그의 집을 방문할 것이라 한다.[19]

윤곤의 양모 해주정씨가 정운유의 친고모이므로 윤곤에게 정운유는 외사촌 형이고, 따라서 정철조에게 윤곤은 오촌 당숙이다.[20] 윤곤에 따르면 38세의 정철조는 거업(擧業)의 문장에 능한 데다,[21] 마테오

---

19 황윤석, 『이재난고』, 1767년 2월 29일 조. "二十九日癸亥. 曉寒日暾. …… ○尹琨及弟瑥, 與尹瑒來見. 尹琨甫言: '其外四寸鄭喆祚[大司諫運維子, 家家在京中集巨洞], 庚戌生, 能科文而專精曆象算數之學, 以利瑪竇遺法爲宗, 今二十餘年矣. 居一室, 所粹西書充衍其中, 雖其弟, 不許入也. 自製日晷, 用之測影, 善治硯石, 又工古畫. 聞人家有西書, 雖所不識卿相, 必以蹊徑得而借出. 其弟則病於善忘, 平生讀書雖多, 全不記得, 而至於製述, 能暗記援引, 此亦異才也. 四月五月間當來越中, 相訪於其家矣.'"

20 윤곤은 본관이 南原이고 자가 孟玉이다. 그는 尹昌祐의 장남으로 尹昌祖에게 出系했다. 윤창조의 아내 해주정씨는 鄭重龜의 딸로서, 정운유의 부친 정필녕의 누이이다. 따라서 윤곤에게 정운유는 외사촌 형제가 된다. 남원윤씨대종회(2015) 참조.

리치의 학문적 영향 아래 천문역법과 수학에 전념한 지 20년 이상 되었고, 스스로의 연구를 기반으로 해시계를 제작할 정도의 성과를 보인 독특한 이력의 학자다. 이러한 정철조의 학문적 원천은 아마도 서울 집거동(集巨洞: 현 중구 산림동) 그의 방을 가득 채우고 있는 다종다양한 서학서(西學書)일 터인데, 그는 여기에 만족하지 않고 타인이 소장한 서학서를 빌려 보는 데도 대단한 열의를 보였다.[22]

한편 위 기록에는 정철조의 아우인 정후조(鄭厚祚, 1738~1793)에 대한 정보도 포함되어 있다. 여기서 정후조는 서학서가 가득한 정철조의 방에 접근하지 못하는 30세의 아우로 그려졌다. 그는 건망증이 심해 열심히 글을 읽어도 잘 암기하지 못하는 것 같으면서도 제술(製述: '시문을 짓는다'는 뜻. 과거시험 때 글을 쓰는 상황을 지칭하는 듯함)과 같은 실전에서는 기억력을 발휘해 글을 잘 써내는 신기한 재주를 지닌 인물이기도 하다.[23]

영월에 거주하는 윤곤이 그 외종질 정철조와 정후조를 묘사한 말에는 대체로 시골 사람이 서울의 유력한 지인을 자랑하는 기색이 있지만, 친인척의 내밀한 시선이 반영된 정보로서 흥미롭다. 이에 자신과 학적 지향이 일치하는 정철조의 존재를 알게 된 황윤석은 그가 두어

---

21 원문의 "能科文"은 정철조가 과거 급제의 가능성이 높은 인물이라는 평가와 관련된다. 정철조는 1774년 문과에 급제하여 정언 등을 지내게 된다.

22 1767년 당시 26세이던 이가환은 이미 정철조의 누이와 혼인을 한 상태였다. 그가 당시 정철조의 서재에 들어갈 수 있었는지는 알 수 없으나, 서학서가 가득한 이 서재는 이가환의 학문적 성장에 영향을 주었을 것으로 보인다.

23 향후 지리학에서 두각을 나타낼 정후조는 李學逵(1770~1835)의 고모부로서, 그 외삼촌인 이가환과 인척관계로 거듭 결속되는 인물이다. 이학규의 어머니 여주이씨가 이가환의 누이동생이다.

달 뒤 영월에 방문하리라는 윤곤의 말에 귀가 솔깃하였을 듯하다.

얼마 뒤인 3월 15일, 윤곤은 정철조에게 들은 것이라며 '서운관(書雲觀)의 여러 관원들은 해마다 천문을 계산해 역서를 편찬한 것을 7, 8월에 인출(印出)하므로, 그들이 근거로 삼은 여러 책들을 7, 8월 즈음에 빌릴 수 있다'는 정보를 전해 주기도 했다.[24] 이는 정철조가 관상감(觀象監)을 통해 천문역법서를 빌려 본 정황을 알려주는 전언(傳言)으로, 그와 황윤석의 학문적 관심사가 연결되는 지점을 다시 한번 확인하게 한다.

황윤석이 장릉 참봉의 임기를 마치고 고향 전라도 고창으로 돌아가는 1767년 윤7월까지, 정철조가 영월을 방문하였는지는 확인되지 않는다. 그렇지만 황윤석은 1년 뒤인 1768년 8월 23일, 윤곤의 이야기로 전해 들었던 정철조의 서울 집을 방문할 것이었다.

2) 황윤석, 이영옥(李英玉)에게 조선의 수리 과학자들에 대한 정보를 듣다: 홍양해(洪量海), 서호수(徐浩修), 문광도(文光道), 이영유(李英儒)

1767년 12월에 상경한 황윤석이[25] 이듬해인 1768년 6월 의영고(義盈庫) 봉사(奉事)에 제수되며[26] 그의 본격적인 서울살이가 펼쳐졌다.

---

24 황윤석, 『이재난고』, 1767년 3월 15일 조. "○尹琨來話. 言曾聞鄭喆祚所傳, 則雲觀諸員, 每年推算修曆, 至七八月而印出, 故渠輩所據本諸書, 七八月間, 容有可借之隙, 逐年皆然云."

25 황윤석, 『이재난고』, 1767년 12월 6일 조. "午後氷渡松坡津, 過沙洲, 又過新川 戌灘, 氷上日已西矣. 風氣又寒, …… 不得迂訪杜湖可恨.○旣入泮村主人家, 則光州 朴上舍季綏, 已以昨日入來同舍矣. 急問黃柑試設行與否, 則已以前月晦日設行, 而杜湖 趙海州居魁."

사람과 책이 많은 서울의 환경을 십분 활용하여, 황윤석은 천문역법과 수학에 특화된 자신의 학적 지향을 충족시키기 위한 인맥과 서적의 확보에 더욱 노력을 기울였다.

서울에 온 지 사흘째 되던 1767년 12월 8일, 황윤석은 조진택(趙鎭宅, 1746~1795)을 만나러 간 자리에서 이영옥(李英玉, 1740~?)과 처음 상면했다. 백강(白江) 이경여(李敬輿, 1585~1657)의 족손으로 이준상(李駿祥, 1705~1778)의 아들인 그는 조진택의 인척이라 그 자리에 함께 있었다.[27] 황윤석은 그날의 대화에서 천문학 및 수학과 관련해 이영옥이 제공한 정보를 다음과 같이 적었다.

> 이영옥 군은 지금 새문 밖 반송리(盤松里)에 살고 있으며 경신(1740)생인데, 내일의 합제(合製) 시험을 위해 반촌에 들어왔다. 나는 인숙(仁叔: 조진택의 자)으로부터 그 이름을 익히 들었고, 이군 또한 인숙에게서 내 이름을 오래 들은지라, 이제 비록 초면이지만 곧 오래 만난 사이 같았다. 고금의 문장과 예법에 대해 이야기를 나누다 곧 역상(曆象)과 산수(算數)의 설로 화제가 바뀌었다. 이군은 이렇게 말했다.
>
> "일단 서양인이 중국에 들어오고부터 그 학설이 또 우리나라까지 오게 되었는데, 지금 사람 중에 그 끝까지 엿본 이는 드뭅니다. 오직 홍양해(洪量海, 1724~1778)가 제일인데 그는 지금 홍주(洪州)에 살고 있지요. 서호수(徐浩修, 1736~1799)가 연시(燕市)에서 구입해 온 율력

---

26 『승정원일기』 1768년 6월 17일 조 관원현황에서 황윤석을 의영고 봉사로 삼은 점이 확인된다.

27 황윤석, 『이재난고』, 1767년 12월 8일 조. "○夕後趙仁叔, 出自十抄場中, 方在東泮主人元世權家, 傳語邀話, 以有昨約故也. 余往訪, 則其戚叔李君英玉適亦在座, 卽李上舍駿祥之子, 白江族孫. 李上舍卽柳判書復明之甥姪, 於仁叔慈堂, 爲內從也." 이영옥의 아버지 이준상은 조진택의 어머니 전주유씨(柳復明의 딸)에게 내종이 된다.

서(律曆書)를 홍양해가 사람을 통해 빌려달라고 하자 서호수는 즉시 전질을 모두 빌려주었을 뿐만 아니라 오래 볼 수 있도록 허락해 주었습니다. 서울의 중로(中路)[시정(市井)의 백성 중에 지처(地處)가 드러난 자를 속칭 '중로'라 한다][28] 문광도(文光道, 1727~1775)는 일찍이 주부를 지냈으며 일월(日月)의 교식(交蝕)을 계산할 줄 아는 자인데 역시 홍양해에게서 산수를 배웠습니다. 『기하원본(幾何原本)』 한 책을 모두 홍양해가 가르쳐 주었지요. 그리고 서호수는 또 문광도에게 배워서 대략 견문이 있다고 합니다. 지금 관상감의 관원 24명 중에는 일월의 교식을 계산할 수 있는 자가 하나도 없어서, 서로 녹봉을 모아 문광도에게 의식(衣食)의 비용을 대어 주고 그의 도움을 받아 계산을 하고 있습니다. 그들은 그저 자리만 채우고 있을 뿐이지요. 문광도는 정미(1727)생인데 만약 이 사람이 없으면 일월의 교식은 장차 추산할 수 있는 자가 없을 것입니다. 다만 그는 성미가 교유를 좋아하지 않아서, 그의 환심을 크게 살 수 있어야지 상종하려 들 것입니다. 또 저희 문중에 지평 이봉상(李鳳祥, 1707~1772)의 아들 영유(英儒)가 있는데 역시 산학(算學)에 밝습니다."[29]

---

28 '中路'는 '中人'이라는 뜻이다. 李鈺의 「沈生傳」에 "兒身不過一中路家處子也"(저는 일개 중인 집 처자에 불과합니다)라 하여 비슷한 용례가 보인다.

29 황윤석, 『이재난고』, 1767년 12월 8일 조. "李君方居新門外盤松里, 庚申生, 爲明日合製科事入來. 余旣曾因仁叔屢聞其名, 李君亦因仁叔聞余名久矣, 今雖初面, 便同舊識, 談及古今文章經禮, 轉至曆象算數之說, 而曰: "一自西洋人入中國以來, 其說又東來, 而今人鮮窺其涯, 惟洪量海當爲第一, 方居洪州, 徐浩修得燕市購來律□□書, 及洪因人請借, 卽擧全帙遺之, 不獨暫借而已. 京城中路[市井百姓之地處表著者俗號中路]文光道, 曾經主簿, 能算交蝕者, 亦學算數於洪. 如『幾何原本』一書, 皆洪所教, 而徐亦學於文光道, 略有聞見云矣. 方今觀象監二十四員, 無一人能算交蝕者, 相與聚合祿料, 以爲文光道衣食之資, 借手惟算, 渠輩則備員而已. 文光道年今丁未生, 若無此人, 則交蝕一節, 將無推算者矣. 但其性味不喜交遊, 如有相得甚驩者, 乃肯相從耳. 又吾門中林川 李持平[鳳祥]之子英儒, 亦明於算學矣."

노론계 청년[30]으로 천문과 역법에 관심을 지니고 있던 거자(擧子) 이영옥은, 당시 그 분야에서 가장 두각을 나타낸 학자로서 홍양해를 첫손에 꼽았다. 홍양해는 충청도 홍주에 거주하고 있음에도, 서울의 유력한 신진 관료문인 서호수가 북경에서 구입해 온 율력서의 전질을 넉넉히 빌릴 수 있었을 정도로 천문역법 분야에서 높은 성취를 인정받고 있었다.

홍양해 다음으로 꼽을 수 있는 전문가가 문광도인데, 잡과(雜科) 중 천문학을 전공한 중인인 그는 관상감 관원도 엄두를 내지 못하는 일월교식(日月交蝕)의 계산을 할 줄 아는 조선의 거의 유일한 인재다.[31] 게다가 그런 문광도가 『기하원본』을 교재로 삼아 홍양해에게 수학을 배웠고, 또 자기가 배운 것을 서호수에게 전했다는 데서, 홍양해가 당시 천문역법 및 수학 분야의 독보적 존재였음을 알 수 있다.

1767년 시점에서 사대부 지식인 홍양해(44세)와 중인층 실무자 문광도(41세)라는 동년배의 두 학자를 차례로 부각한 이영옥의 이 평가는, 현재 한국의 과학사에서 '과학기술인 명예의 전당'에 헌정될 정도로 고평되는 서호수의[32] 학술적 성과의 뿌리가 닿아 있는 지점을 시사

---

30 이영옥의 부친 이준상은 李麟祥(1710~1760)의 5종형으로 이인상의 문집 『凌壺集』에서 종종 언급되었다. 이인상과 이준상은 노론 청류로서의 정치적 성향을 공유하고 있었다고 보인다.

31 문광도의 본관은 南平이고 자는 玄度이다. 그는 陰陽科에 장원으로 합격한 후 義盈庫主簿, 天文學教授, 三曆官兼教授 등을 지냈으며 『기하원본』을 연구해 기하학에 깊은 성취를 보인 것으로 알려져 있다. 徐瀅修(1749~1824)는 문광도를 위해 쓴 묘표 「義盈庫主簿文君墓表」에서 "수학은 六藝의 하나인데, 우리나라 書雲觀에서 수학에 정통한 이로는 문광도가 유일하다"라고 했고, 여항시인 朴永錫(1735~1801)은 문광도가 '조선의 기하학을 창도하고 밝혔다(倡明幾何之法)'고 했다.

32 박성래(2006); 박권수(2006).

한다는 점에서 주목을 요한다.

한편 전주이씨인 이영옥은 같은 가문의 이영유(李英儒)를 산학에 밝은 사람으로 거론했다. 그는 이후 개명해 이영유(李英裕, 1743~1804)라는 이름으로 살게 된다. 이영유의 증조부 이이명(李頤命, 1658~1722)은 신임옥사(辛壬獄事) 때 사사된 노론4대신(老論四大臣) 중 한 사람이고, 조부 이기지(李器之, 1690~1722)도 당시 옥사했다. 1722년에 16세였던 부친 이봉상은 유모의 아들이 대신 죽은 덕분에 도망을 쳐 살아남았고 1725년 노론4대신의 관작이 회복된 이후 사대부 사회로 복귀했다.

이런 가문적 배경으로 보아 노론의 정치적 성향이 뚜렷한 이영유가 20대 중반에 산학에서 두각을 나타냈다는 점은 특히 그 조부 이기지의 이력과 연관시켜 보았을 때 흥미롭다. 이기지는 1720년 고부사(告訃使)의 정사(正使)로 파견된 부친 이이명을 수행해 청나라에 간 적이 있다. 그는 9월 하순부터 11월 중순까지 북경에 체류하며 천주당을 8차례 방문했고, 수아레즈(Jose Soares), 쾨글러(Ignatius Kögler), 프리델리(Xavier-Ehrenbert Fridelli), 레지(Jean-Baptiste Régis) 등 여러 예수회 신부들을 직접 만났다. 또한 그는 천주당에 비치된 천문 광학기구와 서책을 구경하고, 서양 선교사들을 만나 천문학, 지리학, 천주교 등 여러 주제에 걸쳐 대화를 나눈 경험을 『일암연기(一菴燕記)』라는 저술로 결산했다.[33]

서양 문명과 구체적으로 접촉한 성과를 남긴 이기지의 손자 이영유가 유독 천문역법에 소용되는 산학에서 두각을 나타낸 상황은, 노

---

33 임종태(2012)

론 지식인층을 중심으로 서학이 유입되어 전파되는 한 국면을 보여준다.[34]

이처럼 노론계 청년 이영옥은 40대의 홍양해와 문광도, 30대의 서호수, 20대의 이영유 등 다양한 연령대의 천문역산 전문가에 대한 정보를 제공했고 황윤석은 당연히 그 명단을 자신의 학술적 네트워크에 추가했다. 또한 황윤석은 이 전문가들이 소장하고 있으리라 추정되는 천문역산서에도 주의를 기울였다. 이영옥의 말에 따르자면 서호수는 북경에서 수입한 거질의 율력서를, 문광도는 『기하원본』을 가지고 있을 것으로 기대되었다.

1768년 3월 25일, 황윤석은 북경에서 구입한 율력서를 소장하고 있다고 알려진 서호수 가를 방문했다. 당시 서호수의 부친 서명응은 신촌(莘村)에 가 있었고 그 아들 서호수가 죽동(竹洞) 집에 있었다. 사실 그전에도 황윤석은 서호수를 만나 『역상고성(曆象考成)』을 빌리고자 했으나, 서호수는 그 책이 문광도에게 가 있다며 말을 돌렸었다.[35]

---

34 황윤석의 다른 기록에 따르자면, 이영옥에 의해 산학 전문가로 거론된 시점 이후 이영유는 狂症이 발현하여 살인을 저지른 반사회적인 존재로서 노론 집단에서 우려의 대상이 되었던 것으로 보인다. 한편 규장각한국학연구원에 이영유의 문집 『雲巢謾稿』 5책이 소장되어 있으나, 그중에 천문역산과 관련된 내용은 눈에 띄지 않는다. 다만 음악과 관련된 산문이 산견되는바(음률은 산학과 연관성이 있기에) 향후 검토를 요한다.

35 황윤석은 1766년 4월 6일에 서호수를 2차로 방문했다. 이때 서호수는 문광도와 함께 있었는데, 자신의 천문역산서가 문광도에게 가 있으니 그에게 빌리라고 했다. "竹洞에 이르러 먼저 정언 서호수를 방문하여 서로 이야기를 나누었다. …… 『수리정온』, 『역상고성』 등의 책을 보여 주기를 청했다. 서 정언은 '지난번에 주부 문광도 이야기를 했었는데, 오늘 마침 그 사람이 왔습니다. 한 번 만나 보시렵니까?'라 했다. 인하여 그를 가리키며 '이 사람이 문 주부입니다.'라 했다. 나는 그 사람과 대략 이야기를 나누고는 서 정언에게 말했다. '그 책은 끝내 볼 수가 없는지요.'

3월 25일 다시 만난 서호수는 '문광도에게 『역상고성』을 빌려 보았는지' 물었고, 황윤석은 '사대부가 아닌 문광도를 찾아가는 게 어떨지 잘 모르겠다'고 난색을 표했다. 서호수는 자기 집에 『역상고성』 두 질이 있는데 그중 완질인 하나는 문광도에게 빌려주었고, 나머지 하나는 황윤석이 필요로 하는 「칠요표(七曜表)」가 포함된 권이 빠진 낙질이라고 했다. 황윤석은 천천히 빌려 달라고 부탁하면서, 그 책을 살 수 있는 곳을 가르쳐 주면 좋겠다고 덧붙였다. 이에 서호수가 "이런 한만(閑漫)한 책자를 어째서 반드시 손에 넣으려 합니까?"라고 묻자 황윤석은 "어려서부터 보고 싶어 하던 것이라 그렇습니다."라고 답하고 곧장 나왔다.[36] 서호수의 장서(藏書) 『역상고성』을 빌리고자 했으나 여의치 못했던 정황이 간취된다.

이어서 황윤석은 바로 신촌의 서명응을 찾아갔다. 서명응의 서울

서 정언은 '그 책은 지금 문 주부 집에 있습니다.' 문 주부는 말했다. '그 책은 또 다른 사람에게 빌려 주었습니다. 내일 조반 전에 방문하고자 하시면 오십시오.'(至竹洞, 先訪徐正言浩修相話. …… 請見『數理精蘊』·『曆象考成』等書, 正言曰: "向者, 說及文主簿光道矣. 今日其人適來, 欲一見之否?" 因指之曰: "此文主簿也." 余畧與其人話, 因謂正言曰: "厥冊終未可得見耶?" 正言曰: "其冊今在文主簿家矣." 文主簿曰: "其冊又轉借他人矣. 明日朝飯前, 如欲來訪則來也.)"(황윤석, 『이재난고』, 1766년 4월 6일 조.)

36 황윤석, 『이재난고』, 1768년 3월 25일 조. "聞徐令入來, 乃向其家, 先訪徐正言浩修, 傳朴上舍小札. 其大人徐令, 俄已出向莘村矣. 正言因言: "向來『曆象考成』[「七曜表」亦入其中矣], 果尋於文光道否?" 余曰: "彼旣非士夫, 則與之尋訪, 似涉如何矣." 正言曰: "家中果有此冊二帙, 而一則完書, 已借於文光道, 一則「七曜表」中有一二落卷, 方在家中矣." 余曰: "徐當更爲借看矣. 然有可以買處, 則好矣." 正言曰: "此是閑漫冊子, 何爲必欲入手也?" 余曰: "自少所欲見者故也."" 서호수는 『역상고성』에 대해 '閑漫한 책자'라 표현했는데, '한가롭고 느긋하다', 즉 '긴요하지 않다'는 뜻의 '한만하다'는 말은 그 책을 간절히 필요로 하던 황윤석에게 약간의 모멸감을 느끼게 했을 듯하다.

집이 있는 죽리에서 10여 리 떨어진 이곳에 그의 강사(江舍)가 있었다. 황윤석과 대화를 나누던 중 서명응은 '역상(曆象)의 제법(諸法)에 대해서는 먼저 산법(算法)을 명확히 이해한 연후에야 손을 댈 수 있다. 산법 중의 방산(方算)은 어렵지 않지만 원산(圓算)은 몹시 어려운데, 지금 서양의 팔선법(八線法)이 원산이라고 한다'는 등 역산과 관련한 언급을 하며 수학의 중요성을 강조했다. 이에 황윤석은 '근래에 듣기로 『수리정온』과 『역상고성』 등의 책이 서양의 학문을 조술(祖述)하여 정밀하기가 고금의 으뜸이라고 하는데, 만약 이 책을 얻어 선각(先覺)에게 질정한다면 그 한둘은 엿볼 수 있을지도 모르겠습니다.'라고 하며 다시 『수리정온』을 빌리려는 시도를 했다. 그러자 서명응은 자신의 아들인 서호수를 만나봤는지 물어보며 아들이 잘 알고 자신은 잘 모르니 아들을 만나 조용히 상의해 보라고 말을 맺었다.[37]

이로 보았을 때, 황윤석은 서명응·서호수 부자에게서 『수리정온』이나 『역상고성』 같은 중국의 천문역산서를 얻어 보는 데 성공하지 못한 것 같다. 서명응은 아들 서호수와 상의해 보라 하였고, 또 서호수는 문광도에게 가 보라며 말을 돌렸기 때문이다.

애초에 황윤석은 중인 신분의 문광도를 찾아가는 것을 어려워했으나, 서호수 가에서 책을 빌리지 못하자 1768년 7월 29일 그를 직접

---

37 황윤석, 『이재난고』, 1768년 3월 25일 조. "因辭向莘村, 出自東水口門 過枉尋店, 至莘村, 則距竹洞可十餘里. 旣至徐令江舍. …… 徐令曰: "『九數略』之章合, 吾亦聞之矣. 大抵曆象諸法, 須先明算然後, 可以下手, 而算法之方算則非難, 惟圓算最難. 今西洋八線法, 是圓算云矣." 余曰: "近聞『數理精蘊』·『曆象考成』等冊, 祖述西洋, 而精絶冠於古今, 若得此冊, 因質於先覺, 則或可窺其一二矣." 徐令曰: "見我家徐浩修否?" 余曰: "頃者, 欲拜令監, 雖不遇, 而得見令胤, 半日穩話. 今日又與談話, 所論算法, 甚是精通矣." 徐令曰: "此兒則能之, 吾則未能也. 倘得從容相議, 則好矣.""

찾아가기에 이르렀다.[38] 문광도는 홍양해의 지도하에 『기하원본』을 마스터한 수학자로서, 황윤석과 학적 지향이 부합할 것이며 또 『기하원본』을 가지고 있을 가능성이 높았다.

○ 이날 아침 나는 당직을 하러 나갔다 반촌(泮村)을 향하던 중 의금부 뒷동네의 주부(主簿) 문광도를 방문했다. 바로 전의감동 서쪽 후미진 골목이다. 그는 영상 김치인(金致仁, 1716~1790)의 특별한 추천을 받아 천문학 겸 교수(天文學兼教授)가 되었다고 한다. 나는 역상(曆象)에 대한 언급을 했는데, 이야기가 『기하원본』의 호현설(弧弦說)에 이르자 그는 이렇게 말했다.

"이 책은 6편이고, 간혹 3권으로 되어 있는데 지금 계동(桂洞)의 홍씨(洪氏) 집과 진사 이용휴(李用休)의 집에 있습니다. 참으로 지극히 귀하고 얻기 어려운 책이지요. 홍주의 홍양해가 또한 산학(算學)에서 일대(一代) 최고입니다."

내가 "세상에 곽수경(郭守敬)이 있으면 허노재(許魯齋)가 있고, 이마두(利瑪竇)와 웅삼발(熊三發)이 있으면 서광계(徐光啓)와 이지조(李之藻)가 있습니다. 지금 그대가 이 학문에 깊으니 또한 동시대에 그(=홍양해)를 상대할 사람이 되겠지요?"라 하니 그는 웃으며 말했다. "제가 모자랍니다. 관견(管見)이 없지는 않지만 이제 나이 마흔둘에 정신이 쇠하였으니 어찌 족히 논하겠습니까?"

나는 또 말했다. "반송방(盤松坊)의 진사 이준상의 아들 영옥이 예전에 그대에 대해 이야기하길, 그 사람됨이 바르고 곧으며 속기(俗氣)가 없이 여항에 은거하고 있으니 그저 상수학(象數學)만 연구할 줄 아는 사람은 아니라고 했지요."

---

38 그 며칠 전 황윤석은 문광도의 집이 전의감동 의금부 뒤쪽에 있다는 것을 알아냈다. "○陪使令金命吉探知典醫監洞 文主簿光道家, 來告直在禁府後邊云."(황윤석, 『이재난고』, 1768년 7월 19일 조)

그는 말했다. "이 석사(碩士)가 과하게 추어 주었을 뿐이에요. 이미 돌아보아 주심을 입었으니 훗날 입직할 때에 마땅히 가서 뵙고 말씀을 나누도록 하겠습니다."[39]

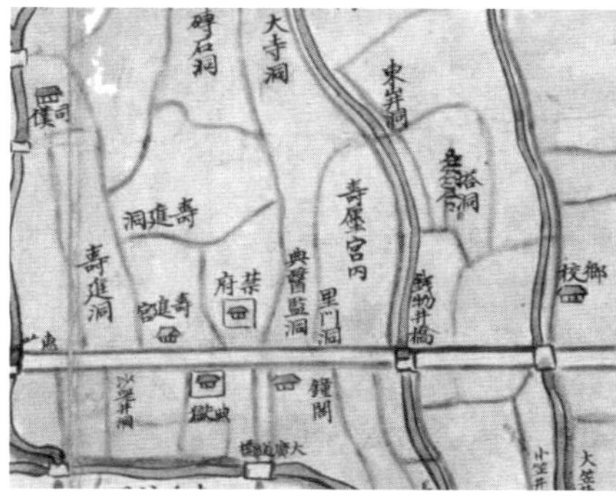

[도판 2] 문광도의 집. 의금부 뒤 전의감동. '금부(禁府)'와 '전의감동(典醫監洞)'사이

의영고(義盈庫) 봉사(奉事) 황윤석은 당직을 하러 나갔다 반촌의 우거로 돌아가는 길에 전의감동의 문광도를 방문했다. 역상에 대해 논의하다 화제를 『기하원본』의 호(弧: 원주상에서 2점 사이의 부분)와 현(弦: 원주상의 2점을 연결하는 선분)에 대한 학설로 전환한 것은, 문광도가 그 책을 빌려줄 의향이 있는지 타진하려는 의도에서일 터이다. 이에 문광도는 『기하원본』이 '지극히 귀하고 얻기 어려운 책으로, 그 책을 소장한 곳은 계동의 홍씨 집과 진사 이용휴의 집, 이렇게 두 군데에 불과하다'고 하여, 자신이 그 책을 가지

39 황윤석, 『이재난고』, 1768년 7월 29일 조. "○是朝余出直, 向泮中, 歷訪文主簿光道于禁府後洞, 卽典醫監洞西邊僻巷也. 聞其以金領相[致仁]別薦, 方爲天文學兼教授. 余語及曆象, 說話因及『幾何原本』弧弦之說, 彼云: "此冊六篇, 或作三卷, 方今桂洞 洪家及李上舍用休家有之, 誠至貴難得之書也. 洪州卽洪量海, 又是一代算學之最也." 余曰: "世有郭守敬, 則有許魯齋, 有利瑪竇 · 熊三發, 則有徐光啓 · 李之藻. 今尊於此學深矣, 亦有並世可對者乎?" 彼笑曰: "少也, 不無管見, 而今年四十二矣, 精神衰減, 何足論也?" 余又云: "盤松坊 李上舍駿祥之子英玉, 曾語及尊云, 其人耿介不俗, 隱於閭井, 不獨象數之能究也." 彼云: "李碩士, 過獎耳. 旣蒙左顧, 後日入直時, 謹當往謁奉叙也.""

고 있지 못해 빌려줄 수 없다는 뜻을 돌려 표현했다. 그리고 홍주의 홍양해가 산학에서 당대 최고라는 말을 덧붙였는데, 이는 1767년 12월 8일 이영옥의 언급과도 부합하는 것이었다.

『기하원본』은 클라비우스가 주석을 단 『유클리드 원론(Elementa Euclidis)』의 일부를 1607년 마테오 리치와 서광계가 한역한 것이다. 『유클리드 원론』은 전체 13권으로 구성되어 있는데, 권1에서 권6까지는 평면기하학을 다루고, 권7에서 권10까지는 수론, 권11에서 권13까지는 입체기하학을 다룬다. 『기하원본』은 그중 전편(前篇)에 해당하는 6권을 번역한 것이다.[40] 그러므로 문광도가 제시한 '6권 3책'이라는 서지사항만으로도[41] 이 책이 바로 그 『기하원본』임을 알 수 있다.[42]

서울에 그 소유자가 고작 둘에 그칠 정도로 『기하원본』이 귀하다는 문광도의 말은 과장이 아니었다. 예컨대 이익(李瀷)은 『기하원본』을 출전으로 하는 마테오 리치의 말을 인용하여 입체적인 그림 그리는 법을 논한 적이 있지만,[43] 그가 이 책의 서문을 접한 것 이상의 흔적은

---

40 이엄 · 두석연 저, 안대옥 역(2019), 284~285쪽.

41 현재 종로도서관에 소장된 목판본 『기하원본』이 6권 4책으로 편차되어 있어 참조된다.

42 김영욱 외(2022), 288~289쪽에서는 강희제 때 프랑스 선교사 제르비옹과 부베는 마테오 리치 번역의 『기하원본』보다 쉬운 파르디의 『원론』을 저본으로 하여 『기하원본』이라 이름붙인 책을 『수리정온』의 기하 부분에 넣었는데, 이것은 유클리드의 『원론』을 저본으로 한 『기하원본』과 다른 것이고 조선에 수용된 『기하원본』도 대부분 이것일 것이라고 보았다. 그리고 이 책에서는 그 연장선상에서 강희제 이후 조선의 기하학이 『수리정온』에 수록된 파르디의 『원론』의 영향을 받았다고 보았으나, 여러 예로 보건대 꼭 그렇지만은 않은 듯하다. 18세기 이후 조선의 여러 수학자들(문광도를 포함해)은 『수리정온』에 수록된 『기하원본』과 마테오 리치의 『기하원본』을 명확히 구분했고 유독 후자의 것을 입수하고자 했던 것으로 확인된다.

43 李瀷, 『星湖全集』 권56, 「跋虛舟畫」. "西洋 利氏之論畫云: '畫小使目視大, 畫近使目

찾아보기 어렵다. 18세기 후반 서울에 유통되는 서적을 예의주시하던 노론계 사인(士人) 유만주(兪晩柱, 1755~1788)가 본 것 역시 그 서문이었다. 그가 마테오 리치의 「『기하원본』을 번역하고 붙인 서문[譯幾何原本引]」을 보았다며 '서양에서는 산수를 연구하는 사람을 기하가(幾何家)라 부른다 한다'고 덧붙인 것을[44] 보건대 당시 조선의 지식인들 사이에 『기하원본』에 대한 관심은 자못 높았던 듯하다. 그러나 그 책을 얻기는 쉽지 않았고, 대체로 서문 정도가 필사되어 유통되는 상황이었다.

황윤석은 '홍씨 집안의 홍양해가 당대 최고의 수학자'라는 문광도의 말을 받아, 수시력(授時曆)을 완성한 원대의 학자 곽수경(郭守敬, 1231~1316)과 허형(許衡, 1209~1281), 예수회 선교사로 천문역산서를 편찬한 이마두(Matteo Ricci, 1552~1610)와 웅삼발(Sabbathin de Ursis, 1575~1620), 서양 선교사와 함께 천문역산을 연구하고 번역한 서광계(徐光啓, 1562~1633)와 이지조(李之藻, 1565~1630) 등 천문역산 연구로 쌍벽(雙璧)을 이룰 만한 인물을 병칭했다. 그러면서 조선의 산학에서는 바로 문광도와 홍양해가 서로 짝이 될 만한 인재라며 그를 추어주었다. 게다가 황윤석은 이영옥의 말을 빌려 문광도의 사람됨을 칭찬하는 등 그의 환심을 사려는 태도를 취했으나, 문광도는 '과찬이고 자신이 한

視遠, 畫圜使目視球, 畫像有坳突, 室屋有明闇也.'" '작게 그리지만 눈에는 크게 보이게 하고, 가까이에 그리지만 눈에는 멀리 보이게 하며, 평면의 원을 그리지만 눈에는 입체의 구로 보이게 한다. 초상화를 그릴 때는 올록볼록함이 있게 하고, 집을 그릴 때는 명암이 있게 한다'는 이 구절은 『기하원본』의 서문인 「譯幾何原本引」을 출전으로 한다.

44 兪晩柱, 『欽英』, 1776년 12월 27일 조. "○水西見「譯幾何原本引」, 萬曆丁未利瑪竇所作, 蓋西洋治算數者, 名曰幾何家云."

참 부족하다'며 짐짓 겸손한 태도를 취했을 뿐 『기하원본』을 보여주려 하지는 않았던 듯하다.

그럼에도 이 방문의 소득은 없지 않았다. 황윤석은 『기하원본』 소장자 둘을 알게 되었고 이는 그의 다음 목표 설정에 참고가 되었다. 문광도의 전언에 따르자면 서울에 『기하원본』이 두 질 있는데 그 소장자 중 한 사람이 바로 진사 이용휴(李用休, 1708~1782)다. 그 외아들인 27세의 이가환이 아버지의 장서 『기하원본』을 바탕으로 수리 과학 및 천문역산 연구를 넉넉히 해 나가고 있었을 상황을 이로써 추정할 수 있다. 황윤석은 향후 그 『기하원본』에 다가가는 과정에서 필시 이가환과도 가까워지게 될 것이었다.

또 다른 『기하원본』의 소장자 '계동 홍씨'란 홍계희(洪啓禧, 1703~1771)를 가리키는 게 분명해 보인다.[45] 앞서 서호수가 북경에서 사 온 율력서(律曆書)를 통째로 빌려 본 데 힘입어 역상의 학문에서 성취를 보였다고 알려진 홍양해는 홍계희의 일문이다. 그는 홍계희의 『기하원본』에도 쉽게 접근할 수 있는 처지였기에 함께 언급된 듯하다.[46]

---

45 계동은 지금의 계동, 가회동, 원서동에 걸쳐 있던 마을이다. 『일성록』 1777년 9월 14일 조에 "조금 전 성정각에서 마침 桂洞의 인가와 宮墻이 서로 잇닿은 것을 보고 좌우에게 물어보니 이것이 바로 洪趾海의 집이었다. …… 계동과 苑洞의 인가가 궁장과 서로 잇닿아 있고, 洪啓禧의 집은 대궐과 가까이 붙어 있어 내가 거처하는 성정각에서 起居動作하는 형상을 보지 못하는 것이 없으니, 매우 놀랍다.(俄在誠正閣, 適見桂洞人家與宮墻相接, 問諸左右, 則此乃趾海之家矣. …… 桂洞·苑洞人家與宮墻相接, 而啓禧家壓臨闕中, 予所御誠正閣動靜行坐之狀, 無不見之, 極爲駭然)"라는 정조의 말이 보인다. 홍지해는 홍계희의 아들이며, 『明義錄』에서는 '桂洞의 賊徒'로 일컬어지고 있다. 이에 1768년의 계동이 홍계희의 집을 가리킴을 알 수 있다. 창덕궁 성정각과 대단히 가깝다고 한 것으로 보아 홍계희의 집은 지금의 종로구 원서동 쪽에 있었던 듯하다. 한편 홍계희는 홍양해의 9촌 당숙이며 두 사람 모두 洪命元(1573~1623)의 후손이다.

논의를 확장하자면 문광도가 말한 『기하원본』 소장자 둘을 당시 서울의 거물급 장서가로 보아도 무방하다. 먼저 홍계희는 서울을 대표하는 장서가라는 이름에 값하는 인물이었다. 유만주의 전언에 따르면 홍계희의 가문은 희귀한 책을 다수 보유하고 있는 것으로 유명했고, 심지어는 소장 도서 목록을 책으로 엮어 둘 정도라 했다. 1777년에 이 집안이 역모에 휘말려 가산이 적몰되자 그 일을 주관하던 호조판서 정홍순(鄭弘淳, 1720~1784)이 홍씨의 도서 목록을 살펴보고 소장 가치가 있는 것을 점찍어 염가에 매입한바 동래정씨 집안의 기문이서(奇文異書)는 모두 홍계희 집안의 장서였던 이력을 갖는다는 것이다.[47]

한편 유만주는 "혜환(惠寰)의 장서가 퍽 풍부하다고 하며, 소유한

---

46 李圭景, 『五洲衍文長箋散稿』 人事篇, 「幾何原本辨證說」에서도 홍계희가 『기하원본』의 소장자였다는 설을 제시하고 있어 참조된다. 이규경은 우리나라에 『기하원본』을 들여온 사람이 남구만이라는 설과 홍계희라는 설이 각각 존재한다고 하며, 그중 홍계희가 소장한 『기하원본』과 관련한 일화를 언급했다. 『기하원본』의 뜻을 이해하는 자가 아무도 없는 상황이었는데 한씨 성을 가진 어느 시정인이 홍계희를 찾아가 빌려 달라고 하자 처음에는 빌려주지 않다가 거듭 정성을 보이자 빌려주었고, 한씨는 한 달 만에 깊은 뜻까지 다 통달했다 한다. 그 뒤 서너 집에서 『기하원본』을 구입해 소장했는데 마테오 리치의 『기하원본』은 조선에 단 4본이 있으며, 寫本의 경우는 오류가 많아 읽을 만하지 않다고 한다. 한편 이규경은 순조 병자년(1816) 연말에 서호수 가의 장서인 『기하원본』을 서유본으로부터 빌려 보았다고 했다(李圭景, 『五洲衍文長箋散稿』 人事篇, 「幾何原本辨證說」. "此書入於我東, 或以爲南相國藥泉九萬出來, 或云洪啓禧購出, 未知其詳, 而無人曉其義者. 有市井人韓姓者, 素無賴, 見辱人奴, 發憤學書, 一覽輒記, 遂成博洽. 聞此書在於啓禧, 往懇一見, 啓禧侮之曰: "若何能透釋?" 靳不借. 韓屢示誠懇, 始與之歸, 讀一月, 盡通奧旨, 以書還, 啓禧與語, 大奇之. 玆後數三家購藏之, 西泰『原本』, 國中只有四本云. 雖有寫本, 訛誤不堪讀, 歲純宗丙子臘下澣, 借得利本, 而卽北京原板吳淞重訂者, 徐尚書浩修所藏").

47 유만주, 『흠영』, 1782년 9월 5일 조. "○丁酉, 相簡籍産時, 鄭弘淳以戶判照管, 取書冊目錄, 點其可藏者, 使之發賣而以廉價取入. 鄭氏之有奇文異書, 自此始, 蓋皆禧·簡之舊藏也."

바가 모두 기이한 책들이며 평범한 책은 한 권도 없다고 한다."며 이용휴의 장서에 대한 소문을 언급하고 그 풍부한 기문이서를 기이한 문장가로서 이용휴의 성취와 연결시키기도 했다.[48]

이처럼 이가환의 부친 이용휴는 유만주의 『흠영』에서 서울의 기이한 장서가로 언급된 데 더해, 황윤석의 『이재난고』에서는 조선에 단 두 질 있다는 『기하원본』의 소장자인 것으로 밝혀졌다. 이에 홍계희 같은 실세의 고위 관료와 병칭될 만한 포의(布衣)의 장서가 이용휴의 특수한 위상을 거듭 확인할 수 있다. 그리고 『기하원본』이라는 기서(奇書)를 포함한 이용휴의 장서는, 특히 천문역산과 수리 과학에 대한 이가환의 지향을 충족시키며 그가 당대 최고 수준의 학자로 성장하도록 하는 토양이 되었다는 점에서 눈여겨볼 필요가 있다.

3) 이중해(李重海) 형제와 『기하원본』을 찾아서

이 글에서는 『기하원본』을 입수하기 위한 노력이 단서가 되어 황윤석과 정철조가 이어지고, 그로 인해 결국 이가환과 황윤석이 연결되게 되는 맥락을 좇아가고자 한다. 그 과정의 끝에서 우리는 남인인 이가환과 노론인 황윤석이 한자리에 앉아 장시간 유쾌한 학술적 대화를 나누는 장면을 보게 될 터이다.

그런데 황윤석의 지인 중 그 모든 연결의 거멀못이 되는 존재가 바로 이운해(李運海, 1710~1769)와 이중해(李重海, 1717~1774) 형제다. 소론에 속한 이들 형제는, 18세기 서울의 지식인 사회에서 노론인 황

---

48 김하라(2023)

윤석과 소북인 정철조, 그리고 남인인 이가환까지 저마다 다른 당색을 가진 학자들이 이어진 희귀한 만남이 성사되는 데 결정적인 역할을 한다는 점에서 주목을 요한다.

이운해의 본관은 전주이고 자는 운거(雲擧) 혹은 자용(子容/子用)이다. 1740년 문과에 급제한 그는 1754년 11월 10일 부안현감으로 부임한 이래[49] 이웃 고을인 고창의 유생 황윤석과 인연을 맺게 되었다.[50] 이운해는 1756년 10월 9일 장령에 제수되며 서울로 돌아갔고[51] 그 이후의 어느 시점에 '이심해(李心海)'로 개명했으나, 서울에서 벼슬살이하는 내내 황윤석과의 인연을 유지했다. 평생 형과 동행한 아우 이중해 역시 황윤석과 친분이 두터웠다. 자가 윤보(潤甫)로서 1746년에 문과에 급제한 이중해는 1769년 지평에 제수되어 서울에서 관직 생활을 했다.[52] 일기에서 이운해를 '운거장(雲擧丈)' 혹은 '자용(子容)'으로, 이중해를 '윤보(潤甫)'로 칭하며 따르던 황윤석은, 거업(擧業)과 벼슬살이 등으로 상경해 있으며 이운해와 이중해를 더 가까이 종유했고, 서울 남전동(南殿洞)[53]에 있는 그들의 집을 지속적으로 방문했다.

---

49 『승정원일기』, 1754년 11월 10일 조. "下直, 信川郡守李時中, 安州牧使李垍, 扶安縣監李運海."

50 당시 이운해는 부안에서 생산되는 차의 종류와 특징을 「扶風鄉茶譜」라는 글로 정리했다. 한국의 차 문화사에서 중요한 위치를 점하고 있으나 원본이 전하지 않는 이 저술이 황윤석의 『이재난고』에 수록되어 있어 눈길을 끈다. 정민(2016) 참조. 「부풍향차보」는 지역과 당색을 넘어 황윤석과 이운해 형제의 인연이 시작된 지점을 시사하는 자료로서 의의를 갖는다.

51 『승정원일기』, 1756년 10월 9일 조. "李運海爲掌令."

52 『승정원일기』, 1769년 8월 18일 조. "以洪重一爲大司憲, 尹得孟爲大司諫, 李行源爲司諫, 金瑞應 · 任瑎爲掌令, 李東顯 · 李重海爲持平."

53 南殿洞: 南別殿이 있었기에 붙은 마을 이름이다. 남별전은 18세기 들어 이름이 永禧殿으로 바뀌었는데, 그 위치는 서울 중구 수표로 27번지(저동2가 62-1)로 비정되

한편 이운해 형제가 소론에 속한다는 점에 관해서는 우선 황윤석의 다음 기록이 참조된다.

> 이생(李生: 李灝)이 또 말하였다. "지금 세상의 소론 중에서 이중해와 이광려(李匡呂), 그리고 이씨와 박씨 두 사람이 모두 문명(文名)이 있습니다. 그런데 그들은 인사(人事)와 물정에 오활하여 사람들이 '사천황(四天皇)'이라 부른답니다."[54]

놀랍게도 이중해는 당대의 소론 문인을 대표하는 네 사람 중 하나로 꼽혔다. 소론 강화학파의 실학자로 잘 알려진 이광려(李匡呂, 1720~1783)[55]와 병칭되고 있는 데서, 이중해에 대한 당대의 추중(推重)을 알 수 있다. 이중해를 포함한 네 명의 소론 문인은 '사천황(四天皇)'이라 일컬어지기도 했다는데, 이는 이중해가 옥황상제나 태곳적의 천황씨(天皇氏)처럼 속기(俗氣)가 없고 현실적인 이익을 챙기는 일과는 거리가 먼 오활한 인간형임을 시사한다.

그리고 이광려의 9촌 조카인 이충익(李忠翊, 1744~1816)의 글에 이른바 '천황'의 칭호에 부합하는 이중해의 면모가 잘 나타나 있어 주목을 요한다.

어 있다.

54 황윤석, 『이재난고』, 1776년 2월 6일 조. "李生又言: '今世少論中, 李重海·李匡呂及李·朴二人, 皆有文名, 而迂於人事物情, 人謂四天皇云.'" 한편 『이재난고』 저본의 '李重海' 앞 세 글자는 먹으로 지웠고, '李匡呂' 뒤의 다섯 글자(그중 마지막 두 글자는 '四人'으로 보임)는 그 위에 '及李朴二人'이라 써서 고쳤다. 원래 이중해와 이광려의 앞뒤로 이름이 하나씩 있었는데 나중에 삭제하고 '李'와 '朴'이라는 성씨만 남긴 것으로 보인다.

55 소론 강화학파의 학자 이광려에 대해서는 이현일(2007); 심경호(2010) 참조.

> 헌납군(獻納君)은 이름이 중해(重海)이고 자는 윤보(潤甫)이다. 어릴 적부터 총명하고 슬기로웠고 청허(淸虛)하여 정에 얽매임이 적었다. 책을 좋아했지만 과업(課業)으로 읽으며 심하게 해석하는 것은 달가워하지 않았다. 그럼에도 가끔 분석을 한 것이 숙유(宿儒)도 미치지 못하는 경우가 있었다. 저술을 한 것은 드물었지만 입을 열어 말을 하면 번번이 고매하고 오묘한 말로 사람을 깨우쳤다. 오만하고 인간사에 익숙지 못했다. 우연히 시험을 보았다가 합격해서 거듭 부와 원의 관원이 되었으나 번번이 병을 핑계 삼아 명을 받들지 않았다. 삼베옷에 짚신을 신고 낡고 때묻은 두건을 쓴 채 도성 근방의 산수를 노닐고 다녔다. …… 술을 좋아했으나 맛이 좋고 나쁜 것은 가리지 않았고, 손에 잡히는 대로 잔을 기울여 취했고, 취하고 나면 더욱 꼿꼿하였다. 예와 지금의 일을 종횡무진 담론하다가 누군가가 절개 있는 행동을 한 것이나 재주 있고 어진 사람이 길을 잃게 된 대목을 만나면 문득 비분강개하며 한참을 머물러 있었다.[56]

윗글에는 자신의 학문적 식견을 드러내거나 하여 사대부 사회의 중심부에 진입하는 일에 관심이 없고, 한편으로 시대에 대한 분만(憤懣)의 감정을 간직한 일종의 주변적 문인으로서 이중해의 면모가 뚜렷이 나타나 있다. 전주이씨 덕천군파(德泉君派)의 일원으로서 이중해와 가문적 정체성을 공유한 이충익은, 27세나 어린 자신을 아우라 부르며 함께 노닐던 이중해의 소탈한 풍모를 그리워했다.[57]

---

56 李忠翊, 『椒園遺藁』 冊2, 「侍講院弼善李公 · 司諫院獻納李公小傳」. "獻納君名重海, 字潤甫, 少聰慧, 淸虛寡情累, 嗜書亦不肯課讀求甚解, 時有辨析, 宿儒不及也. 罕有著述, 發口輒警絶高妙, 偃蹇不習人間事. 偶就試中第, 屢爲府院官, 輒移疾不膺命, 麻衣草屨, 頭巾垢弊, 游行近城山水. …… 嗜酒, 不揀味好惡, 到手輒傾醉, 後益臬兀. 縱談今昔, 遇人節行及才賢失路, 輒流連, 慷慨不能已." 이 글에서 이충익은 이운해와 이중해 형제의 생애를 한 편의 小傳으로 엮어 조명했다.

앞서 황윤석은 『수리정온』 등의 천문역산서를 빌리기 위해 소론인 서호수의 집을 두어 차례 찾아간 적이 있는데, 애초에 황윤석에게 해당 정보를 제공한 이가 바로 이운해 형제였다.[58] 가문과 학풍으로 소론 강화학파와 친연성을 갖는 이운해 형제는, 다른 당색인 노론과 남인, 소북의 인사들과 통하는 광범위한 인맥을 보유하고 있었을 뿐 아니라, 학술적으로도 상당한 식견을 지니고 있었다. 노론계이며 호남 고창(高敞) 출신 수리 과학 연구자인 황윤석이 서울에서 자신의 학적 지향을 펼치는 데 이운해 형제는 중요한 인적 기반이 되었다. 그중 황윤석보다 12세 연상인 이중해는 존장 뻘인 이운해보다 친근하게 도움을 줄 수 있는 처지였고, 문인으로서의 기질도 황윤석과 잘 맞았다.

---

57 李忠翊, 『椒園遺藁』 冊2, 「侍講院弼善李公 · 司諫院獻納李公小傳」. "我祖德泉君, 於厚陵諸子中最賢好學. …… 獻納君長余二十七歲, 以余屬爲弟, 屈與之遊, 德能長余十歲, 公宅亦長二歲. 余今年迫桑榆, 而諸公次第徂謝, 聲塵邈然如隔世." 이중해와 이충익은 李秀光을 7대조로 둔 14촌 형제간이다.

58 1766년 3월 5일, 황윤석은 남별전동 전 부안 현감 이운해의 집을 방문해 그 형제와 이야기를 나누었는데, 그 자리에서 서호수의 집에 「七曜表」가 있고, 그가 역법에 정밀하다는 말을 들었다(又訪李 扶安 子容於南別殿洞, 與其兄弟乍話. …… ○李子容座上, 聞徐正言浩修[命膺子, 命善姪]家 有「七曜表」[此人精於此法云]). 그 열흘 뒤인 1766년 3월 15일, 황윤석은 서호수의 집을 처음 방문해 그와 잠시 이야기를 나누었다. 당시 서호수의 태도는 수리과학 연구자 황윤석의 역량을 평가하는 면접관의 그것과 유사했다. 참고로 서호수는 황윤석보다 7세 연하다. 서호수가 "「칠요표」를 찾고 있다고 들었으니, 더욱 기이한 일입니다. 그러나 이런 일은 우선 산학에 밝은 연후에에 入手할 수 있는데, 산학을 얼마나 하는지 모르겠군요."(如「七曜表」 聞在覓中, 尤奇事也. 然此等事 必先明算然後可以入手, 未知算學如何)라고 하자 황윤석은 "『산학계몽』과 『동문산지』부터 『기하원본』, 『구고의』, 『원용교의』 등의 책에 이르기까지 대략 본 정도입니다."(『算學啓蒙』 · 『同文算指』, 以至『幾何原本』 · 『句股義』 · 『圜容較義』等書, 畧畧窺過矣)라고 답했다. 그러자 서호수는 「칠요표」가 들어 있는 『역상고성』은 문광도에게 빌려주었으니 필요하면 그를 만나 보라고 했다. (황윤석, 『이재난고』 1766년 3월 5일 조 및 1766년 3월 15일 조.)

수각교(水閣橋)의 의막(依幕)으로 달려갔다. 서 정승(徐志修 – 인용자)의 상(喪)에 진배(進排)하기 위해서다.○의막에 이르러 예에 따라 진배를 했다. …… 또 생사당동(生祠堂洞) 박 도정(朴都正) 어르신 댁에 들러 그 손자 해수(海壽)와 서로 이야기했다. …… 또 생사당동 앞의 작은 거리를 따라가 도정 어르신의 작은아들 상규(相圭)의 집에 가 잠깐 이야기하고, 돌아서 이자용(李子用: 이운해), 윤보(潤父: 이중해) 형제를 남전동(南殿洞)에서 방문하여 조용히 이야기를 나누었다. 날이 저물어 최 감찰(崔監察)에게 들렀다가 반촌으로 돌아왔다.

…… 이날 이자용, 윤보 형제와 이야기를 나눌 때 윤보가 말했다. "진사 이용휴(李用休)의 집이 소정릉동(小貞陵洞)에 있는데, 그 집에 『기하원본』 한 질이 있으니, 내가 천천히 가서 빌려 보여 주겠소." …… ○윤보는 또 "이정철(李廷喆)의 아들 종휘(鍾徽)는 준휘(儁徽)의 아우인데 동사(東史)에 뜻이 있어 고증하고 정정한 것이 몹시 많다는 군. ……"이라고 했다. 나는 "…… 대개 삼국(三國)의 문자는 왕왕 방언(方言) 그대로를 본음에 따라 썼으니, 지명과 산 이름, 물명(物名) 같은 것에서 모두 이런 예를 썼습니다. 후세에는 곧 역어(譯語)를 사용하여 중국 음으로 번역했으니, 지금 사람들 중에는 삼국의 고사를 아는 이가 드뭅니다. 또 '단군이 아사달산에 들어갔다'는 구절에 대해 역사서의 주석에서는 '지금의 구월산'이라 하는데, 후세 사람들은 그저 이름을 바꾸었다고 생각하고 그것이 잘못인 줄 알지 못합니다. 대개 '九'를 방언으로 '아사'라 하니 번역하면 '九'입니다. '月'자는 방언으로 '달'이니 번역하면 '月'입니다. 이와 같은 유가 한둘이 아닙니다. 그런데 그 번역한 글자에 의거하고 방언에서 찾고자 하지 않으니 지명과 산 이름, 물명으로 무릇 고사와 관계된 것들을 아득히 알지 못하는 것이지요." 윤보가 크게 칭찬하길 "이 설이 몹시 좋군요. 동방의 천고의 의문을 족히 깨치겠소."라 했다.[59]

[도판 3] 1768년 8월 4일 황윤석의 이동 경로. 수각교(水閣橋)에서 생사당동(生祠堂洞)(=선무사(宣武祠))으로 갔다가 약 2km 걸어 남전동(영희전(永禧殿) 근방) 이중해의 집으로 감. 그와의 대화 중에 '소정릉동 이용휴의 집에 『기하원본』이 있다'는 정보를 확인함.

1768년 8월 4일, 의영고 봉사 황윤석은 수각교(水閣橋)[60] 서지수(徐志修, 1714~1768)의 상사(喪事)에 파견되어 진배(進排)[61]의 일을 수행한 후 근처 생사당동(生祠堂洞)[62]의 지인들을 잠깐씩 방문했다. 분주한

---

59 황윤석, 『이재난고』, 1768년 8월 4일 조. "馳往水閣橋依幕, 爲徐台喪所進排故也. ○既至依幕依例進排, …… 又訪生祠堂洞 朴都正丈家, 與其孫海壽相話, …… 又從生祠堂前小街, 訪都正丈小子相圭家, 乍話. 轉訪李子用 · 潤父兄弟于南殿洞穩話. 日將夕, 歷訪崔監察歸泮. …… 是日李子用 · 潤父兄弟, 座上相話時, 潤父言: "李上舍用休家, 在小貞陵洞, 有『幾何原本』一帙, 徐當躬往借示." …… ○潤父又言: "李廷喆之子鍾徽, 儁徽之弟也. 留意東史, 攷訂甚多. ……" 余曰: "…… 蓋三國文字, 往往直以方言, 從本音書之, 如地名山名物名, 皆用此例. 後世乃用譯語, 翻作華音, 故今人鮮知三國故事. 且如'檀君入阿斯達山' 史註云: '今之九月山' 後人只謂改名, 不知其非也. 蓋九字者, 方言阿斯, 而譯之則九也, 月字, 方言達, 而譯之則月也. 若此之類, 非止一二, 而乃據其譯字, 而不求諸方言, 所以地名山名物名, 凡係古事者, 茫然不知也." 潤父嘖嘖曰: "此說甚好, 足破東方千古之疑矣.""

60 水閣橋: 서울 중구 남대문로4가 1번지 청계천 지류인 창동천에 있던 다리로 현 신한은행 남대문지점 앞이다.

61 進排: 대궐이나 각 궁과 관아에서 쓸 여러 가지 물품을 호조(戶曹)나 해당 관아에서 지급하는 일. 여기서는 서지수의 상사에 쓸 물건을 국가에서 지급한 것을 가리킨다.

업무에서 벗어난 그는 곧장 남전동(南殿洞)을 향했다. 이용휴의 집에 『기하원본』이 있다는 정보를 문광도로부터 접한 지 닷새째 되는 이날, 황윤석은 날이 저물 때까지 남전동 이중해의 집에 머물며 그와 조용히 이야기를 나누었다.

그 대화 중에 이중해는 자신과 같은 전주이씨에 소론계이며, 황윤석과 비슷한 연배인 학자 이종휘(李種徽, 1731~1797)를 소개했다.[63] '동사(東史)'에 뜻을 두어 사료를 고증하고 축적하는 작업을 진행하고 있다고 언급된 이종휘는, 이후 조선사의 뿌리로서 단군조선에 의미를 부여하고 자국사의 독자성을 강조한 조선 후기의 유수한 역사가로서 한국 사학사에서 평가받게 된다.[64] 동시대의 그런 문인을 정확히 파악하고 황윤석과 연결해 주는 이중해의 범상치 않은 식견을 확인할 수 있는 대목이다.

이중해가 이종휘를 소개하며 언급한 '동사'라는 화제에 촉발된 황윤석은, 자국의 고대사에서 '방언(方言)'으로 지명을 표기한 것에 주목해야 한다는 특유의 견해를 펼치면서, 단군신화의 '아사달산'에 대한 역사서의 주석 내용을 고유어 어원 연구와 접목한 고증을 시도했다. 황윤석은 '구월산(九月山)'의 방언, 즉 고유어 표기가 바로 '아사달산'이므로 두 지명이 같은 곳을 가리킨다고 이해했고, 나아가 '九'의 고유어가 '아사'이고, '月'의 고유어가 '달'이라는 분석을 덧붙였다.[65] 자국의 역

---

62 生祠堂洞: 生祠洞. 생사당골. 중구 남대문로4가 · 서소문동 · 태평로2가 즉, 남대문 북쪽 일대에 걸쳐 있던 마을. 이곳에 임진왜란 때 원병으로 온 명나라 장수 邢玠와 楊鎬를 위해 세운 宣武祠가 있었기에 붙은 이름이다. 선무사를 세울 당시 그들이 생존해 있었으므로 '生祠堂'이라고도 불렀다.

63 장유승(2007)

64 이종휘 저, 김영심 · 정재훈 역주(2004)

사와 언어에 대한 다양한 관심과 학자적 역량을 보여 주는 황윤석의 이 말을 주의 깊게 들은 이중해는 자국사와 관련된 천고의 의문을 깨치는 의론이라며 칭찬하고 그를 격려했다.

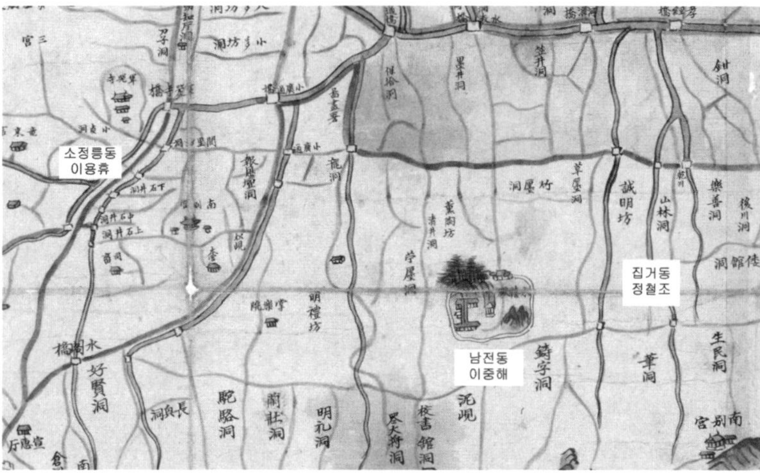

[도판 4] 1768년 8월 17일 이중해의 동선. 이중해는 황윤석에게 『기하원본』을 빌려 주기 위해 남전동→소정릉동(이용휴)→집거동(정철조)→반촌(황윤석)까지 총 8km 가량 이동함

그런데 황윤석이 기록한 1768년 8월 4일의 대화 내용 중 가장 특기할 만한 사항은 사실 '소정릉동(小貞陵洞) 이용휴의 집에 『기하원본』이 소장되어 있고, 그것을 빌릴 수 있다'는 정보였다. 황윤석은 그날의

---

65 황윤석의 이러한 분석은 어느 정도 설득력을 갖는다. 도수희(2017)에서 "九月山의 '九月'은 그 본명인 '阿斯達'을 한역한 이름이다. 아사달의 구조를 '아사+달'로 분석할 때 '아사=九, 달=月'로 한역되었고, …… '아호돌(九月)'과 '아사달'은 동명이기임을 인지할 수 있다."라 하여 황윤석과 유사한 논의를 했다. 다만 같은 논문에서는 "고유어 '아사'는 조선(朝鮮)의 '朝'와 대응되며 '아침'이라는 뜻을 갖는다. …… 때문에 아사달과 '朝鮮'은 밀접한 관계가 있음을 알 수 있다"라는 등 여타의 견해도 제시하고 있다.

대화를 복기한 단락의 첫머리에 이중해의 그 말을 적었다.

지금의 서울 중구 정동에 해당하는 서부(西部) 황화방(皇華坊) 소정릉동은 이용휴의 고조부 이상의(李尙毅, 1560~1624) 때부터의 구거(舊居)가 있는 마을로, 당시 27세의 이가환이 부친을 모시고 이곳에 거주하고 있었다. 후배인 정약용이 간혹 이가환을 '소릉(少陵)'이라 일컬은 것도[66] 그 거주지가 '소정릉동'인 데서 유래한 것으로 보인다. '소릉'은 이가환의 5대조 이상의의 호이기도 하다.

앞서 문광도는 이용휴의 장서 중에 『기하원본』이 포함되어 있다는 것 외의 정보를 제공하지는 못했다. 그런데 이중해는 그 책의 소재지가 소정릉동이라는 점을 정확히 알고 있을 뿐 아니라 그 주인에게 책을 빌릴 정도의 인간관계도 형성하고 있었다. 이에 그를 이가환의 관련 인물로서 기억해 둘 필요가 있게 된다. 당시 정언(正言)으로 재직 중이던 이중해가[67] 이가환의 부친과 교유가 있었다는 점은 이용휴의 다음 글을 통해 확인된다.

> 풍수설이 통행되고부터 사람의 효가 비로소 쇠퇴했으니, 장례를 지낼 때 조상의 묘에 합부(合祔)하지 않으면서 분에 넘치게 바라는 바가 있게 된 것이다. 그래서 몇 세대가 지난 뒤에는 비록 하사받은 장지에 융숭하게 장례를 치렀다 할지라도 간혹 노루와 날다람쥐가 뛰어다니

66 정약용은 「示二子家誡」에서 이가환을 '少陵'이라 칭하며 그의 뛰어난 학문적 능력을 일컬었다.(丁若鏞, 『與猶堂全書』 文集 권18, 「示二子家誡」. "少陵口誦九經, 音響不滯, 旁通百家, 貫串無遺. 有欲試者, 窮搜深僻, 摘其一字半句, 猝然就質, 公誦其全文, 纚纚十餘行不輟, 試者憮然自喪.")

67 『승정원일기』 1767년 11월 14일 조에 이중해를 정언에 제수했다는 기록이 보인다. 이중해는 이듬해인 1768년 12월 26일에 이조좌랑에 제수되었다.

고 쑥덤불에 명아주가 우거진 땅이 되어버리니, 형세가 그러한 것이다. 나와 좋이 지내는 전주이씨(全州李氏)는 그렇지 않아서, 양산(楊山)의 기슭에 7세의 묘가 함께 자리 잡고 있다. 그리고 이씨는 기덕(耆德)이 있거니와 근검함으로 집안을 일으켰는데, 먹을 것과 입을 것을 아끼며 선조를 섬기는 데 오로지 힘을 기울여 모든 묘에 비석을 세우고 크게 나무를 심었다. 그리고 몇 개의 기둥으로 집을 지어 '의송암(依松菴)'이라는 편액을 걸고 재실(齋室)과 주방, 제기(祭器)와 술구기, 상보(床褓) 등속을 갖추어 두었다. 때때로 직접 묘소를 돌아보며 풀을 베고 낙엽을 거두어 치우다가 그대로 의송암에서 쉬기도 했으니 거의 그곳에서 지내면서 혼정신성(昏定晨省)하는 것과 같았다. 그가 세상을 떠난 후에는 그 아들 윤보(潤甫)가 결국 받들어 선영에 합장하고 옛 의송암을 중수(重修)해 넓혔으니, 이는 도(道)를 고치지 아니하고 효에 돈독한 행동이라 할 만하다. 아, 태중에 있을 때는 그 호흡에 의지하고, 어려서는 젖을 먹여 기르는 데 의지하며, 살아 있을 때는 그 보살핌의 그늘에 의지하고 죽어서는 그 땅에 묻힌 혼백에 의지하나니, 오직 자식이 부모에 대해서 그러한 것이다. 진실로 그런 점을 생각할 수 있다면 비록 따로 헤어지고 멀리 벗어나고자 한들 그렇게 할 수 없는 일이다. 말이 절실하지 않다면 깊이 돌아보지 않으리니 이렇게 써서 윤보에게 보이고 또 사람의 자식 된 이들에게 알리는 것이다.[68]

---

68 이용휴, 『惠寰雜著』「依松菴重修記」. "自堪輿之說行, 而人之孝始衰, 其葬也不祔而有所覬焉. 故數世之後, 雖大葬賜塋, 或不免爲麏鼯蓬藋之鄉, 勢然也. 惟余所善全州李氏, 則不然, 楊山之麓, 七世之墓, 皆同域. 而李氏有耆德, 以勤儉起家者, 縮節衣食, 專致力於奉先, 盡碑諸墓, 大樹以木, 置屋若干楹, 顔曰: '依松菴'. 齋廡庖廚, 錋鏖勺羃, 具焉. 時躬巡丘壟, 薙草畚葉, 因息於菴, 庶幾如起居定省也. 旣沒, 其子潤甫, 遂奉以祔於先兆, 重修舊菴而益廣之, 是可謂無改道而篤於孝者也. 噫! 胎而依其呼吸, 幼而依其乳哺, 生而依其庇蔭, 死而依其體魄者, 惟子之於親爲然, 苟能思之, 雖欲分離違遠, 不可得矣. 語不切則省不深, 書此以示潤甫, 且以告諸爲人子者." 「의송암중수기」의 원문은 조남권, 박동욱 역주(2007)를 참조했으며 번역은 같은 책의 것을 참조하여 필자가 약간 수정했다.

윗글은 전주이씨의 7대가 묻힌 선영 곁에 지은 '의송암(依松菴)'을 중수한 데 대해 쓴 기문이다. 이용휴는 이 외에도 이 건물과 관련하여 「의송암에 쓰다[題依松菴]」라는 시 5수를 남긴바[69] 의송암 주인과 인연이 깊었음을 알 수 있다.

위에 인용한 「의송암 중수기(依松菴重修記)」 '전주이씨'이며, '윤보'라는 자를 가진 인물을 위해 이용휴가 쓴 것인데, 본관과 자가 이중해의 것과 일치한다. 따라서 처음 의송암을 지어 선영을 정성껏 돌본 이는 '윤보'의 부친 이현상(李鉉相, 1690~1748)으로 추정할 수 있다.[70] 이현상의 자는 필경(弼卿)이고, 그의 아내 문화유씨(文化柳氏)는 병조참지(兵曹參知)를 지낸 유시모(柳時模)의 딸이다.[71]

---

69 이용휴의 시 「題依松菴」의 제1수를 예로 들면 "강개한 그 목소리 들리는 듯 / 아련한 그 모습 뵈옵는 듯 / 서글프고 두려워 잠 못 이루는데 / 소나무 사이로 微月이 간다(慨然如有聞, 僾然如有見. 怵惕不能寐, 松際微月轉)"라 하여 돌아가신 부모에 대한 그리움을 소나무가 있는 '의송암'의 풍경과 결부시키고 있다. 그 이하의 4수도 대체로 비슷한 시상을 보여 준다.

70 全州李氏 德泉君派宗會(1983), 78쪽. 이중해의 부친인 이현상의 장지가 楊州 古州面인바, 이용휴의 「依松菴重修記」에서 말한 '楊山'은 경기도 楊州인 듯하다. 현 양주시청 동쪽에 '古州內'라는 지명이 있다. 다만 족보에 기재된 이중해의 선조들(조부 이시형, 증조부 이행성, 고조부 이태영, 5대조 이경안, 6대조 이유신)의 장지는 모두 경기도 과천 葛峴(7대조 이수광은 과천 鵲峴)으로 되어 있어 7대가 함께 묻혀 있다는 「依松菴重修記」의 내용과 일치한다. 이중해 역시 과천 갈현의 선영 아래 묻혔다고 기록되어 있다(이현상의 아우 이현옥, 이중해의 형 이운해의 장지도 모두 과천 선영임). 이 점은 이용휴의 글에서 기술된 것과 약간 어긋나 후고를 요한다. 한편 이충익의 「侍講院弼善李公 · 司諫院獻納李公小傳」에서는 이중해의 외조부인 유시모의 손자 柳行均에 대해 언급하기도 했는데, 유행균이 '楊州의 鷺山'에서 어머니를 모시고 살고 있다고 한바(李忠翊, 「侍講院弼善李公 · 司諫院獻納李公小傳」 『椒園遺藁』 冊2. "柳行均時奉母居楊州之鷺山. …… 柳行均字德能, 兵曹參知時模孫也."), 추후 「의송암중수기」의 '양산'에 대해 정확히 파악하는 데 하나의 단서로 삼을 수 있다.

이용휴가 '의송암'과 관련한 시문을 쓴 것은, 이중해의 부친 이현상이 사망한 1748년 이후의 어느 시점일 터이다. 이현상과 그가 정성스레 관리하던 선산(先山)을 기려 이용휴가 쓴 글은, 여주이씨인 이용휴와 전주이씨인 이중해 사이에 세교(世交)라고 할 만한 친분이 존재했으리라는 추정을 가능하게 한다. 그런 인연의 결과 이중해는 이용휴의 집이 소정릉동이고, 그 집에 『기하원본』이 소장되어 있다는 점을 알았을 뿐만 아니라, 그 『기하원본』을 빌릴 수 있을 정도의 인간관계를 이용휴와의 사이에서 유지한 것이다.

1768년 7월 29일, 문광도로부터 『기하원본』의 두 소장자에 대해 전해 들은 황윤석은, 며칠 뒤인 8월 4일 그중 한 사람인 이용휴의 주소를 알게 되었고, 나아가 이 책을 입수할 가능성을 보게 되었는데 그것은 오로지 이중해라는 매개 인물의 존재에 힘입은 것이었다. 이중해의 말에 기대를 걸고 이용휴의 『기하원본』을 빌려 보기를 열흘 넘게 고대하던 황윤석은 8월 17일, 약속을 환기하는 편지를 그에게 보내 자신의 간절함을 표시했다.

> ○새벽에 잠깐 날이 개다.○이윤보(李潤父)에게 말구종과 말을 보내고 '이용휴의 집에 가서 『기하원본』 한 질을 빌려 보내 달라'고 편지를 써서 간절히 청하였다.○한낮 즈음에 해가 따뜻했다.
> ○이윤보가 이용휴의 집에 들러서 『기하원본』을 찾았더니 '아들 가환(家煥)이 그 처남 정철조에게 얻어서 한 달 보고 돌려주었다'고 했다.

---

71 유시모는 이중해와 마찬가지로 소론으로 분류된다. 『승정원일기』, 1730년 4월 20일조, 鄭亨復의 상소 중에 "유시모가 역적 김일경을 伸救하는 상소를 올려 논핵을 당하였는데도 다시 대각의 자리에 함부로 들어왔다"는 내용이 참조된다. 김일경은 소론의 거두로 신임옥사를 주도했다 처형됐다.

그래서 정철조의 집에 방문해 그 책을 찾았더니 '『기하원본』이 아니고 『수리정온』이며 관상관 이덕성(李德星)의 소유인데 많은 시간 빌려 두고 있었다.'고 했다. 그는 또한 전부터 나의 명성을 듣고 한 번 만나서 수리(數理)의 은미한 점들에 대해 상의하기를 몹시 바라고 있었으며, 책을 모두 빌려 보여주기를 허락한다고 했단다.

윤보는 곧 소매에서 책 한 권을 꺼내 나에게 보여 주고는 잠깐 이야기를 하고 곧 떠나려 했다. 나는 하룻밤 머물며 이야기를 나누자고 했다. 그러자 윤보는 "내일 새벽에 기제사가 있어 머물 수가 없소. 내일 저녁 먹고 나서 와서 이야기 나누리다."라 하고 갔다.

또 말하길 "이덕성은 문광도와 함께 지금 막 지평경위의(地平經緯儀)를 만들고 있는데 그 일을 정군이 실제로 맡아서 진행하고 있답니다. 이덕성은 10월에 사행단을 따라 연경에 갑니다. 연경에는 유송령이라는 서양인이 와서 살고 있는데 나이는 6, 70되었다지요. 홍계희가 연경에 들어갔을 때 한 번 만나 보았는데, 돌아와서 말하길, '그 사람은 쇄락(灑落)하고 속기가 없어 옛 그림 속의 신선인 종리권(鍾離權)이나 여동빈(呂洞賓)의 부류와 같은데, 그 속에 온축된 바가 필시 보통 사람이 헤아릴 수 있는 것이 아닐 터이다. 우리나라 사람들이 왕왕 풍문을 듣고 가서 만나보지만 그의 뜻을 일으키게 하는 말은 한마디도 하지 못한다. 그러면 그는 번번이 눈썹을 찌푸리는데, 아마도 찾아간 사람들이 우매하고 불령(不靈)함을 불쌍히 여기는 것이다. 또 우리나라 사람들이 보화(寶貨)를 얻어 가려고 조르는 통에 더욱 괴로워한다.' 고 했다는구려."[72]

---

72 황윤석, 『이재난고』, 1768년 8월 17일 조. "○曉乍晴.○送奴馬于李潤父, 申以書懇請, 往李用休家, 借送『幾何原本』一帙.○午間日暖.○李潤父歷訪李用休覓『幾何原本』, 則云: '其子家煥, 得諸其妻娚鄭喆祚, 看過一月還之.' 乃訪鄭喆祚覓之, 則云: '非『幾何原本』, 乃『數理精蘊』而觀象官李德星所有也, 借留多時.' 渠亦聞余先聲, 切願一面, 商議數理之微, 又許盡借送示, 潤父乃袖一卷以來示余, 乍話將去. 余要留話一夜, 潤父云:

이날 아침 일찍, 황윤석은 교통수단을 마련해 이중해에게 보내며 '이용휴 집에 가서 『기하원본』을 빌려 주기'를 간청했다. 이중해의 집이 있는 남전동에서 이용휴의 집인 소정릉동까지는 약 2km 거리이다.

황윤석의 간청을 받은 이중해는 즉시 이용휴의 집을 방문해 『기하원본』을 요청했다. 그러자 이용휴는 '아들 이가환이 그 처남인 정철조에게 얻어서 그 책을 한 달간 보았고, 지금은 돌려주었다'고 했다. 이중해는 그 말이 지시하는 바에 따라 곧장 정철조의 집을 향했다. 정철조의 오촌 당숙인 영월의 사인(士人) 윤곤의 말에 따르자면 그는 집거동, 즉 현재의 중구 산림동에 거주하고 있었다. 소정릉동에서 약 2.7km를 이동해 정철조의 집에 갔더니 그는 문제의 그 책이 『기하원본』이 아니라 『수리정온』이고, 그것도 관상관 이덕성(李德星, 1720~?)의 소유인 것을 오래 빌려 보고 있던 중이라고 했다. 이는 앞서 '정철조가 관상감의 사정을 잘 알아 그곳에서 천문역학서를 빌려 본다'고 한 윤곤의 말과 부합하는 내용이다.

그러나 『기하원본』을 찾아 서울의 서부와 남부를 분주히 오간 이중해로 하여금 허탕을 치게 한 이러한 상황은, 앞서 제시된 바 이용휴가 희귀한 『기하원본』의 소장자라는 정보가 오류임을 의미하지는 않는 듯하다. 이는 오히려 『기하원본』에 손때를 묻히는 당사자가 이가환과 그 처남 정철조임을 가리키고 있다. 아마도 아들이 집을 비운 상황에

'明曉有忌故不可留也, 明日夕後, 當來話矣.' 因去. 又云: '李德星, 與文光道, 方製地平經緯儀, 而鄭君實主張焉. 李德星十月將隨使行入燕京, 燕京有西洋人劉松齡者來住, 年可六七十, 洪啓禧入燕嘗得一見, 歸言, 其人灑落不俗, 如古圖像中列仙鍾離權 · 呂洞賓之流, 其中所蘊, 必非凡人所可測者, 我國人往往聞風往見, 而無一辭可發其意者, 彼輒爲之皺眉, 蓋愍其愚昧不靈耳. 又被我人多索圖出寶貨尤以爲苦.'"

서, 『기하원본』에 대해 상세히 알지 못하는 이용휴가 이중해에게 다소 부정확한 정보를 제공한 듯하며, 아들의 수택본을 남에게 함부로 내어 줄 수 없기도 했을 터라고 생각된다.

비록 『기하원본』을 빌리지는 못했지만, 이중해가 이용휴를 방문한 일은 황윤석에게 여러모로 도움이 되었다. 1년 전인 1767년 2월, 황윤석은 강원도 영월에서 만난 윤곤으로부터 서학에 정통한 동년배의 학자 정철조에 대한 이야기를 들었으나 그를 만날 기회를 갖지 못했었다. 그런데 이중해를 매개로 이용휴가 소장한 『기하원본』에 접근하는 과정에서 정철조와 바로 연결되게 된 것이다. 황윤석의 부탁으로 책을 빌리러 온 이중해에게 정철조는 자신도 황윤석의 명성을 들은바, 한 번 만나서 수리(數理)에 대해 상의하기를 바라고 있다는 말을 전했다. 그리고 『수리정온』 한 책도 선선히 빌려주었다.

정철조의 집에서 3km 떨어진 황윤석의 반촌 하숙집으로 찾아온 이중해는 빌려 온 책을 황윤석에게 건네며 정철조의 말도 상세히 전해주었다. 그에 따르면 이덕성은 문광도와 함께 지평경위의(地平經緯儀) 등 천문관측기구를 만들고 있으며, 그 일을 정철조가 실제로 주관하고 있다 했다.

게다가 이덕성은 오는 10월에 사행(使行)을 따라 연경에 갈 예정이었다. 연경에는 나이가 6, 70이 된 서양인 유송령(劉松齡, Hallerstein, Augustin von. 1703~1771)이 거주하고 있었다. 예전에 홍계희가 연경에 갔을 때 그를 보고는 '사람됨이 쇄락하고 속되지 않아 종리권(鍾離權)이나 여동빈(呂洞賓) 같은 옛 신선의 풍모가 있고 온축된 바가 비범한 듯하다'고 평했으며, 우리나라 사람들이 유송령의 풍문을 듣고 종종 가서 만나 보지만 대체로 우매하고 무지한 말을 늘어놓고 진귀한

[도판5]
김홍도(金弘道)(1779년 작), 〈삼선도(三仙圖)〉. 가운데가 여동빈(呂洞賓), 그 위가 종리권(鍾離權), 아래가 동화자(東華子). 국립중앙박물관 소장.

서양 물건을 요구하는 일이 많아 이 서양인이 괴로워한다고도 했다. 유송령에 대한 홍계희의 평은 당시 조선의 지식인들이 서양 선교사들이나 그들의 학설을 자신들에게 익숙한 도가(道家)의 분위기와 연결 지어 우호적으로 이해하기도 했던 경향을 짐작하게 한다. 그리고 정철조는 유송령에 대한 인물평이나 상세한 일화를 전해 들을 정도의 인간관계로 홍계희와 이어져 있었던 것으로 보인다.

결국 정철조는 『기하원본』을 소유하고 있지는 않았지만, 서양의 수학을 해석하여 1723년 청나라에서 편찬한 수학서인 『수리정온』을 연구하는 중이었고, 문광도와 이덕성 같은 기술직 관원과 협업하여 천문의기(天文儀器)를 만들고 있기도 했다. 그의 협업자 중 한 사람인 이덕성은 곧 연경에 가 유송령 같은 서양인을 만나 수리 과학을 더 배워 올 것이었다.

정철조와의 연결의 가능성에 감발된 황윤석은 이중해로부터 더 자세한 이야기를 듣고 싶었다. 그러나 그는 사정상 다음날 반촌에 방문하기로 약속하고 귀가했고, 다음날에는 또 사정이 생겨 방문하지 못한다는 전갈을 보냈다.[73] 황윤석이 정철조를 만난 것은 그의 전언을 접한 지 엿새째 되어서였다.

> 아침을 먹고 당번을 하러 나갔다가 돌아오는 길에 이자용, 윤보 형제의 집에 들렀다. 그리고 윤보와 함께 부동(部洞)의 가장 높은 곳에 이르러 판서 정운유[전에 호조참판을 했고 이번에 새로 도승지가 되었다 함]의 집을 방문해 그 맏아들 정철조와 이야기를 나누었다. 대개 윤보가 정군과 가깝고 잘 아는 사이라서 나를 오라고 한 것이다. 정군은 말했다. "오랫동안 성대한 이름을 우러르고 있으며 한 번 뵙기를 바랐는데 지금 먼저 왕림하시니 얼마나 다행인지요." 내가 그의 나이를 물으니 경술(1730)생이라 했다.
>
> [1] 바야흐로 관상관 조홍규와 힘을 합해 지평경위의(地平經緯儀)와 상한의(象限儀)를 제작하고 있는데 주천(周天)의 4분의 1이다. 또 관성반(觀星盤)을 제작하고 있는데 이 또한 주천의 4분의 1이다. 이것들은 모두 나무로 만든다.
>
> [2] 대개 정군은 일생 동안 서양 역상(曆象)의 학문을 오로지 연구했다. 또 지금 『수리정온(數理精蘊)』과 『역상고성(曆象考成)』을 검토하며 읽고 있는데 이 두 질의 책은 모두 강희제가 서양의 학문 방법을 윤색한 것으로, 어제(御製)라 일컬어지는 것이다. 『수리정온』 40여 권과 『역상고성』 8, 9권을 초략해 두었는데, 『기하원본』의 범위를 벗어나지 않는다. 『기하원본』은 지금 그 매부인 이가환의 집에 있다 한다.

---

73 황윤석, 『이재난고』, 1768년 8월 18일 조. "○李潤父專書來報, '有故, 今夕勿送人馬, 更待他日可圖終夕從容.'" 이윤보가 편지를 보내 '일이 있으니 오늘 저녁에는 사람과 말을 보내지 말고, 또 훗날을 기다려 밤새 조용히 이야기를 나누자'고 했다.

3 정군은 또 나를 위해 사간 정항령(鄭恒齡)의 집으로 사람을 보내 간평의(簡平儀)를 빌려와 보여줬는데, 이 또한 조홍규와 함께 만든 것이다.

4 정군은 또한 고화(古畵)를 잘 그리는데, 화훼 그림 서너 폭을 내어 보여주었다.

5 또 〈동국팔도지도(東國八道地圖)〉를 보여줬는데, 대개 바로 내가 가지고 있는 것과 같이 백리척으로 만든 것이다. 이 지도는 본디 정항령의 부친이 손수 그린 것인데 근래에 또 증수(增修)하여 더욱 정밀해졌고, 또 장차 세밀하게 개정할 것이라고 한다. 또 〈성경지도(盛京地圖)〉 세 폭[동북 영고탑(寧古塔) 서남쪽 오랄(烏剌)과 또 서남쪽 요동(遼東), 심양(瀋陽)]과 폭을 합친 것을 보여 주었다.

6 또 『문목(問目)』 1책을 보여 주었는데 대개 서양 역법에 대한 의의(疑義) 및 서학에서 말하는 천주교(天主敎)의 대지(大旨)를 거론한 것으로서, 장차 관상관 이덕성(李德星)이 10월에 연경에 가는 편에 보내어 서양인 유송령(劉松齡)에게 질의할 것이라 한다. 유송령이 연경에 와 거주한 것이 이미 40여 년이다. 그는 비록 중화의 문자에 익숙하지 못하지만 서방(西方)에 있어서는 이마두에 덜하지 않은 사람이다. 서광계(徐光啓)는 만력(萬曆) 이후에 서양 사람을 위해 서법(西法)을 번역해 냈는데, 지금 그 후손이 남경에 거주하며 또한 유송령을 위해 번역하고 윤색하는 일을 하고 있다.

나는 이미 윤보 및 정군과 셋이 한나절 넘도록 앉아 있었다.

7 곧 『수리정온』 말부(末部)의 차근방비례(借根方比例) 선류(線類) 1권을 꺼냈다. 얼마 전에 빌린 것인데 돌려주며 말했다. "이 법은 본디 아주 간단하고 단도직입적인데, 역시 고법(古法)인 천원일(天元一)의 남은 뜻입니다. 다만 천원일은 일산(一算)을 세우니 수설(竪說)인데, 이 방식은 일근(一根)을 나열하니 횡설(橫說)입니다. 두면(頭面)이 바뀌기

는 했지만, 이치인즉 둘이 아닙니다. 그대는 어찌 여기시는지요?" 정군은 말했다. "산가(算家)는 내가 익히지 못한 바입니다. 오직 이가환이 요사이 바야흐로 『기하원본』과 『수리정온』 등 여러 책에 정밀하게 집중하고 있습니다. 또 혼개통헌의(渾蓋通憲儀)도 만듭니다. 이미 왕림해 주셨으니 이후로 다시 받들 수 있어서 혹 여기서 만나거나 어르신[바로 윤보를 가리킴] 댁에 오신다면 다행이겠습니다." 나는 이어서 『수리정온』 말부의 비례규해(比例規解), 팔선(八線), 원현(圓弦)을 논한 것을 빌려서 문을 나섰다.

윤보와 함께 4, 50보 걷다가 곧 헤어졌다. ○반촌에 돌아오니 몹시 피곤했다.[74]

---

74 황윤석, 『이재난고』, 1768년 8월 23일 조. "朝食後出番, 歷訪李子用 · 潤父兄弟. 因與潤父偕行至部洞之最高處, 訪鄭叅判運維[曾經戶曹叅判新遞都承旨云]家, 與其長子喆祚相話. 蓋潤父與鄭君親熟, 而要余往也. 鄭君曰: "久仰盛名, 願得一見, 今何幸先枉也." 余問其年, 則庚戌生也. 方與觀象官趙鴻逵, 並力新製地平經緯象限儀, 周天四之一也. 又製觀星盤, 亦周天四之一也, 幷用木爲之. 蓋鄭君一生專治西洋曆象之學, 又方討閱『數理精蘊』 · 『曆象考成』, 是二帙, 皆康熙以西法潤色, 而稱以御製者也. 『精蘊』四十餘卷 · 『考成』八九卷抄, 而不出於『幾何原本』範圍之外. 『原本』方在其妹夫李家煥處云. 鄭君又爲余 送人鄭司諫恒齡家, 借示簡平儀, 亦趙鴻逵所共製者. 鄭君又工古畫, 出示花卉圖三四幅, 又示〈東國八道地圖〉, 蓋卽余所畜以百里尺造成者, 而本出鄭恒齡大人之手, 近又增修益精, 又將改正就密云. 又示〈盛京地圖〉三幅[東北寧古西南烏剌又西南遼 · 瀋]及合幅者. 又示『問目』一冊, 蓋擧西曆疑義, 及西學所謂天主敎大旨, 將付觀象官李德星, 十月燕行, 欲令就質於西洋人劉松齡. 松齡來住燕京, 已四十餘年矣. 雖其不習於中華文字, 而在西方, 不減利瑪竇者也. 徐光啓在萬曆以後, 爲西人譯出西法, 今有其孫居南京者, 亦爲松齡翻譯而潤色之. 余旣與潤父及鄭君鼎坐半日有餘, 乃出『精蘊』末部「借根方比例」, 線類一卷, 頃所轉借者, 還之, 曰: "此法固超簡直捷, 而亦古法天元一之遺意也. 但天元一, 則立一算, 是竪說也. 此則橫一根是橫說也. 頭面雖換, 而理則非二. 尊意以爲如何?" 鄭君曰: "算家, 吾所不習. 惟李家煥近方專精於『原本』 · 『精蘊』諸書, 又製渾蓋通憲矣. 旣蒙枉臨, 此後若得更奉, 或相會於此, 來尊丈[卽指潤父]宅, 則幸矣." 余因借『精蘊』末部 比例規解 · 八線圓弦所論一卷, 出門. 與潤父偕行四五十步, 乃別.○歸泮困甚."

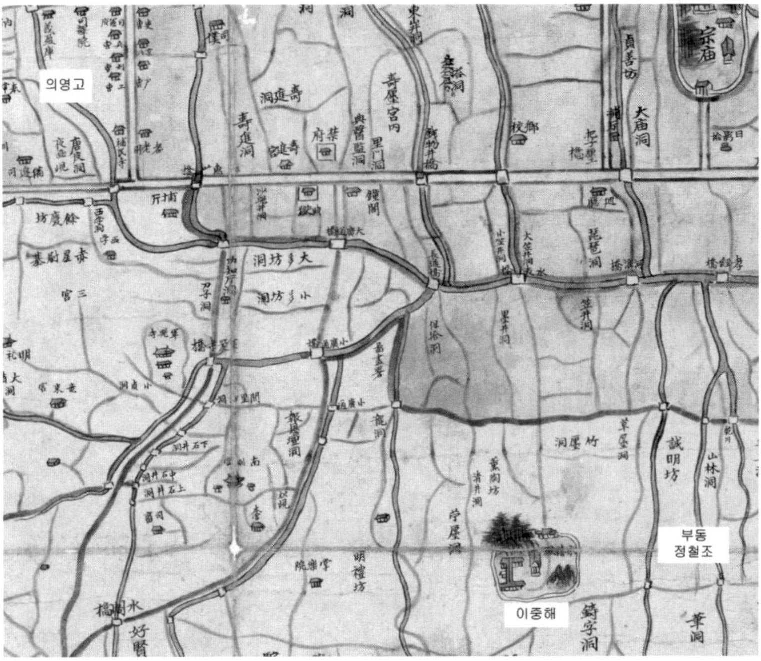

[도판 6] 1768년 8월 23일 황윤석의 동선. 의영고에서 당직을 한 후 이중해의 집까지 2.4km 이동하고, 거기서 이중해와 함께 인근 부동(=필동)의 정철조 집을 방문함

1768년 8월 23일, 황윤석은 오전에 의영고로 당직을 나갔다가 2.4km를 이동하여 남전동 이중해의 집에 들렀다. 이중해와 동행해 정철조의 집을 방문하기 위해서였다. 이중해는 정철조와 퍽 가깝고 잘 아는 사이였기에 둘의 만남을 주선할 수 있었고, 덕분에 황윤석은 정철조와 한나절[半日]동안 여유 있게 이야기를 나누었다.

황윤석이 직접 방문한 정철조의 주소는 부동(部洞)으로 앞서 윤곤이 말한 '집거동'과 차이가 있다. 그러나 집거동을 '산림동(山林洞)'이라고도 하고 부동을 '필동(筆洞)'이라고도 하는 점과 두 마을이 인접해 있다는 점을 함께 고려한다면, 윤곤이 외종질 정철조의 주소를 아예 잘

못 파악하고 있었던 것 같지는 않다. 집거동으로도 부동으로도 일컬어진 정철조의 집은 그 두 마을의 사이, 즉 산림동과 필동 사이의 어느 지점에 있었던 것으로 추측된다. 그리고 황윤석의 설명에 따르자면 정철조의 집은 부동, 즉 필동에서도 높은 언덕께에 위치하고 있었다. 또한 이 집은 영희전(永禧殿) 근방인 남전동 이중해의 집에서 1km가 채 되지 않을 정도로 가까웠다.[75]

지인이자 이웃인 이중해를 통해 황윤석을 초대한 정철조는 꽤 사교적이고 자기표현에 적극적인 인물로 보인다. 그는 황윤석의 명성을 일찍부터 접하던 차에 먼저 찾아와 주어서 다행이라고 인사를 한 후 자신의 작업과 공부에 대해 자세히 이야기했다. 그가 한 말은 서학(西學), 천문의기의 제작, 고화(古畫), 지도 등 4가지의 화제로 구성되며 이는 현재 학계에서 주목하고 있는 학자 정철조의 개성 및 특장과 고스란히 연결된다.

먼저, 인용문 중 2, 6 단락은 크게 보아 '서학'으로 포괄될 수 있는 정철조의 학문적 탐구와 관심의 방향을 뚜렷이 보여 주고 있다. 이 단락의 발화로 표현된 39세의 정철조는 평생 서양 역상(曆象)의 학문에 집중하여 연구를 이어 온 사람이었다. 그는 자신의 공부에 대해 『수리정온』과 『역상고성』을 검토하며 읽는 중이라 밝혔다. 당시 정철

75 정철조가 나중에 이중해의 집을 방문했을 때 거기서 다시 만나자고 한 것이나, 정철조의 집에서 나온 이중해와 황윤석이 4, 50보 함께 걷다가 헤어졌다고 한 것에서 정철조의 집과 이중해의 집이 몹시 가깝다는 점을 알 수 있다. 이에 정철조의 거주지를 영희전 이중해의 집과 멀지 않은 필동 어름으로 비정할 수 있는데, 이곳은 이가환의 집이 있던 소정릉동과는 2km 떨어져 있다. 이용휴의 장서 『기하원본』은 이 사이를 오가며 27세 이가환과 39세 정철조의 수리 과학 연구에 주요 자료가 되었을 것이다.

조의 관심사가 수리 과학에 집중되고 있음을 시사하는 이 두 책은 강희제 때 편찬된 『율력연원(律曆淵源)』 3부작 중 2부에 해당한다. 『율력연원』은 천문역법을 다룬 『역상고성』 42권, 음률학을 다룬 『율려정의(律呂正義)』 5권, 수학을 다룬 『수리정온』 53권 등 3부작 100권에 달하는 거질의 총서다.[76]

이어서 정철조는 자신이 『수리정온』 40여 권과 『역상고성』 8, 9권을 초록해 둔 상황임을 밝혔다. 『역상고성』은 전체의 약 20% 분량을 초록했지만, 『수리정온』은 전질 53권 중 40여 권이나 필사한 것이므로, 『율력연원』 총서 전질을 놓고 보아도, 정철조의 검토와 수렴이 그 절반을 상회하는 정도로 진행됐다 할 수 있다.

이처럼 서양의 수학과 천문역법을 상당히 심도 있게 수용하는 과정에서, 정철조는 『수리정온』과 『역상고성』의 내용이 결국 『기하원본』의 범위를 벗어나지 않는다고 평가하며 『기하원본』의 중요성을 강조했다. 그리고 문제의 그 『기하원본』이 지금 매부의 집에 있다고 하여, 이 분야의 연구에서 자신과 함께 하고 있는 27세 이가환의 존재를 비로소 언급했다. 여태 모호했던 『기하원본』의 행방이 명확해지며, 향후 그 책과 관련한 분야에서 황윤석과 연결될 여지가 다분한 수리 과학 연구자 이가환이 황윤석의 시야에 뚜렷하게 등장한 셈이다.

이에 더해, 정철조는 관상관 이덕성이 10월에 연경에 갈 때 부쳐 보내어 서양인 유송령에게 물어볼 사항을 적은 것이라며 『문목(問目)』 1책을 내보였다. 서력(西曆)에 대한 의문 사항과 서학에서 말하는 천주교(天主教)의 대지(大旨)를 거론한 질문이 함께 정리된 이 소책자는,

76 이엄 · 두석연 저, 안대옥 역(2019), 296~303쪽.

다재다능한 학자이자 예술가인 정철조에게 서양 역법에 대한 학술적 관심과 천주교에 대한 종교적 이끌림이 병존했음을 가늠케 하는 단서로 주목된다.[77]

8월 17일 이중해의 전언을 통해서도 파악되는 바였지만, 정철조는 유송령에 대해 꽤 잘 알았으며 서양 학문을 배울 창구로서 그의 존재에 멀리 기대하는 바가 있었다. 정철조는 그 서양인이 연경에 와 거주한 지 이미 40년이 넘었고, 비록 중국의 문자에 익숙지는 못하지만 이마두(利瑪竇)에 못지않은 학식을 지니고 있으며, 지금 서광계의 후손이 남경(南京)에 거주하며 유송령을 도와 서법(西法)을 번역하고 윤색하는 작업을 이어 가고 있다는 등의 새로운 정보를 황윤석에게 제공하기도 했다.

한편 인용문 중 [1], [3]단락이 천문의기의 제작과 관련된 내용이다. 정철조는 관상관 조홍규(趙弘規, 1724~?)[78]와 협업해 지평경위의(地平經緯儀)[79]와 상한의(象限儀),[80] 관성반(觀星盤)[81] 등의 천문의기를 목재

---

77 한편 천주교에 대한 정철조의 이런 경도는 이후 그의 제자 李喜英(1756~1801)이 천주교도가 되어 聖畫를 전문으로 그렸던 점과 무관하지 않다고 생각된다.

78 『이재난고』 원문에 '趙鴻逵'라 되어 있으나, 이는 '趙弘規'의 오기이다. 본관이 漢陽이고 자가 道而인 趙弘規는 1740년 음양과에 합격하였고 천문학을 전공해 三曆官敎授를 역임했다. 그의 아버지 趙頤壽와 조부 趙泰鼎도 모두 천문학을 전공하고 觀象監 正 등 같은 직종에 종사했다.

79 地平經緯儀: 淸代 강희 연간에 만들어 관상대에 설치한 7종의 천문의기 중의 하나이다. 1715년에 대형 地平經緯儀를 설치했다 한다. 이것을 포함해 天體儀 · 赤道經緯儀 · 黃道經緯儀 · 地平經儀 · 象限儀 · 六分儀 등 당시 설치된 천문기기는 모두 銅儀이다.

80 象限儀: 망원경이 발명되기 전에 사용된 천체 관측기.

81 觀星盤: 이 천체관측기가 무엇을 의미하는지는 명확하지 않다. 이은희 외(2018)에서는 관성반을 아스트로라브(astrolabe: 천문관측의)로 추정했다.

로 제작하고 있는 중이었다. 그는 또한 이웃에 사는 정항령(鄭恒齡, 1700~?)의 집에서 간평의(簡平儀)[82]를 빌려 와 보여 주기도 했는데, 이 천문의기의 제작에 조홍규가 참여한 사정을 잘 알고 있었다.

이에 따르면 정철조는 천문역산의 이론에 조예가 깊을 뿐만 아니라 천문의기를 만드는 데도 일정한 경지에 도달한바, 이론과 실제에서 공히 역량을 발휘한 과학자였음이 확인된다. 그리고 3대째 관상감 관원으로 근무한 조홍규라든가 아버지 정상기(鄭尙驥, 1678~1752)를 계승하여 지리학에서 일가를 이룬 정항령 등 이른바 가학(家學)을 보유하고 있는 전문가와 협업을 하고 학문적 네트워크를 유지하고 있었던 것이 그의 역량을 발휘하는 데 중요한 기반이 되었다는 점도 알 수 있다.

아울러 정철조는 자신이 그린 고화(古畫)인 화훼 그림과 소장한 바의 〈동국팔도지도(東國八道地圖)〉 및 〈성경지도(盛京地圖)〉를 내어 보여주었다. 〈동국팔도지도〉를 본 황윤석은 그것이 자기가 소장한 것과 마찬가지로 백리척으로 제작한 본이라는 것을 파악했다. 정철조의 말에 따르자면 그 〈동국팔도지도〉는 정항령의 부친인 정상기의 손에서 나온 본을 근래에 더 정밀하게 증수(增修)한 것인데, 향후 더 세밀하게 개정할 계획을 가지고 있다 했다.[83] 그리고 〈성경지도〉는 중국의 심

---

82 簡平儀: 태양의 高弧度, 각 절후의 赤道緯度, 태양의 正午高弧度, 北極出地度, 각 절후의 晝夜의 장단 등을 측정하는 천문관측기구이다. 명나라 말에 서양인 熊三拔이 편찬한 『簡平儀說』에 따라 제작된 간평의 1종이 서울역사박물관에 소장되어 있다.

83 〈동국팔도지도〉에 대한 황윤석의 이 기록은 지리학계의 주목을 받은 바 있는데, 그 해석에 재고의 여지가 있다고 판단된다. 예컨대 이기봉(2008)에서는 "余所畜以百里尺造成者, 而本出鄭恒齡大人之手, 近又增修益精, 又將改正就密" 모두를 정철조의 발화로 간주하여 정철조가 정상기의 모본을 근래에 증수했고, 앞으로 또 개정할

양(瀋陽)과 영고탑(寧古塔: 영안(寧安)) 등 조선의 국경과 가까운 지역을 그린 것이었다.[84]

이중해와 함께 정철조의 집을 방문하여 반나절 남짓 나눈 대화가 끝날 무렵, 황윤석은 일전에 빌린 책으로 『수리정온』의 말부(末部)에 해당하는 「차근방비례선류(借根方比例線類)」 1권을 꺼냈다. 그리고 돌려주기에 앞서 그 책의 내용과 관련한 자신의 견해를 피력하며 정철조의 의견을 물었다.

> "이 법은 본디 아주 간단하고 단도직입적인데, 역시 고법(古法)인 천원일(天元一)의 남은 뜻입니다. 다만 천원일은 일산(一算)을 세우니 수설(竪說)인데, 이 방식은 일근(一根)을 나열하니 횡설(橫說)입니다. 두면(頭面)이 바뀌기는 했지만 이치인즉 둘이 아닙니다. 그대는 어찌 여기시는지요?"

'차근방비례(借根方比例)'는 '차근방(借根方)'이라고도 하는데, 중국에

계획에 있다고 하여 정철조가 이 지도에 수행한 改修를 부각하는 방향으로 해석했다. 그러나 이 단락의 맥락은, 황윤석이 〈동국팔도지도〉에 대해 자신이 소장한 지도과 같이 백리척에 의거해 제작된 본이라고 파악한 대목과 정철조가 그 지도에 대해 설명한 대목으로 나누어 보아야 할 듯하다. 정철조가 이 지도에 대해 '정상기의 모본을 근래에 중수했다'고 했을 때, 그것을 수행한 사람은 정철조 자신이 아닐 수 있으며, 오히려 같은 단락 안에 언급된 정항령(정상기의 아들)일 가능성을 고려할 필요가 있다. 그리고 그 지도를 다시 고칠 계획이 있다고 했으나, 그 개정은 이후 정철조가 아니라 그 동생인 정후조에 의해 이루어졌을 것이라고 본다. 이와 같은 본고의 문제제기는 지리학자로서 정후조를 정당하게 조명할 필요가 있으며, 그 편이 『이재난고』 및 〈팔도지도〉(규장각 소장, 古軸4709-48)의 跋文에 기술된 황윤석의 의도와도 부합한다는 점과 관련되어 있다.

84 구만옥(2022)에서는 이 〈성경지도〉를 南九萬(1629~1711)이 1697년 5월에 숙종에게 올린 〈盛京圖〉 나 〈盛京地圖〉(=盛京輿地圖)와 같은 유형의 지도일 것이라고 보았다.

수용된 서양의 대수방정식을 일컫는 말이다. '차근방'이 'Algebra'의 번역어에 해당한다. 『수리정온』에 서양의 수학이 도입된바, 이 책 하편 권31부터 36까지에서 '차근방비례'를 다루고 있으며 다항식 가감승제법을 주로 소개하고 있다. 이 차근방비례 중 '선류(線類)'가 1차방정식이고 이어지는 '면류(面類)'와 '체류(體類)'는 각각 2차와 3차 방정식에 해당된다. 『수리정온』의 하편(下編) 권34 말부(末部) 4에 '차근방비례선류(借根方比例線類)' 항목이 있다.[85] 그러므로 황윤석이 빌린 책은 정철조가 초록한 『수리정온』 중 '차근방비례선류' 즉, 1차 방정식을 다룬 부분이며, 위에 인용된 질문 역시 해당 부분과 관련된다.

이 질문에서 황윤석은 『수리정온』에 수록된 '차근방비례' 개념에 대한 이해를 바탕으로, 그것이 퍽 간단하고 단도직입적이긴 하나 역시 기존에 알던 고법(古法)인 '천원일(天元一)'과 상통하는 면이 있어서, 두 개념이 접근방식은 상이해도 결국 같은 원리를 구현하고 있다는 자신의 생각을 밝히고 정철조의 동의를 구한 것이다.

기실 『수리정온』의 말부(末部)에서 차근방비례를 소개하는 중에 이것이 송원(宋元)의 천원술(天元述)과 유사하다고 인식해 "천원일(天元一)이 곧 차근방"이라 한 대목이 확인되는바,[86] 황윤석의 질문은 빌려간 『수리정온』에 나온 '차근방비례' 관련 내용을 수용하고 자기식으로 표현한 양상을 보여 준다.

그런데 이 질문에 대해 정철조는 '자신은 산가(算家)에 익숙지 못하다'며 한 걸음 물러섰다. 서양의 방정식과 같은 대수학(代數學)은 자기

---

85 홍성사, 홍영희(2008)

86 이엄 · 두석연 저, 안대옥 역(2019), 301쪽.

의 전문 분야가 아니라는 것이다. 대신 그는 다시 매부 이가환을 언급하며, 그가 '『기하원본』과 『수리정온』 등 여러 책을 요사이 집중하여 공부하는 중이며, 혼개통헌의(渾蓋通憲儀)도 제작 중에 있다'고 하는 등 그를 전면에 내세웠다. 정철조의 이 말은 만년의 이가환이 조선의 기하학자를 자임했던 것과 조응하며, 『기하원본』을 소장한 소정릉동의 젊은 수학자 이가환의 면모를 다시 한번 뚜렷이 부각한다.

게다가 이가환이 혼개통헌의를 제작하고 있다는 점도 주목을 요한다. 명(明)말 클라비우스(Christoph Clavius, 1538~1612)의 "Astrolabium"을 이지조가 한문으로 초역한 책 『혼개통헌도설(渾蓋通憲圖說)』과 관련된[87] 이 천문의기는 천문계산기이자 시계의 성격을 갖는 것으로 알려져 있다. 기하학에 대한 애호와 조예를 반영한 '기하실(幾何室)'을 자호로 삼은 학자 유금(柳琴, 1741~1788)이 제작한 혼개통헌의 한 점이 현재 보물로 지정되어 실학박물관에 보관되어 있는바, 이 천문의기는 서양 천문학과 기하학을 이해하고 소화한 조선 지식인들의 노력이 반영된 결과물로서 의미를 갖는다. 이에 이가환이 혼개통헌의를 제작하고 있다는 정철조의 전언은, 이가환이 그때까지 온축한 천문학과 기하학에 대한 역량이 상당한 것이었음을 방증하는 것으로 괄목할 만하다. 참고로 이가환보다 한 살 많은 유금이 혼개통헌의를 만든 것은 그가 47세이던 1787년의 일인데,[88] 이가환이 이 천문의기를 만들고 있을 때 그는 27세였다.

이렇게 기하학에 조예가 깊은 젊은 학자 이가환을 언급한 말로 황

87 미야지마 카즈히코(2009)

88 실학박물관 홈페이지(https://silhak.ggcf.kr/collections/42)(검색일자: 2023.11.08.)

윤석과 정철조의 대화는 마무리되었다. 정철조는 이중해의 집에 방문하게 되었을 때 다시 만나기를 바란다고 했고, 황윤석은 『수리정온』 말부의 비례규해(比例規解), 팔선(八線) 및 원현(圓弦)에 대해 논한 부분을 빌린 후 그 집을 나섰다. 반촌(泮村)의 하숙집에 돌아왔더니 몹시 피곤했다는 말에서, 이날 정철조와의 대화에 황윤석이 대단히 집중했음을 알 수 있다.

며칠 뒤인 1768년 9월 4일, 황윤석은 정철조에게 초대해 준 데 대해 감사하는 편지를 썼다. 그 편지에서 황윤석은 정철조를 중국 학자인 서광계와 이지조에 비기며 서학에 대한 그의 조예를 칭찬했고, 조선에서의 천문의기 제작이 정철조에게서 비롯되었다는 것을 역사가가 반드시 기록하게 되리라고 일컬었다. 또한 그는 편지를 보내는 편에 『역상고성』 한 질이 몇 권이며 연경에서는 얼마에 팔리는지도 물어보았다.[89] 정철조는 이틀 뒤인 9월 6일에 답장을 했는데 그 내용은 초록되어 있지 않으며, 다만 빌려 간 『수리정온』을 돌려달라고 한 내용만 덧붙여 적혀 있다.[90]

1768년 9월 10일, 황윤석은 정철조에게 『수리정온』을 돌려주며 편지를 썼다. 이 편지에서는 빌려준 책의 앞뒤에 해당하는 것도 볼 수

---

89 황윤석, 『이재난고』, 1768년 9월 4일 조. "○與鄭君喆祚書. '伏惟日間侍暇學履增吉, 區區馳仰, 實非常品. 頃者何幸得遂玄賞, 庶幾少慰夙昔之願, 則西士所稱, 自吾來上國, 所遇惟徐子先 · 李振之二先生者, 高明之謂矣. 矧聖朝儀器之制之精, 斷自今始, 將有太史氏述焉, 寧不韙哉! 自念無狀非不欲更造, 而職事所拘, 又此持被, 無以日源源飽聽崇論, 若幸不鄙, 重有以見教, 則爲賜大矣, 早晩脫直擬一前. 不備伏惟俯亮. 謹上候狀. 戊子九月四日, 胤錫拜手.' 送書于鄭君, 因問『曆象考成』一帙幾卷, 燕京價本." 한편 이 편지는 황윤석의 『頤齋遺藁』 卷8에도 수록되어 있다.

90 황윤석, 『이재난고』, 1768년 9월 6일 조. "○鄭君喆祚答書來, 因促『數理精蘊』一卷借來者."

있으면 다행이겠고, 『역상고성』도 보면 좋겠다고 했다. 그리고 빌려 본 책에 실려 있는 내용 중 호현(弧弦)과 관련된 논의를 언급하며 정철조의 견해를 묻는 것으로 편지를 맺었다.[91] 정철조는 요청받은 『역상고성』을 빌려준바, 같은 해 11월 4일에 이 책을 보고 돌려주었다는 황윤석의 기록이 확인된다.[92]

이후 황윤석은 정철조와 드문드문하게 인간관계를 이어 나갔으나, 바야흐로 『기하원본』에 잠심하는 수학자로서 자신과 학적 관심이 일치할 것으로 보이는 이가환을 만날 생각은 하지 않은 듯하다. 황윤석이 노론계고 이가환은 유력한 남인 가문 구성원인 만큼, 두 사람이 만나는 일은 쉽지 않았을 것으로 보인다.[93] 황윤석이 이가환을 만나 이야기를 나누기까지는 10년의 시간이 더 필요했다.

---

91 황윤석, 『이재난고』, 1768년 9월 10일 조. "頃復, 尙用珍慰, 卽玆侍學何居. 恨未能日追逐也. 『理蘊』非不欲且留, 而旣被盛索, 謹以爲獻. 前頭若容更惠, 何幸如之. 『曆考』亦願隨後不惜, 如見其人, 示價本多少, 尤大奇也. 切欲送購燕市 羇人無乃太迂耶. 姑不宣統惟神會大抵弧弦之論, 始意西人必有古未到者, 幾年思量, 終未得其所準, 今閱此書, 大意卒止用線比例而已, 早知如此, 亦豈枉費心力. 雖然天下無無法之象, 無無度之數, 想高明妙年, 於此貫通久矣, 豈無一二文字, 爲發其未發哉? 更須早晩敎之, 使南方橫出一枝, 亦西人行敎之旨也. 卽黃胤錫拜." 이 편지는 황윤석의 문집에는 수록되지 않았다. 한편 이 편지 뒤에는 「弧弦約說」이 적혀 있다.

92 황윤석, 『이재난고』, 1768년 11월 4일 조. "○更遣人以明日覔風遮而來, 因送『曆象考成』三冊于鄭君喆祚, 則其弟回報以爲其兄出郊未歸."

93 이 점과 관련하여 權相一(1679~1759)의 『淸臺日記』, 1711년 12월 19일 조의 일화가 참조된다. 경상도 상주가 고향인 권상일은 승문원 부정자로 근무하며 泮村의 하숙집에 거처하던 중 주인이 호남 문관 洪構(1670~1733)를 그 집에 받았다는 것을 알게 되자 가차 없이 하숙을 옮겼다. 그의 행위는 영남 남인으로서 호남 노론과 같은 집에 살 수 없다는 통념을 보여 준다. 권상일은 성호 이익을 비롯한 기호 남인과는 오랫동안 친분을 유지하던 것으로 알려져 있다. 한편 홍구의 본관은 남양이며 전북 순창군 금과면에 세거한 그의 집안은 노론계 명문가로 꼽힌다. 따라서 홍구는 전북 고창군의 노론계 후배인 황윤석과 동질성을 갖는다.

3. 황윤석(黃胤錫)이 기록한 이가환의 학문 세계와 이가환의 『정헌쇄록(貞軒瑣錄)』

1) 이가환과 황윤석의 만남

황윤석이 정철조를 만나 수학 전문가 이가환에 대한 이야기를 들은 이래 10년이 흘렀다. 그 사이 종부시(宗簿寺) 직장(直長)과 사포서(司圃署) 별제(別提) 등을 역임한 황윤석은 1778년 6월부터 동부(東部) 도사(都事)로 재직 중이었다.[94]

1778년 8월 2일은 새벽에 바람이 불고 날이 갰으며 날씨가 서늘했다. 50세의 황윤석은 일찍부터 대궐에 가서 납패(納牌)를 하고 곧 배향(陪香)[95]하여 중삭제(仲朔祭)[96] 장소인 저경궁(儲慶宮)으로 이동했다. 남부 회현방(會賢坊) 송현(松峴)에 위치한 이곳에는 원종의 생모 인빈김씨(仁嬪金氏)의 위패가 봉안되어 있었다. 그런데 이날 인빈김씨의 중삭제 축사(祝史)로 차출된 이가 바로 이가환이었다. 황윤석은 이렇게 저경궁에서 우연히 만난 37세의 예조정랑 이가환과 하루 종일 학술적 토론을 하였다. 해당 내용을 인용하면 다음과 같다.

> 초2일 기미(己未). 새벽에 바람이 불고 갰으며 날씨가 서늘했다. 이미 한 해가 저물어 가는 것 같다. 흐르는 세월이 물과 같은데 지극한 바람

---

94 『승정원일기』, 1778년 6월 11일 조. “戊戌六月十一日酉時, 上御熙政堂. 輪對官入侍時. …… 北部都事李琇, 義盈庫主簿金鼎九, 東部都事黃胤錫, 氷庫別提李瀷, 以次進伏訖.”

95 陪香: 임금이 내린 香을 해당 祭所까지 책임지고 수송하던 일.

96 仲朔祭: 仲朔에 지내는 제사. ‘중삭’은 음력 2, 5, 8, 11월이다.

은 이루기 어렵다. 여덟 달이나 돌아가지 못하니 이 어떤 사람인가. ○일찍 대궐에 가서 정원(政院)에 납패(納牌)하고 곧 배향(陪香)하여 저경궁(儲慶宮)의 중삭제소(仲朔祭所)에 이르렀다. …… 어제 왕명이 있었는데 19일에 명릉(明陵)과 소녕원(昭寧園)을 배알(拜謁)하시며 또 듣기로 장차 내년에 홍릉(弘陵)을 옮겨 원릉(元陵)에 합사한다고 한다. 이날 축사(祝史)인 예조정랑(禮曹正郎) 이가환(李家煥)을 만나 종일 문장(文章)과 전고(典故), 자획(字畫)과 성운(聲韻), 율력(律曆)과 주법(籌法)에 대해 극론(劇論)하다. ○또 재랑(齋郎) 평시서 직장 허식(許湜)과 만나 서로 이야기했다. ○이날 저녁 헌관(獻官) 사재첨정(司宰僉正) 서노수(徐魯修)가 인의(引儀) 최봉민(崔鳳民), 전에 관상감 겸 교수를 지낸 이응백(李應白) 등과 함께 있다가, 나와 이 예조정랑이 밤낮으로 극담(劇談)하는 것을 듣더니 감탄하며 이렇게 말했다.

"두 분이 서로 만났는데 필시 왜 이리 늦었는가 하는 탄식이 있겠습니다. 전에 광주 목사로 있을 때 황 도사(黃都事: 황윤석)의 명성을 익히 들었습니다."[97]

황윤석은 이날 이가환과 나눈 대화를 '극론(劇論)' 혹은 '극담(劇談)'이라는 말로 표현했다. 이때 '극(劇)'은 '빠르다', '상쾌하다'의 뜻으로, 황윤석에게 이날 이가환과의 시간이 빨리 흘렀으며 대화가 유쾌했다는 점을 함축한 말이다.

---

97 황윤석, 『이재난고』, 1778년 8월 2일 조. "初二日己未. 曉風晴天冷, 己是歲晏意思, 流光如水, 至願難遂, 八朔未歸, 此何人哉! ○早赴闕中, 納牌政院, 旋陪香赴儲慶宮仲朔祭所. …… 昨日聞有命, 以十九日, 謁明陵及昭寧園, 又聞將以來年, 遷弘陵祔于元陵. 是日遇祝史禮曹正郎李家煥, 終日劇論文章典故, 字畫聲韻, 律曆籌法.○又遇齋郎平市直長許湜相話.○是夕獻官司宰僉正徐魯修, 因引儀崔鳳民 · 李應白曾經觀象兼敎援等, 聞余與李禮正晝夜劇談, 歎曰: '二人相遇, 必有何晚之歎矣. 尙在光牧時, 稔聞黃都事聲名耳.'"

게다가 “두 분이 서로 만났는데 필시 왜 이리 늦었는가 하는 탄식이 있겠습니다.”라는 서노수(徐魯修, 1720~?)의 말을 참조하자면, 처음 만났음에도 학문적으로 의기투합하여 유쾌하게 담론하는 이가환과 황윤석의 모습이 주변 사람에게도 깊은 인상을 남겼다는 것을 알 수 있다. 황윤석은 이날 이가환과 나눈 대화가 크게 보아 문학과 자학(字學), 율력과 산학(算學)에 걸쳐 있었다고 요약했다. 그는 이날 나눈 대화의 내용을 바로 일기에 적지는 않았지만, 그 이후 며칠간의 일기를 보면, 이가환이 했던 말을 그가 계속 복기(復記)하고 있었음이 확인된다.

1778년 8월 3일 새벽, 황윤석은 새벽이 되기 전에 제사를 마치고 오랜 거처인 반촌으로 돌아왔다. 그리고 그는 이가환이 했던 말을 다음과 같이 되살리기 시작했다.

> [1] 어제 예조정랑 이가환이 말했다. “명나라 때 사람의 화약 만드는 법에, 재에다 약엽(箬葉)을 더해 소리를 죽이는 것이 있습니다.” 그의 말에 따르면 버드나무 태운 재에 약엽을 더하면 총알이 발사되어도 소리가 나지 않는다는 것이다.[98]
>
> [2] 또 말했다. “일본인이 찬한 『왜한삼재도회(倭漢三才圖會)』에 규원경(窺遠鏡)을 만들 때에는 ‘玻璃(보리)’가 필요한데 일본의 ‘보리’는 아란타국(阿蘭陁國)의 것에 미치지 못합니다. 아란타국은 ‘홍모이(紅毛夷)’라고도 하지요. 홍모이의 ‘보리’는 일본에서도 늘상 무역해서 썼습니다. 대개 ‘보리’는 일명(一名) 초자(硝子)인데, 본래 염초(塩硝)를 구워서 만듭니다. 혹자는 말하길 ‘보리’는 바로 유리(琉璃)이며 별다른 종류가

---

98 황윤석, 『이재난고』, 1778년 8월 3일 조. “昨日, 李禮正家煥言: ‘明朝人製火藥法有云, 灰加箬葉, 則悄聲, 言柳灰加以箬葉, 則銃丸雖發而無聲.’ ”

아니라고도 합니다."[99]

3 또 말했다. "육상산(陸象山)이 논한 건택일원(乾澤一源)은 천직(天稷)으로부터 유래한 것입니다. 천직(天稷)의 의(義)는 비단 우리가 알지 못하는 바일 뿐 아닙니다. 요사이 목천 현감 안정복(安鼎福) 또한 무슨 뜻인지 모를 따름입니다."[100]

4 또 말했다. "우리 동방의 옛 방언(方言)에 1을 '串(곶)'이라 하고 100을 '醞(온)'이라 합니다. 지금 관상감(觀象監)에서 계산을 연습하고 위치를 측정하는 자들은 아직도 이 말을 사용하지요. 나중에 중국 당송 때 소설에 기록된 고려 방언을 상고해 보니 바로 백을 온이라 하고 있더군요."[101]

5 우리나라에서 만든 화약에는 청주(淸酒)를 넣으니 왜인(倭人)이 소주(燒酒)를 쓰는 것에 못 미친다고 한다.

6 어제 예조정랑 이가환의 말을 들으니, 서호수(徐浩修)의 집에서 청인(淸人)이 찬한 〈조선팔로적도경위선지도(朝鮮八路赤道經緯線地圖)〉의 사본(寫本)을 새로 구입했는데, 몹시 정밀하여 우리나라 사람들이 능히 할 수 없는 것이라고 한다.[102]

황윤석은 이틀이 지난 뒤에도 다음과 같이 이가환의 말을 기억해

---

99 황윤석, 『이재난고』, 1778년 8월 3일 조. "又言: '日本人所撰『倭漢三才圖會』有云, 製窺遠鏡, 須以玻璃[보리]而日本之玻璃, 不及阿蘭陁國, 亦曰紅毛夷, 紅夷之玻璃, 故日本亦常貿用. 盖玻璃一名硝子, 本用塩硝燔成. 或云, 玻璃 卽琉璃而非別種也.'"

100 황윤석, 『이재난고』, 1778년 8월 3일 조. "又言: '陸象山所論乾澤一源來自天稷, 天稷之義, 非但吾所未知, 頃安 木川 鼎福亦未知何義耳.'"

101 황윤석, 『이재난고』, 1778년 8월 3일 조. "又言: '我東古方言呼一日串곶, 呼百日醞온, 今觀象監習籌定位者, 尙有此語, 後攷中國唐宋時小說所記高麗方言, 正以百爲醞矣.'"

102 황윤석, 『이재난고』, 1778년 8월 3일 조. "昨聞, 李禮正家煥言, 徐浩修家新購淸人所撰〈朝鮮八路赤道經緯線地圖〉寫本甚精, 而我國人顧莫之能者."

적었다.

> 7 얼마 전 예조정랑 이가환이 경주에서 백수정과 흑수정이 난다고 말했다.[103]

위와 같이 황윤석은 대화를 나눈 지 사흘째 되는 날까지, 이가환이 한 말을 모두 7개의 항목으로 메모해 두었다. 화제는 대략 화약, 유리, 수정, 『주역』과 천문학, 숫자, 지도 등이다. 황윤석은 8월 2일에 나눈 대화에서 문장과 자학, 율력과 산학을 화제로 삼았다고 당일에 회고했으나, 사흘에 걸쳐 그가 복기한 이가환의 말은 수리 과학과 실용 기술에 대한 것에 집중되고 있다. 이가환이 당시 주력하던 분야와 황윤석의 관심사가 유독 맞아떨어진 지점이라고 여겨진다.

먼저 1은 명대(明代)의 화약 제조 기술에 대한 것으로, 특히 폭발음이 나지 않도록 하는 방법을 소개하고 있다. 재료 중 유회(柳灰: 버드나무 태운 재)에 약엽(箬葉)을 첨가하면 총알이 발사될 때 소리가 나지 않는다고 했다. 19세기 조선에서 출간된 무기 관련 서적인 『융원필비(戎垣必備)』를 참조하면, '비몽포(飛蒙砲: 독가스탄을 발사하는 화포)'에 넣는 화약의 재료 중에 유회가 포함된 점이 확인된다.[104] '약엽'은 대과 식물인 조릿대나 신의대, 동백죽의 잎을 말린 것인데, 주로 한약재로 쓰인다.[105]

---

103 황윤석, 『이재난고』, 1778년 8월 5일 조. "李禮正家煥頃言慶州出白黑水晶."

104 박종경 저, 강신엽 역(2004), 85쪽.

105 황윤석은 이가환이 한 말을 이해하기 위해 글자 뜻을 다음과 같이 주석으로 달았다: " '箬(약)'은 옥편에 대나무의 큰 잎이라 되어 있고, 또 『설문해자』에는 초나라에서 대나무 껍질을 '箬'이라 한다 함. ○『四聲通解』에도 '篛'이라 했는데, '篛'으로 漁

5 역시 1과 마찬가지로 화약의 재료에 대한 정보이다. 그에 따르면 우리나라에서는 청주(淸酒)를 넣어 화약을 제조하는데 그보다는 일본 사람이 하는 것처럼 소주(燒酒)를 쓰는 것이 낫다는 것이다.

2에서는 규원경(窺遠鏡: 망원경)의 재료인 '玻璃(보리)'가 화제의 중심을 이루었다. '玻璃'는 다른 말로 '초자(硝子)'[106]라 부른다고 한 것이나 '玻璃'가 다름 아닌 유리(琉璃)라고 한 것은 대체로 사실에 부합하는데, 염초(塩硝)를 구워서 만든다는 정보는 확인이 필요하다. 염초는 화약의 재료이기 때문이다. 『왜한삼재도회(倭漢三才圖會)』라는 일본의 유명한 백과사전이 출처로 언급되었으나 이 단락에서 언급된 모든 정보가 이로부터 나온 것 같지는 않다. 물론 '홍모이(紅毛夷)'라고도 하는 '아란타국(阿蘭陁國)'에 대한 정보는 분명히 『왜한삼재도회』의 '아란타국' 항목에 있는 것이지만 '玻璃'의 독음을 '보리'라고 한 것은 일본 책을 근거로 삼았다고 보기 어렵기 때문이다. '玻璃'는 중국어에서 '유리=glass'라는 뜻으로 '琉璃'보다 더 보편적으로 쓰이는 단어이며 [bō li]라고 읽는다. 이가환이 '玻璃'를 '보리'라고 발음한 것은, 그가 이 재료를 일본이 아니라 중국 쪽 경로를 통해 알게 되었음을 시사한다. 그런 점에서 망원경의 재료 '玻璃'에 대한 정보원이 되었을 법한 자료가 홍

笠을 만든다 함.(箬, 玉篇竹大葉也, 又『說文』楚謂竹皮曰箬,○『四聲通解』亦作篛篛以作漁笠)"(황윤석, 『이재난고, 1778년 8월 5일 조.) 그가 조사한 내용은 이가환이 말한 '箬葉'과 거리가 있다. 조릿대를 말린 약재인 약엽은 항궤양, 소염, 진통, 혈압강하 등의 효험이 있는 것으로 알려져 있다. 이에 당시에는 황윤석이 위의 화약 제조 방식을 완전히 이해하지는 못한 것으로 보인다.

106 硝子: 석영이나 탄산소다, 석회암 등을 원료로 하여 용융 상태에 있는 액체를 갑자기 냉각시킨 물질이다. 일본어에서는 이 단어를 'ガラス'로 읽으며 '유리'라는 뜻으로 쓴다.

대용(洪大容)의 『연기(燕記)』 중 「유포문답(劉鮑問答)」이다. 홍대용은 서양인 선교사 유송령(劉松齡) 및 포우관(鮑友官)을 만나 망원경을 구경한 데 대해 기록하며 "망원경은 청동으로 통을 만들었는데, 통의 크기는 조총(鳥銃)의 통만 하고 길이는 주척으로 3자 남짓이며 양단에 각각 '玻璃'를 끼워 두었다(鏡制靑銅爲筒, 大如鳥銃之筒, 長不過三周尺許, 兩端各施玻璃)"고 묘사했다.[107] 중국에서 망원경을 구경한 홍대용도 이가환과 마찬가지로 망원경의 재료가 '玻璃'라고 했다.

이틀 뒤 일기에 인용된 [7]은 경주에서 백수정과 흑수정이 난다는 정보인데, 이는 망원경이나 안경 같은 광학기기의 재료가 될 수 있다는 점에서 [2]와 함께 묶을 수 있다. 현재 폐광이 되기는 했지만 경주시 산내면 동곡(동골)에 규모가 큰 자수정 광산이 있었던 것으로 확인된다.

[3]은 남송의 철학자 육상산(陸象山)의 이론에 대해 인용하고 있는데, 건괘(乾卦)와 택괘(澤卦)가 하나의 근원에서 나왔으며, 천직성(天稷星)으로부터 유래했다는 말로 이해된다.[108] 『주역』의 괘와 천문학을 연결시킨 것으로 보이나 자세한 것은 파악하기 어렵다. 그런데 이가환은 천직성이라는 것의 정의를 잘 아는 사람이 조선에 없다 했고,

---

107 1766년 1월 19일 당시 홍대용은 이덕성과 동행하여 유송령 등을 방문했다. 즉 홍대용이 망원경을 구경하는 자리에 이덕성도 함께 있었다. 한편 이덕성은 1768년 10월 연경에 갈 때 정철조가 유송령에게 궁금한 점을 적은 1책의 『문목』을 가지고 가 대신 물어볼 예정이었다.

108 天稷星은 중국 고대 星官의 하나로 28宿에 속한 星宿다. 『丹元子步天歌』에 "平星아래 세 개의 별은 이름이 天相이고 천상성 아래 稷星이 五靈(=五星)으로 빛기어 있다"고 했으므로 천직성은 다섯 개의 恒星을 포함하고 있다. 청나라 欽天監에서 편찬한 『儀象考成』 및 『儀象考成續編』에는 이 星官이 수록되어 있지 않다. 천직성이 포함하고 있는 항성의 정확한 위치는 알 수 없다.

목천 현감 안정복(安鼎福)도 잘 모를 뿐이라며 약간 경시하는 태도로 언급했다. 안정복을 천문학이나 상수학(象數學) 분야의 전문가로 보고 있지는 않은 듯하다.

[4]는 숫자를 헤아릴 때 쓰는 고유어 단어에 대한 경험적 지식이다. 1768년에 『기하원본』과 『수리정온』에 잠심하며 수리 과학에 몰두했던 이가환은, 이후 벼슬길에 오른 뒤 관상감의 기술직 관원들과 함께 일하며 그들이 업무에 사용하는 용어에 오래 된 고유어가 유지되고 있다는 점을 발견했다. 그들은 계산을 할 때 1을 '곳'이라 하고 100을 '온'이라 하는데 이는 우리나라의 옛 방언에 해당한다고 추정되었다. 그리고 당송 시기의 소설을 상고해 고려시대 사람들이 100을 '온'이라 했다는 것을 확인했다고 했다. 수학과 관련한 실무적 경험이 고유어의 원위(源委)에 대한 언어적 지식으로 확대되는 양상을 보인다.[109]

[6]은 청나라 사람이 만든 〈조선팔로적도경위선지도(朝鮮八路赤道經緯線地圖)〉라는 최신의 지도 사본(寫本)을 서호수(徐浩修)가 구입했다는 정보이다. 조선의 지도는 그만큼 정밀하게 그려지지 못했다고 했다. 이런 점에서 이가환은 최신의 선진 문물에 대해 많은 것을 파악하고 있고, 대체로 그것들에 대해 수용적인 태도를 보이고 있다고 판단된다. 그리고 최신의 서학서(西學書)를 수입한 것을 기반으로 삼아 일

---

109 황윤석, 『이재난고』, 1778년 8월 3일 조. "余按今俗方言, 以許多摠稱者曰왼갓것, 卽亦擧大數稱百之辭, 如云빅가지.○又按箬卽竹皮所製漁笠, 所謂箬葉卽大竹葉耳.○又按呼一之串곳, 今呼곶卽單位之單也.○我國製火藥用淸酒, 不及倭人之用燒酒云." 고유어 어휘에 대한 이가환의 언급을 황윤석은 적극적으로 분석했다. 그는 "내가 지금 방언을 살펴보니 허다한 것을 총칭할 때 '왼갓것'이라 하니 바로 큰 수를 일컬어 백이라 일컫는 말이라 '빅가지'라 하는 것과 같다. ○ 또 살펴보니 1을 '곳'이라 하는 것은 지금 '곶'이 바로 '單位'의 單이다"라고 하여 더 진전된 추론을 덧붙였다.

찍부터 천문역산의 전문가로 평판이 높았던 서호수가 43세가 된 당시에도 꾸준히 중국 자료를 수집하고 있었고, 또 그의 관심사가 지리학까지 포괄하고 있었다는 정황 등을 이가환의 전언을 통해 파악할 수 있다.

한편, 황윤석이 바로 전날 이가환을 만나 나눈 대화를 복기한 8월 3일의 일기에는 『추안급국안(推案及鞫案)』 1778년 7월 21일 조에 실린 홍양해(洪量海)의 결안(決案)도 초록되어 있다. 홍양해는 앞서 1768년 7월 29일의 일기에서 '『기하원본』을 소장한 홍계희의 지친이자 홍주에 거주하는 산학 전문가'로 언급되었던 바로 그 사람이다. 그 사이 홍양해는 천문역산 연구를 꾸준히 진행하여 1770년에는 '조선의 마테오 리치'로 일컬어지기도 했고, 20여 책 분량의 『기하보편(幾何補編)』이라는 저술을 이루었다고 알려져 있었다.[110]

---

110 18세부터 천문역산을 공부했다는 李顯直(1735~1773, 본관 全州, 자 子敬)은 황윤석과 算學에 대한 이야기를 나누던 중 '홍양해가 산학에서 가장 원숙한 경지에 이르러서 동국의 이마두라 할 만하다'는 자신의 생각에 대한 황윤석의 의견을 물었는데, 황윤석은 대체로 수긍한다고 하면서, 다만 지금 중국에는 이마두에 못지않은 서양인과 중국인들이 여럿 있다고 알려주었다(李君曰: "愚意平生, 亦頗自許數學, 今聞不待先覺, 反覺不及之遠耳. 抑平居嘗謂洪量海算學最熟, 可謂東國之利瑪竇, 此言何如?" 余曰: "此人吾所未面, 安知淺深? 但因盛敎推之, 似亦非甚大言. 雖然利氏入中國, 在於算學陳腐之餘, 特發舊說之所未有者, 故一時徐光啓 · 李之藻以下風靡. 近聞繼此入來者, 如湯若望 · 熊三拔輩, 非不如利氏, 而卽今來留北京者, 劉松齡也. 聞其比利氏, 藝術尤超高矣." 李君驚曰: "吾但聞利氏一人而已, 不意又有諸人, 信乎論人未易也."). 한편 이현직은 최석정의 『九數略』에 대해 홍계희의 『算法』과 비슷하다고 했고, 朴新源이 편집한 『藝略』은 홍양해의 저술인 『幾何補編』 20여 책에 도무지 미치지 못한다고 하며, 그 책이 불행히도 소실되었다고 했다(李君笑曰: "此與桂山洞 洪啓禧『算法』, 魯衛耳. 又聞江景 朴新源, 亦有所輯之『藝略』一冊, 都不如洪量海所著『幾何補編』二十餘冊, 聞其不幸灰燼矣."). 이현직은 이익의 『성호사설』에 대해 '실로 볼 만한 大文字이지만 남인의 집에서 나온 것이 애석하다'(又言: "近世李瀷所著『星湖僿說』, 實是大文字可觀, 惜其出於南人家中耳.")고 한 것으로 보아 노론계로 판단된

1768년, 천문역산에 대한 자신의 오랜 학적 지향을 실현하고자 하던 종8품의 의영고 봉사 황윤석은 동시대의 천문역산 관련 서적 소장자와 그 책을 연구한 학자들을 알아나가고 직접 만나 보기 위해 노력을 아끼지 않았었다. 당시 황윤석에게 포착된 괄목할 만한 장서가(藏書家)로는 소론계의 서명응과 서호수 부자, 남인계의 이용휴와 이가환 부자, 그리고 노론계의 홍계희가 있었다. 또한 천문역산 연구자로는 소북계의 정철조, 남인계의 이가환, 소론계의 서호수, 노론계의 홍양해와 이영유 등이 주목되었다. 황윤석은 특유의 끈기를 발휘하며 그들 중 상당수를 직접 만나 보고 자신에게 필요한 것을 얻었다.

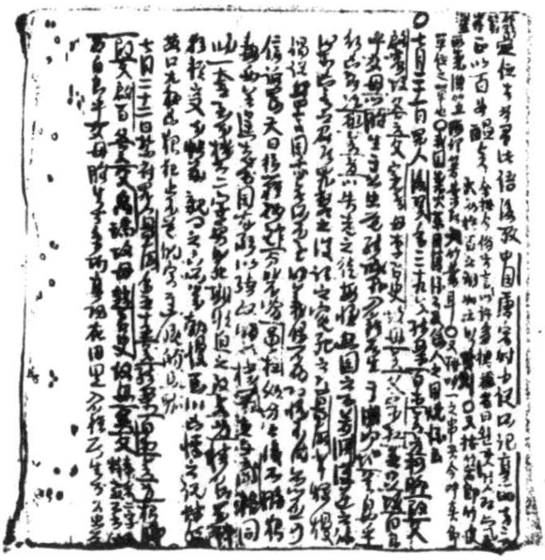

[도판 7] 『이재난고』 1778년 8월 3일 조. 이가환과의 대화를 재현한 단락 바로 아래에 "七月二十一日"이라고 시작되는 한후익과 홍양해 등의 결안이 인용되어 있다.

그런데 10년이 지난 1778년 8월 3일 하루 치 일기에는 황윤석이 주시했던 천문역산 연구자 중 세 사람이 동시에 등장하고 있다. 그 전날 만나 이야기를 나눈 예조정랑 이가환이 가장 뚜렷하게 존재를 드러냈고, 이가환의 언급 가운데 소환된 서호수는 여전히 중국에서 실용서를 도입하는 일에 열의를 유지하고 있는 것으로 나타났다. 그리고 10년 전에 조선을 대표할 만한 천문역산 전문가로서 홍계희와

다. 이상 이현직과의 대화는 황윤석, 『이재난고』, 1770년 2월 2일 조 참조.

서호수의 장서를 넉넉히 활용하고 문광도와 같은 실무자를 가르치기까지 했던 홍양해가 마지막으로 등장한 것이다.[111]

37세의 이가환은 그해 2월 12일 문신제술(文臣製述)에서 수석을 했으며, 2월 14일에 국왕 정조의 부름을 받고 입시(入侍)해 경사(經史)를 토론한 일로 단숨에 조정의 주목을 받게 된 터였다. 그는 황윤석과 만나기 한 달 전인 7월 1일에도 문신제술에서 수석을 하여 "이가환은 글이 뛰어나고 박식하니 세상에 드문 진정한 인재라고 할 만하다"라는 정조의 칭찬을 받았다. 당시 서호수의 부친 서명응이 바로 그 자리에 있었다.[112]

한편 승지, 전라도 관찰사, 홍문관 부제학 등의 요직을 역임한 43세의 서호수는 당시 이조참판에 재직 중이었고, 『문헌비고(文獻備考)』의 편집낭청(編輯郎廳)으로 활동하는 등 국고문헌 편찬의 일에 자신의 학술적 역량을 발휘한 경험이 적지 않았다.

그러나 노론계의 지식인인 이영옥과 중인인 문광도 등이 조선 최고라고 일컫던 홍양해는 1778년 7월 21일 대역부도(大逆不道)의 죄로 능지처사(陵遲處死)되어 이미 이 세상 사람이 아니었다.[113] 홍양해는, 1년

---

111 한편 계동 홍씨가의 주인으로 『기하원본』을 소장했던 홍계희는 1771년에, 조선의 수리 과학자들을 찾아가는 황윤석의 노정에 큰 도움을 주었던 이중해는 1774년에, 홍양해로부터 『기하원본』을 배워 서호수를 보조하던 문광도는 1775년에 각각 사망한바, 1778년 8월 3일 현재 모두 저세상 사람이 되어 있었다.

112 『일성록』, 1778년 7월 1일 조. "召見大提學徐命膺于誠正閣. …… 考券訖, 命承旨鄭民始折封, 居首李家煥, 之次丁倪祖, 次石宗克. 予曰: '入格三人, 俱皆善作, 而李家煥則文優識博, 可謂罕有之實才矣."

113 황윤석, 『이재난고』, 1778년 8월 3일 조에 수록된 홍양해의 결안 내용은 다음과 같다. 『추안급국안』과 대조하여 일부 수정했다. "禁府罪人量海, 年五十五矣結案白等. 矣身根脚段: 父啓百, 父矣父禹諧故, 母趙召史故, 母矣父[泰采二字, 特教不書]故

전 '정유역변(丁酉逆變)'의 주모자로 1777년 9월에 처형된 홍지해(洪趾海)와 홍술해(洪述海) 등과 가까운 친척으로 연결되어 있다는 견지에서 역모의 혐의를 받은 것이었다. 홍지해 등은 『기하원본』의 소장자 홍계희의 아들인바, 이미 사망한 홍계희는 이 일로 관작이 추탈되고 존재가 지워지게 되었다.

1768년의 『이재난고』에서 당대의 천문역산 전문가로 병칭되던 세 사람이 공교롭게도 10년 후의 일기에도 함께 등장하고 있는데, 1778년 황윤석의 시점에서 존재감이 가장 부각되는 이가 이가환인 점은 흥미롭다. 셋 중 한 사람인 홍양해는 역모죄로 보름쯤 전에 처형됐고, 다른 한 사람인 서호수는 청나라에서 제작한 정밀한 조선 지도를 수입해 소장한 사람으로 지나치듯 언급되었다. 그리고 마지막으로 촉망받는 신진 관료 이가환은 황윤석과 마주 앉아 열띤 학술적 토론을 나누고 있었다. 이렇게 저마다 다른 세 학자의 처지가 1778년 8월 3일의 일기에 포괄된바, 황윤석이 일기로 구축한 하루는 1778년 8월 3일 현재 조선을 대표하는 수리 과학 전문가이자 여타 실용적 지식까지 두루 갖춘 박학한 신진 관료로서 이가환의 독보적 형상을 제시한다.

爲白良乎, 父母胎生於京圻 高陽 花田里, 入籍居生於公忠道 洪州牧 用川面是白如乎, 行凶節次段: 矣身以趾·述諸賊之近族, 數年以來, 怨懟國家, 果有凶肚逆腸, 故若淵之罪斃, 謂之寃死. 『明義錄』亦有疑心, 至謂之無實. ……" 여기 언급된 홍양해의 혐의는 '洪趾海와 洪述海의 가까운 일족으로 국가에 원망을 갖고 역적의 심보를 품었으며 尹若淵이 죄를 짓고 죽은 것에 대해 억울한 죽음이라 했고 『明義錄』에 의심스러운 점이 있으며 사실과 다르다고까지 했다'는 것 등이다. 홍양해의 처형은 그 1년 전 있었던 丁酉逆變(일명 정조 시해 미수사건)과 연관을 갖는다. 당시 홍계희의 아들 홍지해와 그 아들 홍상범 등이 주모자로 지목되어 남양홍씨 일족이 대규모로 숙청되었다.

2) 『정헌쇄록』: 경험적으로 구성된 지식의 항목들

황윤석이 수습한 이가환의 말들은 대체로 기록한 사람의 관심사에 따라 선택된 정보이지만 수리 과학은 물론 심지어 재료공학에까지 걸친 이가환의 박식을 보여 준다.

이처럼 황윤석이 재현한 1778년 이가환의 학문 세계를 이가환 자신의 학적 성과물과 연관짓는 일은 학자로서 그의 구체적 면모를 밝히는 데 도움이 될 것으로 기대된다. 이가환의 필기류 저술 『정헌쇄록』은[114] 다양한 분야에 걸쳐 지식과 정보를 구축하고 재구성하여 자기화하던 그의 학문 과정 내지는 도달점을 짐작하게 하는 희귀한 자료로서, 황윤석이 기록한 이가환의 학문적 관심사와 교차 검토하기에 적합하다. 이 자료에는, 그가 관료로서의 실무 경험과 문헌에 수록된 정보를 결합시켜 살아 있는 유용한 지식을 만들어 나가는 과정이 고스란히 담겨 있다. 이는 성실한 관료로서 국고문헌 등의 편찬에 필요한 연구를 수행하는 한편, 기술직 관원들과 협력하고 현장 지식을 섭렵하여 박학을 재구성하던 이가환의 면모를 보여주는 것이다.

『정헌쇄록』에는 비인현감을 맡았던 1780년, 정주목사로 재직했던 1787년, 개성유수로 부임했던 1792년, 『규장전운』 교감을 하명받았던 1794년 등 관료로서 공적 임무를 수행하며 그가 만나게 된 현장의 지식들이 다양하게 포괄되어 있다. 이에 관료로서의 업무와 자신의 지식체계를 접목시키는 이가환의 상황을 알 수 있으며, 특히 이 자료에 수렴된 경험적 지식 중에 1778년 황윤석이 『이재난고』에 수습한 이가

114 『정헌쇄록』의 원문과 번역은 임형택 외 역주(2006), 382~462쪽을 참조하되 필자가 일부 수정했다.

환의 면모와 조응하는 항목이 다수 있는 점은 주목을 요한다. 그중 다음 [1]은 지도 및 지리에 대한 관심과 연관되는 경우에 해당한다.

[1] 대마도

이가환은 1778년 황윤석과 대화하던 중 〈조선팔로적도경위선지도(朝鮮八路赤道經緯線地圖)〉에 대해 언급한 바 있다. 청나라 사람이 제작한 이 지도가 조선의 것보다 정밀하다고 한 이가환의 인식 태도는 단순히 중국의 앞선 문물에 대한 선망에 그치지 않는다. 지도는 나라 안의 지리적 상황을 정확히 파악하는 수단에 불과해서는 안 되며, 필연적으로 국경과 영토 등 대국적(大局的) 차원의 문제로 확장될 가능성을 품고 있다. 그런 의미에서 청나라 사람이 제작한 〈조선팔로적도경위선지도〉는 조선의 지식인이자 국정을 담당한 관료로서 검토할 필요가 충분한 자료일 터이다. 이가환이 『정헌쇄록』 중에 기록한 대마도의 문제 역시 이와 비슷한 맥락에서 주목을 요한다.

그는 자신의 장서 『경세팔편유찬』에 포함된 『경세실용편(經世實用編)』을 검토하던 중 '대마도가 본디 조선 땅이었는데 중간에 산성군의 출망한 아우에게 빌려주어서 마침내 왜노에게 점령당하게 되었다'는 내용을 접하고 맥락을 잘 이해하지 못했다.[115] '대마도가 조선 땅'이라

115 이가환, 『정헌쇄록』. "鄧元錫『經世實用編』曰: '對馬島, 原是朝鮮之地, 中間借山城君出亡之弟, 遂爲倭奴所據.' 未知其解." 한편 이 구절에 언급된 『경세실용편』과 관련하여 규장각 소장본 『經世八編類纂』(奎中3634)이 주목된다. 『경세팔편찬유찬』은 표제가 '經世八編'이고 내제가 '八編類纂'인데, 序文 첫 장 우측 하단에 2과의 장서인이 찍혀 있다. 그 장서인의 인문이 각각 '李家煥印'과 '廷藻'로서 이가환의 성명과 자에 해당한다. 이에 그가 이 책의 주인임을 알려준다. 그리고 이 『경세팔편유찬』 중에 『경세실용편』이 포함되어 있다. 다만 그 찬자는 등원석이 아니라 馮應京(1555

는 것이 생소한 정보였기에 이 중국 측 자료에 신빙성이 있는지 판단할 수 없었던 것이다.

그러던 중 "대마도는 경상도의 계림에 예속하여 본디 우리나라 땅이었다. 이 사실은 문적에 실려서 소상히 고증할 수 있다. 그런데 그 땅이 비좁고 또 바다 가운데 있어서 왕래하기 어려우므로 백성들이 살지 않게 되었다. 이에 왜노들로 자기 나라에서 추방당하여 돌아갈 곳이 없는 자들이 모두 모여들어 굴혈(窟穴)을 이루게 된 것이다."라는 자국의 자료를 접하고 나서 앞서 『경세실용편』의 언급이 믿을 만하고 또 증빙할 수 있는 사실임을 확신하게 되었다.[116] 중국과 조선의 자료에서 저마다 '대마도가 조선 땅이었다'라는 같은 정보를 제시하고 있어 움직일 수 없는 증거가 될 수 있다고 판단한 것이다.

이 항목은 국고문헌 편찬 실무를 수행하는 관료로서 이가환이 해나간 의미 있는 활동의 일단을 보여 준다. 우선 지리지의 편찬에 도움이 될 법한 정보를 충실히 구축하고 있다는 점에서 그러하다. 게다가 이가환은 강역 안의 지리 정보를 파악하는 데서 그치지 않고, 국경과 외교 문제에서 국익에 도움이 되는 영향력을 발휘할 만한 자료를 수집하는 방향으로 나아가고 있다. 그는 대마도가 조선 땅이었다는 사

~1606)이다. 등원석이 찬한 『函史』도 『경세팔편유찬』에 포함되어 있는바, 이가환이 저자 이름을 혼동한 것으로 보인다. 그렇지만 『광해군일기』 1615년 윤8월 8일조에 "『경세실용편』의 「海防」 諸說에 '대마도를 외람되게도 天順 연간에 경솔하게 할애해서 산성군의 망명한 아우에게 사는 곳으로 제공하고 곡식과 비단을 대주어 매년 관례가 되도록 하였다.'고 되어 있다"는 내용이 보이므로 이가환은 찬자의 이름만 혼동했을 뿐, 그가 『경세실용편』을 읽으며 파악한 정보에는 틀림이 없다.

116 이가환, 『정헌쇄록』. "今按我世宗大王元年, 命兵曹判書趙末生, 諭對馬島主都都熊瓦書曰: '對馬爲島, 隷於慶尙之鷄林, 本是我國之地, 載在文籍, 昭然可考, 以其地甚小, 又在海中, 阻於往來, 民不居焉. 於是倭奴之黜於其國而無所歸者, 咸來投集, 以爲窟穴.'"

실을 중국 사람들도 아는데 도리어 우리나라 사람들이 잘 모르고 있다며 개탄했는데,[117] 그의 이런 문제의식은 독도와 관련된 한일 간의 갈등이 엄존하는 현재에도 유효하다고 여겨진다.

2 자네들은 어째서 '100'을 '온'이라 하는가

황윤석은 1778년 8월 2일 이가환이 "옛 방언(方言)에 1을 '곳'이라 하고 100을 '온'이라 하며, 지금도 관상감에서 일하는 자들이 이 말을 사용하고 있는데, 당송 때 소설에 기록된 고려 방언에서 '백'을 '온'이라 하고 있는 것을 확인했다"고 한 데 대해 자신의 일기에 기록한 적이 있다. 『정헌쇄록』에는 이가환의 이 말에 상응하는 항목이 있어 당시 대화의 배경이 되는 지식의 체계를 보여 준다. 이에 해당 항목의 검토를 통해 고유어 어휘에 대한 지식이 형성된 과정을 발견할 수 있다.

이가환은 '1에서 10까지는 다 고유어 어휘가 있으나 백, 천, 만은 우리말이 없고 중국음으로 쓰고 있다'며 우리말 수사의 어휘 현황을 먼저 제시했다. 그리고 송나라 손목(孫穆)의 『계림유사(鷄林類事)』에 '1은 하둔(河屯), 2는 도발(途孛), 3은 쇄(洒), 4는 내(迺), 5는 타술(打戌), 6은 일술(逸戌), 7은 일급(一急), 8은 일답(逸苔), 9는 아호(鴉好), 10은 열(噎)'이라고 되어 있는 것을 고증해 당시의 어휘와 대략 비슷하다고 파악했다.[118] 그런데 『계림유사』에는 100이 '온(醞)'으로 되어 있

117 이가환, 『정헌쇄록』. "乃知鄧公之言信而有徵. 中國猶能傳聞, 而我國反昧焉, 鹵莽如此."

118 이가환, 『정헌쇄록』. "東俗凡數目, 自一至十, 皆有國語, 而百千萬則無之, 用華音. 及考宋 孫穆『鷄林類事』曰: '一曰河屯, 二曰途孛, 三曰洒, 四曰迺, 五曰打戌, 六曰逸戌, 七曰一急, 八曰逸苔, 九曰鴉好, 十曰噎', 與國語大略彷彿, 二百曰醞, 此則今人所

었고, 그것은 그에게 낯선 말이었다. 당시에 이미 '온'이라는 고유어 어휘가 소멸되었던 것이다.

'온'에 대한 언어적 호기심을 간직한 상태에서 관상감의 계산 업무를 지켜보던 이가환은 이 고유어 어휘가 살아있다는 것을 발견한다. 관상감 생도(生徒)[119]들은 평방주(平方籌)와 입방주(立方籌)[120]를 펼치면서 단(單), 열(熱), 온(醞), 천(千), 만(萬)이라는 단위를 설정했다. 이것이 1, 10, 100, 1000으로 진행되는 것이므로 '온'은 100이 틀림없었다. 흥미가 생긴 이가환은 생도들에게 "자네들은 어째서 100을 온이라 하는가?"하고 물었다. 그러자 모두들 "예로부터 그렇게 전해 온 것이요 그 의미는 알 수 없습니다"라고 대답할 뿐이었다.[121]

이가환은 그들이 말해 주지 못한 의미에 대해 언어학자의 시선으로 정채로운 추론을 전개하였다. 먼저 그는 관료로서의 경험에서 접한 정보가 손목의 기록과 부합하는 것을 확인하고 '온'이 고려시대의 고유어라는 판단에 이르렀다. 그리고 '일반 백성들이 사는 곳에서는 말이 시대에 따라 변하지만 관부에서 쓰는 용어는 격식을 지켜 변하지 않는 법이다'라고 하여 그러한 언어 현상의 의미까지 제시했다.[122] '언

未聞也."

119 生徒: 임관 전에 소속 관아의 학문과 기술을 익히던 사람.

120 "平方籌는 단지 두 위를 사용하는 것으로 대개 平方(제곱근)으로 積數한다. 비록 初商을 많이 사용해도 다만 두 位이기 때문이다.", "立方은 길이와 너비 높이가 서로 같은 형태로 곧 수를 세제곱 하는 것인데, 서양법에서는 體라고 한다."는 내용이 『籌學實用』 외편 부록 「籌數法」에 보인다.

121 이가환, 『정헌쇄록』. "然余常見觀象監生徒布開方籌, 先定位次曰: '單 · 熱 · 醞 · 千 · 萬' 蓋開一平方隔定位故, 先定單十百千之位也. 然則生徒所呼醞則百也. 余試問之曰: '君輩何爲呼百爲醞?' 皆對曰: '自古相傳云, 然不知其解.'"

122 이가환, 『정헌쇄록』. "余思之, 實與孫穆所記暗合, 盖高麗時國語也. 里巷語音, 隨時

어의 역사성'이라는 일반 원리를 추출하고, 그 예외가 되는 상황에 대한 분석을 덧붙인 것이다. 그리고 현존하는 '온갖 물건'이라는 어휘에 고어가 그대로 남아 있다고 함으로써, 과거의 기록에 남은 언어의 흔적과 현재의 언어 상황을 연결했다.[123] 고려시대 외국인의 저술에 남은 낯선 어휘 '온'에서 출발한 그의 궁금증은 관료로서의 경험과 만나며 해소되었다. '온'에 대한 이가환의 언어학적 분석은 이 고유어 어휘가 아직 살아 있다는 것을 증명했다.

3 안경

이가환이 1778년에 황윤석과 나눈 대화 중 일본인들이 아란타국에서 수입하여 쓴다는 '玻璃(보리)'와 경주에서 많이 나는 수정 등의 화제(話題)는 모두 광학기기의 소재를 언급한 것으로, 재료공학의 범주에 포함되는 지식이다. 그런데 이가환이 『정헌쇄록』 중에 작성한 안경 관련 항목이 해당 화제와 관련된 이가환의 학문적 깊이와 넓이를 보여준다. 『정헌쇄록』의 안경 관련 항목은 렌즈의 광학적 특성을 탐구하는 데까지 나아가고 있어, 같은 소재를 다룬 조선후기의 글 중에 유례를 찾기 어렵다. 해당 항목은 다음과 같이 시작된다.

> 안경의 품등은 분별하기 어렵다. 빛이 투과되는 것은 질료에 달려 있다. 보이는 형세의 크고 작음은 연마 방법에 달려 있다.[124]

世而變, 官府稱呼, 守格套而不敢變, 故至今流傳."

123 이가환, 『정헌쇄록』. "因是推思, 今人猶呼百爾思之曰醞爾思之, 百件物醞件物, 是則古語猶有存者, 所謂百姓日用而不知也."

124 이가환, 『정헌쇄록』. "靉靆之品難辨. 光明洞徹, 由於質料. 視勢大小, 由於練磨."

'안경의 품등'이라고 한 것의 원문은 '靉靆之品'이다. 여기서 '품(品)'은 품질과 등급을 뜻하는 것으로 보이며, 그것을 결정하는 두 요소가 바로 질료와 연마 방법이다. 질료는 렌즈의 재질이고, 연마 방법이란 렌즈 두께를 적절히 깎아 크게 보이도록 하거나 작게 보이도록 하는 것이니 도수와 직결된 것일 터이다. 즉 이가환은 재질과 도수에 따라 안경의 품등을 구별할 수 있다고 파악했다.

> 평평한 것은 젊은이에게 적당하고, 볼록한 것은 노인에게 적당하다. 이는 모두 제조법에 따른 것으로 질료와는 상관이 없다. 그러므로 비록 값싼 유리라 하더라도 그저 볼록하게만 하면 노안에 적당하다.[125]

평평한 렌즈는 젊은이에게, 볼록렌즈로 만든 돋보기는 노인에게 적당하다는 말은 지금 상식에 해당된다. 필자는 근래에 노안 때문에 돋보기를 마련하면서 '돋보기는 굳이 좋은 렌즈를 쓰지 않아도 된다. 도수만 맞으면 저렴한 것을 써도 무방하다'는 말을 안경사에게 들었다. '값싼 유리라도 볼록하게만 하면 노안에 적당하다'는 위의 말이 지금도 실정에 부합함을 알 수 있다. 그러나 이 말은 당연히 모든 경우에 적용되는 것은 아니다.

> 사리를 잘 모르는 사람들이 드디어 말하길 '유리 값의 고하에 있지 않고 눈에 잘 맞는지의 여부에 달려 있다'고 하는데 얼른 들으면 그럴듯하지만, 기실은 그렇지 않다. 재료의 품질이 나쁘면 오래지 않아 광택이 사라져 어두워지는데 어떻게 고급 안경이 될 수 있겠는가? 오직

125 이가환, 『정헌쇄록』. "平者宜少, 凸者宜老. 此皆由制造, 不系質料. 故雖玻瓈賤品, 但凸則宜於老眼."

질료가 밝고 깨끗하며 연마 방법이 적절해야 고급품이 될 수 있을 따름이다.[126]

질료는 안경의 품질을 결정하는 양대 요소 중 하나다. 처음에는 빛을 잘 투과하는 맑은 렌즈였다 하더라도 단단하지 못하면 흠집이 생기고 그러면 광택이 사라져 선명하게 보이지 않는다. 고급 안경을 만들기 위해서는 역시 좋은 재료와 적절한 연마 방법(에 의한 도수 조절)이 동시에 충족되어야 한다.

그런데 사람의 시력은 늙을수록 어두워지기 때문에 안경 또한 점점 볼록해져야 한다. 혹자는 절품의 안경은 늙은이와 젊은이 모두에게 잘 맞아서 평생 쓸 수 있는 것이라 하지만 망언(妄言)이다.[127]

게다가 사람의 시력은 시간이 갈수록 쇠퇴한다. 이것이 하나의 안경을 그대로 쓸 수 없으며 계속 도수를 높여야 하는 이유이다. 따라서 '정말 좋은 안경이 하나 있으면 늙어서까지 평생 쓴다'는 말은 오류가 된다.

안경의 품등을 분별하려면 안경알에 햇빛을 비추어 보면 된다. 빛의 초점이 몹시 가까운 곳에 생기면 안경의 면이 반드시 매우 볼록하다. 빛의 초점이 몹시 먼 곳에 생기면 안경의 면이 반드시 약간 볼록하다. 그래서 글자를 보면 조금 크게 보이므로 눈이 나빠지기 시작한 사람에

---

126 이가환, 『정헌쇄록』. "味者遂謂不在價多, 惟在適眼, 聚聞似然, 其實不然. 質料旣, 非久退光昏暗, 安得爲佳品? 惟質料明淨, 鍊磨得宜, 乃佳耳."

127 이가환, 『정헌쇄록』. "然人之目力, 漸老漸昏, 故鏡亦須漸凸, 或謂絶品老少皆宜, 終身可用者, 亦妄也."

> 게 적합하다. 초점이 멀고 가까운 것은 시력이 밝은지 어두운지의 차이와 직결된다.[128]

안경의 면이 '매우 볼록(甚凸)'하다는 것은 렌즈의 지름을 잇는 곡선의 굴곡률이 크다는 것이다. 굴곡률이 클수록 초점거리는 짧아진다. 반대로 렌즈의 지름을 잇는 곡선의 굴곡률이 작아 렌즈가 '약간 볼록(微凸)'한 경우는 초점거리가 멀어지게 되고, 이럴 때는 글자가 약간 크게 보인다. 눈이 밝은 사람에게는 초점거리가 먼 '약간 볼록' 렌즈가, 눈이 어두운 사람에게는 초점거리가 가까운 '매우 볼록' 렌즈가 적절하다.

> 대개 초점이 생기는 소이는, 볼록한 형세가 (렌즈에 해당하는) 원형과 맞아떨어져서다. 초점이 생기는 곳은 원형의 중심이다. 안경의 면은 원형 가장자리의 한 구역이다. 그러므로 원형의 대소는 바로 안경이 평평한지 볼록한지와 관련된다. 원형이 크면 평평하고 원형이 작으면 볼록하다.[129]

'원형'의 원문은 '規'인데 '컴퍼스로 그린 원'을 뜻하는 말이다. 초점을 중심으로 렌즈를 이루고 있는 세로로 긴 모양의 타원을 가리키는 것이 아닌가 한다. 타원형인 '규(規)'의 세로 지름이 짧아질수록 렌즈는 더 볼록해진다. 긴 직사각형에 타원의 반을 붙인 형상이 안경알 전체의 단면 모양인데, 과거에는 안쪽에 볼록렌즈가 들어 있는 방식

128 이가환, 『정헌쇄록』. "欲辨鏡品, 以鏡承日. 聚光甚近者, 鏡面必甚凸, 聚光甚遠者, 鏡面必微凸, 視字微大, 宜於始衰者. 聚光遠近, 卽目力明暗之差也."

129 이가환, 『정헌쇄록』. "盖所以聚光者, 以凸勢中規. 聚光處卽規心, 鏡面卽規邊之一段也. 故規之大小, 卽鏡之平凸[規大則平, 規小則凸]."

으로 돋보기안경을 제작했다고 한다. 렌즈에 해당하는 원의 중심이 안경 전체 면의 초점과 일치하여 결국 안경의 초점이 맞게 되는 것을 위와 같이 표현하고 있는 듯하다. 이어서 눈이 어두운 사람은 초점이 맞도록 하여 볼록렌즈를 사용하면 되는 것이고, 혹 초점을 중심으로 렌즈가 이루는 원의 크기가 일종의 경계에 있으면 평평함과 볼록함이 중용을 얻어 사오십에 시력이 쇠하기 시작할 때부터 육칠십에 노안이 왔을 때까지 통용할 수도 있다고 했다. 그러나 이런 경우 때문에 절품의 안경을 얻으면 평생 쓴다는 오해가 나온 것이지만 일반화하기는 어렵다고 했다.[130]

이어지는 논의는 렌즈의 초점에 집중되고 있다. 완전히 평면일 경우에는 햇빛을 받아도 초점이 생기지 않으며, 이런 평면 안경은 연소자가 시력을 기르기 위해 쓰는 것일 뿐, 더 잘 보이게 해 주는 것은 아니다. 또 초점이 생기기는 하는데 바둑알이나 콩알만 한 크기에서 멈출 뿐 끝내 송곳 끝처럼 미세한 한 점으로 모이지 않는 경우도 있다고 했다. 그 이유는 안경의 면 전체는 앞서 언급한 원과 잘 맞아도 그 원의 중심이 안경 볼록한 곳의 중심점과 만나지 않고 평행선을 이루기 때문이다. 이는 결국 안경의 초점이 잘 맞지 않는다는 것인데, 이가환은 우리나라 경주에서 제조한 것 중에 이런 게 많다고 덧붙였다.[131] 경주에서 만든 안경의 초점이 잘 맞지 않는다는 이 말은, 당시

---

130 이가환, 『정헌쇄록』. "鏡之平凸, 卽目力明暗之所宜[明則宜平, 暗則宜凸]. 其或規在大小之間, 則平凸亦得中, 自四五十始衰, 至六七十, 或可通用. 所謂絶品無老少者, 其誤正坐於此也."

131 이가환, 『정헌쇄록』. "其承日而不聚光者, 元係平面, 年少藉以養目, 非助視者也. 又或有聚光耳, 似棊子大豆, 終不恰聚如錐末者, 盖緣全面合規. 而中心一點, 爲平線故也. 我國慶州所造, 多如此."

조선의 안경 기술이 충분하지 못하다는 데 대한 지적으로 이해된다.

비슷한 시기 소북계의 문인 강세황(姜世晃, 1713~1791)은[132] 안경에 대해

> 그 연마하여 만드는 법은 사방의 둘레를 얇게 하고 중심은 조금 융기하게 한다. 그 너머로 사물을 보면 배나 밝고 크게 보인다. 그러나 지나치게 융기하면 가깝게 볼 수는 있으나 조금만 멀어져도 흐릿해진다. 너무 조금 융기하면 멀리는 볼 수 있지만 그다지 밝고 크게 보이지는 않는다.[133]

라고 한 바 있는데, 이 언급 중 '융기한 부분'이 바로 이가환의 '규(規)'에 해당하는 것으로 보인다. 강세황은 주로 안경을 사용하는 입장에서 실용적 지식을 잘 정돈해 제공했으며, 이가환은 더 나아가 안경 제작에 참고가 될 만한 광학적(光學的) 지식의 차원에까지 접근하고 있어 양자는 서술의 각도가 분명히 다르며 상호보완을 이룬다.

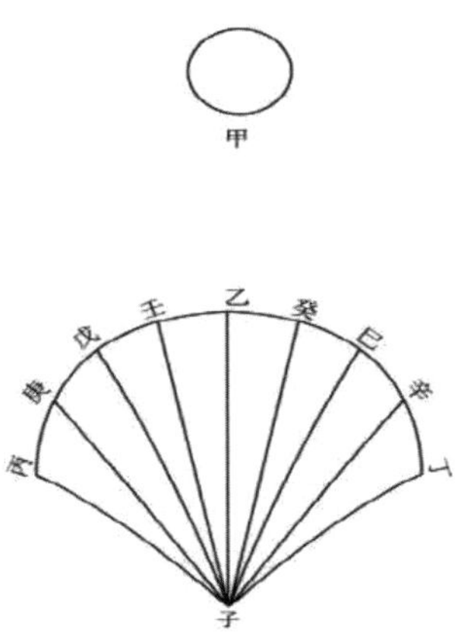

[도판 8] 정약용의 「애체출화도설(靉靆出火圖說)」 중 볼록렌즈 초점 그림

한편 렌즈의 초점에 대해 쓴 글로 이가환의 후배 정약용의 「렌즈에서 불이 발생하는 데 대한 도설[靉靆出火圖說]」도 비교해 볼 직하다. 정약용은 불

132 정은진(2007), 205~235쪽.

133 강세황, 『豹菴稿』 권5, 「眼鏡」. "大抵其磨造之法, 四周薄而中心微隆起, 則隔眼視物倍明而且大也. 然太隆起則可以近視而少遠則糢糊, 太不隆起則可以遠視而不甚明且大."

을 일으킬 수 있는 볼록렌즈의 원리를 그림을 이용해 설명했는데, '갑(甲)'에 해당하는 태양 빛을 볼록렌즈 윗면의 을(乙), 병(丙), 정(丁)과 임(壬), 계(癸), 무(戊), 기(己), 경(庚), 신(辛)의 지점에서 받아 초점에 해당하는 '자(子)'에 집중하여 수렴하게 된다는 것이 그의 분석이다. 즉 태양 빛은 자를 초점으로 뭉쳐져서 녹두알만 한 열이 되고, 열이 모인 곳에서 불이 일어난다는 것이다. 그리고 이때 반드시 평면이 아닌 볼록한 렌즈가 필요하며, 불쏘시개가 되는 쑥은 흰색보다는 검은색인 편이 불을 더 빨리 붙일 수 있다는 점까지 덧붙였다.[134] 이에 이가환과 정약용이 렌즈의 초점이라는 지식에 대해 분석적으로 접근하는 특유의 방식을 공유하고 있음을 알 수 있다.

한편 노론계의 문인 박지원(朴趾源, 1737~1805)은,[135] 정약용이 관찰하고 분석한 '볼록렌즈로 불을 일으키는' 현상에 대해 퍽 다른 태도로 접근하고 있다. 이에 비슷한 정보를 다루는 이가환과 정약용의 태도는 박지원의 그것과 명확한 대조를 이룬다. 박지원은 「소완정기(素玩亭記)」라는 글에서 볼록렌즈로 불을 붙이는 과정을 다음과 같이 설명했다.

---

134 丁若鏞, 『與猶堂全書』 文集 권10, 「靉靆出火圖說」. "靉靆之火, 太陽之煖也. 太陽之煖, 不烈以熇, 雖盛暑之日, 令民可堪也. 令民可堪者, 不焦以焚也. 假有一楪, 其圓如馬蹄之大, 則其所受太陽之煖, 亦馬蹄之大也. 有術焉, 馬蹄之大, 約之爲菉豆之小, 則其所受馬蹄之煖, 亦約之爲菉豆之小也. 布於馬蹄而溫者, 聚於菉豆, 不大熱乎? 大熱所觸, 火於是發, 此靉靆所以出火也. 又凡物受照之法, 彼大此小, 而此體正圓, 則其受照之脚, 皆自外向內, 此本理也. 太陽之大, 萬萬倍於靉靆, 故其受照之脚, 皆自外向內, 此靉靆所以出火也."

135 조지형(2020)에서 노론계 핵심인 반남박씨 가문의 일원으로서 박지원의 서학 인식을 다루었다.

"대저 태양은 순수한 양(陽)의 기운으로 사해(四海)를 비추어 만물을 길러 내지. …… 그렇지만 나무에 불이 일게 하거나 쇠를 녹이지는 못하는데 그건 왠지 아나? 빛이 퍼지는 바람에 정기(精氣)가 흩어지기 때문일세. 만약 만리(萬里)를 두루 비추는 빛을 쪼그맣게 모아서 둥근 유리알을 통과시켜 동그라니 콩알만 하게 만들면 처음엔 연기가 희게 나다가 갑자기 불꽃이 팍 일며 활활 타는 건 왜 그런지 아나? 빛이 합해져 흩어지지 않고 정기가 모여 하나로 되었기 때문이라네."

낙서(洛瑞: 이서구(李書九)의 자)가 감사하며 말했다. "선생님께서 저에게 '깨달음[悟]'으로 깨우쳐 주신 것이군요."[136]

분산된 빛이 초점에 집약됨으로써 불을 일으킨다는 박지원의 설명 방식은 정약용의 것과 상통한다. 그러나 이서구(李書九, 1754~1825)의 감탄에 찬 응수에서 알 수 있듯 박지원은 볼록렌즈로 불을 일으키는 같은 현상을 '깨달음[悟]'의 도를 깨우치도록 하는 인식론적 비유로 활용했다. 이 점에서 박지원과 이서구의 대화에 함축된 학적 지향은 이가환과 정약용이 같은 렌즈라는 대상을 탐구하며 실행한 바와 대단히 다르다.

이처럼 렌즈와 관련된 여러 담론이 존재하는 가운데 이가환은 광학(光學)이라는 실용 학문의 분야에서 가장 진전된 지식을 구축했다는

---

136 박지원, 『燕巖集』 권3, 「素玩亭記」. "夫日者, 太陽也, 衣被四海,化育萬物. …… 然而不能爇木而鎔金者, 何也? 光遍而精散故爾. 若夫收萬里之遍照, 聚片隙之容光, 承玻璃之圓珠, 規精光以如豆, 初亭毒而晶晶, 倏騰焰而熊熊者, 何也? 光專而不散, 精聚而爲一故爾. 洛瑞謝曰: '是夫子警我以悟也.'" 번역은 박희병 외 편역(2007), 267~280쪽 참조. 한편 이 글 중 "規精光以如豆"의 '規'는 이가환이 언급한 '規'와 맥락이 닿는 바가 있어 보인다. 박지원의 '規'도 '볼록렌즈의 범위'라는 의미를 내포하고 있다고 여겨진다.

점에서 특기할 만하다. 이는 20대에 이미 『기하원본』을 탐구하고 혼개통원의를 제작하는 등 천문역산 연구자이자 기하학 전문가로서 성취를 보였던 그의 면모와 맞닿은 지점이다.

이상과 같이 문헌 고증과 실무 관료로서의 풍부한 경험이 만난 결과로서, 『정헌쇄록』의 여러 항목들은 언어학과 역사지리, 수리 과학과 기술과학 등의 분야에 걸쳐 이가환이 평생 구축한 다채롭고 밀도 높은 지식의 세계를 보여 주고 있다.

4. 이가환의 마지막 글씨

「정헌묘지명」으로 이가환을 제대로 기억하기 위해, 정약용은 여러 목소리를 소환하는 방식을 취했다.[137] 그중 가장 유효한 것은 아마도 국왕 정조의 목소리였을 것이다.

1778년 2월에 이가환을 불러 경사(經史)와 천문역산을 포함한 학문의 온갖 분야에 걸친 대화를 나눈 이래로, 정조는 국가에 필요한 학자로서 그를 눈여겨보았다. 「정헌묘지명」 안에서 정조는 이가환을 대하여 "너는 박식하니 이 일을 맡기에 마땅하다."[138]고 했고, 우리나라 역사에 대한 질문에 『이십삼사(二十三史)』를 인용하며 물 흐르듯 응대하던 이가환이 물러나고 나자 "이가환과 같은 자야말로 진학사(眞學士)"

137 이 점과 관련하여 "정약용이 직접 인용하고 있는 내용들은 이가환 및 그와 동시대를 살아갔던 이들이 공적, 사적인 장에서 발언한 '肉聲'이라는 공통점이 있다"고 한 황정수(2023)가 참조된다.

138 丁若鏞, 『與猶堂全書』 文集 卷15, 「貞軒墓誌銘」. "咨家煥: '汝惟博識, 宜掌是役.'"

라며 칭찬했으며,[139] 국정에 필요한 역사 전고(典故)에 해박한 이가환에 대해 "재상은 모름지기 독서인을 등용해야 한다더니 이가환을 두고 한 말이로구나."[140]라 했다. 이가환에 대해 박식한 선비이자 진정한 학사(學士)이며 독서인으로서 재상으로 등용할 만한 인재라고 허여한 것이다.

이런 정조의 허여와는 별도로, 이가환에 대한 정치적 공세는 점차 격화되었다. 그리고 울타리가 되어 주던 채제공(蔡濟恭)이 사망한 1799년 봄, 이가환은 더욱 외로운 처지가 되었다. 당시 정조는 수리(數理)와 역상(曆象)의 본원을 밝히는 책을 편찬하는 임무를 이가환에게 맡기고자 하여 그에게 북경에 가서 관련 서적을 구입해 올 수 있는지 편지를 써서 하문(下問)했다. 그러자 이가환은 '시속(時俗)이 우매하여 수리의 학설이 무엇이고 서교(西敎)의 법술(法術)이 무엇인지 알지 못한 채 혼동하여 성내고 꾸짖습니다. 지금 이런 책을 편찬하면 저에 대한 비방이 더욱 늘어날 뿐만 아니라, 혹여라도 성덕(聖德)에 누가 될까 합니다.'라며 그 일을 하지 못하겠다는 뜻을 밝혔고 정조의 이 편찬 계획은 무산되었다.[141] 평생 자신이 좋아하고 잘 해 온 수리와 역상의 공부를 시도할 염을 내지 못할 정도로, 당시 이가환은 정치

---

139 丁若鏞, 『與猶堂全書』 文集 卷15, 「貞軒墓誌銘」. "上每淸燕引見, 問三韓四郡以來東方故事, 公輒引『二十三史』, 應對如流, 上大驚, 退謂左右曰: '如李家煥者, 眞學士也.'"

140 丁若鏞, 『與猶堂全書』 文集 卷15, 「貞軒墓誌銘」. "上欲令改議, 無以執言, 詢于樊翁, 樊翁無以應, 召公議之. 公應聲曰: '開運二字, 是石晉年號, 何患無辭?' 於是大臣以此奏改之. 後數日上聞其狀, 歎曰: '宰相須用讀書人, 其謂是矣.'"

141 丁若鏞, 『與猶堂全書』 文集 卷15, "己未春, 樊翁捐館舍, 公益孤, 無可與者. 上欲令公編書, 明數理曆象之原, 將購書于燕京, 御筆下詢. 公對曰: '流俗貿貿, 不知數理爲何說, 敎法爲何術, 混同嗔喝. 今編是書, 不唯臣謗益增, 抑將上累聖德.' 事遂已. 然上以爲不必然也."

적으로 궁지에 몰려 있었다.

그 이듬해인 1800년, 정조는 자신을 위해 일한 신하들의 글씨를 모은 책을 엮었다. 근래에 눈이 나빠진 정조는 세손 시절부터 존숭한 주희(朱熹)의 시를 크고 좋은 글씨로 보고 싶었고, 또 자신의 곁에서 일했던 여러 신하들의 마음을 하나의 책에 모아 들여다보고 싶었다.[142] 그리하여 정조는 대신(大臣)과 각신(閣臣), 강독(講讀)과 제술(製述)하는 문신(文臣), 기로소(耆老所), 홍문관과 예문관, 이부(吏部)의 장관(長官) 등 경재(卿宰) 이하 대부(大夫) 이상의 글씨에 재주가 있는 124인에게 주희의 시 1,221수를 나누어 써서 올리게 했고, 그 결과물을 12책으로 엮으며 자신의 그런 소회를 밝혔다. 정조가 재위한 지 24년째 되는 경신년(1800) 여름의 일이었다.[143] 정조는 그해 여름이 끝나기 전인 6월 28일에 승하했다.[144]

한편 정조의 명으로 편찬된 그 책 『주부자시(朱夫子詩)』가 현재 서울대학교 규장각한국학연구원에 소장되어 있다. 이가환은 정조의 하명을 받은 124명의 신하에 포함된바, 이 책 권10에 이가환이 필사한 주희의 시 16수가 수록됐다.[145] 그 첫 면 오른쪽 상단에 "行大護軍李家

---

142 正祖, 『弘齋全書』 권56, 「分命諸臣書朱夫子詩, 漫書卷端」. "欲求詩教之本, 宜自朱子詩始, …… 予自春邸, 尊閣諷誦, 每欲會通全部, 以倣『三百篇』之體. 近且眼力, 難御細字, 命在廷諸臣, 分掌各編, 大字書進, 以句不以行, 俾便於考閱. …… 況諸臣, 皆禮遇簡拔, 朝夕密邇之人, 雖編帙有多寡, 筆法有工拙, 而點畫行墨之間, 可見其人之性情氣象."

143 正祖, 『弘齋全書』 권56, 「分命諸臣書朱夫子詩, 漫書卷端」. "乃命大臣閣臣講製文臣·耆社·文苑·銓部·玉署長卿宰下大夫以上藝書者一百二十有四人, 分書詞賦操五七言古近體千二百二十一首以進, 合十二冊, 於其卷首, 漫錄命書之所由. 時予臨御之二十有四年庚申夏, 書."

144 『正祖實錄』, 정조 24년(1800) 6월 28일 조.

煥"이라고 작은 글씨로 적혀 있어 당시 이가환이 보직 없는 문관으로 대호군(大護軍)의 직함을 지니고 있었음을 알 수 있다.

이가환이 필사한 첫 시는 주희의 「유덕명, 언집, 축 씨 아우와 '하운다기봉(夏雲多奇峯)'으로 운자를 삼아 시를 지어서 농담 삼아 절구 5수를 이루다(劉德明彦集祝弟以夏雲多奇峯爲韻賦詩戲成五絶)」의 제4수인데[146] "시대에 간여하는 데 본디 게으르거늘 / 가슴속엔 하물며 기이함도 없네(干時本已懶, 胸次況亡奇)."라는 첫 두 구가 당시 이가환의 내면과 맞닿아 있을 것도 같다. 이 이하 8면에 걸쳐 5언 절구시 16수가 단정한 글씨로 적혀 있어[147] 1800년 여름, 정조를 위해 주희의 시를 필사하던 59세 이가환의 모습과 마음을 상상하게 한다.

---

145 『朱夫子詩』 卷10에는 이가환 외에 李秉鼎, 李得臣, 李在學, 李致中, 金思穆, 丁範祖, 黃昇源, 蔡弘履, 趙鎭寬, 金翊休, 徐邁修, 權裕, 李鼎運, 洪明浩의 필적이 실려 있다.

146 「劉德明彦集祝弟以夏雲多奇峯爲韻賦詩戲成五絶」는 주희가 隆興 2년(1164)에 쓴 시로, 세속사회와의 扞格과 산림생활에 대한 동경을 표현한 작품이다. 朱熹 撰, 郭齊 箋注(2000), 548쪽 참조. 한편 이 연작시의 제1수, 제2수, 제3수는 丁範祖가 필사했다.

147 「劉德明彦集祝弟以夏雲多奇峯爲韻賦詩戲成五絶」의 제4수(干時本已懶, 胸次況亡奇. 若問中林趣, 婆娑祗自知), 제5수(炎蒸不可柰, 雲氣滿前峰. 向夕風吹盡, 微聞遠寺鍾)의 2수, 「百丈山六詠」 중 「石磴」(層崖俯深幽, 微逕忽中斷. 努力一躋攀, 前行有奇觀), 「小澗」 兩崖交翠陰, 一水自淸瀉. 俯仰契幽情, 神襟頓飄灑), 「山門」(置屋兩山間, 巧當奇絶處. 峽束百泉傾, 澗激回風度), 「石臺」(出谷轉石稜, 俯身窺木末. 夕眺嵐翠分, 朝隮雲海闊), 「西閣」(借此雲窓眠, 靜夜心獨苦. 安得枕下泉, 去作人間雨), 「瀑布」(巓崖出飛泉, 百尺散風雨. 空質麗晴暉, 龍鸞共掀舞)의 6수, 「雲谷二十六詠」의 「雲谷」(寒雲無四時, 散漫此山谷. 幸乏霖雨姿, 何妨媚幽獨), 「南澗」(危石下崢嶸, 高林上蒼翠. 中有橫飛泉, 崩奔雜奇麗), 「瀑布」(峰回危逕轉, 垂練忽千尋. 不爲登山倦, 躊躇秋澗陰), 「雲關」(白雲去復還, 黃塵到難入. 只有澗水聲, 出關流更急), 「蓮沼」(亭亭玉芙蓉, 迥立映澄碧. 只愁山月明, 照作寒露滴), 「杉逕」(南起雲關口, 縈紆上草堂. 天風發淸籟, 山月度寒光), 「雲莊」(小丘橫翠几, 層嶂復嵯峨. 釋未閑來看, 巖姿此處多), 「泉硤」(入關但平田, 復此得淸響. 何必問眞源, 神襟一蕭爽)의 8수 등 총 16수.

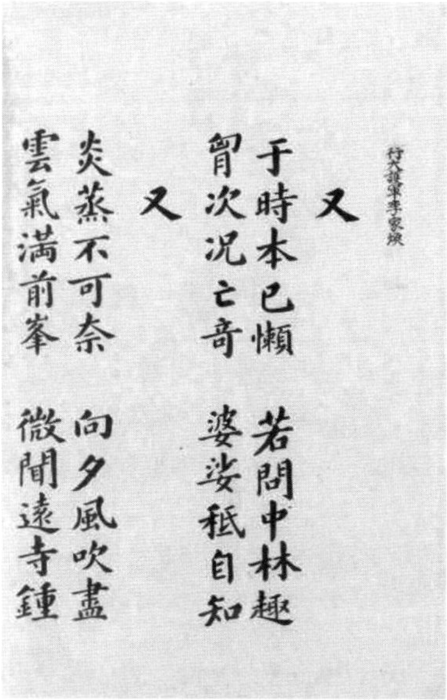

[도판 9] 『주부자시』 중 이가환 필적 첫 페이지

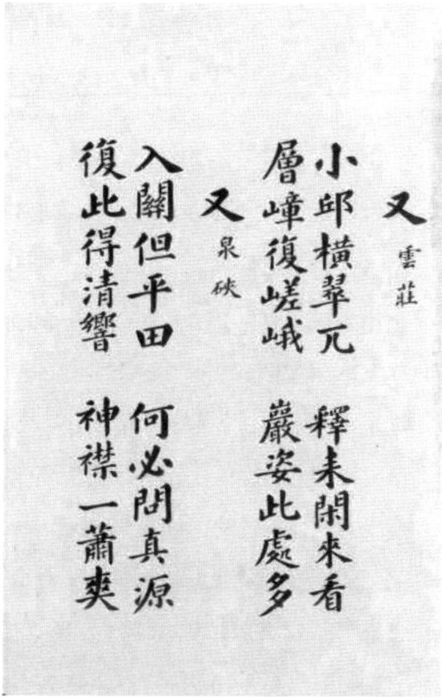

[도판 10] 『주부자시』 중 이가환 필적 마지막 페이지

參考文獻

姜世晃, 『豹菴稿』(https://db.itkc.or.kr/)

權相一, 『淸臺日記』(https://diary.ugyo.net/)

李家煥, 『錦帶詩文抄』(https://db.itkc.or.kr/)

李圭景, 『五洲衍文長箋散稿』(https://db.itkc.or.kr/)

李英裕, 『雲巢謾稿』, 서울대학교 규장각한국학연구원.

李　瀷, 『星湖僿說』(https://db.itkc.or.kr/)

李　瀷, 『星湖全集』(https://db.itkc.or.kr/)

李忠翊, 『椒園遺藁』(https://db.itkc.or.kr/)

朴趾源, 『燕巖集』(https://db.itkc.or.kr/)

邊彦廷, 『籌學實用』(https://db.itkc.or.kr/)

徐瀅修, 『明皐全集』(https://db.itkc.or.kr/)

成大中, 『靑城雜記』(https://db.itkc.or.kr/)

兪晩柱, 『欽英』, 서울대학교 규장각한국학연구원.

丁若鏞, 『與猶堂全書』(https://db.itkc.or.kr/)

正　祖, 『弘齋全書』(https://db.itkc.or.kr/)

黃嗣永, 「帛書」(『推案及鞫案』 수록본)

黃胤錫, 『頤齋亂藁』(http://yoksa.aks.ac.kr/main.jsp)

黃胤錫, 『頤齋遺藁』(https://db.itkc.or.kr/)

『經世八編類纂』(奎中3634)

『新法步天歌』(https://db.itkc.or.kr/)

『承政院日記』(https://sjw.history.go.kr/main.do)

『日省錄』(https://kyudb.snu.ac.kr/book/text.do)

『正祖實錄』 정조 24년(1800)

『推案及鞫案』(https://kyudb.snu.ac.kr/pf01/rendererImg.do)

〈八道地圖〉(규장각 소장, 古軸4709-48)

김영욱 · 이장주 · 장혜원(2022), 『한국 수학문명사』, 들녘.
남원윤씨대종회(2015), 『남원윤씨대동보』, 회상사.
박종경 저, 강신엽 역(2004), 『조선의 무기2: 융원필비』, 봉명.
박희병 · 정길수 · 강국주 · 김하라 · 최지녀 · 김수진 · 박혜진 · 박경남 · 김수영 편역(2007), 『연암산문정독』, 돌베개.
박희병(2022), 『이인상 연보』, 돌베개.
이엄 · 두석연 저, 안대옥 역(2019), 『중국수학사』, 예문서원.
이종휘 저, 김영심 · 정재훈 역주(2004), 『동사』, 소명출판.
임형택 · 김동준 · 김채식 · 김하라 · 남재철 · 엄기영 · 정은진 · 한영규 역주(2006), 「이가환의 『정헌쇄록』」, 『민족문학사연구』 30호, 민족문학사학회.
전주대학교 고전학연구소 역(2014), 『추안급국안』, 흐름출판사.
全州李氏 德泉君派宗會(1983), 『전주이씨덕천군파보』 1, 全州李氏 德泉君派宗會.
조남권, 박동욱 역주(2007), 『혜환 이용휴 산문전집』, 소명출판.
朱熹 撰, 郭齊 箋注(2000), 『朱熹詩詞編年箋注』, 成都: 巴蜀書社.

구만옥(2006), 「조선후기 천문역산학의 주요 쟁점 - 正祖의 天文策과 그에 대한 대책을 중심으로」, 『한국사상사학』 27집, 한국사상사학회.
_____(2022), 「18세기 후반 黃胤錫의 '地理' 탐구」, 『한국실학연구』 44호, 한국실학학회.
김영진(2011), 「조선후기 黨派譜 硏究: 『北譜』를 중심으로」, 『한국학논집』 44집, 계명대학교 한국학연구원.
김하라(2023), 「錦帶 李家煥의 藏書 『古文淵鑑』」, 『한국문화』 102호, 규장각한국학연구원.
도수희(2017), 「벌나(平那平壤)와 아사달(阿斯達九月山)에 대하여」, 『인문언어』 19권 1호, 국제언어인문학회.
문중양(2003), 「18세기말 천문역산 전문가의 과학활동과 담론의 역사적 성격 - 서호수와 이가환을 중심으로」, 『동방학지』 121집, 연세대학교 국학연구원.
미야지마 카즈히코(2009), 「조선에서 제작된 아스트로라브에 대하여」, 『한국과학사학회지』 31권 1호.
박권수(2006), 「서명응, 서호수 부자의 과학활동과 사상 - 천문역산 분야를 중심으로」, 『한국실학연구』 11권, 한국실학학회.

박성래(2006), 「'과학기술인 명예의 전당'에 헌정된 조선후기 최고의 천문역산학자 '서호수'」, 『과학과기술』 39권 4호. 한국과학기술단체총연합회.

심경호(2010), 「강화학파 관련 새 자료의 발굴과 강화학파 연구의 과제 : 이광려의 간찰 자료를 중심으로」, 『인천학연구』 13권, 인천대학교 인천학연구원.

여진천(1999), 「황사영 백서와 그 이본의 연구」, 가톨릭대학교 석사학위논문.

이기봉(2008), 「정상기의 〈동국지도〉 수정본 계열의 제작 과정에 대한 연구」, 『문화역사지리』 20권, 한국문화역사지리학회

이은희 · 한영호 · 강민정(2018), 「아랍에서 조선까지 이슬람 역법의 전래와 수용」, 『한국과학사학회지』 제40권 제1호, 한국과학사학회

이현일(2007), 「18세기 소론계 학통의 다각적 조명: 이광려의 實心實學과 經世學」, 『민족문학사연구』 35권, 민족문학사학회 · 민족문학사연구소.

임종태(2012), 「서양의 물질문화와 조선의 衣冠: 李器之의 『一菴燕記』에 묘사된 서양 선교사와의 문화적 교류」, 『한국실학연구』 24권, 한국실학학회.

장유승(2007), 「18세기 소론계 학통의 다각적 조명: 李種徽의 自國史 인식과 小中華主義」, 『민족문학사연구』 35권, 민족문학사학회 · 민족문학사연구소.

정 민(2016), 「「부풍향차보」의 제다와 다구론」, 『한국차학회지』 22권 4호, 한국차학회

정은진(2006), 「근대적 일상의 탐구와 기록정신 - 이가환의 『정헌쇄록』 해제」, 『민족문학사연구』 31권, 민족문학사학회.

______(2007), 「표암 강세황 한시의 형식과 표현」, 『동방한문학』 37호, 동방한문학회.

조지형(2020), 「燕巖 朴趾源의 천주교 인식과 대응 양상」, 『대동문화연구』 110권, 성균관대학교 대동문화연구원.

하성래(2001), 「李家煥과 西學과의 관계」, 『한국학논집』 35집, 한양대학교 한국학연구소.

홍성사 · 홍영희(2008), 「李尙爀의 『借根方蒙求』와 『數理精蘊』, 『한국수학사학회지』 1권 4호, 한국수학사학회.

황정수(2023), 「「貞軒墓誌銘」의 애도 작업: 정약용 문학의 '애도하는 주체'를 탐구하기 위한 시론」, 『한국문학연구』 72권, 동국대학교 한국문학연구소

실학박물관 홈페이지(https://silhak.ggcf.kr/collections/42)(검색일자 : 2023.11.08)

| 錦 帶 |

금대 이가환의 서학(西學) 연구와 그 국면들*

김 선 희 | 이화여대 철학과 부교수

1. 부유하는 이름, 이가환

2. 호명하는 문헌들, 교차하는 시선들

3. 『이재난고』를 통해 본 서학 네트워크

4. 정조와의 서학 토론

5. 박장설의 비난과 이가환 및 정조의 대응

6. 나가며

1. 부유하는 이름, 이가환

금대 이가환(錦帶 李家煥, 1742~1801)은 조선 후기의 여러 국면 특히 서학(西學)의 유입과 천주교 교난(敎難), 19세기 초반 정치적 변화 등을 다루는 연구에 빠지지 않고 등장하는 이름이다. 성호 이익(星湖 李瀷, 1681~1763)과 그의 후학 등 기호 남인의 학술적 경향, 천주교회사, 천문 역법과 수학에 관한 연구에서 이가환의 이름을 쉽게 찾을 수 있다. 이 연구들에서 이가환은 '천문역산 전문가'로 평가받거나 '교난의 희생자'로 호명된다. 정조에게 이가환은 천문 역법에 정통한 인재[1]였으나 박장설(朴長卨), 이의필(李義弼), 이동직(李東稷) 같은 비판자들에게는 천주교를 신봉하는 사학(邪學)의 수괴(首魁)였다. 여기서 주목할 것은 이가환에 대한 이 극단적인 평가가 동일한 배경 또는 원인에서 도출되었다는 것이다. 주지하듯, 이가환의 이름을 조선 후기 지식장 안에 선명히 새기고 또 희미하게 지운 것은 그가 젊은 시절부터 연구했던 '서학(西學)'[2]이다.

---

* 이 장은 다음의 연구를 수정하여 재수록한 것임. 김선희(2023. 5), 「금대 이가환의 서학(西學) 연구와 그 파장」, 『민족문화연구』, 고려대학교 민족문화연구원.

1 정조는 이가환을 천문과 수학의 전문가로 인정했다. "내[정조]가 이르기를, "天文志와 律曆志는 이가환이 지은 것이라던데, 간략하게 잘 만들었다."하였다.(予曰, 天文律曆志, 李家煥所製云, 而簡約善爲矣.)"(『承政院日記』 1,463책, 정조 4년(1780) 5월 乙未.)

2 일반적으로 '서학'은 예수회를 비롯해 서양 선교사들이 번역을 통해 중국에 전한 유럽의 지식 체계를 의미하고 '서교'는 그들이 전달하고자 했던 본령 즉 '천주교'를 의미하는 것으로 이해된다. 그러나 '학'과 '교'를 지금의 'science'와 'religion'으로 분류하는 것은 근대적이고 결과론적 시선일 수 있다. 이 시기 조선인들에게는 근대적 의미의 제도 종교의 개념이 없었고 '교' 역시 보편적인 가르침이라는 의미를 넘어 곧바로 제도 종교를 의미한다고 보기 어렵다. 물론 이가환은 서학-서교를 복합적

그러나 호명의 빈도에 비해 서학과 관련하여 이가환을 단독으로 다루는 연구는 그다지 많지 않다. 문학 작품이 일부 남아 있지만[3] 서학과 관련된 이가환의 자료가 극히 적다는 점도 그 배경 중 하나다. 이가환의 서학 이해와 심도는 정조(正祖)의 질문에 대한 답변인 『금대전책(錦帶殿策)』[4]의 「천문책(天文策)」과 천문 역법에 관해 정조와 나눈 대화 및 자신에 대한 비방을 방어하기 위해 올린 상소, 이에 대한 정조의 전교(傳敎) 등이 실려 있는 『정조실록(正祖實錄)』과 『일성록(日省錄)』 외에는 거의 남아 있지 않다. 한계에도 불구하고 최상천(1982)[5], 하성래(2001)[6], 문중양(2003)[7], 박진아(2019)[8]의 연구처럼 이가환의 서학 이해를 다룬 선행 연구들이 제출되었다. 특히 천문 역법에 관한 정조의 질문에 대해 이가환이 제출한 「천문책」은 그의 서학 이해와 수준을 보여주는 중요한 자료로서, 선행 연구에서 검토된 바 있다.[9]

이고 다층적으로 수용하는데 지금의 분류로 종교적인 접근과 천문학과 수학을 중심으로 한 지적 접근으로 나눌 수 있을 것이다. 이가환의 경우 양자는 초점에 따라 분리되기도 하고 중첩되기도 한다. 조선의 서학 수용 태도에 관해서는 다음을 참조. 김선희(2018).

3 현재 시선집인 『금대집』(이가환 저, 박동욱 역(2014).), 『이가환시선집』(이가환 저, 조남권 · 박동욱 역(2009).), 『나를 돌려다오』(이용휴 · 이가환 저, 안대회 역(2003).) 등이 번역되어 있다.

4 『금대전책』은 번역되어 있다.(이가환 저, 정선용 역(2011).) 정조의 질문은 『弘齋全書』 권50, 「策問 · 天文策」에서 확인할 수 있다.

5 최상천(1882).

6 하성래(2001).

7 문중양(2003). 이 연구는 주로 서호수와의 비교를 통해 천문역산가로서 이가환의 면모를 검토하고 있다.

8 박진아(2019).

9 특히 구만옥의 일련의 연구들은 이가환 외에도 이서구, 윤행임 등이 제출한 「천문책」의 내용을 다루고 있는데 이를 통해 서학과 관련된 천문 역법, 천문의기에 관한

이 밖에 안대옥(2012)[10], 구만옥(2010)[11] 등에서도 이가환의 서학 수용의 면모를 확인할 수 있다.

선행 연구들은 주로 「천문책」에 초점을 두고 이가환의 서학 연구 경향과 학문적 연원을 추적해 왔다는 점에서 서학과 관련된 이가환의 복합적이고 중층적인 국면들이 포괄적으로 분석되었다고 보기 어렵다. 이 연구는 선행 연구들을 출발점으로 삼아 이가환의 서학 연구와 그에 따른 파장들을 여러 국면에서 조명함으로써 이가환의 서학 연구 및 서학의 유입에 따른 조선 사회의 긴장과 그 변화를 살펴보고자 한다. 우선 신유옥사(辛酉獄事)를 전후로 한 이가환에 대한 조정과 주변인들의 평가를 바탕으로, 서양 천문학과 수학으로 연결된 당대의 지적 네트워크를 확인하고 『정조실록』과 『일성록』 등의 기사를 통해 이가환의 서학 이해의 방향과 지향을 검토할 것이다.[12] 여러 초점을 통해 그에게 부과된 서학의 파장과 그 안팎의 공명을 살피는 일은 그가 만난 서학, 즉 그가 향했던 길과 그가 부딪친 벽을 조선 후기 지적 전환의 맥락에서 설명하기 위한 하나의 경로가 될 것이다.

이가환의 사유를 살필 수 있다. 구만옥(2006a; 2006b; 2008; 2019).

10 안대옥(2012).

11 구만옥(2010).

12 이가환의 서학 연구와 수용은 서학을 빌미로 한 이가환에 대한 정치적 공격이라는 새로운 국면과 연결되어 있다. 전자가 이가환의 서학 수용과 이해를 검토하는 일이라면 후자는 당대 정국에서 서학이 남인 및 일부 노론 인사에게 어떻게 작용했는지 그 정치적 명분과 함의를 살펴보는 과정이 될 것이다. 이 논문에서는 우선 전자에 집중하고 후자의 문제는 후속 논문에서 다룰 예정이다.

2. 호명하는 문헌들, 교차하는 시선들

서학 또는 천주교의 맥락에서 이가환을 호명하는 자료는 생각보다 다채롭다. 서학에 관한 이가환의 사유는 『금대전책』「천문책」에 담겨 있지만 그에 관해 가장 많은 정보를 담고 있는 것은 정약용(丁若鏞)이 이가환을 위해 지은 「정헌묘지명(貞軒墓誌銘)」이다. 주지하듯 정약용은 이가환, 이기양(李基讓), 권철신(權哲身), 오석충(吳錫忠), 정약전(丁若銓)과 자신 등 신유옥사에 희생된 여섯 명의 묘지명을 짓고 이를 비본(祕本)으로 표기한 뒤 『열수전서속집(洌水全書續集)』 권8에 묶어 두었다.[13] 교회 측 기록이라 할 수 있는 달레의 『한국천주교회사』[14]나 「황사영 백서(黃嗣永帛書)」에서도 이가환에 관한 기록을 확인할 수 있다. 한편 최근 번역된 남인(南人) 공서파(攻西派)의 기록인 강세정(姜世靖)의 『송담유록(松潭遺錄)』, 이재기(李在璣)의 『눌암기략(訥菴記略)』에도 이가환에 대한 언급이 보인다.[15] 특히 『정조실록』과 『일성록』은 정조와 이가환의 대화가 남아 있을뿐더러 무엇보다 그에 대한 공격과 정조의 대응이 담겨 있다는 점에서 매우 중요하다.[16] 나아가 신유옥사에 대한 취조 기록인 『추안급국안(推案及鞫案)』과 『사학징의(邪學懲義)』에서도 천주교와 관련된 이가환의 죄목과 방어를 확인할 수 있다. 우선 「황사영 백서」부터 살피고자 한다.

---

13 김상홍(2013).

14 샤를르 달레 저, 안응렬, 최석우 역(1979).

15 연구에 언급된 뒤 실체를 확인할 수 없었던 두 글이 최근 번역되었다. 강세정 저, 정민 역(2022).; 이재기 저, 정민 역(2022).

16 특히 『일성록』에는 『정조실록』에 빠진 이가환의 상소와 정조의 전교 등이 실려 있다.

이가환은 문장으로 세상을 뒤덮었고, 정약용은 재주와 기지가 누구보다 뛰어났기에 을묘년(1795) 이전에는 선왕이 총애하고 신임하였으나, 을묘년 이후로는 차차 소외당해 버림을 받았습니다. 그러나 이 두 사람은 벽파가 몹시 꺼려하여 반드시 해치려고 하였습니다. 이가환 등이 배교하고 성교를 해쳤는데도, 벽파의 여러 사람들은 여전히 그를 사당(邪黨)으로 지목하고 배척하여 헐뜯고 따지고 공격하였습니다. 그러나 선왕이 번번이 그들을 감싸주었으므로, 벽파가 마음대로 해칠 수는 없었습니다.[17]

이 문장은 신유옥사 이전까지 이가환에 대한 평가에 해당할 것이다. 남인 공서파의 입장에서 서학 관련 인물들의 행적과 품평을 기록한 강세정의 『송담유록』 역시 이가환을 다음과 같이 평가한다.

이가환(혜환 이용휴(惠寰 李用休)의 아들이다)은 이철환의 사촌 동생이다. 어려서부터 총명하고 박학강기하여 백가와 자사를 두루 꿰지 않음이 없었다. 젊어 성균관에서 공부할 때도 명성이 자자했다. 중년에 과거에 급제하니 문벌이 맑고 화려한 데다 대대로 문사를 익혀 사람들이 모두 높여 칭찬하였다. 벼슬에 오르기 전부터 서학(西學)을 몹시 믿었으니, 이철환에게서 전수받은 것으로, 참으로 이른바 난형난제라 할 것이다. 남몰래 서로 배워 익히면서도 겉으로는 안 그런 척 꾸몄다. 그의 무리인 이벽과 이기양, 권일신, 이승훈 등은 바로 대대로 벼슬한 집안인 데다 얼마간 재예(才藝)를 지닌 자들이었다. 남몰래 사귐을 맺어 오로지 사학(邪學)을 공부하면서 벗들을 부르고 부류를 끌어모았

17 황사영 저, 여진천 역주(1999), 35~36쪽. "李家煥文章盖世, 丁若鏞才機過人, 乙卯以前, 先王寵任之, 乙卯後, 漸見疎棄, 然此二人爲僻派之所深忌, 必欲中害. 家煥等雖背教害教, 僻派諸人, 常指斥爲邪黨, 驋備至, 先王每掩護之, 僻派不得肆害." 번역은 문맥에 따라 수정하였다. 이하 모두 같다.

다. 앞장서서 간사함에 빠져 그 주장이 크게 퍼지자 식견 있는 이들이 남몰래 탄식하였다.[18]

학문으로 명성을 얻은 인물이었지만 서학을 심하게 믿어[酷信西學] 사학(邪學)으로 기울었다는 『송담유록』의 기록은 이가환에 대한 세간의 총평에 해당할 것이다. 강세정은 사헌부(司憲府)의 기록을 근거로 '금부 죄인 이가환은 그의 생질 이승훈(李承薰)이 사서(邪書)를 구해오자 가장 먼저 탐독하여 인척의 무리가 휩쓸려 따르도록 만들었으니 사학의 괴수라는 명목이 너무도 자명하다.'[19]고 기록한다. 그러나 이러한 평가는 사실에 부합한다고 보기 어렵다. 우선 이가환을 서학에 인도한 것은 이벽(李檗)일 가능성이 크다.

> 이벽 자신은 곧 복음을 전하기 시작했다. …… 맨 먼저 시도한 사람은 이가환이었다. 이가환은 품위 있는 집안 자손으로, 그 조상들 중에는 고명한 학자가 여럿 있었고 이가환 자신도 젊기는 하나 평판이 높았다. 천주교가 빨리 전파된다는 말을 듣고 그는 말하였다. "이는 매우 큰 일이다. 저 외국 교리가 이치에 어긋나는 것 같지는 않지만 그래도 우리 유교는 아니다. 이벽이 그것으로써 세상을 변혁시키겠다고 하니 내가 이대로 앉아 있을 수는 없다. 그러니 내가 가서 그를 바른길로 인도하겠다." …… 두 학자의 친구들과 호사가의 한 떼가 이 굉장한 토론을 참관하려고 이벽의 집에 모였다. 이가환은 먼저 이벽에게 그가 오류라고 부르는 것을 버리고 돌아오게 하려고 해 보았다. 이가환은 승리를 확신하고 있었다. 그러나 그의 주장은 하나하나 그 논적에게

18 강세정 저, 정민 역(2022), 20~22쪽.

19 강세정 저, 정민 역(2022), 90쪽.

지적되고 조목조목 반박되었다. …… 토론은 사흘 동안 거듭되었다. 그러나 그 결과로는 새 교리의 단단함과 아름다움을 점점 더 드러내는 결과밖에 가져오지 않았다. 마침내 완전히 패배한 이가환은 내놓을 만한 구실이 없어졌으므로, 다음과 같이 기억될 만한 말을 하였다. "이 도리는 훌륭하고 참되다. 그러나 이를 따르는 이들에게 불행을 가져다 줄 것이다. 어떻게 할 것인가." 이가환은 돌아갔다. 그리고 그때부터 천주교에 관하여는 다시 입을 벌리지 않고 그것을 조금도 상관하지 않았다.[20]

이 글에 따르면 이가환은 서교로 기운 이벽을 회유하고자 했지만 이벽과의 토론에서 패배함으로써 회유에 실패한다. 그렇다고 곧바로 신앙으로 향한 것은 아니지만 대신 이가환은 천주교가 올바른 도리이고 가르침임을 인정한 뒤 이벽의 신앙 행위에 간섭하지 않았다고 한다. 동일한 사건에 대한 정약용의 평가는 좀 더 단호하다.

갑진년(1784) 겨울 망우(亡友) 이벽(李檗)이 수표교(水標橋)에서 처음으로 서교(西教)를 선교할 때 공이 이 소식을 듣고 말하기를 "나도 지난날 『천주실의(天主實義)』와 『칠극(七克)』의 책을 보니, 그 내용이 비록 좋은 가르침이나 정학(正學)은 아니었는데, 이벽이 이 서교로 오도(吾道)를 변역시키려는 것은 무엇 때문인가?"하고, 드디어 수표교로 가서 이벽을 꾸짖었으나, 이벽이 능란한 말솜씨로 서교를 설명하며 자신의 주장을 철벽처럼 고수하므로 공은 말로 다툴 수 없음을 알고 드디어 발을 끊고 가지 않았다. 이 뒤로는 공에게 의심할 만한 흔적도 찾아볼 수 없었다.[21]

---

20 샤를르 달레 저, 안응렬, 최석우 역(1979), 310~311쪽.

21 丁若鏞, 『定本 與猶堂全書』 文集 권15, 「貞軒墓誌銘」. "昔乾隆甲辰之冬, 亡友李檗在

이 기록 역시 사실에 부합하는지는 확인하기 어렵다. 동일한 토론을 다룬 황사영은 이 장면을 다르게 기록하기 때문이다.

> 갑진년(1784), 을사년(1785) 무렵에 이가환은 이벽 등이 성교를 믿고 따른다는 말을 듣고 꾸짖어 말하기를 "나 역시 서양 서적 몇 권을 읽어보았는데 (그의 집에 『직방외기(職方外紀)』, 『서학범(西學凡)』 등이 있었다) 그것은 기이한 글이고 괴벽한 저술이라, 단지 내 식견은 넓히는 데 그쳤는데 그런 것이 어찌 몸을 편안히 하고 명을 세우는 길일 수 있겠는가?"라고 하였습니다. 이에 이벽에 이론을 근거로 답변하니 이가환이 말이 막혀 드디어 책을 가져다 자세히 읽어보겠다고 하였습니다. 이벽은 『천학초함(天學初函)』 가운데 몇 권을 주었는데 그때 (가톨릭 성인전인) 『성년광익(聖年廣益)』 한 권이 있었으나 이가환이 성스러운 기적을 믿지 않을까 하여 빌려주지 않으려고 하였습니다. 그러나 이가환은 기어코 달라고 하여 이벽이 그때 가지고 있던 성교 서적을 모두 가져다가 정신을 가다듬어 되풀이해 읽어보고는 성교를 믿기로 뜻을 결심하고 말하기를 "이것은 과연 진리요, 정도로다. 진실로 사실이 아니라면 이 책 가운데 쓰인 말은 전부 하늘을 모함한 것일 따름이요, 하늘을 업신여긴 것이다. 만일 그렇다면 서양 선비가 바다를 건너와 전교할 수 없었을 뿐 아니라 반드시 벼락을 맞아 죽었을 것이다." 하고 하였습니다. 마침내 그는 제자들에게 권유하여 교리를 가르치고 아침저녁으로 이벽 등과 비밀리에 토론하며, 상당히 열심이었습니다.[22]

水表橋, 始宣西教. 公聞之曰, 噫. 實義七克之書, 我昔見之, 雖有名喩, 終非正學. 檗欲以此易吾道, 何哉. 遂往詰之. 檗雄辯如長河, 固守如鐵壁, 公知不可以口舌爭, 遂止不往. 自玆以後, 吾不見其疑似之跡, 而數口含沙, 萬喙吠聲, 竟以魁率致, 不亦悲乎."

22 황사영 저, 여진천 역주(1999), 89~91쪽. "甲乙之際, 聞李檗等信從聖教, 責之曰, 我亦見西洋書數卷(本家有職方外記西學凡等), 不過是奇文僻書, 只可廣吾識見, 安足以

앞의 두 기록과 달리 황사영은 이가환이 이벽과의 토론을 통해 최종적으로 종교적 회심(回心)에 이르렀다고 전한다. 황사영에 따르면 이가환을 회심하게 한 것은 『직방외기』, 『서학범』, 『천학초함』 같은 이론서가 아니라 『성년광익』이라고 할 수 있다. 『성년광익』은 조선 후기 천주교 신도들이 읽었던 성인전(聖人傳)으로, 1년 365일 동안 그날 선종(善終)한 성인과 성녀의 전기를 수록한 글이다.[23] 황사영은 이가환이 지리서인 『직방외기』나 서양의 교육 제도와 학문을 다룬 『서학범』 혹은 청년 시절 연구한 천문학이나 수학서 외에 종교적인 성격이 강한 가톨릭 성인전의 내용을 섭렵한 뒤 종교적 회심에 이르렀다고 기록한다. 그러나 이가환에 대한 황사영의 최종적인 평가는 그가 결과적으로 '배교하고 교회를 해쳤다[背教害教]'는 것이다.

> 이때 이승훈 등이 망령되이 성사(聖事)를 행하였는데 이가환은 남에게 권하여 그에게 영세(領洗)를 받도록 하였으나 자기는 그렇게 하려고 하지 아니하였습니다. 그것은 자기가 사신이 되어 북경에 가서 서양 선교사에게 영세를 받고자 하였기 때문이었습니다. 그러나 오래지 않아 형세가 어려워지자, 그는 마침내 공과를 그쳤습니다. 그런데 그때 성교를 믿는다고 비방을 받은 사람들은 대부분 이가환의 일가친척들이었으므로 악한 무리가 항상 그를 교주라고 지탄하여 배척했습니다.[24]

安身立命. 李蘗據理答之, 家煥辭屈, 遂求書細覽, 李蘗與初函書數種, 時有聖年廣益一部. 而恐家煥不信, 蹟不肯借看, 家煥力爭之, 盡取其時所有聖教書, 潛心反覆, 決意而信之曰, 眞理也, 正道也. 苟非實事, 書中所說, 皆誣天耳, 慢天耳. 西士必不得涉海傳教, 當遭雷震死矣. 遂勸化門生, 密與李蘗等, 晨夕往來, 頗有熱心."

23 방상근(2014); 김정경(2017).

24 황사영 저, 여진천 역주(1999), 91~92쪽. "時李承薰等, 妄行聖事, 家煥勸人領洗, 自

이가환의 신앙 여부에 대해서는 확인하기 어렵지만 적어도 사학을 한다는 비방에 대한 그의 입장은 단호하다.

> 신은 평소에 책 읽기를 좋아하는 벽(癖)이 있어, 연전(年前)에 신이 보지 못했던 책이 연경(燕京)에서 왔다는 말을 듣고 빌려다가 탐독했는데, 혹 신기(新奇)한 내용도 있어 처음에는 대략 섭렵했으나, 좀 더 자세히 열람해 보니 그 내용이 허탄(虛誕)하고 바르지 못하여 노불(老佛)과 같은 것임을 알았습니다. 그들이 주장하는 '벼슬하지 말고 제사 지내지 말라.'는 말은 인륜(人倫)을 거스르고 상도(常道)를 어지럽히는 무부무군(無父無君)이기에 곧 그 잘못을 공격하여 물리칠 것을 나의 임무로 삼고 사교를 피하여 멀리할 뿐만 아니라 기필코 사교를 멸하여 없애기로 맹세하였습니다. 이는 실로 친지(親知)들도 모두 아는 바인데, 그 누구를 속이겠습니까.[25]

정약용 역시 이가환이 사학을 한다고 비난을 받게 된 것은 책 읽기를 좋아하는 벽(癖) 때문이라고 주장한다.

> 공은 평소에 역상서(曆象書)를 좋아하여 일월(日月)의 교식(交蝕)과 오성(五星) 복현(伏見) 시기와 황도(黃道)·적도(赤道)의 거리 및 차이의 도수에 대하여 모두 그 원리를 통하였으며 아울러 지구(地球)의 둘레와 지름에 대해서도 별도로 도설(圖說)을 만들어 후생(後生)을 가르쳤

己不肯, 其意欲奉使入燕, 受洗於西士也. 未幾見時勢艱難 遂廢工課, 而奉教得謗者, 多係家煥之姻親族屬, 故惡黨常指斥爲教主."

25 丁若鏞, 『定本 與猶堂全書』 文集 권15, 「貞軒墓誌銘」. "公對曰, 臣於平日, 粗有看書之癖, 年前驟聞, 未見之書, 自燕出來, 借來耽看 語或新奇, 初頗涉獵, 及其漸次披閱, 見其荒誕不經, 猶以爲老佛之緒餘也. 至其絶仕宦廢祭祀, 則悖倫亂常, 無父無君, 乃以辭闢爲己任, 非徒避而遠之, 誓欲滅而絶之. 此實親知之所共聞, 其誰欺乎."

으니, 공이 서교를 신봉한다는 지목을 받게 된 것도 실은 이 때문이었다. 일찍이 상국(相國) 이시수(李時秀)가 나에게 말하기를, "남인(南人)들은 고루하여 정조(廷藻, 이가환)가 전공(專攻)한 것이 역상법인데, 고루한 자들이 이를 서교로 잘못 알고 꾸짖고 괴이하게 여긴다." 했으니 과연 사리를 아는 말이다.[26]

서양 역상서에 대한 관심과 깊은 연구가 서교를 믿는다는 의심과 오해를 만들었다는 것이다. 이가환 역시 이러한 비방의 맥락을 잘 알고 있었다. 정약용은 정조가 이가환에게 역상서를 연경에서 구해오도록 명했지만 이가환이 이는 자신에 대한 비방을 더할 뿐 아니라 정조에게도 해가 될 수 있다며 사양했다고 전한다.[27] 역법과 관련된 공무임에도 반대자들이 서교와 연결 지을 것을 염려하여 사양할 수밖에 없었던 것이다. 반대파들의 비난을 함께 촉발했다는 점이 문제지만 이가환의 서양 수학과 천문학 지식이 정조의 촉망을 이끌었다는 점은

---

26 丁若鏞, 『定本 與猶堂全書』 文集 권15, 「貞軒墓誌銘」. "雅好曆象之書, 凡日月五星交食伏見之期, 及黃道赤道交距差互之度, 悉通其本理, 竝地球圜徑諸度, 另有圖說, 以示後生, 其得指目, 凡以是也. 李相 時秀嘗謂鏞曰, 南人固陋, 庭藻所治者, 必曆象之法, 而固陋者, 謬相嗔怪, 亦知言也."

27 "상이 공에게 數理와 曆象의 本源을 밝히는 책을 편찬하게 하고자 하여 燕京에서 책을 구입하려고 御筆로 공에게 하문하셨는데, 공이, "풍속이 어리석어 數理가 무엇이며 敎法이 무엇인지도 모르고 한 통으로 여겨 배척하고 있으니, 이 책을 편찬하면 신에 대한 비방만 더해질 뿐 아니라 위로 聖德에까지 누가 될 것입니다." 하였으므로 그 일은 결국 중지되었다.(上欲令公編書, 明數理曆象之原, 將購書于燕京, 御筆下詢, 公對曰, 流俗貿貿, 不知數理爲何說, 敎法爲何術, 混同嗔喝. 今編是書, 不唯臣謗益增, 抑將上累聖德, 事遂已.)"(丁若鏞, 『定本 與猶堂全書』 文集 권15, 「貞軒墓誌銘」.)" 「정헌묘지명」에 소개된 이가환의 상소와 정조의 비답은 『정조실록』에는 보이지 않으나 『일성록』에 실려 있다. 다만 정조가 이가환에게 서양 수학과 천문학 관련 서적을 집필하도록 했다거나 관련 서적을 연경에서 구해오도록 했다는 내용은 실록은 물론 『일성록』에도 보이지 않는다.

분명하다. 이를 황사영은 다음과 같이 전한다.

> 이가환은 어려서부터 재주와 지혜가 아주 뛰어났고, 성장함에 따라 풍채가 늠름하고 도량이 컸고 문장은 나라 안에서 으뜸이었으며 읽지 않은 책이 없었고 기억력이 뛰어나 신과 같았습니다. 또한 천문학과 기하학에 정통하였는데 일찍이 그는 탄식하기를, "이 늙은 몸이 죽으면 이 나라에서 기하학의 씨가 끊어질 것이다."라고 하였습니다. 이기의 학문[理氣之學]을 다소 믿던 그는 하늘을 쳐다보고 속으로 이처럼 크나큰 배포에 어찌 주재하는 이가 없다고 할 수 있느냐고 감탄하였습니다. 서른 살이 넘어서 진사에 오르고 대과에 급제하였는데 선왕이 재지(才智)와 기량을 중히 여겼었습니다.[28]

이가환이 실제로 신앙생활을 했는지 현재로서는 확정할 만한 근거가 없다. 그러나 적어도 그가 스스로 자신의 수학적 능력을 자신할 만큼 서학의 천문 역상학에 깊은 관심과 조예를 가진 인물이었고 당대에 이러한 사실이 폭넓게 인정되었다는 점은 분명하다.

이가환이 접한 천문학과 수학의 내용과 수준에 대해 증거해 줄 또 다른 문헌이 있다. 미호(渼湖) 김원행(金元行)의 제자였던 호남의 노론 이재 황윤석(頤齋 黃胤錫, 1729~1791)이 평생에 걸쳐 남긴 일기 『이재난고(頤齋亂藁)』다. 『이재난고』는 서학을 중심에 두고 이가환이 어떤 지적 네트워크를 맺었는지 확인시켜 줄 것이다.

---

28 황사영 저, 여진천 역주(1999), 87~89쪽. "李家煥自在幼少, 才智超群, 及長, 風度魁偉, 文章冠一國, 無書不覽, 强記如神. 又精天文幾何之學, 嘗歎曰, 老夫死則東國幾何種子絶矣. 少信理氣之學, 每瞻天默歎曰, 這樣大排布, 何謂無主宰者, 三十餘, 登進士及第, 先王器重之."

3. 『이재난고』를 통해 본 서학 네트워크

> (담헌(湛軒)) 선생은 영조와 정조 연간의 사람으로서 (영조 계해년[1743, 영조19]에 출생하여 정조 계묘년[1783, 정조7]에 죽었다) 이재 황윤석과 함께 미호(渼湖) 문경공(文敬公) 김원행(金元行)을 스승으로 섬겼다. 이때 성호 이익이 아직 생존해 있어 자손과 문하의 제자들은 대부분 실(實)을 숭상하고 용(用)에 힘썼으므로, 많은 신진들이 의귀(依歸)하였다. 이에 비록 문호는 서로 통하지 않았으나 성기(聲氣)는 서로 통하였다. 같은 사람끼리 서로 호응하는 법이다. 그러므로 선생이 친하게 지낸 사람은 연암 박지원(燕巖 朴趾源)과 초정 박제가(楚亭 朴齊家)였는데, 이들은 모두 다 일찍이 『성호사설(星湖僿說)』을 읽었고, 모두 석치(石癡) 정철조(鄭喆祚)와 친하게 지낸 사람들이다. 초정은 또 다산 정약용과 친하게 지냈다. 여기에서 선생의 학문이 안으로는 실로 성호에게 영향을 받았으며, 위로는 반계 유형원(磻溪 柳馨遠)에까지 거슬러 올라갔음을 알 수 있다.[29]

정인보(鄭寅普)가 남긴 「담헌서서(湛軒書序)」는 홍대용(洪大容)－정철조－황윤석의 노론계와 성호－정약용의 남인계의 지적 소통에 관해 유추하도록 해준다. 이 문장에 이가환의 이름을 보이지 않지만, 이가환 역시 이 네트워크에 한 자리를 이루고 있었을 것이다. 미호 문하의 노론 계열과 성호 문하의 남인 계열 문인들을 연결한 매개점이 석치라는 호로 불린 정철조(鄭喆祚, 1730~1781)였기 때문이다.[30] 정철조

---

29 鄭寅普, 『湛軒書』, 「湛軒書序」. "先生英正間人, 英祖癸亥生正祖癸卯卒. 與黃頤齋胤錫, 俱師事渼湖金文敬. 而是時, 星湖猶未沒, 子孫門弟多崇寔致用, 爲新進所依歸. 雖門戶有閡, 聲氣互流, 同焉者應, 故先生所善朴燕巖趾源, 朴楚亭齊家, 皆夙籀星湖僿說. 而皆善鄭石癡喆祚, 楚亭又善茶山, 知先生之學, 內實漸漬星湖, 以上溯磻溪."

와 이가환은 혼맥(婚脈)으로 연결되어 있다. 정철조는 이가환의 처남이었다.[31] 정철조는 영조 대 공조판서에 오른 정운유(鄭運維, 1704~1772)의 장남으로 문신이자 화가로 알려진 인물이다. 그는 서화와 지도에 능했고 특히 벼루를 잘 만들었던 일로 유명하며 홍대용, 박지원과 깊이 교류한 인물로도 알려져 있다.

정인보의 글에는 선명하지 않지만 18세기 중후반 소론과 남인 학자들의 소통은 긴밀한 차원에서의 학술적 교제였다기 보다는 말 그대로 '실(實)을 숭상하고 용(用)에 힘쓰는' 다시 말해 학술적 관심을 공유하는 느슨한 소통이었을 것이다. 이들의 학문적 관심을 박지원의 문장에서 확인할 수 있다.

> (흠천감(欽天監)의) 뜰에는 여기저기에 관측하는 기계를 놓아두었는데, 모두 구리로 만들었다. …… 대체로 대 위에 진열된 기계들은 아마도 혼천의(渾天儀)와 선기옥형(璿璣玉衡) 종류 같아 보였다. 뜰 한복판에 놓여있는 것들도 역시 내 친구인 정석치(鄭石癡, 정철조)의 집에서 본 물건과 같았다. 석치는 일찍이 대나무를 깎아 손으로 여러 가지 기계를 만들었다. 그러나 이튿날 보러 갔더니, 그는 벌써 부숴 없애 버렸다. 언젠가 홍덕보(洪德保, 홍대용)와 함께 정의 집을 찾아갔는데, 두 친구가 서로 황(黃)·적도(赤道)와 남(南)·북극(北極) 이야기를 하다가

---

30 당시 정철조는 그림에 뛰어난 인물로 여겨졌다. 『林下筆記』에는 徐命善이 어진을 그릴 때 정철조를 입회시킬 것을 제안하는 대목이 나온다.(李裕元, 『林下筆記』 권32. "御容模寫請朝臣鮮繪事者入參.") 또한 정철조는 당대 지식인들에게 지도 전문가로도 평가받았다. 李圭景은 "輿地圖로서는 尹鍈의 여지도와 정철조의 여지도와 黃曄의 여지도가 지도 중에 제일이다."라고 평가한 바 있다.(李圭景, 『五洲衍文長箋散稿』, 「志地辨證說」.)

31 정철조의 막내 여동생이 이가환과 혼인하여 이가환은 정철조의 매부가 된다.

때로는 머리를 흔들고, 또는 고개를 끄덕이곤 했다.[32]

박지원은 북경의 흠천감 관상대에서 서양인들이 만든 천문의기를 보고 정철조가 나무로 만들던 의기와 비슷하다는 사실을 확인한다. 박지원은 정철조의 제문을 지을 정도로 그와 가깝게 지냈다.[33] 당시 정철조는 직접 천문의기를 제작하고 그 이론적 토대인 서학의 천문역산학을 연구하면서 주변 인물들과 활발하게 교류하고 있었다.[34] 이 점은 황윤석의 기록에서도 쉽게 확인할 수 있다.

> 정철조는 평생 서양 역법의 연구에 매진했는데 『수리정온(數理精蘊)』과 『역상고성(曆象考成)』 두 질을 토열(討閱)했다고 한다. 이 두 질은 모두 강희제(康熙帝) 때 서양 역법으로 윤색된 것으로 『수리정온』 40여 권과 『역상고성』 9권은 『기하원본(幾何原本)』의 범위를 넘어서지 않았다고 전했는데 특히 『기하원본』은 매부인 이가환의 집에 있다고 했다.[35]

이 문장에서 정인보의 기록에 보이지 않던 이름 즉 박지원 - 홍대용 - 황윤석 - 정철조의 네트워크에 연결된 이가환의 이름을 확인할 수

---

32 朴趾源, 『熱河日記』, 『謁聖退述』, 「觀象臺」. "庭中雜置儀器, 皆銅造 …… 盖臺上諸器, 似是渾天儀璿璣玉衡之類, 而庭中所置, 亦有似吾友鄭石癡家所見者. 石癡嘗削竹手造諸器, 明日索之, 已毁矣. 嘗與洪德保共詣鄭, 兩相論黃亦道南北極, 或擺頭, 或頤可."

33 朴趾源, 『燕巖集』 권10, 「祭鄭石癡文」.

34 정인보는 "황윤석의 曆算도 역시 정철조로부터 전해진 것(頤齋曆算, 亦傳自石癡.)"(鄭寅普, 『湛軒書』, 「湛軒書序」.)이라고 평한 바 있다.

35 黃胤錫, 『頤齋亂藁』 권11, 1768년 8월 戊寅. "蓋鄭君一生專治西洋曆象之學, 又方討閱數理精蘊, 曆象考成, 是二帙, 皆康熙以西法潤色, 而稱以御製者也, 精蘊四十餘卷, 考成八九卷抄而不出於幾何原本範圍之外, 原本方在其妹夫李家煥處云."

있다. 이가환은 『이재난고』에 『기하원본(幾何原本)』과 함께 등장한다.

> 이윤보(李潤父)[36]가 이용휴를 방문해서 『기하원본』을 찾으니 말하기를 그 아들 가환이 그의 처남 정철조에게 얻어서 한 달여를 보고 돌려주었다고 하였다. (이윤보가) 정철조를 방문하여 찾으니 『기하원본』이 아니고 『수리정온』이었는데 관상감 이덕성(李德成)이 가지고 있던 것이라고 하였다.[37]

정철조의 집에서 찾은 책이 기대했던 『기하원본』이 아니라 『수리정온』이었다는 이 착오는 와전이나 착각 때문이 아니라 동명의 다른 책으로 인해 생긴 문제다. 『수리정온』 권2~4에 걸쳐 실려 있는 『기하원본』은 프랑스 출신 예수회원 Ignace-Gaston Pardies(1636~1673)의 기하학 교재인 Elémens de géometrie (Paris, 1671)를 저본으로 저술된 것으로, 마테오 리치, 서광계(徐光啓)의 『기하원본』과는 서로 다른 책이었다.[38]

---

36 李潤父 또는 潤甫는 李重海(1717년~?)로 부친은 李鉉相이며 형은 李運海이다. 1746년(영조 22) 알성시에 을과 1위로 문과 급제했고 관직은 正言 · 持平 · 掌令 등을 역임하였다. 子用 또는 雲擧라는 호로 불리는 李運海(1710~?)는 그의 형으로 후에 李心海로 개명한다. 두 형제에 관한 일은 『영조실록』에 기록되어 있다.(『英祖實錄』 권75, 28년(1752) 1월 乙丑.) 황윤석과는 각별히 가까웠던 것으로 보이며 『頤齋遺藁』에는 두 사람을 전별하며 쓴 시가 있다.(黃胤錫, 『頤齋遺藁』 권2, 「詩贐侍御史李侯 運海」.) 이윤보에 대해 洪良浩가 만사를 짓기도 했다.(洪良浩, 『耳溪集』 권9, 「李獻納潤甫輓」.)

37 黃胤錫, 『頤齋亂藁』 권11, 1768년 8월 壬申. "李潤父, 歷訪李用休覓幾何原本則云, 其子家煥, 得諸其妻娚鄭喆祚, 看過一月還之, 乃訪鄭喆祚, 覓之則云, 非幾何原本, 乃數理精蘊, 而觀象官李德星所有也."

38 홍영희(2006), 35쪽; 劉鈍(1991). 『수리정온』은 수학에 관심이 많았던 강희제의 어명으로 편찬된 서양 수학서로 상편 5권, 하편 40권, 표 8권 등 총 53권으로 구성되

『기하원본』, 『수리정온』 등 서양 수학서를 중심으로 한 네트워크에 이가환은 황윤석, 이윤보, 정철조, 이덕성과 함께 연결되어 있다. 우선 책의 원소유자인 이덕성은 1765년 홍대용과 함께 천주당에 방문하여 유송령(劉松齡, 1703~1774)[39] 즉 예수회 선교사 할레슈타인(A. Von Hallerstein)을 만난 관상감원으로, 조정의 공식적인 업무로 천주당을 방문했던[40] 이덕성이 개인적으로 구입해 온 『수리정온』이 정철조의 손에 들어와 있었던 것이다.

당시 황윤석은 서양 수학서를 보기 위해 백방으로 노력하고 있었다. 1768년 7월 29일 황윤석은 관상감 관원 문광도(文光道)를 방문해 역상에 관해 토론하던 중 『기하원본』의 호현설(弧弦說)에 이야기가 미쳤는데 현재 이 책이 계동 홍가와 이용휴의 집에 있으나 매우 구하기 어렵다는 이야기를 듣는다.[41] 이후 8월 17일에 이윤보를 통해 이용휴

어 있다.

39 유송령은 『劉鮑問答』의 주인공 중 한 사람이다. 『유포문답』은 홍대용이 연행 과정에서 만나 대화를 나눈 예수회 선교사 유송령과 鮑友管(Antoine Gogeisl) 두 사람과 필담으로 나눈 대화를 기록한 것이다.

40 "僉知 李德星은 日官인지라 曆法을 대략 알았다. 이번 걸음에 조정의 명령으로, 두 사람(유송령, 포우관)에게 五星의 行度를 묻고, 겸하여 역법의 미묘한 뜻을 질문하며, 또 천문을 관찰하는 모든 기구를 구매하려 했는데, 나는 그와 함께 일을 같이 하기로 약속하였다.(僉知李德星, 日官也. 略通曆法, 是行也. 以朝令將問五星行度于二人, 兼質曆法微奧, 且求買觀天諸器, 余約與同事.)"(洪大容, 『湛軒燕記』, 「劉鮑問答」.) 이 방문과 대담에서 홍대용을 중심에 두고 이덕성을 홍대용의 조력자로 보는 선행 연구도 있지만, 이덕성이 조정의 공적 업무로 천주당에 방문했음을 고려할 때 전문가인 중인 관상감 관원의 역할을 양반 지식인의 보조자로 축소하는 것은 편견에 불과하다.

41 黃胤錫, 『頤齋亂藁』 권11, 1768년 7월 甲寅. "歷訪文主簿光道 …… 余語及曆象說話, 因及幾何原本孤(弧)弦之說, 彼云, 此冊六篇, 或作三卷, 方今桂洞洪家及李上舍用休家有之, 誠至貴難得之書也. 洪州卽洪量海, 又是一代算學之最也. 余曰, 世有郭字敬,

의 집안에서 『기하원본』을 찾았지만 부친 이용휴로부터 이미 처남인 정철조에게 돌려주었다는 말을 듣는다. 황윤석은 『기하원본』을 보기 위해 이용휴뿐 아니라 정철조와도 친하게 지내던 이윤보 형제와 함께 정철조의 집을 방문한다. 1768년 8월 23일의 일이다.

이날 황윤석은 정철조와 친하게 지내던 이윤보 형제와 동행해(蓋潤父與鄭君親熟, 而要余往也.) 정철조의 부친 정운유의 집을 방문했다가 정철조를 만나 대화를 나눈다.(訪鄭參判運維家, 與其長子喆祚相話.) 정철조는 황윤석의 명성을 익히 알고 있었기 때문에 만나고 싶었다고 말한다.(鄭君曰, 久仰盛名, 願得一見.) 황윤석은 그와 직접 만나기에 앞서 정철조에 대해 언급하는데 황윤석에 따르면 정철조는 문과 급제자로 역상, 산학에 전념하여 마테오 리치를 종주로 삼은 지가 이십여 년에 이른다고 한다. 방 하나를 서학서로 가득 채워놓고는 동생도 들이지 않을 정도로 서학 연구에 전념한 인물이라는 것이다. 정철조는 직접 해시계[日晷]를 제작하기도 했다.[42]

황윤석이 실제로 정철조와 직접 만난 것은 다음 해인 1768년 8월 23일의 일이었다. 8월 23일의 대화에서 흥미로운 것은 정철조가 관상관 조홍규(趙鴻逵)와 함께 '지평경위상한의(地平經緯象限儀)'[43]를 나무

則有許魯齋, 有利瑪竇熊三發, 則有徐光啓李之藻, 今尊, 於此學深矣."

42 黃胤錫, 『頤齋亂藁』 권8, 1767년 2월 癸亥. "尹琨及弟瑠, 與尹瑒來見, 尹琨甫言, 其外四寸鄭喆祚, 大司諫運維子家在京中集巨洞庚戌生, 能科文而專精曆象算數之學, 以利瑪竇遺法爲宗, 今二十餘年矣. 居一室, 所粹西書充衍其中, 雖其弟, 不許入也. 自製日晷, 用之測影, 善治硯石, 又工古畫, 聞人家有西書, 雖所不識卿相, 必以蹊徑得而借出, 其弟 則病於善忘, 平生讀書雖多, 全不記得, 而至於製述, 能暗記援引, 此亦異才也."

43 『御定儀象考成』의 "강희 54년, 강희제가 紀利安(Kilian Stumpf, 1655~1720)에게 명하여 지평경의를 지평상한의와 합하여 하나로 만들게 하였다.(康熙五十四年, 聖祖仁皇帝, 命監臣紀利安, 製地平經緯儀, 合地平象限二儀而爲一. 『御定儀象考成』 三十

로 제작했다는 일이다.[44] 지평경위의(地平經緯儀)는 적도경위의(赤道經緯儀)와 더불어 혼천의를 이루는 천문관측기구다.[45] 이는 아마도 박지원이 정철조의 집에서 본 의기 중 하나였을 것이다.[46] 당시 조선에서는 천문의기에 대한 관심이 높아지고 있었다. 연행을 통해 구해오는 경우도 있지만 이론서에 근거해 직접 제작하는 것도 가능한 상황이었던 것으로 보인다.

이들의 대화는 당시 서양 수학서의 연구와 의기 제작이 어떤 네트워크에서 어느 정도로 확산되었는지를 보여준다. 구만옥은 조선 후기 학풍 속에서 수학을 탐구한 일군의 학자들을 ①성호 - 이용휴 - 이가환 - 이벽 - 정약전 - 정약용으로 이어지는 근기남인계 성호학파, ②서명

二卷)"는 내용에 근거하면 『이재난고』의 '地平經緯象限儀'가 지평경위의와 상한의, 두 개의 의기가 아니라 '지평경위상한위'라는 하나의 의기일 가능성이 있다. 지평의(혹은 지평경의)는 지평면을 따라서 회전시켜 경도를 측정하고, 상한의는 90도까지의 각도를 측정하는 의기로, 이를 합쳐 경도와 위도를 측정할 수 있도록 만든 것이 지평경위의이다.

44 黃胤錫, 『頤齋亂藁』 권11, 1768년 8월 戊寅. "方與觀象官趙鴻逵, 並力新製地平經緯象限儀, 周天四之一也. 又製觀星盤, 亦周天四之一也, 幷用木爲之."

45 앞에서도 보았듯 조정에서도 이러한 천문의기의 중요성을 인식하고 있었다. 그러나 실무에 능한 전문가를 찾기는 어려웠던 것으로 보인다. 실제로 조정에서 지평의와 상한의에 대한 보수가 논의된 것은 정철조가 죽은 뒤인 1789년의 일이다.(『正祖實錄』 권28, 13년(1789) 8월 辛巳.)

46 『이재난고』에는 이덕성 역시 같은 관상감 관원 문광도와 함께 지평경위의를 제작하고자 한다는 내용이 보인다.(黃胤錫, 『頤齋亂藁』 권11, 1768년 8월 壬申. "李德星, 與文光道, 方製地平經緯儀.") 정철조는 황윤석을 위해 사람을 鄭恒齡의 집안에 보내 조홍규와 함께 제작한 簡平儀를 빌려다 보여주기도 한다.(黃胤錫, 『頤齋亂藁』 권11, 1768년 8월 戊寅. "鄭君又爲余, 送人鄭司諫恒齡家, 借示簡平儀, 亦趙鴻逵所共製者.") 鄭恒齡(1710~1770)은 「東國地圖」의 제작자 農圃子 鄭尙驥(1678~1752)의 아들로 정철조는 정항령과 가까이 교류했던 것으로 보인다. 한편 성호는 鄭尙驥의 묘지명을 쓴 바 있다.(李瀷, 『星湖全集』 권64, 「農圃子鄭公墓誌銘」.)

응(徐命膺) - 서호수(徐浩修) - 서유구(徐有榘)로 이어지는 달성 서씨가, ③황윤석, 홍대용, 홍계희, 정철조 등의 노론 낙론계, ④홍양해(洪量海)의 노론 호론계, ⑤이태창(李泰昌), 문광도, 김영(金泳) 등의 관상감 실무 관원들로 나눈 바 있다.[47] 홍대용, 박지원, 정철조, 이용휴, 이가환, 문광도, 이덕성, 홍계희, 홍양해 등의 이름이 등장하는 황윤석의 기록은 당시 조선에 서학을 축으로 한 새로운 네트워크 즉 가계나 학파에서 분기되는 종적 네트워크 외부에 당파나 학맥, 신분을 가로지르는 횡적 네크워크가 형성되어 있었음을 알려 준다.[48] 이 서학 연구 그룹을 연결하고 매개한 것은 당시 연행을 통해 도입된 서양 수학서, 천문서들이었을 것이다.[49]

그 네트워킹의 한 지점에 이가환이 있다. 황윤석은 1768년 8월 23일에 정철조에게 이가환에 대한 평가를 듣는다.[50]

---

47 구만옥(2010)

48 이 네트워크가 충분히 규명되었고 보기는 어려울 것이다. 황윤석은 李子容, 이윤보 형제와 함께 정철조 집안, 이가환 집안에 왕래하는데 그는 서명응, 서호수 부자와도 왕래가 있었던 것으로 보인다.(黃胤錫, 『頤齋亂藁』 권6, 1766년 3월 甲申. "李子容之弟潤甫, 始自他處歸, 乍話, 朝飯後, 轉訪其西北鄰徐參判命膺家.") 이용휴는 정철조와 이용휴 - 이가환의 기사에 모두 등장하는 흥미로운 인물로 당대 지적 네트워크의 일부를 이루는 것으로 보이지만 그와 그의 형제에 관한 기록을 그다지 남아 있지 않다.

49 黃胤錫, 『頤齋藁』 권14, 1770년 4월 癸丑 등 『이재난고』의 기사를 통해 당시 역관이나 관상감 관원들이 사 온 책과 이를 베껴 둔 책들이 상당한 규모로 유통되었을 뿐 아니라 매매되고 있었음을 확인할 수 있다.

50 황윤석은 정철조와 이가환을 함께 언급하기도 한다. 황윤석은 정철조가 뛰어난 재주로 문과에 급제한 인물이고 이가환은 철조의 매부인데 그 역시 박식한 인물이라고 소개한다.(黃胤錫, 『頤齋亂藁』 권38, 1786년 6월 癸酉. "鄭生時養言, 鄭喆祚, 同宗人也. 才藝絶倫, 登文科而逝, 其弟厚祚, 蔭工正, 以地理學名世, 卽天下欲國山川郡縣道里, 瞭然心目者也. 今文官李家煥, 卽喆祚婦弟, 亦有博識嚮用.")

> 정철조가 말하기를 "자신은 산법을 공부하지 않지만 다만 이가환은 근래 줄곧 『기하원본』, 『수리정온』 같은 책에 전념하였고 또 혼개통헌[渾蓋通憲, 아스트로라브]도 제작했다."고 하였다.[51]

처남인 이가환에 대해 정철조는 ①『기하원본』, 『수리정온』 등 서양 수학서에 정통한 인물이며, ② 혼개통헌의(渾蓋通憲儀)를 직접 제작했다고 전한다. 주지하듯 『기하원본』, 『수리정온』 등에 대한 이가환의 관심은 성호로부터 이어진 학풍의 영향이라고 볼 수 있다.[52] 이가환 역시 이런 학풍의 영향으로 서양 수학서에 관심을 기울였을 것이다.

여기서 주목할 것은 이가환이 직접 일종의 천문시계인 혼개통헌의를 제작했다는 주장이다. 혼개통헌의는 중국의 전통적인 구체 혼천의를 대신하여 이를 평면에 투영시킨 서구식 천문의기로, 서양의 평면구형 아스트로라브의 중국판으로 평가받는다.[53] 혼개통헌의의 제작 역시 성호의 관심사에 연결되어 있다. 혼개통헌의의 제작은 그 구조와 제작 원리를 담은 『혼개통헌도설(渾蓋通憲圖說)』을 토대로 하는데 이는 이지조(李之藻)가 1607년에 간행한 책으로 서양 고대의 측량의기인 평면구형 아스트로라브(Astrolabe, 星盤)의 원리를 소개한 저작이다. 즉 이가환이 어떤 수준의 아스트로라브까지 제작했는지는 확인할 수

51 黃胤錫, 『頤齋亂藁』 권11, 1768년 8월 戊寅. "鄭君曰, 算家吾所不習, 惟李家煥近方專精於原本精蘊諸書, 又製渾蓋通憲矣."

52 성호는 "내가 실용적이라고 한 것은 저 『천문략』, 『기하원본』 등의 여러 서적 속에서 논한 天文 · 수리[籌數]의 법을 취한 것으로 (그것들은) 이전 사람들이 발명하지 못한 바를 밝힌 것이니 세상에 크게 유익함이 있다.(而若吾之所謂實用者, 取其天問畧幾何原本等諸書中所論, 天文籌數之法, 發前人之所未發, 大有益於世也.)"(愼後聃, 『遯窩西學辨』, 「紀聞編」.)고 말한 바 있다.

53 구만옥(2008), 275~276쪽.

없다. 그러나 유금(柳琴)을 비롯해 조선에서 혼개통헌의를 제작한 사례가 있기 때문에 이가환 역시 이론을 익힌 뒤 실제로 혼개통헌의를 제작하는 단계에 이르렀을 가능성이 있다.[54]

성호는 혼개통헌의의 원리와 제작에 관해 기술된 『혼개통헌도설』을 연구하고 그 가치를 인정한다. 주지하듯 성호는 『건곤체의(乾坤體義)』, 『천문략(天問略)』, 『치력연기(治曆緣起)』, 『시헌력(時憲曆)』, 『간평의설(簡平儀說)』, 『혼개통헌도설(渾蓋通憲圖說)』 등의 천문학 관련 서적들과 수학서, 『기하원본』 같은 서학서[55]에 대한 연구를 통해 서학의 천문 이론과 역법의 효용에 주목했는데 특히 『혼개통헌도설』의 학문적 가치를 높이 샀다. 『혼개통헌도설』이 혼천설과 개천설(蓋天說)을 통합하는 뛰어난 이론이라는 것이다.

> 『혼개통헌도설』이 나오자 합치되지 않는 것이 없어서 역법의 이치가 비로소 밝아졌으니, 어찌 외국이라고 하여 소홀히 여길 수 있겠습니까.[56]

정조 역시 지구설(地毬說)을 승인하는 맥락에서 혼개통헌의 이론을 인정한 바 있다.

---

54 선행 연구는 아스트로라브에 대한 조선인의 관심이 동아시아에서 으뜸이었다면서 이가환, 유금, 정철조, 박규수 등이 이를 직접 제작한 것으로 확인된다고 밝힌다. 안대옥(2012), 66쪽, 각주 23).

55 금장태는 이원순, 한우근의 연구를 바탕으로 성호가 접한 서학서와 서양 문물을 각각 21종과 9건으로 정리하고 있다. 금장태(2003), 55~56쪽.

56 李瀷, 『星湖全集』 권26, 「答安百順 丁丑」. "至通憲出而無所不合, 曆道始明, 豈可以外國而少之哉."

아침에 밭을 갈아 저녁에 수확한다는 말이 『주비산경(周髀算經)』에 나오고, 낮과 밤이 반대된다는 말이 『역서(曆書)』에 기록되어 있으니, 여기에서 지구가 둥글다는 이치를 확실히 증거할 수 있는데, 선유(先儒)들이 여전히 그것을 믿지 않은 것은 무엇 때문인가? …… 남쪽으로 200리를 가면 북극과의 고도가 1도 낮아지고, 북쪽으로 200리를 가면 북극과의 고도가 1도 높아진다. 만약 땅이 완전히 둥글지 않다면 어찌 이와 같을 수 있겠는가. 실제로 측량해 보지도 않고 한갓 입으로만 논쟁하게 되면 쟁반을 두드리고 촛불을 잡듯[扣槃捫燭] (자의적으로 해석하는) 견해를 면하는 자가 드물 것이니, 이는 마땅히 혼개통헌법(渾蓋通憲法)으로 증명해야 한다.[57]

성호의 학맥에서 성장한 이가환도 『혼개통헌도설』을 깊이 연구한 것으로 보인다. 선행 연구에 따르면 이가환은 천문학에 관한 정조의 질문에 대해 답변한 「천문책」에서 혼개통헌의의 제작을 통해 혼천설과 개천설을 통합할 수 있다고 주장했다고 한다.[58] 또한 정확한 시간의 측정을 위해 『혼개통헌도설』의 제도를 모방해서 시간을 측정해야 한다고 주장하기도 한다.[59] 그런데 사실상 혼개통헌의는 만들기 어려운 기구는 아니었던 것으로 보인다. 『이재난고』에는 서명응이 저잣거리에서 은 6전에 혼개통헌의를 구해서 조정에 진상했다는 이야기가 나온다.[60] 원리만 이해하면 유사한 도구를 제작하는 것이 가능했

57 『弘齋全書』 권164, 「經史講義」53 「綱目」 7. "朝耕暮穫, 見於周髀, 晝夜反對, 著於曆書, 地圓之理, 確有可徵, 而先儒猶不之信何歟 …… 南行二百里, 北極低一度, 北行二百里, 極高一度, 若地非正圓, 何以如此. 苟無實測, 徒以口舌爭, 鮮不爲扣槃捫燭之見, 此當以渾蓋通憲法證之."

58 구만옥(2006b), 240쪽.

59 이가환 저, 정선용 역(2011), 61쪽.

던 듯하다.

이들의 관심을 끈 것은 천문의기만은 아니었다. 이후 이들은 실제로 만나 다양한 주제로 토론하는데 '문장 전고(文章典故), 자획성운(字畫聲韻) 및 역법과 수학[律曆籌法]'에 관해 격렬히 토론하기도 하고[61] 화약법과 망원경에 대해 토론하기도 한다. 이때 이가환은 황윤석에게 일본의 『왜한삼재도회(倭漢三才圖會)』에 유리로 제조한 규원경(窺遠鏡) 즉 망원경에 대해서 언급하면서 일본의 유리는 네덜란드의 유리에 미치지 못한다고 평가하기도 한다.[62] 이들의 토론은 천문역산서와 천문의기, 규원경과 유리 등 다양한 서양의 지적 정보를 포괄한다. 이런 풍토가 아마 우리가 예상하는 '실학'의 면모에 가까울지 모른다. 그러나 이들의 관심이 현대의 분과적 구분으로서 '과학'으로 수렴되었다고 평가하는 데는 신중한 태도가 요구된다. 다음의 기사를 보면 이

---

60 "서리 劉成旭이 연도(연경)으로부터 상사 서명응 대감을 따라갔다 귀국한 뒤 알현하였다. …… 그가 말하기를 연경의 隆福寺 저자에서 우연히 은 6전으로 이마두가 제작한 평의를 구입하였는데 이는 즉 혼개통헌이었다. 서대감이 천주당의 서양인 유송령에게 보여주었더니 송령이 이것은 이마두 때부터 사용하던 것으로 지금은 사용하지 않는다고 하였다. …… 그 평의는 우리나라로 돌아와 인견할 때 진상하였다.(昨日, 本寺書吏劉成郁, 自燕都隨上使徐台命膺, 歸謁 …… 因言燕京隆福寺市上, 偶以銀六錢, 購得利瑪竇所製平儀, 卽渾蓋通憲也. 徐台以示天主堂中, 西洋人劉松齡, 則松齡言, 此自利氏時所用, 今不用也 …… 其平儀, 則東還引見時, 入啓投進.)"(黃胤錫, 『頤齋亂藁』 권14, 1770년 4월 壬子.)

61 黃胤錫, 『頤齋亂藁』 권26, 1778년 8월 己未. "遇祝史禮曹正郎李家煥, 終日劇論文章典故, 字畫聲韻, 律曆籌法."

62 黃胤錫, 『頤齋亂藁』 권26, 1778년 7월 庚申. "昨日, 李禮正家煥言, 明朝人, 製火藥法有云, 灰加箬葉, 則悄聲, 言柳灰加以箬葉, 則銃丸雖發而無聲【悄玉箱心無憀箬玉篇竹大葉也. 又說文楚謂竹皮曰箬. ○四聲通解, 亦作篛篛以作漁笠】又言, 日本人所撰倭漢三才圖會有云, 製窺遠鏡, 須以玻璃【보리】而日本之玻璃, 不及阿蘭陁國. 亦曰紅毛夷, 紅夷之玻璃, 故日本亦常貿用, 盖玻璃一名硝子, 本用塩硝燔成."

들의 관심이 어느 방향으로 확산하고 있었는지 확인할 수 있다.

> (정철조는) 또한 『문목(問目)』 한 책을 보여주었는데 이는 서양 역법에서 의문 나는 점과 서학 이른바 천주교(天主敎)의 대지를 거론한 것이었다. 이를 장차 10월에 연행에 나갈 관상감 이덕성 편에 부쳐 서양인 유송령에게 보이고자 한다고 하였다.[63]

정철조는 다시 연행에 나갈 이덕성의 편에 서양인 선교사 유송령에게 전할 『문목』을 황윤석에게 보여준다. 이 『문목』에 서양 역법뿐 아니라 천주교에 관한 질문이 포함되어 있었다는 점에서 이들의 지적 관심을 단순히 과학과 종교라는 근대적인 분과적 제도 안에서 분리하기는 어려울 것이다. 그렇다면 이가환의 서학 수용과 연구 역시 같은 궤도와 맥락에서 평가할 필요가 있을 것이다.

4. 정조와의 서학 토론

정조는 특히 이가환을 아꼈다. 정조는 "가환에게 앞으로 가까이 오도록 명하고 조목마다 출처를 하문하니, 이가환이 모두 우러러 대답하였으므로, 내가 이르기를, '인재라 할 만하구나.'"[64]라며 칭찬하기도 하고 "내가 이르기를, '이가환이 지은 글을 다시 보니 훌륭한 작문이라

---

63 黃胤錫, 『頤齋亂藁』 권11, 1768년 8월 壬申. "又示問目一冊, 蓋學西曆疑義, 及西學所謂天主教大旨, 將付觀象官李德星, 十月燕行, 欲令就質於西洋人劉松齡."

64 『日省錄』 정조 원년(1777) 4월 丙辰. "下詢逐條出處, 家煥皆仰對. 予曰, 可謂人才矣."

할 만하다.' 하니, 홍국영이 아뢰기를, '그렇습니다. 문재(文才)만 뛰어난 것이 아니라 고금의 일에도 널리 통하여 모르는 것이 없으니, 기재(奇才)라고 할 만합니다.' 하여, 내가 이르기를, '그 해박함은 당할 수가 없다.' "[65]고 평가하기도 한다.

1778년 2월 정조는 제술에서 수석을 차지한 이가환을 불러 질문을 한다. 여기서 정조는 다양한 질문을 했는데 여기에는 수학과 천문학을 중심으로 서학에 관련된 질문이 포함되어 있다. 정조의 질문은 "명(明)대 마테오 리치(利瑪竇, Matteo Ricci)가 수정한 역법이 극히 정묘하다. 마테오 리치는 외국인으로서 어떻게 혼자 그 묘리를 이해하였으며, 또한 과연 완전하게 이해하여 다시 어긋날 염려가 없는가?"[66]라는 것이었다. 이에 대해 이가환은 "마테오 리치 뒤에 또 아담 샬 폰 벨(湯若望, Adam Schall von Bell) 등이 수정하였으니, 또한 마테오 리치 혼자 만들어 낸 것이 아닙니다. 양인(洋人)은 옛날부터 전문가가 많아 서로 전수하고, 매우 정밀하게 역(曆)을 만들어 의기(儀器)를 가지고 측정하였는데, 의기의 도(度), 분(分), 초(秒)는 천체에 있어서는 차이가 매우 커서 오랜 세월이 흐르면 반드시 오차가 납니다. 그래서 서양 사람들이 이미 스스로 오랜 시간이 지나면 반드시 차이가 난다고 말하였습니다."라고 답한다.[67]

---

65 『日省錄』 정조 2년(1778) 2월 甲辰. "予曰, 李家煥所作更見之, 可謂絶作矣. 國榮曰然矣. 非但文才之優餘, 博通古今, 無不知者, 可謂奇才矣. 予曰, 其淹博不可當矣."

66 『日省錄』 정조 2년(1778) 2월 乙巳. "予曰, 明時利瑪竇修正曆法, 極其精妙瑪竇以外國之人, 何以獨解其妙處, 亦果能到十分處, 不復有差舛之慮否."

67 『日省錄』 정조 2년(1778) 2월 乙巳. "家煥曰, 利瑪竇之後, 又有湯若望等修之, 而亦非利瑪竇所自創, 西洋人從古多有專門, 互相傳授, 以至至精造曆, 以儀器測之, 而儀哭之度分杪, 在天體所差甚大, 積久必差, 西洋人已自言其久則必差矣. 予曰, 時有推遷, 節

이가환의 답변은 이른바 '의상개수론(儀象改修論)'에 해당할 것이다.[68] 이가환은 기술적 진보를 신뢰했고 천문 의기 역시 시간적 변화를 반영해 발전시켜야 한다고 여겼다. 이를 위해서는 무엇보다 천문서와 의기 같은 새로운 지적 자원이 필요했다. 주지하듯 조정은 사행을 통해 천문 역법에 관련된 서학서들을 구입하기 위해 노력했다. 정조 대에는 역관들도 사재를 써서 『율력연원(律曆淵源)』과 같은 서학서와 천문의기를 사 와 조정에 바치기도 했다.[69] 관료들은 책력을 완성하는 데 필요한 『어정역상고성(御定曆象考成)』 등의 책을 사행(使行)의 역관(譯官)에게 사 오게 했고[70] 실제로 역관들이 『신법역상고성후편(新法曆象考成後編)』 등의 천문역법 관련 서적을 구입해 왔다.[71] 이 책을 관상감 실무자들만 읽었던 것은 아니었다. 정조 역시 상당한 수준에서 천문 역법의 새로운 경향을 이해하고 있었기 때문이다. 1789년 정조가 내린 대책(對策)에서 이를 확인할 수 있다.

이가환의 「천문책(天文策)」은 정조 13년(1789) 윤5월 28일에 실시한 친시(親試)의 대책으로, 정조의 질문과 그에 대한 이가환의 답변으로 구성되어 있다. 천문책에 보이는 정조의 서학 관련 천문학적 지식은 호기심을 넘어 상당한 이론적 수준에 이른 것으로 보인다. 약 스무

有早晩, 則曆法不一, 或天運星行有古今之殊而然歟. 家煥曰, 有不合者, 曆法之未精, 天體則萬古如一矣."

68 구만옥(2019)의 연구에 상세하다.

69 『日省錄』, 정조 16년(1792) 4월 丙辰.

70 『英祖實錄』 4년(1728) 10월 辛丑.

71 다음의 기사에서 확인할 수 있다. "譯官 安命說과 皇曆 賫咨官 金兌瑞 등이 『신법역상고성후편』을 購納하였다.(以譯官安命說, 皇曆賫咨官金兌瑞等, 購納新法曆象考成後編.)"(『英祖實錄』 21년(1747) 7월 己未.)

개의 질문 가운데 여러 질문이 신법(新法) 즉 서양 천문학과 수학에 근거한 천문 이론과 의기에 관한 것이었다. 이에 대해 이가환은 대책 전체에 걸쳐 중국에 다양한 천문 이론과 개념에 대한 이론적 전거(典據)들이 존재한다는 전제를 두지만 일관되게 서학의 천문역법서에 준해서 답변한다. 예를 들어 주천도수(周天度數)에서 구법과 신법의 차이를 묻는 정조의 질문[72]에 이가환은 다양한 근거를 제시한 뒤 최종적으로 "신은 모든 것이 신법이 더 치밀한 것으로 여깁니다."[73]라고 답변하는 식이다. 이 대화에서 주목할 것은 질문자인 정조 자신의 서학 지식이다.

서학과 관련된 정조의 첫 질문은 구중천설(九重天說)에 관한 것이었다. 정조는 다음과 같이 질문한다.

> 종동(宗動), 열수(列宿), 전성(塡星), 세성(歲星), 형혹(熒惑), 태양(太陽), 금성(金星), 수성(水星), 태음(太陰) 등은 지금 말하는 천체의 아홉 겹[九重]이라는 것이다. 고리가 아홉 겹이라는 말은 『초사(楚詞)』에 보이니 그 설은 실로 근본이 있는 것인데, 주자(朱子)가 "아홉 곳으로 나눈다는 것이 아니고 단지 선회하는 것이 아홉이다."라고 하였으니, 과연 (서양의) 높고 낮다는 논설과 차이가 없는 것인가?[74]

---

72 정조는 다음과 같이 질문한다. "365度와 4분의 1도는 고법의 하늘 둘레의 도수이며, 360도는 금법의 하늘 둘레의 도수이다. …… 옛날의 설이 오늘날의 설보다 더 나은 것인가? 아니면 오늘날의 설이 옛날의 설보다 더 치밀한 것인가?(三百六十五度四分度之一, 古法周天之度也, 三百六十度, 今法周天之度 …… 今法之歲差也. 古勝於今耶, 今密於古耶.)"(『弘齋全書』 권50, 「策問 · 天文策」.)

73 이가환 저, 정선용 역(2011), 30쪽.

74 『弘齋全書』 권50, 「策問 · 天文策」. "宗動也, 列宿也, 塡星也, 歲星也, 熒惑也, 太陽也, 金星也, 水星也, 太陰也, 今之言天體之九重也. 圜則九重, 見於楚詞, 則其說固有所本, 而朱子所謂不是分九處, 只是旋有九者, 果無異於高卑之論耶."

하늘이 아홉 겹으로 되어 있다는 발상은 『초사』나 『주자어류(朱子語類)』[75]에 보이지만 각 하늘의 명칭은 디아즈가 저술한 『천문략』에서 유래한 것이다.[76] 원래 중국에는 이기론에 근거해 하늘을 각기 운행의 속도가 다른 아홉 겹[九重天]으로 나누고 그 각각의 천에 일월과 오행성, 항성 등을 배치한 주희(朱熹)의 구중천설이 존재했는데 선교사들은 이 구중천설을 매개로 여러 겹의 하늘이 지구를 둘러싸고 회전한다는 프톨레마이오스(Ptolemaeos) 이론 기반의 중세 천문 모델을 '십이중천설(十二重天說)'이라는 이름으로 중국에 소개한다. 이가환에 앞서 성호는 십이중천설을 상당히 신뢰하며 「십이중천(十二重天)」[77]이라는 글을 남기기도 한다. 이가환도 성호와 유사한 입장에서 다른 천구를 움직이게 하는 종동천의 역할을 신뢰한다.

정조의 질문에 대해 이가환은 주희의 이론이 하늘에 종동천(宗動天)이 있음을 이미 알았기 때문이며 종동천의 존재를 푯대의 그림자

---

75 주희는 구중천에 대해 "내가 볼 때, 그것[九天]은 단지 아홉 층일 뿐이다. 아마도 하늘의 운행에는 여러 층이 있을 것이다. …… 안쪽의 층들은 비교적 부드럽고, 바깥에 이르면 점점 딱딱해진다. 제9층을 생각해 본다면 딱딱한 껍질과 같을 것이니, 그곳에서는 더욱 긴밀하게 돌기 때문이다.(據某觀之, 只是九重. 蓋天運行有許多重數 …… 自內繞出至外, 其數九. 裏面重數較軟, 至外面則漸硬. 想到第九重, 只成硬殼相似, 那裏轉得又愈緊矣.)"(『朱子語類』 권2 48조목.)라고 설명한 바 있다.

76 디아즈가 저술한 『천문략』에 소개된 십이중천의 명칭은 다음과 같다. "(십이중천은) 月輪天, 辰星 즉 水星天, 太白 즉 金星天, 日輪天, 熒惑 즉 火星天, 歲星 즉 木星天, 塡星 즉 土星天, 三垣 二十八宿天, 東西 歲差, 南北 歲差)이고, 無星 宗動天, 천주 상제가 발현한 천당이자 여러 천신과 성인들이 머무는 永靜不動天이다.(月輪天, 辰星卽水星天, 太白卽金星天, 日輪天, 熒惑卽火星天, 塡星卽土星天, 五二相卽三垣二十八宿天, 東西歲差天, 南北歲差天, 無星宗動天, 天主上帝發現天堂諸神聖所居永靜不動天.)"(李之藻, 『天學初函』 권5, 「天問略」.)

77 이 기사는 『성호사설유선』에만 남아 있다.

길이 등으로 증명할 수 있다고 주장한다. 서학의 구중천설(십이중천설)을 객관적이고 합리적인 이론으로 인정한 것이다. 흥미로운 것은 이가환이 구중천설이 실질적인 측량에서 나온 것이라 주장한다는 점이다.

> 실제 측량해 본 것으로 말씀드리면, 종동(宗動)이 가장 높고, 항성(恒星), 토성(土星), 목성(木星), 화성(火星)이 그다음이고, 태양(太陽)이 또 그다음이고, 금성(金星), 수성(水星)이 또 그다음이고, 태음(太陰)인 달이 가장 아래입니다. 이는 마치 파의 머리[蔥頭] 부분이 층층으로 감싸고 있는 것과 같습니다.[78]

이가환의 이러한 설명은 성호의 입장과 유사하다. 성호는 「십이중천」에서 유사한 방식으로 설명한다. "경성(經星)이 가장 높고 다음이 토성 다음이 목성 다음이 화성 다음이 태양 다음이 금성 다음이 수성 다음이 달이다. …… 또한 반드시 관측하고 말하였을 것이니, 억측으로 그 시비를 단정할 수는 없다. 그것이 층층이 서로 싸고 있는 것은 마치 파의 머리 부분이[79] 층층이 감싸고 있는 것과 같고 유리가 틈없이 겹쳐 있는 것 같아서 통하여 볼 수 있다."[80] 성호의 학맥에서 공

---

78 이가환 저, 정선용 역(2011), 28쪽.

79 여러 겹의 천구가 층층이 에워싸고 있는 우주 구조를 파의 머리에 비유하는 방식은 『萬物眞原』 같은 서학서에서도 쉽게 발견할 수 있다. "(신은) 지상에 있는 희박한 물로 공기를 창조했고 공기의 상위에 불을 창조했다. (이것들은) 흙, 물과 함께 사원소[四元行]를 이룬다. 흙은 물에, 물은 기에, 기는 불에, 불은 하늘에 층층이 에워싸여 있는데 마치 파의 머리[葱頭]와 비슷하다. 불 위로는 나뉘어 여러 겹의 천구가 되어 회전하면서 운동한다.(以希微之水, 在地上者, 化成氣, 氣之上化成火, 併地水共成四元行. 地之于水, 水之于氣, 氣之于火, 火之于天, 層層包裹, 如葱頭相似. 火上分成重重天, 以旋轉運動.)"(艾儒略, 『萬物眞原』 권10, 「論天主造成天地」.)

부한 이가환 역시 십이중천설을 신뢰했음을 알 수 있다.

정조는 천문 의기의 발전에 대해서도 질문한다. 정조는 질문[81]을 통해 '역대 천문의기의 특징과 장단점을 정리한 다음, 새롭게 전래된 서양식 천문의기의 특성을 적출해 낼 것을 요구'[82]하는데 이에 대해 이가환은 다음과 같이 답한다.

> 대명(大明)의 상한의(象限儀)와 기한의(紀限儀) 및 천구(天球)와 지구(地球) 등의 경우, 이는 바로 만력(萬曆) 연간에 서양 사람인 이마두(利瑪竇)가 만든 것입니다. 천구는 이지조(李之藻)의 설에 의거하여 만든 것으로, 옛날의 혼의(渾儀)의 법에서 벗어나지 않습니다. …… 지금 상한의와 기한의를 보면, 비록 지나치게 간략한 것 같지만 …… 신은 이보다 앞서는 것은 없다고 여깁니다.[83]

---

80 李瀷, 安鼎福 編, 『星湖僿說類選』, 「十二重天」. "自古言天地有九重者, 謂七緯及經星與宗動也 宗動似是北辰天也. 凡物動者必有其宗, 其行最疾, 統領諸天, 近者疾而遠者遲, 莫非其帶動. 此則愚智皆與知也. 利氏謂十二重天者, 添永靜天, 及東西歲差, 南北歲差也. …… 蓋經星最高, 次土, 次木, 次火, 次太陽, 次金, 次水 次月 …… 亦必有測候而云未可臆料, 斷其是非也. 其層層相裹, 如葱頭之苞疊, 而如玻瓈之不隔, 所以通望也."

81 "洛耿은 圓儀를 만들었고 賈逵는 黃道儀를 만들었으며, 張衡은 渾天象을 만들고 王蕃은 渾天儀를 만들었다. 과연 옛 법에 어긋나는 것은 없으며 새로운 뜻을 발명한 것이 있느냐? 元 나라에는 簡儀, 仰儀, 闚几, 景符 등속이 있고, 明 나라에는 象限, 紀限, 天球, 地球 등의 유가 있다. 그중 가장 정밀한 것은 무엇을 근거하였으며, 관측하는 것은 각각 다른 것인가?(洛耿造圓儀, 賈逵造黃道儀, 張衡造渾天象, 王蕃造渾天儀, 果能無乖於古法, 而有發於新義耶. 元有簡儀, 仰儀, 闚几, 景符之屬, 明有象限, 紀限, 天球, 地球之類, 其爲最精者何據, 而所測者各異耶.)"(『弘齋全書』 권50, 「策問 · 天文策」.)

82 구만옥(2019), 262쪽.

83 이가환 저, 정선용 역(2011), 48~49쪽.

그러나 이런 의견은 이가환의 돌출적인 발상이라 볼 수 없다. 조정의 신료들도 꾸준히 신법에 의거해 천문의기를 직접 제작해야 한다고 주장해 왔기 때문이다.

> 김익(金熤)이 아뢰기를 …… '중성을 추보(推步)하여 전차(躔次)의 도수(度數)를 정하는 데에 있는데, 만약 의기(儀器)가 없으면 측후하는 데 근거할 것이 없게 됩니다. 그러니 먼저 지평의(地平儀)와 상한의(象限儀) 및 신법에 의거한 일영(日影)을 주조해 측후하여 바로잡도록 해야 할 것입니다.'라고 하였습니다. 그런데 중대한 사안이어서 감히 아래에서 마음대로 처리하지 못하므로 감히 이렇게 품재(稟裁)합니다.[84]

앞에서 살펴보았지만 홍대용, 정철조, 문광도, 이덕성, 조홍규 등 학자들 역시 서양식 천문의기를 만들고자 시도한 흔적이 보인다. 신법의 이해와 수용은 조정과 지식인들이 공유하는 일종의 시대적 지향이자 경향이었음을 알 수 있다. 천문의기의 제작은 이가환만의 고유한 발상도 아니고 재야의 지식인들의 호사스런 관심 분야만도 아니었다. 정조 대 조선에서 신법과 그 토대를 이루는 서학의 천문학과 수학은 이미 국가적으로 승인된 관학의 위상을 차지하고 있었다. 한편 이 답변 가운데 이가환은 지구설에 대해 언급한다.

> 지구(地毬)의 설은, 처음에 그것을 듣는 자들은 놀랍게 여기나 증자(曾子)가 선거리(單居離)에게 답하기를, "만일 하늘이 둥글고 땅이 네모나

---

84 『日省錄』 정조 13년(1789) 8월 甲戌. "熤啓言 …… 在於推步中星以定其躔次度數, 而若無儀器, 則測候無憑. 先鑄地平象限兩儀及新法日影, 以爲測候釐正之地云, 而事係重大, 不敢自下擅, 便敢此稟裁."

다고 한다면, 사방의 모서리를 가릴 수 없을 것이다."라고 하였고 혼천설(渾天說)에도 역시 이르기를, "땅은 계란의 노른자와 같다."고 하였습니다. 그렇다면 중국에도 역시 일찍이 이 설이 있었던 것입니다. 더구나 지금 『시헌력(時憲曆)』을 쓰는 각 나라에서는 주야(晝夜)의 길고 짧음과 절기(節氣)의 늦고 빠름을 모두 땅이 둥글다는 것을 전제로 하여 산출하였습니다. 그런즉 이는 실로 현재 행해지고 있는 제도입니다.[85]

이가환은 지구설의 근거를 중국에서 찾을 수 있다고 주장하며 현재 통용되는 이론들이 모두 지구설을 기본으로 한다는 점에서 이론 자체는 충분히 타당성이 있다고 주장한다. 이러한 인식은 사실상 성호와 궤를 같이 한다. 성호 역시 지구설의 효시를 동아시아의 전통적인 지식과 담론 안에서 찾으면서 이미 당대에 보편적으로 승인되고 있는 이론이라는 점을 인정한다.[86] 성호와 마찬가지로 서학의 이론을 절충적으로 승인하는 이가환의 논리는 몽기설(蒙氣說) 즉 청몽기(淸蒙氣)에 대한 질문의 답변에서도 확인할 수 있다.

정조는 "숭고산(嵩高山)이 하늘의 정수리가 되는 것은 지역에 따라 동일하지 않은데 주석가들은 하늘 중앙의 뜻으로 오해하고 있고, 소아(小兒)들이 해 그림자를 다투는 것은, 그 이치를 말하기 어려우나 후세의 유자들은 몽기(蒙氣)의 의론을 만들었다. 책 보기가 쉽지 않음이 이와 같은 것인가"[87]라고 질문한다.

---

85 이가환 저, 정선용 역(2011), 46~47쪽.

86 "地毬에 관한 이론은 매우 타당합니다. …… 서양의 역법이 유입되지 않았다면 누가 그 이론을 다시 세상에 나오게 할 수 있었겠습니까.(地毬之說 …… 西曆不入, 誰得以開剔得出耶.)"(李瀷, 『星湖全集』 권27, 「答安百順」)

이 질문은 '지구와 태양의 거리가 가장 가까운 때가 언제인가를 논하는 문제'[88]로, 정조가 언급하듯 이는 몽기 즉 청몽기를 어떻게 이해해야 하는가에 관한 질문이었다. 청몽기차(淸蒙氣差)란 대기로 인한 빛의 굴절에 의해 발생하는 관측치와 계산치와의 차이 곧 대기굴절에 의한 오차를 의미한다.[89] 다시 말해 청몽기란 대기의 굴절 효과에 따라 천체의 위치가 높거나 낮게 보이는 현상으로 당시 역법과 수학을 받아들이는 대부분의 지식인이 관심을 두고 검토하던 주제였다.[90]

청몽기 문제는 후에 박장설의 상소에서 이가환을 사학의 수괴로 지목하는 명분 중 하나였다는 점에서 중요한 의미가 있다. 박장설은 청몽기를 거론한 것 자체를 문제 삼았는데 사실 이는 정조가 먼저 언급했다는 점에서 정조에게도 위협적인 공격이 될 수 있었다. 박장설은 청몽기에 관한 논의를 사학(邪學)이라고 주장했지만 19세기 중반까지도 청몽기는 여전히 중요한 개념으로 다루어졌다.[91] 『역상고성』은 청

---

87 『弘齋全書』 권50, 「策問 · 天文策」. "嵩高之爲天頂, 隨地不同, 而註家則誤解天中之義, 小兒之鬭日影, 難言其理, 而後儒則捌爲蒙氣之論, 看書之不易如此耶, 是皆天文之不容不明辨者."

88 구만옥(2006b), 236쪽.

89 박권수(1999), 104쪽.

90 청몽기에 관한 이론은 『역상고성』 상편 제4권에 「청몽기차」라는 항목의 기사로 편재되어 있는데 『이재유고』에는 정철조가 『역상고성』이 검토한 바 있고 황윤석 자신도 족친 김선행으로부터 『역상고성』을 빌려본 일이 기록되어 있다.

91 서양 수학을 연구한 19세기 학자 南相吉은 『時憲紀要』(1860)에서 「청몽기차」라는 기사를 통해 이 이론이 티코 브라헤로부터 시작되었다고 밝히며 상세히 소개한 바 있다. 남상길(2014), 78쪽. 최한기 역시 『의상리수』, 『지구전요』, 『성기운화』 등의 저술에서 청몽기를 다룬다. 선행 연구에 따르면 최한기는 특히 『성기운화』에서 청몽기의 개념을 토대로 기륜 즉 항성이나 행성을 에워싼 기에 관한 개념과 이론을 고안했다고 한다. 박권수(1999), 103~104쪽.

몽기를 다음과 같이 소개한다.

> 청몽기차는 예전부터 듣던 것이 아니며 명나라 만력 연간에 서양인 제곡(티코 브라헤)이 처음으로 발의한 것이다. 그가 말하기를 청몽기라는 것은 지상의 떠도는 기[遊氣]가 때때로 상승하는 것으로 그 질이 가볍고 미미하여 사람의 눈을 막을 수는 없지만 능히 작은 것을 비추어 크게 보이게 하고 낮은 것을 올려 높게 보이게 할 수 있다. 그러므로 해와 달이 지평선 위에 있을 때 중천(中天)에 있을 때에 비해 크고 성좌는 지평선 위에 있을 때는 중천에 있을 때에 비해 넓다. 이는 작은 것을 비추어 크게(보이게) 하였기 때문이다.[92]

이가환 역시 『역상고성』, 『신법역서』 등의 청몽기를 다룬 천문역법서를 읽었을 것이다.

> 몽기설(蒙氣說)은 속석(束晳)이 그 대강의 뜻을 얻었습니다. 그가 말하기를, "지기(地氣)가 상승을 하면 몽몽한 기운이 사방에서 합쳐져서 사람의 눈을 어지럽힌다."고 하였는데, 이것이 참으로 그럴듯합니다. 그러나 현재 행해지고 있는 역서(曆書)를 보면, 그에 대한 설이 더욱더 상세합니다. 거기에 이르기를, "청몽기라는 것은 지표면의 물과 흙의 기운이 이룬 것이다. 이것은 능히 작은 것을 비추어서 크게 만들고, 낮은 것을 올려서 높게 만든다."라고 하였습니다.[93]

이가환은 청몽기에 대한 답변에서도 역시 지구설과 마찬가지로 이

---

92 『御製曆象考成』 권4, 「淸蒙氣差」. "從古未聞淸蒙氣差, 明萬歷間西人第谷始發之. 其言曰淸蒙氣者, 地中遊氣, 時時上騰, 其質輕微, 不能隔礙人目, 却能映小爲大, 升卑爲高. 故日月在地平上, 比於中天則大, 星座在地平上, 比於中天則廣, 此映小爲大也."

93 이가환 저, 정선용 역(2011), 50~51쪽.

론의 토대가 중국에 먼저 있었음을 밝힌 뒤 근거들을 통해 서학서의 이론적 신뢰성을 강조한다. 그 배경 중 하나는 망원경 등의 실측 도구들이다. 정조는 "북두칠성은 봄과 여름이면 그 색이 청색과 적색이 되고 가을과 겨울이 되면 그 빛이 백색과 흑색으로 되는데, 사시의 계절에 따라 색이 달라지는 것은 무슨 이치인가? 토성(土星)이 적도와 거리가 멀어지면 둥근 테가 커지고 넓어지며 적도와 가까워지면 둥근 테가 토성의 본체와 가까워지고 좁아진다. 원근에 따라 형상이 달라지는 것은 무슨 까닭인가"[94]를 질문했는데 이에 대해 이가환은 "토성(土星)의 고리가 적도(赤道)와 멀어지면 커지고 넓어지며, 적도와 가까워지면 가까워지고 좁아진다고 하는 것은, 대진현(戴進賢)의 도설(圖說)에 잘 갖추어져 나와 있으며 …… 때에 따라서 넓어지고 좁아지는 것은 망원경(望遠鏡)으로 살펴 볼 수가 있습니다"[95]라고 답한다. 앞서 황윤석과의 대화[96]에서 알 수 있듯 이가환이 망원경을 통한 실측에 큰 관심을 보인다.

대진현은 흠천감에서 일하던 이그나티우스 쾨글러(Ignatius Kögler, 1680~1746)로, 그는 『의상고성』(1744)에 수록되어 있는 「황도총성도(黃道總星圖)」(1723)를 제작한 인물이다. 「황도총성도」가 영조 대 어명으로 모사[97]되었기 때문에 이가환이 이를 보았을 가능성이 있다.

선행 연구는 천문책을 근거로 이가환이 『혼개통헌도설』, 『천문략』,

---

94 『弘齋全書』 권50, 「策問 · 天文策」. "北斗當春夏則其色青而赤, 當秋冬則其色白而黑, 隨四時而異色者, 何理. 土星遠赤道, 則其圈宕而寬, 近赤道則其圈逼而窄, 以遠近而殊形者, 何故耶."

95 이가환 저, 정선용 역(2011), 39쪽.

96 黃胤錫, 『頤齋亂藁』 권26, 1778년 7월 庚申.

97 안상현(2013).

『건곤체의』 등을 『천학초함』 계열을 통해 수용한 서학이 르네상스형 자연철학적 지식에 불과하며 『숭정역서(崇禎曆書)』, 『서양신법역서(西洋新法曆書)』, 『역상고성』 수준의 전문 역산서의 학습을 통해 학습한 것은 아니었다고 주장한다.[98] 이가환이 수용한 서학이 구중천설과 지원설 등에 한정되어 있었다는 것이다.[99] 그러나 이가환의 서양 천문학 수학 이해가 천문책에 보이는 구중천설과 지원설에 한정되어 있었다고 볼 근거는 명확하지 않다. 정철조가 전한 바에 따르면 이가환은 『기하원본』 외에도 『수리정온』을 상당한 수준으로 연구한 것으로 보인다. 나아가 선행 연구에 따르면 세차론에 대한 정조의 질문에 이가환이 『역상고성』의 내용을 근거로 답변한다.[100] 이가환이 단지 『천학초함』 수준의 수학 지식에 머물러 있지 않았음을 알 수 있다.

이가환이나 정철조가 『기하원본』을 중시한 것은 이들의 지식이 제한적이라는 점을 의미한다기보다는 『기하원본』의 대표성을 통해 산학 즉 수학을 학문의 근본으로 보았다는 것을 의미한다고 볼 수 있다. 『기하원본』밖에 이해하지 못해서가 아니라 다른 분야에 앞서 『기하원본』으로 대표되는 수학적 지식이 중요하다는 인식의 표출로 볼 수 있다는 것이다.

---

98 안대옥(2012), 67~68쪽. 명대 서학서와 청대 서학서를 르네상스형 지식과 보다 발전된 전문적 수학 지식으로 대별할 수 있을지도 의문이 든다. 지나친 도식화와 제한된 문헌적 근거로 천문학과 수학에 접근한 조선 후기 지식인들의 경향을 구분하려는 시도는 보다 신중한 접근이 필요할 것이다.

99 안대옥은 정철조 역시 명대의 기초적인 수학서에 비해 발전한 청대 수학에 '무지'한 것으로 평가한다. 안대옥(2012), 67쪽. 『이재난고』에 그가 『수리정온』과 『역상고성』을 집중적으로 연구했다는 기록이 있다는 점에서 그가 신법에 '무지'했다고 단언하기 어려울 것이다.

100 구만옥(2006b), 234쪽.

신이 삼가 보건대, 역대 역상(曆象)의 정묘함을 따져보면, 오늘날의 『시헌력(時憲曆)』만한 것이 없습니다. 그런데도 『시헌력』을 만든 자가 말하기를, "대개 천문과 역상을 측량하는 기구를 가지고 하늘을 측량함에 있어서는 미묘한 차이를 미리 예측하지 못한다. 이것이 오랫동안 쌓여서 드디어는 크게 차이가 나게 된다. 그러니 오직 수시로 고쳐서 하늘의 운행에 합치되게 하는 수밖에 없다."고 하였습니다. 『시헌력』의 역법은 참으로 정밀하다고 할 수 있습니다.[101]

이가환의 서양 역법과 천문학에 대한 일관된 태도는 "뒤에 나온 것이 더욱 교묘하여 새로운 뜻을 점차 밝혔다"[102]는 발상에서 비롯된 것일 가능성이 높다. 서양의 학술이어서가 아니라 새로운 지식이고 방법이기 때문에 더 신뢰성이 있다는 입장에 가까웠을 것이다.

5. 박장설의 비난과 이가환 및 정조의 대응

마지막으로 살펴볼 것은 이가환을 사학으로 규정하여 비방했던 박장설의 상소다. 1795년 부사직 박장설은 이가환의 죄를 다스릴 것을 청하며 상소를 올린다. 이가환이 비난의 표적이 된 것은 같은 해에 북경 천주교회 측에서 조선에 파견한 중국인 신부 주문모(周文謨, 1752~1801)의 존재가 발각되고 그를 보호하던 윤유일(尹有一, 1760~1795) 등이 장살 당한 사건이었다. 이 전에도 이가환은 이잠(李潛)의 후손이

---

101 이가환(2011), 57쪽.

102 이가환(2011), 46쪽.

라는 빌미로 지속적으로 견제와 비난을 받고 있었지만 박장설의 상소는 이가환이 정조에게 제출한 「천문책」과 정약전의 사행론을 장원으로 뽑은 일을 비판하는 점, 무엇보다 서학과의 관련성을 문제 삼고 있다는 점에서 중요한 변곡점을 이룬다. 박장설이 이가환을 비판하는 명분은 다음과 같이 구분될 수 있다.

> 1) 이가환은 다만 비루하고 패려(悖戾)하며 음험하고 사특한 무리 중 하나일 뿐입니다. 약간의 글재주가 있어 한 세상을 기만하고 의리를 뒤바꿔 혼란시켰으며 행동거지가 종잡을 수 없다는 것이 그에 대한 단안(斷案)입니다. 그리고 사학(邪學)을 주창하며 유학과 배치(背馳)된다는 것이 가장 용서하기 어려운 큰 죄입니다.[103]

> 2) 어리석은 조카로 하여금 몇 권의 요사스러운 서적을 사 오게 하여 부유한 사람들을 현혹하여 모아 허다한 재화를 속여 얻고는 스스로 교주(教主)가 되어 그 술법을 널리 전파하면서 남의 자식을 해치고 남의 제사를 끊어 버린 일이 셀 수 없을 정도입니다.[104]

> 3) 연전에 성상께서 책문(策問)을 내시며 역상(曆象)에 대해 물으셨을 때 감히 청몽기 등의 불경한 설을 신법이라고 하면서 방자하게 지어 올렸습니다.[105]

---

103 『正祖實錄』 권43, 19년(1795) 7월 丙辰. "噫彼李家煥, 直一鄙險陰慝之徒也. 薄有文譽, 欺盜一世, 義理之變亂, 行止之閃忽, 卽渠之斷案, 而倡主邪學, 背馳吾道, 最是難赦之一大罪也."

104 『正祖實錄』 권43, 19년(1795) 7월 丙辰. "縱其痴甥, 購來幾卷之妖書, 誘會富人, 騙得許多之財貨, 自作教主, 廣張其術, 賊人之子斬人之祀者, 指不勝摟."

105 『正祖實錄』 권43, 19년(1795) 7월 丙辰. "年前聖策之問及曆象也, 敢以青濛氣等不經之說, 謂之新法, 肆然製進."

> 4) 주시관(主試官)이 되어 책문의 제목을 오행(五行)에서 냈는데, 장원[解元]이 전적으로 서양인의 학설을 주장하며 오행을 교묘하게 바꾸어 사행(四行)이라고 대답하였으니, 장원은 바로 그의 제자였습니다.[106]

1)은 이가환을 사학을 창도한 죄인으로 단언하는 총론에 해당하며 2)는 서학서를 구입하여 일종의 포교 활동을 했다는 주장이며 3)과 4)는 조정에서 행한 일 그것도 서양 천문학 지식과 연결된 주장이라는 점에서 2)와 성격이 다르다고 볼 수 있다. 게다가 3)과 4)는 시기적으로 이미 5~6년 전에 있었던 일이라는 점에서 논란을 만들기 위해 무리한 구실을 붙였다고 볼 수 있다. 4)의 경우 더 민감했던 것은 이때의 장원이 정약용의 형이자 같은 남인이었던 정약전이었기 때문이다.

1)에 대해 이가환은 다음과 같이 대응한다.

> 저 이른바 양학(洋學)이라는 것은 오랑캐의 법일 뿐이니, 아비도 없고 군주도 없으며 세상을 어지럽히고 백성을 속여 선왕(先王)이 지내오던 제사를 폐하고 사사(士師)가 엄하게 처벌하는 것을 감수하게 하니, 진실로 사문(斯文)의 난적(亂賊)이며 나라의 죄인입니다. 그러니 이 어찌 개인적인 의도를 가지고 옭아매는 말을 만들어서 아무렇지 않게 남에게 내뱉을 수 있는 것이겠습니까. 그런데도 사람을 무함(誣陷)하는 자가 애매한 일로 몰아대고 의심스러운 자취로 붙잡아서 증거도 없고 단서도 없이 교묘하게 변환하여 농간을 부렸으니, 더럽혀지고 모욕당하기는 쉬워도 다시 혐의를 벗기는 어려운 법입니다. 사학의 언론(言論)은 명교(名敎)와 배치되어 윤리를 버리고 도외시하니 평인(平人)으로 비유하자면 중화인(中華人)이 오랑캐에 대해서, 인류가 금수에 대

---

106 『正祖實錄』 권43, 19년(1795) 7월 丙辰. "主試發策, 題出五行, 而解元之所對, 專主洋人之說, 幻五行爲四行者, 卽渠之徒弟也."

> 해서 다른 것과 같습니다. 그러니 이것으로 사람을 무함하면 구제될 수 있겠습니까.[107]

이가환은 양학을 무군무부(無君無父), 혹세무민(惑世誣民)하는 사문난적(斯文亂賊)이라고 주장하며 양학과 유학을 중화(中華)에 대한 이적, 인간에 대한 금수의 관계로 간주한다. 무군무부, 혹세무민, 사문난적은 정학으로서의 유학이 이단과 변설에 대해 가하던 강력한 비난의 표현들이었다. 이가환은 양학 즉 서학이 사학(邪學)이라고 주장하는 박장설보다 훨씬 강경한 표현으로 서학을 비난한다. 그에게 '양학'은 자신이 연구했던 천문역산의 학문이 아니라 제사를 폐하게 하는 윤리적, 종교적 실천이었다. 강세정은 이가환을 젊어서부터 심하게 서학을 믿은[酷信西學] 인물로 평가했고 정철조는 유송령에게 '서학(西學) 이른바 천주교(天主教)'에 대해 질문할 문목을 만들었지만 이 맥락에서 '양학'은 그들이 연구한 '서학'과는 다른 세계가 된다.

2)에 대해 이가환은 7월 9일의 상소에서 다음과 같이 대응한다.

> 그가 말한, 생질을 보내 책을 사 오게 하였다는 것은 무슨 말입니까. 저의 생질인 이승훈(李承薰)은 신해년(1791) 공사(供辭)에서 사실을 명백하게 진술하여 이미 죄가 없다는 하교를 받았습니다. 그러니 이승훈이 오히려 이미 깨끗이 죄명(罪名)을 벗었는데 하물며 신에게 허물을 끌어다 붙일 수 있겠습니까. 부유한 사람을 꾀어내어 모았다는 데 대

---

107 『日省錄』 정조 19년(1795) 7월 戊午. "彼所謂洋學者, 夷狄之法耳, 無父無君, 惑世誣民, 廢先王祭祀之禮, 甘士師金木之誅, 誠斯文之亂賊, 國家之僇民, 此豈可挾雜私意抑勒爲說, 輕易加之於人者哉. 凡誣人者, 驅之以黑昧之事, 執之以疑似之跡, 無痕沒捉巧幻閃弄, 則汚衊旣易, 昭脫更難, 而至於邪學言論, 則背馳名教, 遺外倫理, 比之平人, 若中華之與夷狄, 人類之與禽獸, 以此誣人其有濟乎."

해서는 그들의 이름이 있어야 마땅합니다. 사람을 해치고 제사를 끊었다는 것은 진실로 누구를 가리켜 말한 것이며, 증거가 있습니까? 증거가 있다면 어찌하여 드러내 놓지 않습니까? 증거가 없다면 어찌하여 그렇게도 쉽게 말한단 말입니까?[108]

이가환은 자신이 사학으로서 천주교를 신앙하면서 제사를 폐했다는 비난에 대해 강경한 태도로 부정한다. 주지하듯 윤지충(尹持忠), 권상연(權尙然)의 진산(珍山) 사건(1791) 이후 제사 문제는 천주교에 대한 국가적 사회적 불안과 긴장의 도화선 역할을 했다. 신앙 여부와 관계없이 이가환이 제사를 폐하는 등의 적극적인 실천을 한 것으로 보이지 않는다. 앞에서 보았지만 「황사영 백서」에도 천주교에 대한 사회적 불안이 높아가자 스스로 천주교식 공과를 폐했다는 기록이 나올 뿐 아니라 취조 기록인 『추안급국안』에서도 제사 문제에 대한 그의 강경한 태도를 확인할 수 있다. 1)과 2)가 진산 사건과 주문모 사건을 거치며 형성된 천주교에 대한 사대부들의 공포감이 반영된 무고에 가깝다면 3)과 4)는 맥락이 다르다. 3)과 4)는 조정에서 이루어진 그것도 국왕과 관련된 공식적인 활동이었을뿐더러 당시 국가적으로 공인된 시헌력의 운용을 위한 천문학적 제안이었다는 점에서 더욱 심중한 공격이 된다.

3) 즉 청몽기에 대한 이가환의 답변은 몽기에 대한 정조의 질문에 따른 답변이었던 데다 1789년 즉 박장술의 상소가 있기 6년 전의 일

108 『日省錄』 19년(1795) 7월 戊午. “其所謂縱甥購書, 是何言也. 渠之辛亥供辭, 明陳事實, 已蒙昭晰, 則在渠尙已淸脫, 於臣況可拖累. 誘會富人, 宜有名姓. 賊人斬祀, 果指誰某. 其有證耶, 何不露出? 若其無證, 何太容易. 至於乙巳作文之說, 又何厚也? 斥邪之作, 謂出臣手, 臣何必固讓, 而臣實無作, 安得據而有之乎.”

이었고 4)의 경우도 1790년의 일로 이 상소 이전에는 크게 문제되지 않았다.

정약전이 증광별시에서 장원을 한 일 역시 이가환이 단독으로 처리할 수 없는 일이었기 때문에 논리와 명분이 약한 비난이었다. 따라서 논리만 따지면 충분히 논파할 수 있는 수준의 공격이었다.[109] 앞에서 보았지만 청몽기 문제는 이미 정조 자신이 신법을 염두에 두고 질문한 것이다. 또한 청몽기를 신뢰한 것은 이가환만이 아니었다. 동일한 대책에 답변을 냈던 이서구 역시 청몽기차가 천체 관측에서 핵심적인 방법이라고 주장한다.[110] 이가환과 천문학과 수학에 대해 토론했던 황윤석 역시 『율력연원』을 근거로 대기의 굴절 현상에 관한 이론을 수용한다.[111] 당색에 관계없는 지식이라는 점에서 표적을 잘못 잡은 공격이라고 볼 수 있다.

같은 날인 7월 7일 정조는 이가환에 대한 박장설의 비방에 대해 다음과 같이 답변한다.

---

109 박장설의 상소에 따른 일련의 후속 조치들, 즉 7월 7일 정조의 전교, 7월 9일의 이가환의 상소, 7월 21일의 정조의 전교와 이가환의 답변은 『정조실록』에 보이지 않고 『일성록』에만 남아있으며, 정약용의 「정헌묘지명」은 『일성록』의 문장과 거의 일치한다. 정약용은 『일성록』이나 실록의 기록을 보고 「정헌묘지명」을 작성했던 것으로 보인다.

110 李書九, 『惕齋集』 권7, 「對策 · 天文」. "日輪初出, 昳小爲大, 則小兒之鬪日影, 自有所見, 而曆家以地上游氣, 斷爲淸蒙之差者, 似是要法."(구만옥(2006b), 238쪽 재인용.)

111 黃胤錫, 『頤齋亂藁』 권15, 1777년 6월 己亥. "春間, 聞申景濬, 擧夜色尖角之說, 與徐浩修, 對辨於編輯所, 徐則不以爲然. 蓋申所據者, 西洋曆法也. 余觀康熙御製律曆淵源, 亦有此說具圖. …… 余嘗以物映火而試之, 火光大而物體小, 則小爲大所包, 故距愈近而影愈小, 此則大能減小故也. 火光小而物體大, 則小不能包大, 故距愈近而影愈大, 此則小不能減大故也. 以此驗彼, 尙何疑哉."

> 전교하기를, "의궤청 교정의 직임 역시 중요하고, 사람들의 말이 실제보다 과장되었다는 것은 이미 알았다. 연전의 대책(對策) 중에서 청몽기는 또한 충분히 하나의 설은 되지만 정론(正論)이라고 말할 수는 없다. 그러나 이것 하나로 어찌 사람의 평생을 단정할 수 있겠는가. 그것이 과작(科作)도 아니었고 문장 또한 넓고 크니 그와 함께 연구한 자가 아니라면 궁중에서 입을 놀려 한 움큼 가득 되는 두루마리의 전어(轉語) 한 구가 이렇다거나 저렇다거나 하는 것은 다른 사람들이 오히려 알 수 있는 것이 아니다. 더구나 오늘날의 조정 신료이면서 나그네의 무리라고 칭하는 박장설의 귀가 어찌 제대로 들었겠는가. 이 한 가지로 보건대 풍습이 아름답지 못하다. 교정 당상 이가환을 신칙(申飭)하여 공무를 행하게 하여 그로 하여금 규례대로 사진해서 교정하게 하라." 하였다.[112]

박장설의 주장대로라면 청몽기를 언급한 정조나 이가환과 유사한 답변을 했던 이서구 모두 불경한 이론을 인정한 셈이 된다. 박장설은 이미 당대 지식인들에게 폭넓게 승인되고 있던 지식을 오직 그 기원이 서양이라는 점만을 근거로 공격의 대상으로 삼았던 것이다. 이에 대해 이가환은 이론의 유래가 서양이 아니라 진나라에 있었다는 점을 강조한다.

> 몽기(蒙氣)의 설은 진(晉)나라의 저작랑(著作郞)이었던 속석(束晳)에게서 나온 것으로, 역대로 이것을 따랐습니다. 설령 그 말이 서양에서

112 『日省錄』, 정조 19년(1795) 7월 丙辰. "敎曰儀軌廳校正之任, 亦有所重, 人言之過情旣知之矣. 年前對策中, 淸蒙氣差亦足爲一說, 謂之正論, 則未也. 是豈斷人平生之事乎. 旣非科作, 而文亦浩汗, 若非同做共硏者, 容喙於蕭墻盈握之軸, 轉語一句之如此如彼, 他人猶不得以知之, 況所謂朴長卨之爲令日廷臣, 稱以羈旅之輩者之耳郭, 何以得聞乎. 卽此一事, 風習不美. 校正堂上李家煥, 申飭行公, 使之依例仕進校正."

창시되었다 하더라도 이것은 역상(曆象)의 법이고 사학(邪學)과는 무관하며, 더구나 옛사람이 이미 말했던 것에 있어서이겠습니까. 옛 문헌을 익히지 않는다는 것이 안타깝습니다.[113]

정조 역시 청몽을 운운한 것이 진(晉)나라 사람의 설(淸蒙云云晉人之說)[114]이라고 말함으로써 이가환의 논리를 지지하고 박장설의 공격을 논박한다. 정치색도 종교색도 없는 이론이자 중국 전통에서 그 유래를 발견할 수 있는 개념을 근거로 이가환을 비판했다는 것은 박장설의 천문 역학 이해 수준이 높지 않았다는 점을 보여줄 것이다. 그러나 더 중요한 것은 이미 국가적으로 공인된 신법과 그 세부 지식들을 비난의 근거로 삼을 뿐 아니라 심지어 국왕을 연루시킬 정도로 이들이 서학에 대해 느끼는 불안과 공포가 강력했다는 것이다.

사행설(四行說)에 관한 비난도 마찬가지다. 박장설은 정약전의 과제와 이를 장원으로 뽑은 이가환을 엮어서 전통적인 오행(五行)이 아니라 사행을 언급했다는 것만으로 이들에게 사학의 빌미를 씌우고 있다. 관련 기록이 없어 박장설의 고발만으로는 사행설에 대한 정약전이나 이가환의 인식을 확인하기 어렵다. 우선 이론적으로 보았을 때 만물의 네 가지 원소와 그 성질의 조합으로 이해하는 방식은 유사한 목적과 적용 범위를 갖는 오행의 관념과 충돌하지 않을 수 없다. 오행과 사행의 충돌은 단순히 우주의 구성과 물질의 조합에 대한 지식의 차이를 넘어 우주의 구조와 작용에 관한 근본적인 이념 자체를 전환

113 『日省錄』 정조 19년(1795) 7월 戊午. "蒙氣之說, 出於晉著作郎束晳, 歷代因之. 使其言創於西洋, 自是曆象之法, 無與於邪學, 況古人之所已言乎. 惜乎, 其不講於古也."

114 『日省錄』 정조 19년(1795) 7월 庚午.

해야 하는 세계관 차원의 문제라고 할 수 있다.[115]

마테오 리치가 『천주실의(天主實義)』에서 사행을 “무릇 천하 만물은 불, 공기, 물, 흙의 네 원소[四行]가 서로 결합하여 생성되지 않은 것이 없다(凡天下之物, 莫不以火氣水土, 四行相結以成.)”[116]고 소개한 뒤로 사행론은 『만물진원(萬物眞原)』, 『성학추술(性學觕述)』 등 여러 서학서에서 기초적인 이론으로 언급된다. 사행론은 ‘한열조습(寒熱燥濕)’이라는 기본 원리와 연결되어 계절 변화, 기후대, 지구의 운동 등 다양한 맥락에서 활용되기 때문에 서학서를 접한 학자들이라면 일정 정도 이해하고 있었을 것이다.[117] 특히 성호는 사행의 이론이 소개되어 있는 『건곤체의』를 읽었기 때문에 그 문하에서 공부한 정약전이나 이가환 역시 사행설에 관한 심화된 지식을 가졌을 가능성이 있다.

예를 들어 『만물진원』에서 사행론은 “(신은) 지상에 있는 희박한 물로 공기를 창조했고 공기의 상위에 불을 창조했다. (이것들은) 흙, 물과 함께 사원소[四元行]를 이룬다. 흙은 물에, 물은 기에, 기는 불에, 불은 하늘에 층층이 에워싸여 있는데 마치 파의 머리[葱頭]와 비슷하다.”[118]고 소개된다. 『만물진원』의 이 문장은 고대 그리스 자연 철학

---

115 조선 후기 지식인들의 사행론 이해에 관해서는 다음의 논문을 참조. 김문용(2006); 전용훈(2009).

116 利瑪竇, 『天主實義』 권3.

117 홍대용, 정약용, 최한기 등이 오행에 대한 비판적인 사유를 보여주는데 그 배경에 사행론의 영향을 추측할 수 있다. 그러나 이들이 오행을 비판했다는 것이 곧 사행의 전면적 수용을 의미하는 것은 아니라는 점에서 사행의 검토와 수용을 동아시아 세계관의 대체로 평가하기는 어려울 것이다.

118 艾儒略, 『萬物眞原』 권10, 「論天主造成天地」. “以希微之水, 在地上者, 化成氣, 氣之上化成火, 併地水共成四元行. 地之于水, 水之于氣, 氣之于火, 火之于天, 層層包裹, 如葱頭相似.”

의 사원소론을 기독교적 세계관에 수렴한 뒤[119] 지상에서 달까지를 지(地)〉수(水)〉기(氣)〉화(火)로 구조화함으로써 그 토대 위에 십이중천설과 같은 우주 구조론을 연결하고 있음을 보여준다. 이 구조론에 기후대와 천제 운동이 구조적으로 연결된다. 선행 연구는 정약전이 사원소설을 토대로 한 지구의 층서구조(層序構造)와 기상학에 대해 깊은 이해를 보인다고 평가한 바 있다.[120] 정약전이 지구와 수대(水帶)가 일체를 이루어 중앙에 있고 그 위를 기대(氣帶)가 감싸며 그 위를 화대(火帶)가 감싸는 지-수-기-화로 이루어진 사원소의 층서구조[121]를 이해하고 있었다는 것이다.

그런데 사행설에 근거해 심화된 이론을 이해했다고 해서 정약전이 오행설 자체를 부정했다고 보기는 어려울 것이다. 선행 연구에서 지적하듯[122] 홍대용, 박지원, 정약용 등이 오행설에 대해 비판적인 태도를 보이는데 이들의 이러한 지적 전환에 사행설이 있었음을 추론할 수 있다. 그러나 오행설의 비판이 곧 사행설로의 대체를 의미하는 것은 아닐 것이다. 사행 즉 사원소에 대한 온전한 승인은 기가 세계의 원론적인 기제이자 물질이자 에너지라는 관념 자체를 버리지 않고는 불가능했기 때문이다.

현재로서는 오행이나 사행에 관한 이가환의 생각을 확인할 길이 없다. 이가환이 사행론 자체가 아니라 정약전에게 장원을 줄 수 있는

119 그리스 자연철학의 사원소설은 본래 각 원소 간의 생성 순서나 위계의 차이가 없지만 이 이론이 기독교적 세계관 안에 흡수되면서 생성 순서와 위계가 정해지게 된다.

120 전용훈(2009), 432쪽.

121 전용훈(2009), 430~432쪽.

122 김문용(2006) 참조.

정황이 아니었음을 강변하는 데 그쳤기 때문이다.

> 주시관(主試官)으로서 책제(策題)를 냈다는 말에 대해 이야기해 보겠습니다. 신은 그때 참시관(參試官)에 불과하였는데 어떻게 주시관이라 할 수 있으며 어떻게 책제를 낼 수 있었겠습니까. 더구나 장원을 뽑는 법은 입격자(入格者)를 뽑는 방식과는 달라서 반드시 다수의 의견이 일치하여 모두 가하다고 한 연후에야 비로소 가려 정하니, 이것으로 꼬투리를 잡는다면 또한 허술하지 않겠습니까.[123]

정약전 답변의 논리를 검토한 것은 차라리 정조였다. 정조는 7월 7일에 박장설의 상소 내용을 논박한 뒤 그달 21일에 이 문제를 다시 거론한다.[124] 그 사이 정조는 박장설이 문제를 제기한 정약전의 과문이 실린 『임헌공령(臨軒功令)』[125]을 살펴보았던 것으로 보인다.

---

123 『日省錄』 정조 19년(1795) 7월 戊午. "主試發策之說, 臣於其時, 不過參試, 何謂主試. 何得發策? 況取魁之法, 異於榜下, 必衆論歸一, 僉以爲可, 然後始乃掄定. 以此執言, 不亦疏乎."

124 정조가 이런 식의 대응을 한 것은 전날(8일) 있었던 채제공과의 대화도 영향을 미쳤을 것이다. 채제공은 주문모의 적발에 따른 윤유일 등의 처형 등을 거론하며 사학의 폐해를 거론하는 7월 4일 대사헌 권유의 상소(『정조실록』 정조 19년 7월 4일)에 대해 차자하면서 다음과 같이 말한다. "그러나 이렇게 인심이 착하지 못한 때를 당하여 鄕黨 사이에서 정조가 암암리에 원수를 맺은 자가 갑이 을을 가리키며 '이 사람은 사학을 한다.'라고 하며, 을이 갑을 가리켜 '이 사람은 사학을 한다.'라고 하지 않을 줄을 어찌 알겠습니까. 이와 같이 몰래 구제하거나 모함할 생각을 한다면 시골에서 일어날 소요가 장차 어느 지경까지 이르게 될지 알 수 없습니다.(然當此人心不淑. 鄕黨之間, 暗結仇怨者, 安知不心甲而指乙. 曰這人也爲邪學, 以乙而指甲, 曰這人也爲邪學, 以是而爲暗濟謀陷之計, 則其爲村里之騷擾, 將不知至於何境.)" (『日省錄』 정조 19년(1795) 7월 丁巳.)

125 『임헌공령』은 예조나 성균관에서 거행한 시험의 시권과 여러 도의 都會에서 지은 시권 가운데 우수한 科文을 연대순으로 모아 편찬한 책이다.(『弘齋全書』, 「書標記 · 命撰」, 『臨軒功令』.)

집책(執策)에서 사행(四行)에 대해 말한 시권을 취했다는 것은, 등락이 상시관(上試官)의 손에 달려있다 하더라도 형정(刑政)으로 살펴보건대 한번 조사하여 바로잡아야만 했다. 오늘 『임헌공령』에 실려 있는 그 대책문을 가져다 보았다. 여러 번 위아래로 구절마다 자세히 살펴보았는데, 그것에 대해 공격하는 말 같은 곳은 애당초 비슷한 것도 없었다. 처음 오행(五行)을 말하고 다음에 금(金)과 목(木)의 이행(二行)을 말하였으며, 그다음에 수(水)와 화(火)와 토(土)의 삼행(三行)을 말하였고, 그다음으로 토(土)가 사행에 붙는 것으로 말하였으며, 또 오행으로 거듭 결론지었으니, 이행과 삼행을 나누어 말한 것까지 망발이라고 한다면 그래도 그럴 만하다고 하겠으나 또 옛날에 당(唐)나라 사람 일행(一行)이 문물이 아직 교류되지 않던 시대에 『대연력(大衍曆)』이 800년에 하루가 차이 나는 오류를 바로잡았으니, 그렇다면 일행의 이름자도 사학(邪學)으로 귀결시키고 일행의 역법 또한 서법(西法)으로 귀결시킬 수 있단 말인가. 이 한 건은 더욱 허무맹랑하다. 지식이 있는 선비라면 스스로 판단할 수 있을 것이다.[126]

이가환은 사행에 대해 직접적인 언급을 피했지만 정조는 적극적으로 이가환의 입장을 변호한다. 정조의 대응에 따르면 이가환은 오행의 관계를 문제 삼은 것이지 오행 자체를 폐기하고 사행으로 대체할 것을 주장한 것으로 보이지 않는다. 오행은 기의 변화와 분화에 관한

---

126 『日省錄』, 정조 19년(1795) 7월 庚午. "執策中取四行云云之券云者, 立落雖在於上試之手, 揆以刑政, 一番査正斷不可已. 今日取見其對策之載於臨軒功令者, 屢回上下, 逐句看詳如言者云云, 處初無疑似髣髴者. 始言五行, 次言金木二行, 次言水火土三行, 次言土寄四行, 又以五行申結之, 竝與二行三行而若謂之妄發, 猶之或可. 且古有一行之爲人名者, 其人在唐車書未通之世, 能正大衍曆八百歲, 差一日之謬, 然則一行之名字, 其可歸之於邪學, 而一行之曆法, 亦可歸之於西法乎. 此一款尤可謂極孟浪, 有識之士自可立卞."

세계관 차원의 문제라는 점에서 기라는 관념 자체를 폐기하지 않는 한 오행을 사행으로 대체하기는 쉽지 않다. 이런 맥락에서 박장설의 공격은 실제의 내용에서 이가환의 학문적 급진성을 문제 삼은 것이 아니라 서학과 관련된 모든 지표를 찾아냄으로써 이가환에 연루된 의심을 정당화하려는 것에 가깝다. 그를 조적(朝籍)에서 삭제하라는 정조의 대응은 그 의도와 수준을 명확히 이해한 데서 나온 것으로 볼 수 있다.

6. 나가며

이제까지 살펴본 바에 따르면 적어도 공식적으로 드러난 이가환의 서학 지식은 체제를 위협할 만한 내용을 담고 있지 않았다. 박장설의 비난은 학문적 논리로도, 정황상으로도 대응이 가능할 정도의 근거 없는 비난이었고 이가환보다 정조가 더 적극적으로 핵심적인 비난을 방어할 정도로 논란의 여지가 약한 주장들이었다.

나아가 『이재난고』를 통해 알 수 있듯 황윤석, 정철조와 이가환은 읽은 서목(書目)이 거의 유사하다. 그런데 황윤석, 정철조와는 달리 이가환은 지속적으로 지목당하며 비난당한다. 그렇다면 두 사람의 차이가 단순히 사상의 지향이나 내용에 있다고 보기 어려울 것이다. 사실상 사환기(仕宦期)에 이루어진 이가환의 서학 연구가 지향했던 것은 주로 관학(官學)화된 천문 역법에 관련된 지식들이었다. 이 지식들을 국가적 차원에서 승인했던 것은 설명 방식과 수학적 계산법이 달랐음에도 유사한 범주의 지식이 이미 중국과 조선에 존재하고 있었기 때문일 가능성이 크다. 주희의 구중천설이 연결고리가 되었듯, 사원소를 말하면서도 원소 개념과 충돌할 수밖에 없는 기(氣)라는 용어를 폐기하지 못했듯, 서학으로 번역된 유럽 자연학과 자연철학, 신학은 항상 매개적이고 절충적인 형식으로 구성될 수밖에 없었다.

소수가 전한 외래의 지식이라는 점에서 서학은 분과지식을 대체할 수는 있어도 전통적인 동아시아의 지식 체계 자체를 대체하는 수준에 도달할 수 없었다. 이 지식들은 이미 기존에 구축되어 있는 지적 체계에 범주적으로 연접하는 방식을 취해야 했고 이를 이가환, 정철조, 황윤석 같은 천문역산 전문가들은 자신들의 지적 범주 안에서 매개적이고 수렴적으로 학습하고 연구한다. 그러나 이들의 수렴과 흡수는 내부의 문법과 원리, 이론에 취약한 이들이 가진 의심의 시선에서는 긴장과 충돌, 그로 인한 위험으로 보일 수밖에 없었을 것이다. 이가환이 안타까워 한, 옛 문헌도 연구하지 않고(其不講於古也)[127] 새로운 사유에도 무관심했던 고답적이고 권위적인 학술적 분위기에서라면 어떤 지식이건 간에 결국 '낯선' 것들은 체제에 대한 위협으로 보였을 가능성이 있다.

물론 이가환이 동료들에게 공격을 받고 끝내 고문으로 목숨을 잃게 된 근본적인 원인은 무엇보다 그와 그의 남인 동료들이 처한 당대의 정치적 갈등에서 찾아야 할 것이다. 그러나 이 정치적 갈등을 첨예하게 만든 배경 중 하나는 이가환의 능력에 대한 정조의 기대와 그에 따른 등용에 있었다고 볼 수 있다. 앞에서 보았듯 정조는 수리와 역상

---

127 『日省錄』, 정조 19년(1795) 7월 戊午.

에 관한 책을 구하는 일을 이가환에게 맡기고자 한다. 그러나 이때는 이미 이가환이 여러 빌미로 공격당하고 있던 시기였기 때문에 이가환은 "풍속이 어리석어 수리(數理)가 무엇이며 교법(敎法)이 무엇인지도 모르고 한 통으로 여겨 배척하고 있으니, 이 책을 편찬하면 신에 대한 비방만 더해질 뿐 아니라 위로 성덕(聖德)에까지 누가 될 것"[128]이라며 뒤로 물러선다. 이 문장에서 볼 수 있듯 정조가 이가환을 전면에 내세우면 내세울수록 이가환에 대한 정치적 공격 역시 강화될 수밖에 없는 상황이었다.

정조는 지속적으로 신료와 유생들로부터 '이가환을 정경(正卿)으로 지나치게 올려놓은 것(家煥之濫躋正卿)이 문제'[129]라는 비판을 들으면서도 이가환을 전면에 내세운다. 박장설, 이의필, 김희순 등 이가환을 강력히 비판했던 노론들은 이가환이 채제공의 뒤를 이어 남인들을 규합하거나 소론과 제휴하는 일을 막고자 했을 것이지만 정조는 이들의 지속적인 반대에도 불구하고 이가환을 계속해서 성균관 대사성 같은 요직에 등용한다. 이가환은 채제공을 이을 남인의 중심인물로서 이미 노론의 표적이 되어 있었지만, 정조는 자신의 뜻을 꺾지 않고 이가환에게 계속해서 관직을 제수하는 한편, 그를 공격하는 박장설[130]이나 김희순[131] 등을 조적에서 삭제하라고 명령하는 등 강경하게 대응한다. 정조에게 이가환은 아마도 탕평의 의지를 표출하기 위해 내세웠던 탕

128 丁若鏞, 『定本 與猶堂全書』 文集 권15, 「貞軒墓誌銘」. "流俗貿貿, 不知數理爲何說, 敎法爲何術, 混同嗔喝.今編是書, 不唯臣謗益增, 抑將上累聖德,"

129 『正祖實錄』 권51, 23년(1799) 4월 乙卯.

130 『正祖實錄』 권43, 19년(1795) 7월 丙辰.

131 『日省錄』, 정조 16년(1792) 9월 庚戌.

평책의 상징과 같은 존재였을지도 모른다.

그러나 정치적 비난을 넘어 이가환을 끝내 죽음으로 몰고 간 것은 지적 호기심을 바탕으로 연구한 천문학과 수학 연구도, 남인들을 견제하려던 반대파들의 공격도 아니었다. 이가환의 체포와 고문 그리고 사후까지 이어진 비난의 핵은 그가 사학 즉 천주교의 '수괴(首魁)'라는 죄명이었다. 결과적으로 이가환은 서서히 성장하던 천주교 공동체에 대한 의심과 비난의 압력에 의해 다시 말해 낯선 가르침과 실천을 예교 사회의 위협으로 간주한 당대 조정과 양반층의 불안과 공포에 의해 죽음에 이르렀다고 볼 수 있을 것이다.[132] 그렇다면 사실상 천문학과 수학 등에 집중했던 이가환의 학문적 관심 연구는 그를 죽음에 이르게 한 직접적 원인이라고 보기 어려울 것이다.

그가 연구한 서학의 천문역산학이 그를 향한 공격의 실마리가 된 것은 외래의 지식 자체가 내포한 모종의 위험성 때문이 아니라 당대 조선에 유입된 서학의 다양한 분과들 즉 현대적 시선에는 수학, 천문학, 윤리학, 철학, 자연학, 자연철학, 우주론, 종교적 제도와 실천 등으로 분기되어 있는 다양한 맥락들이 어느 순간 하나의 띠 혹은 덩어리로 연결되거나 합쳐졌기 때문일 것이다. 서학 가운데 어느 하나의 실마리가 불온하고 위험한 것으로, 특히 전통적인 예교 사회에 위협이 된다고 간주되는 순간 다른 분기들과 맥락들 역시 한 덩어리의 제거되고 소거되어야 할 위험한 지식, 불온한 실천으로 치부되게 된 것이다.

이런 맥락에서 이가환은 서학의 전래에 따른 다양한 양상들이 어떻

132 이에 관해서는 다음을 참조. 김선희(2023).

게 교직(交織)되고 중첩되는지, 그리고 어떤 논리에 따라 분리되고 예각화되는지를 보여주는 중요한 초점 역할을 한다. 이가환에 대한 후속 연구는 서학 또는 천주교의 전래에 따른 지적, 정치적, 사회적 예각화와 그에 따른 충돌을 해석하는 일이 될 것이다. 이는 후속 연구의 과제로 남겨 둔다.

參考文獻

1. 원전자료

利瑪竇, 『天主實義』

朴趾源, 『燕巖集』

朴趾源, 『熱河日記』

愼後聃, 『遯窩西學辨』

艾儒略, 『萬物眞原』

李圭景, 『五洲衍文長箋散稿』

李裕元, 『林下筆記』

李　瀷, 安鼎福 編, 『星湖僿說類選』

李　瀷, 『星湖全集』

李之藻, 『天學初函』

丁若鏞, 『定本 與猶堂全書』

洪大容, 『湛軒書』

洪大容, 『湛軒燕記』

洪良浩, 『耳溪集』

黃胤錫, 『頤齋亂藁』

黃胤錫, 『頤齋遺藁』

『曆象考成』

『英祖實錄』

『日省錄』

『正祖實錄』

『朱子語類』

『弘齋全書』

2. 번역서

강세정 저, 정민 역(2022), 『송담유록』, 천주교 서울대교구 순교자현양위원회.

남상길 저, 남문현 외 역(2014), 『국역 육일재총서』 4, 『시헌기요』 상, 세종대왕기념사업회.

샤를르 달레 저, 안응렬 · 최석우 역(1979), 『한국천주교회사』 상, 분도출판사.

신후담 저, 김선희 역(2016), 『하빈 신후담의 돈와서학변』, 사람의무늬.

이가환 저, 박동욱 역(2014), 『금대집』, 한국고전번역원.

________, 정선용 역(2011), 『국역 금대전책』, 국립중앙도서관.

________, 조남권 · 박동욱 역(2009), 『이가환 시선집』, 소명출판.

이용휴 · 이가환 저, 안대희 역(2003), 『나를 돌려다오』, 태학사.

이재기 저, 정민 역(2022), 『눌암기략』, 천주교 서울대교구 순교자현양위원회.

황사영 저, 여진천 역주(1999), 『누가 저희를 위로해주겠습니까』, 기쁜소식.

3. 논문 및 연구서

구만옥(2006a. 12), 「조선후기 천문역산학의 개혁 방안: 정조의 천문책에 대한 대책을 중심으로」 한국과학사학회지, 한국과학사학회.

______(2006b. 12), 「조선후기 천문역산학의 주요 쟁점 - 정조(正祖)의 천문책(天文策)과 그에 대한 대책을 중심으로」, 『한국사상사학』, 한국사상사학회.

______(2008. 12), 「조선후기(朝鮮後期) '의상(儀象)' 개수론(改修論)의 추이(推移)」, 『동방학지』, 연세대학교 국학연구원.

______(2010. 12), 「마테오 리치 이후 서양 수학에 대한 조선 지식인의 반응」, 『한국실학연구』, 한국실학학회.

______(2019), 『조선후기 의상개수론과 의상정책』, 혜안.

금장태(2003), 『조선후기 유교와 서학』, 서울대학교 출판부.

김문용(2006. 3), 「조선후기 한문서학서의 사행론과 그 영향」, 『시대와 철학』, 한국철학사상연구회.

김상홍(2013. 4), 「다산의 비본묘지명 7편과 천주교」, 『동아시아고대사』, 동양고대사학회.

김선희(2018. 6), 「道, 學, 藝, 術: 조선 후기 서학의 유입과 지적 변동에 관한 하나의 시론」, 『한국실학연구』, 한국실학학회.

_____(2023. 6), 「이가환은 왜 邪學首魁가 되었나?: 비판 논리의 변화를 중심으로」, 『한국실학연구』, 한국실학학회.

김정경(2017. 11), 「조선 후기 천주교 성인전 연구 : 한글본 『성년광익』에 나타난 기적을 중심으로」, 『한국학』, 한국학중앙연구원.

문중양(2003. 6), 「18세기말 천문역산 전문가의 과학활동과 담론의 역사적 성격: 서호수와 이가환을 중심으로」, 『동방학지』, 연세대학교 국학연구원.

미야지마 카즈히코(2009. 6), 「조선에서 제작된 아스트로라브에 대하여」, 『한국과학사학회지』, 한국과학사학회.

박권수(1999. 1), 「최한기의 천문학 저술과 기륜설」, 『과학사상』, 범양사.

박진아(2019. 6), 「18세기 조선, 금대 이가환의 서학 수용의 인식론적 기반」, 『동양고전연구』, 동양고전학회.

방상근(2014), 「『성년광익』의 서지 연구」, 『聖年廣益』, 한국교회사연구소.

안대옥(2012. 8), 「18세기 正祖期朝鮮西學受容의 系譜」, 『동양철학연구』, 동양철학연구회.

안상현(2013. 11), 「신구법천문도 병풍의 제작 시기」, 『고궁문화』, 국립고궁박물관.

전용훈(2009. 12), 「서양사원소설에 대한 조선후기 지식인들의 반응」, 『한국과학사학회지』, 한국과학사학회.

최상천(1882), 『貞幹 李家煥 硏究 : 錦帶殿策의 분석을 중심으로』, 고려대학교 석사학위논문.

하성래(2001. 1), 「이가환과 서학과의 관계」, 『한국학논집』, 한양대학교 한국학연구소.

홍영희(2006. 6), 「조선(朝鮮) 산학(算學)과 수리정온(數理精蘊)」, 한국수학사학회지, 한국수학사학회., 「조선(朝鮮) 산학(算學)과 수리정온(數理精蘊)」, 한국수학사학회지, 한국수학사학회.

劉 鈍(1991), 「《數理精蘊》中《几何原本》的底本問題」, 『中國科技史料』, 中國科學院自然科學史硏究所.

부록

- 이가환(李家煥) 연보(年譜)
- 금대 이가환 연구 논저 목록
- 『금대 이가환 연구』 집담회
- 찾아보기

이가환(李家煥) 연보(年譜)

영조(英祖) 18년(임술(壬戌), 1742년) 1세

○ 서울 황화방(皇華坊) 소정릉동(小貞陵洞)의 본가에서 부 이용휴(李用休)와 모 진주 유씨(晉州柳氏)의 장남으로 태어나다.

○ 본관은 여주(驪州)로 고려(高麗) 때 인용교위(仁勇校尉)를 지낸 이인덕(李仁德)의 후손이다(여주이씨(驪州李氏) 교위공파(校尉公派)). 자는 정조(庭藻)이고 호는 금대(錦帶), 정헌(貞軒), 소릉(少陵)이다.

○ 고조부 이지안(李志安, 호 존오(存吾), 1601~1657)은 허목(許穆)과 함께 수학했고 형조좌랑(刑曹佐郎)을 지냈다. 증조부는 이하진(李夏鎭, 호 매산(梅山), 1628~1682)으로 대사헌(大司憲)을 지냈으며 허목을 두둔하다 진주 목사(晉州牧使)로 좌천되었고, 이후 평안도 운산(雲山)에 유배되어 그곳에서 죽었다. 조부 이침(李沈, 호 아정(鵝亭), 1671~1713)은 부친 이하진이 유배지에서 별세하자 과거를 단념하고 모친 안동 권씨(安東權氏)와 아우 이익(李瀷, 호 성호(星湖), 1681~1763)과 함께 안산(安山)에 정착했다. 이침은 종부(從父) 이명진(李明鎭)에게 출계(出系)했다. 종조부 이잠(李潛, 호 섬계(剡溪), 1660~1706)은 세자(이후의 경종(景宗))의 보호를 역설하며 노론을 공격하는 상소를 올렸다가 국문 도중 사망했다.

○ 부(父) 이용휴(李用休, 호 혜환재(惠寰齋), 1708~1782)는 1708년 생원시에 합격했으나 더 이상 과거에 응시하지 않고 숙부 이익의 가르침을 받으며 문학에 전념했다. 이용휴는 30년이 넘도록 남인 문단의 영수 자리를 지킨 문장가다. 모 진주 유씨의 부친은 형조참의(刑曹參議)를 지낸 유헌장(柳憲章, 1658~1721)이고, 조부는 사헌부 장령을 지낸 유성삼(柳星三, 1631~1700)이며, 외조부는 통덕랑 전주(全州) 이창명(李昌明)이다.

○ 이가환에게는 누이가 다섯 있었다. 자형과 매제는 허만(許晩), 이동욱(李東郁), 신희연(申熹淵), 이응훈(李應薰), 강순흠(姜舜欽)이다.

○ 이가환은 아내 해주 정씨(海州鄭氏)와의 사이에 2녀를 두었다. 그리고 재종형 이구환(李九煥)의 아들 이재적(李載績)을 양자로 삼았다. 큰딸은 권구(權耉, 1769~1847)에게, 작은딸은 이방억(李龐億)에게 출가했다.

- 이익의 아들 이맹휴(李孟休, 자 순수(醇叟), 1713~1751), 춘당대 정시(庭試)에서

장원급제.

- 권철신(權哲身, 호 녹암(鹿庵), 1736~1801)의 아우 권일신(權日身, 호 직암(稷庵), 1742~1791) 출생.

영조 19년(계해(癸亥), 1743년) 2세

- 채제공(蔡濟恭, 호 번암(樊巖), 1720~1799), 문과 급제.

영조 20년(갑자(甲子), 1744년) 3세

- 이맹휴, 예조정랑(禮曹正郎)으로서 예조의 등록(謄錄)을 정리하고 인출(印出)하는 일을 전담해 『춘관지(春官志)』를 발간함.
- 이기양(李基讓, 호 복암(伏菴), 1744~1802) 출생.

영조 21년(을축(乙丑), 1745년) 4세

영조 22년(병인(丙寅), 1746년) 5세

8월, 마마를 치르다. 이가환은 1792년 개성 유수(開城留守)로 부임했을 때 이민(李慜)이 보관하고 있던 부친의 편지를 보았다. 1746년에 쓴 그 편지에는 '아이가 마마를 앓아 걱정이 많다'는 구절이 있었는데 그 아이가 바로 이가환을 가리키는 것이었다. 이가환은 「이호군 가에 소장된 시문의 발문(李護軍家所藏詩文跋)」에서 '머리가 이미 허옇게 셌는데도 마마 자국이 여전히 남아 있다'며 당시의 감회를 적었다.

- 안정복(安鼎福, 호 순암(順菴), 1712~1791), 이익을 찾아가 문인이 됨.

영조 23년(정묘(丁卯), 1747년) 6세

○ 조모 한양 조씨(漢陽趙氏)가 사망하다.

영조 24년(무진(戊辰), 1748년) 7세

영조 25년(기사(己巳), 1749년) 8세

영조 26년(경오(庚午), 1750년) 9세

영조 27년(신미(辛未), 1751년) 10세

5월 7일, 종숙부 이맹휴가 사망하다.

영조 28년(임신(壬申), 1752년) 11세

영조 29년(계유(癸酉), 1753년) 12세

영조 30년(갑술(甲戌), 1754년) 13세

- 이벽(李檗, 호 광암(曠菴), 1754~1785) 출생.

영조 31년(을해(乙亥), 1755년) 14세

- 허만의 아들 허질(許瓆, 1755~1791) 출생. 이가환은 생질인 허질과 관계가 도타워 그를 위해 여러 편의 글을 써 줌.

영조 32년(병자(丙子), 1756년) 15세

- 매제 이동욱(李東郁)의 장남 이승훈(李承薰, 호 만천(蔓川), 1756~1801) 출생.

영조 33년(정축(丁丑), 1757년) 16세

영조 34년(무인(戊寅), 1758년) 17세

- 정약전(丁若銓, 호 손암(巽庵), 1758~1816) 출생.

영조 35년(기묘(己卯), 1759년) 18세

- 홍일휴(洪日休)의 처(妻)인 고모 여주 이씨 사망.
- 목만중(睦萬中, 호 여와(餘窩), 1727~1810), 문과 급제.

영조 36년(경진(庚辰), 1760년) 19세

- 정약종(丁若鍾, 1760~1801) 출생.

영조 37년(신사辛巳, 1761년) 20세

영조 38년(임오壬午, 1762년) 21세

○ 백부 이광휴(李廣休)가 사망하다.

- 정약용(丁若鏞, 1762~1836) 출생.
- 정약용의 부친 정재원(丁載遠, 1730~1792) 생원진사시(生員進士試) 합격.
- 7월 23일, 홍낙임(洪樂任, 1741~1801), 사도세자(思悼世子)의 장례식에 참예(參預).

영조 39년(계미(癸未), 1763년) 22세

○ 종조부 이익(李瀷)이 사망하다.

영조 40년(갑신(甲申), 1764년) 23세

○ 부친 이용휴가 이광휴의 묘지명을 쓰다.

영조 41년(을유(乙酉), 1765년) 24세

영조 42년(병술(丙戌), 1766년) 25세

12월, 모친 진주 유씨가 사망하다.

- 부친 이용휴의 제자 이언진(李彦瑱) 사망.

영조 43년(정해(丁亥), 1767년) 26세

영조 44년(무자(戊子), 1768년) 27세

8월, 처남 정철조(鄭喆祚, 1730~1781)와 함께 『기하원본(幾何原本)』을 읽다.

- 강준흠(姜浚欽, 1768~1833) 출생. 강준흠은 젊은 시절 이가환의 문하를 드나들었고, 이가환은 그에게 자설(字說)을 써 준 바 있음.

영조 45년(기축(己丑), 1769년) 28세

9월 13일, 국왕이 덕유당(德游堂)에서 제신(諸臣)들을 소견(召見)하며 행 사직(行司

直) 정운유(鄭運維)에게 "이가환이 경(卿)의 사위인가?"하고 묻다.

- 권구 출생. 이가환은 맏사위인 그를 위해 몇 편의 글을 써 주었음.

영조 46년(경인(庚寅), 1770년) 29세

- 매제 이응훈(李應薰) 사망.
- 이응훈의 유복자 이학규(李學逵), 황화방 외가(이가환의 본가)에서 출생.

영조 47년(신묘(辛卯), 1771년) 30세

○ 사마시(司馬試)에 합격하다.

영조 48년(임진(壬辰), 1772년) 31세

- 장인 정운유 사망.

영조 49년(계사(癸巳), 1773년) 32세

영조 50년(갑오(甲午), 1774년) 33세

영조 51년(을미(乙未), 1775년) 34세

윤10월 26일, 국왕이 집경당(集慶堂)에서 이가환을 소견하고 누구인지 묻자 서유린(徐有隣)이 "이맹휴의 조카"라고 대답하다. 이에 국왕이 "경년(頃年)에 이맹휴가 정시에서 장원을 하여 특교(特敎)로 조용(調用)하라는 명을 내렸는데 낭서(郎署)에 그쳤으니 내가 몹시 애석했다. 지금 제술(製述) 입격인(入格人) 이가환은 그의 5촌 조카라 하니 관련됨이 보통을 넘는다. 숙부에게 베풀지 못한 것을 마땅히 이 사람에게 베풀도록 하겠다. 해조(該曹)에 명령하여 초입사(初入仕)에 특별히 현주(懸註)하여 조용하도록 전교를 내리라."고 하다.

정조(正祖) 즉위년(병신(丙申), 1776년) 35세

○ 숙부 이병휴(李秉休, 1710~1776)가 사망하다.

정조 1년(정유(丁酉), 1777년) 36세

○ 증광시(增廣試)에 을과로 급제하고 승문원(承文院) 부정자(副正字)가 되다.

4월 21일, 국왕이 이가환의 시권(試券)을 읽고 "허두(虛頭)와 조목조목이 장원의 글보다 현저히 낫다."고 평했으며 이가환이 각 조목의 출처에 대해 잘 대답하자 "인재(人才)라 할 만하다."고 칭찬하다.

정조 2년(무술(戊戌), 1778년) 37세

2월 12일, 문신 제술에서 수석을 하다. 국왕이 "근래에 이런 작품이 없다고 할 만하다. 일찍이 전책(殿策)에서 그 박식(博識)을 드러냈는데 금일(今日) 지은 것은 더욱 극히 해박하고 풍부하다."고 칭찬하며 특별히 6품으로 승진하여 서용(敍用)하라고 명하다.

2월 14일, 국왕이 승문원 정자 이가환을 소견하여 중국의 역사와 관제(官制), 역법(曆法), 천문(天文), 경의(經義) 등에 대해 두루 토론하고 박식함을 칭찬하다.

8월 2일, 중삭제(仲朔祭)의 축사(祝史)로 차출되어 저경궁(儲慶宮)에 갔다가 우연히 황윤석(黃胤錫, 1729~1791)을 만나 열띤 학술 토론을 나누다.

12월 24일, 강원 도사(江原都事)에 제수되다.

정조 3년(기해(己亥), 1779년) 38세

7월 16일, 신병(身病)으로 직임을 살필 수 없다고 정장(呈狀)하여 강원 도사에서 개차(改差)되다.

- 여주 금사면(金沙面) 주어사(走魚寺)에서 권철신이 중심이 된 강학 모임이 이루어짐. 이후 장소를 천진암(天眞庵)으로 옮겨 10여 일 동안 강학을 이어감. 이때 정약용 · 이벽 · 정약전 · 정약종 · 이승훈 등이 참석.

정조 4년(경자(庚子), 1780년) 39세

2월 19일, 입시(入侍)하여 규장각(奎章閣) 사경시(四景詩)를 지으라는 명을 받다. 부친 이용휴가 이 일을 자랑스러워하며 「규장각시첩서(奎章閣詩帖序)」를 쓰다.

3월 13일, 비인 현감(庇仁縣監)에 제수되다.

정조 5년(신축辛丑, 1781년) 40세

7월 17일, 예조 정랑(禮曹正郎)에 차임되어 『예조등록(禮曹謄錄)』의 수정에 참여하라는 명을 받다. 국왕이 "이가환이 본조의 낭관(郎官)으로 있을 적에 그의 숙부인 이맹휴가 지은 『춘관지(春官志)』를 증익(增益)하여 찬정(纂定)하려 했으나 책을 만들지 못하고 말았다."라 하자 서명선(徐命善)이 "『예조등록』을 수정(修正)하는 일에 대해 예판(禮判)이 직접 하교를 받들었습니다만, 낭청(郎廳)은 적격자를 얻은 후에야 바야흐로 성취시킬 수 있습니다. 비인 현감 이가환이 본래 이런 일에 익숙하니, 예랑(禮郎)에 차임하여 거행하게 하소서."라고 그를 추천하다.

8월 10일, 국왕이 이가환의 문장을 칭찬하며 "이미 그의 재주가 월등하다는 것을 알았으니, 어찌 그대로 두고 쓰지 않을 수 있겠는가?"라 하고, 다음날 이가환을 특지(特旨)로 지평(持平)에 제수하다.

- 10월 11일, 정철조 사망.

정조 6년(임인(壬寅), 1782년) 41세

1월 15일, 부친 이용휴 사망하다. 포천(抱川)에서 여묘(廬墓)살이를 하다.

정조 7년(계묘(癸卯), 1783년) 42세

- 10월, 매제 이동욱, 황인점(黃仁點)을 정사(正使)로 하는 사절단의 서장관(書狀官)이 됨. 이동욱, 장남 이승훈을 데리고 10월 14일 한양(漢陽)을 떠나 12월 21일에 북경(北京)에 도착.

정조 8년(갑진(甲辰), 1784년) 43세

3월 15일, 국왕이 이가환의 거상(居喪)이 끝났는지 묻고 그의 박람전고(博覽典古)에 대해 '근세에 쉽게 얻을 수 없는 바'라고 일컫다.

3월 20일, 수교찬집청(受教纂輯廳) 낭청에 제수되다.

11월 9일, 정언(正言)에 제수되다.

겨울, 천주교를 선교하는 이벽을 만나 그를 꾸짖었으나 설득되지 않자 절교하다.

- 3월 24일, 이동욱이 북경에서 돌아옴. 이승훈, 가지고 온 기하학, 과학, 천주교 서적을 이가환에게 보여줌.

정조 9년(을사(乙巳), 1785년) 44세

1월 29일, 사복시(司僕寺) 정(正)에 제수되다.

2월 2일, 봉상시(奉常寺) 정에 제수되다.

5월 3일, 지제교(知製敎)에 선발되다.

9월 21일, 돈녕부(敦寧府) 도정(都正)에 제수되다.

9월 27일, 『병학통(兵學通)』을 감인(監印)한 데 대한 상으로 반숙마(半熟馬) 1필을 하사받다.

10월 2일, 병조 참지(兵曹參知)에 제수되다.

10월 21일, 『갱장록(羹墻錄)』의 속록(續錄)을 편찬하는 일에 초출(抄出)되다.

12월 28일, 동부승지(同副承旨)에 제수되다.

- 을사 추조 적발 사건(乙巳秋曹摘發事件, 명례방(明禮坊) 사건) 발생. 이승훈, 정약전, 정약종, 정약용, 권일신 등이 연루되었다 풀려남.

정조 10년(병오丙午, 1786년) 45세

1월 22일, 정언(正言) 유경(柳畊)이 '지난겨울 이가환이 장릉(長陵)의 제관(祭官) 일을 맡았을 때 역마(驛馬) 여러 필을 함부로 사용하는 등의 잘못을 저질렀다'며 견삭(譴削)을 요청하자 국왕이 그에 따라 나문(拿問)하라는 명을 내리다.

1월 25일, 이가환을 석방하도록 하다.

6월 9일, 동부승지(同副承旨)에 제수되다.

7월 4일, 정주 목사(定州牧使)에 제수되다.

정조 11년(정미(丁未), 1787년) 46세

4월 16일, 암행어사 이곤수(李崑秀)가 "정주 목사 이가환은 칙수(勅需: 칙사를 대접하기 위한 물자)를 함부로 쓰고 세미(稅米)를 대신 받았으며 곡식 장부를 제대로 관리하지 않았고 민고(民庫)의 쌀을 내어다 관청의 곡식으로 구차히 충당하는 등 불법을 저질렀다."며 파직을 청하는 서계를 올리다.

4월 27일, 이가환에게 장(杖) 1백은 수속(收贖: 금전으로 대신함)하고 품계와 관직은 모두 추탈(追奪)하며 원춘도(原春道) 김화현(金化縣)으로 3년간 정배(定配)하라는 판결이 내려지다.

정조 12년(무신(戊申), 1788년) 47세

유배지의 셋집에서 「금수거기(禽獸居記)」를 쓰다.

정조 13년(기유(己酉), 1789년) 48세

1월 11일, 이가환을 석방하라는 명이 내려지다.

2월 25일, 승지(承旨)에 제수되다.

정조 14년(경술(庚戌), 1790년) 49세

12월 21일, 비변사에서 이가환을 광주 부윤(廣州府尹)으로 천거하다.

- 노긍(盧兢, 1738~1790) 사망.

정조 15년(신해(辛亥), 1791년) 50세

8월, 농사일을 점검하러 칠곡(漆谷)을 지나가는 길에 요절한 두 자식의 무덤을 돌아보고 시를 쓰다.

○ 천주교를 배척하는 내용의 가사 「경세가(警世歌)」를 짓다.

- 여행가 정란(鄭瀾, 호 창해(滄海), 1725~1791) 사망. 이가환은 그를 위해 화상찬(畫像贊)을 써 주었음.

정조 16년(임자(壬子), 1792년) 51세

6월 6일, 승지에 제수되다.

9월 6일, 병조 참의(兵曹參議)에 낙점(落點)되다.

9월 12일, 대사간(大司諫)에 낙점되다.

9월 17일, 대사성(大司成)에 제수되다. 같은 날 이명연(李明淵) 등이 "대사성 이가환은 지친(至親)에게 허물이 있으니 화현(華顯)의 대열에 두어서는 안 될 것"이라는 상소를 하다.

9월 18일, 개성 유수에 제수되다. 하직하는 이가환에게 장궁(長弓) 1장(張)과 장전(長箭) 1부(部)가 사급(賜給)되다.

9월 19일, 국왕이 채제공에게 "이가환은 문사(文士)인 고로 대사성에 중비(中批)했는데, 그가 개성 유수로 특보(特補)되고 나서 이상도(李尙度)가 교문(教文)을 찬술하지 못하니 참으로 괴이하다."라 하다.

9월 20일, 심환지(沈煥之)가 "이가환은 이잠(李潛)의 종손(從孫)으로서 그가 비록 문학을 잘하여 일컬을 만하다고 해도 그 허물을 가릴 수는 없습니다. …… 이제 전하께서 한 명의 이가환에게 사사로이 하시어 갑자기 청선(淸選)의 처분을 내리셨는데, 대개 청선은 명의(名義)를 대우하는 그릇이므로 이가환이 처할 곳이 못 됩니다."라고 상소를 올리자, 국왕은 "이가환의 종조에 대해서는 나도 그 이름을 익히 듣고 있으나, 종조는 종조이고 종손은 종손이다. 재능을 헤아려 임무를 맡겼는데 이가환이 문사가 아니라는 말인가?"라며 반박하다.

11월 6일, 이동직(李東稷)이 "이가환 같은 자는 채제공에게 빌붙어 그의 후원을 받아왔으면서도 역모의 진상이 낭자하게 드러난 오늘까지 그는 그의 당여(黨與)로서의 처벌에서 빠져 있으니 그에게 있어서는 행운이라 할 것입니다. …… 그들의 문장이라는 것이 학문상으로는 대부분 이단(異端) 사설(邪說)들이고 문장이래야 순전히 패관소품(稗官小品)을 숭상할 뿐입니다. 누구나 알고 있는 경전(經傳)을 언제나 별 쓸모없는 것으로 보고 있으니 그들 문장은 문장이라고 말할 수도 없습니다. 이단을 물리치고 정도를 지키는 이때에 그러한 무리들을 그냥 내버려 두고 논의하지 않을 수 없습니다. 신은, 가환에게 성균관을 관리하도록 제수한 명을 아울러 환수하고 이어 사판(仕版)에서 그 이름을 삭제하여 세도를 위하고 명기(名器)를 소중히 여기는 뜻을 보여주어야 한다고 생각하는 바입니다."라고 상소를 올리자 국왕은 "그대는 가환의 문체(文體)가 경전을 쓸모없는 것으로 여긴다는 말로 얘기를 삼았는데 그것이 바로 내가 한 마디 하고 싶으면서도 못하고 있던 문제였다. 그런데 그대가 그 말을 하니 참으로 이른바 가려운 곳을 긁어주는 격이다. 대체로 우리나라가 비록 작으나 많은 백성이 팔역(八域)에 살고 있다. 그들을 다스리는 방법은 불과해야 나는 것들은 나는 것대로 물속에 잠겨 사는 것들은 잠겨 사는 대로 그들의 본성을 거스르지 않게 하고 모난 것은 모난 대로 둥근 것은 둥근 대로 기량에 따라 쓰면 그뿐인 것이다. 그것이 바로 형편에 따라 잘 이용하는 방법인 것이다. …… 저 가환으로 말하면 일찍이 좋은 가문의 사람이 아닌 것도 아니었지만 백 년 동안 벼슬길에서 밀려나 수레바퀴나 깎고 염주 알이나 꿰면서 떠돌이나 시골에 묻혀 지내는 백성으로 자처하였던 것이다. 그러자니 나오는 소리는 비분강개한 내용일 것이고 어울리는 자들이라곤 우스갯소리나 하고 괴벽한 짓이나 하는 무리일 것 아닌가. 주위가 외로우면 외로울수록 말은 더욱 편파했을 것이고 말이 편파적일수록 문장도 더욱 괴벽했을 것이다. …… 한미한 집안의 누더기를 걸친 자들을 초야에서 뽑아 올렸는데 가환은 그 가운데 한 사람인 것이다. 그대는 가환에 대해 말하지 말라. 가환은 지금 골짜기에서 교목(喬木)으로 날아오른 것이고 썩은 두엄에서 새롭게 변화한 것이다. 그의 심중을 통해 나오는 소리가 왜 점차 훌륭한 경지로 들어가지 못할 것이라고 근심하는가. 설사 가환이 재주가 둔하여 사흘 동안에 괄목(刮目)할 만한 성장이 없다손 치더라도 그의 아들이나 손자가 또 어찌 번번이 양보만 하고 스스로 자신의 목소리를 훌륭하게 내지 않겠는가."라며 이가환을 옹호하다.

정조 17년(계축(癸丑), 1793년) 52세

1월 24일, 논핵(論劾)을 입은 데 대해 "신이 지금 세상과 본시 원망이나 미움을 살 일이 없건만, 전후로 신을 논핵하는 자들이 한사코 신을 미워하여 마지않는 것은 대체로 신의 종조부 일로 인해서입니다. 신의 종조부 신(臣) 이잠(李潛)이 당시에 보호에 관한 상소를 올린 것은 피를 뿌리고 충심을 토로해서 나라를 위해 충성을 바치고 몸을 던져 뜻을 이루고자 한 것으로 열성조에서 이를 변석(辨晰)하신 하교가 국사에 밝게 실려 있어 사람들의 눈에 환히 비추고 있습니다."라고 상소를 올리다.

1월 27일, 대사성 심환지가 상소를 올려 이가환의 일에 대해 논하며 병예지전(屛裔之典: 귀양을 보내 거처 밖으로 출입을 못하게 하던 조치)을 내리기를 청하다. 국왕은 심환지의 상소문이 격례(格例)에 어긋났다는 점을 들어 추고(推考)하도록 하다.

- 1월 25일, 이덕무(李德懋, 1741~1793) 사망. 이가환은 그를 위해 만시(挽詩)를 써 주었음.

정조 18년(갑인(甲寅), 1794년) 53세

5월 25일, 형조 참판(刑曹參判)에 제수되다.

9월 14일, 대사성에 제수되다.

정조 19년(을묘(乙卯), 1795년) 54세

1월 9일, 김이소(金履素), 개성 유수 재직 시 탐오했다는 혐의를 들어 이가환을 탄핵하고 삭탈관직(削奪官職)을 청하다.

1월 26일, 공조 판서(工曹判書)에 제수되다.

7월 7일, 박장설(朴長卨)이 상소를 올려 천주교의 폐해를 논하고 이가환을 탄핵했으나, 오히려 박장설이 조적(朝籍)에서 삭제되다.

7월 25일, 특별히 충주 목사(忠州牧使)에 보임(補任)되다. 당시 호서(湖西) 지방 대부분이 점점 천주교에 물들어 가고 있었는데 충주가 가장 심했으므로 특별히 그곳의 수령으로 삼은 것이다.

가을, 충주 목사 재임 중 권문해(權文海)의 후손을 만나 『대동운부군옥(大東韻府群玉)』의 서문을 써 주다.

10월 9일, 대사성에 제수되다.

12월 7일, 채제공의 추천을 받아 경모궁(景慕宮) 상호 도감(上號都監) 당상(堂上)으로 차출되다.

정조 20년(병진(丙辰), 1796년) 55세

정조 21년(정사(丁巳), 1797년) 56세

4월 25일, 도총부(都摠府) 도총관(都摠管)으로 임명되다.

11월, 천수경(千壽慶)이 편집하고 장혼(張混)이 교열한 『풍요속선(風謠續選)』의 서문을 쓰다.

12월 2일, 한성부(漢城府) 판윤(判尹)으로 임명되다.

정조 22년(무오(戊午), 1798년) 57세

6월 27일, 지의금(知義禁)에 낙점되다.

정조 23년(기미(己未), 1799년) 58세

5월 2일, 국왕, 이가환을 탄핵한 이익운(李益運)을 엄히 추고하고, 이가환 집안의 증직(贈職)은 이조(吏曹)의 직함으로 시행하라고 명하다.

5월 5일, 좌의정(左議政) 이병모(李秉模)가 "이가환의 집에 증직하는 일에 대하여 속으로 염려스럽고 탄식스러운 마음이 있습니다. 근년 이래로 불순한 학문이 날로 성하게 번지고 있습니다. 이른바 권일신의 무리는 지금 이미 죽었으나 그 이웃 마을에 점점 물이 드는 것은 오히려 다시 이전과 같으며, 호남(湖南)까지도 선동될 우려가 있다고 합니다. 이것은 대개 그 뿌리를 파내지 않고 그 말단만을 다스렸기 때문에 이러한 폐단이 생기게 된 것입니다. 일전의 하교에 대해서 신이 성상의 뜻이 어디에 있는지를 모르지 않습니다. 그러나, 신의 집안은 선대로부터 일찍이 사사로이 당파를 짓는 의논을 한 적이 없고 신과 가환의 사이에는 지난날에도 노여움을 품은 적이 없으며 오늘날에도 원수를 진 일이 없는데 어찌 감히 털끝만큼이라도 잡된 생각을 품겠습니까만, 근래에 불순한 학설의 피해가 점차 더욱 넓어지고 있으니, 이런 생각을 하면 간담이 서늘합니다. 이른바 죽은 뒤에 벼슬을 추증(追贈)하는 일은 출세하여 이름을 날려 부모를 드러내는 일인데, 가환 같은 자는 곧 불순한 학문을 주장하는 세력의 괴수로서 제사를 폐지하여 윤리를 끊어지게까지 하였으니 그의 할아비와 아비에게 죄를 지은 자입니다. 그의 할아비와 아비도 어찌 추증하는 벼슬을 편안히 받으려고 하겠습니까. 신의 생각으로는, 벼슬을 추증하는 일을 시행하지 말도록 하는 명을 속히 내려야 한다고 봅니다."라 하자 국왕은 "경의 말이 비록 이러하나 내 생각은 그렇지 않다. 설령 가환에게 참으로 그러한 죄를 범한 형적(形迹)이 있다고 하더라도, 이미 스스로 새사람이 되도록 허락하였고 보면, 굳이 이것으로 죄를 삼을 일이 아니다. 그리고 그가 외방인 호남의 고을에 수령으로 있을 때에 불순한 학문을 하는 자들을 적형(賊刑)으로 다스렸고 그전에 또 상소를 하여 스스로를 해명한 일도 있었다. 이러한 자들로 하여금 서로 단속하고 깨우치게 해서 그것으로 그 허물을 속죄하도록 한다면 불순한 학설을 물리치는 효과가 필시 다른 사람들보다 나을 것이다. 그런데 지금 지난 일을 뒤미쳐 논란하니, 새사람이 되기를 바라는 소망을 끊어버리는 일이 아니겠는가."라며 이가환을 옹호하다.

5월 25일, 이가환의 논죄 문제로 다시 상소를 올린 대사간 신헌조(申獻朝)가 체차(遞差)되다.

- 1월 18일, 채제공 사망.

순조(純祖) 즉위년(경신(庚申), 1800년) 59세

○ 정조 명찬(命撰) 『주부자시(朱夫子詩)』에 「유덕명, 언집, 축 씨 아우와 '하운다기봉(夏雲多奇峯)'으로 운자를 삼아 시를 지어서 농담 삼아 절구 5수를 이루다(劉德明彥集祝弟以夏雲多奇峯爲韻賦詩戲成五絶)」 등 주희(朱熹)의 시 16수를 필사하다.

- 6월 28일, 정조 승하.

순조 1년(신유(辛酉), 1801년) 60세

2월 9일, 집의(執義) 민명혁(閔命爀) 등이 '전 판서 이가환, 전 현감 이승훈, 전 승지 정약용에 대해 사악한 천주학의 뿌리라고 지목하고 즉시 의금부(義禁府)에 지시해 엄히 국문(鞫問)하고 사건의 진상을 알아내어 나라의 법률을 적용할 것'을 요청하다.

2월 10일, 정약용 및 이승훈과 함께 체포, 구금되다. 같은 날 의금부에서 1차 심문을 받다.

2월 11일, 2차 심문을 받으며 매 13대를 맞다.
'살아서 감옥 문을 나간다면 소굴의 우두머리라는 지목에서 스스로 벗어날 방법만을 생각할 것'이라고 진술하다.

2월 14일, 3차 심문을 받다.
'너는 무슨 의도로 여러 날 음식을 먹지 않고, 기필코 죽으려는 것이냐? 너의 문서 중에 그림 한 장은 사악한 천주학의 패거리들이 첨례(瞻禮) 때 쳐다보던 초상과 매우 비슷한데 이것이 어떤 물건이냐?'라는 질문에 '저의 직책이 재상의 위치에 있었던 만큼 사악한 천주학으로 지목받은 것만으로도 그 죄는 죽어 마땅하기에 기필코 죽으려고 한다'고 하고, 또 그림에 대해서는 '예전에 외손자가 가지고 놀던 물건인데, 무심결에 보고 지나쳤다'고 답하다.

2월 15일, 4차 심문을 받다.
홍헌영, 유이환, 이학규의 관련에 대해 묻자 '모두 가난해 의지할 데 없는 젊은이들로 과거 공부에 몰두해 애초에 사악한 천주학을 하지 않았다'고 진술하다.

2월 17일, 오석충 및 홍낙임(洪樂任)과의 관련을 위주로 5차 심문을 받다.
양자 이재적(李載績)을 파양하도록 해 달라고 호소하다. 같은 날 추가로 심문을 받으며 매 12대를 맞다. 이날 추국청(推鞫廳)에서 심문 결과를 보고하며 "그는 중요한 죄수여서 혹 지레 죽을 우려가 있습니다. 내일을 기다려 매질해 사건의 진상을 밝혀내십시오."라고 요청하다.

2월 18일, 6차 심문을 받고 매 30대를 맞다.

2월 24일, 옥중에서 사망하다.(정약용, 「정헌묘지명(貞軒墓誌銘)」에 기록된 날짜)

- 2월 23일, 목만중이 이가환을 위시한 사학(邪學)의 무리를 엄히 처벌하라는 상소를 올림.
- 2월 25일, 국왕이 성정각(誠正閣)에서 이병모, 심환지 등을 소견할 때 대왕대비(大王大妃)가 "국옥(鞫獄)을 여러 날 지연하여 권철신과 이가환 같은 무리가 연이

어 지레 죽었다. 옥사(獄事)에 형벌을 잘못 시행할 우려가 있어 참으로 걱정스럽다."고 발언함.

- **2월 26일**, 의금부에서 '이가환과 권철신이 온 세상이 사학의 수괴로 지목하는 것을 변명할 수 없어 지만(遲晩)한 뒤에 물고(物故)하였다'고 보고함.

작성 : 김하라(연세대 국어국문학과 부교수)

금대 이가환 연구 논저 목록

■ 원전

李家煥, 『錦帶詩文抄』, 국립중앙도서관 소장[청구기호 : 성호古3648-62-1080]

李家煥, 『錦帶詩文鈔』, 국립중앙도서관 소장[청구기호 : 성호古3648-62-904]

李家煥, 『錦帶詩文抄』, 서울대학교 규장각한국학연구원 소장[청구기호 : 古3428-439]

李家煥, 『錦帶殿策』, 국립중앙도서관 소장[청구기호 : 성호古1258-15]

李家煥, 『錦帶集』, 서울대학교 규장각한국학연구원 소장[청구기호 : 古3428-373]

李家煥, 『俚諺集』, 한국학중앙연구원 도서관 소장[청구기호 : D6B-37]

李家煥, 『詩文草』, 국립중앙도서관 소장[청구기호 : 古貴3648-99-9]

李家煥, 『詩文艸』, 국립중앙도서관 소장[청구기호 : 한古朝43-가50]

李家煥, 『詩文艸』, 서울대학교 규장각한국학연구원 소장[청구기호 : 古3428-372]

李家煥, 『貞軒瑣錄』, 일본 동양문고 소장[청구기호 : XI-4-B-66]

李家煥, 『錦帶詩文鈔』, 한국문집총간 255집.

■ 원전 해제

김건우, 『詩文』(국립중앙도서관 소장본: 성호古3648-文62-904) 해제, 국립중앙도서관.

김성애, 『詩文』(국립중앙도서관 소장본: 성호古3648-文62-904) 해제, 한국고전번역원.

김영진, 『詩文艸』(규장각 소장본: 古3428-372) 해제, 규장각 한국학연구원.

김영진, 『詩文草』(국립중앙도서관 소장본: 古貴3648-99-9) 해제, 국립중앙도서관.

박용만, 『錦帶詩文鈔』(국립중앙도서관 소장본: 성호古3648-62-1080) 해제, 국립중앙도서관.

우경섭, 『錦帶集』(규장각 소장본: 古3428-373) 해제, 규장각 한국학연구원.

우경섭, 『錦帶詩文鈔』(규장각 소장본: 古3428-439) 해제, 규장각 한국학연구원.

■ 번역서

李家煥, 조남권 · 박동욱 역(2009), 『이가환 시전집』, 소명.

李家煥, 정선용 역(2011), 『금대전책』, 국립중앙도서관.

李家煥 외, 안대회 역(2008), 『고전 산문 산책 : 조선의 문장을 만나다』, 휴머니스트.

李家煥, 박동욱 역(2014), 『금대집 : 붓으로 세상을 품다』, 한국고전번역원.

李家煥 외, 송준호 · 안대회 역(1996), 『한국고전문학전집 28 : 홍재전서 · 영재집 · 금대집 · 정유집』, 고려대학교 민족문화연구원.

李家煥 외, 안대회 · 이현일 역(2017), 『한국산문선 7 : 코끼리 보고서』, 민음사.

李用休 · 李家煥, 안대회 역(2003), 『나를 돌려다오 : 이용휴, 이가환 산문집』, 태학사.

李用休, 조남권 · 박동욱 역주(2007), 『혜환 이용휴 산문전집』, 소명출판.

이재기 원저, 정민 역(2022), 『눌암기략』, 김영사.

강세정 원저, 정민 역(2022), 『송담유록』, 김영사.

남상길 원저, 남문현 외 역(2014), 『국역 육일재총서 4』, 『시헌기요』 상, 세종대왕기념사업회.

황사영 원저, 여진천 역주(1999), 『누가 저희를 위로해주겠습니까』, 기쁜소식.

전주대학교 고전학연구소 역(2014), 『추안급국안』, 흐름출판사.

Dallet, Claude Charles 원저, 안응렬 · 최석우 역주(1979), 『한국천주교회사』 상, 분도출판사.

■ 연구저서

구만옥(2019), 『조선후기 의상개수론과 의상정책』, 혜안.

금장태(2003), 『조선후기 유교와 서학』, 서울대학교 출판부.

박성순 외(2002), 『18세기 조선지식인의 문화의식』, 한양대학교 출판부.

정우봉(2021), 『조선후기 시론사의 구도와 전개』, 고려대학교 출판문화원.

정 민(2022), 『서학, 조선을 관통하다』, 김영사.

■ 학위논문

김숙경(2018), 「1795년 천주교도 장살사건과 그 영향」, 부산대학교 석사학위논문.

김효정(2015), 「錦帶 李家煥의 시문학 연구」, 단국대학교 석사학위논문.

명평자(2016), 「錦帶 李家煥의 散文 研究」, 충남대학교 박사학위논문.

문수영(1995), 「錦帶 李家煥의 散文研究 -人物描寫에 나타난 作家意識을 中心으로-」, 경상대학교 석사학위논문.

박재경(2014), 「조선시대 策文 연구」, 서울대학교 박사학위논문.

백승호(2006), 「樊巖 蔡濟恭 文學 研究」, 서울대학교 석사학위논문.

엄미원(1985), 「錦帶 李家煥 研究」, 이화여자대학교 석사학위논문.

오규현(2008), 「南人의 家系와 天主教 受容」, 서강대학교 석사학위논문.

이미선(2006), 「錦帶 李家煥의 散文 研究」, 영남대학교 석사학위논문.

정우봉(1984), 「李家煥의 文學論과 詩世界」, 고려대학교 석사학위논문.

최상천(1982), 「貞軒 李家煥 研究 : 錦帶殿策의 분석을 중심으로」, 고려대학교 석사학위논문.

하성래(1975), 「天主歌辭研究」, 명지대학교 석사학위논문.

■ 연구논문

구만옥(2006a), 「조선후기 천문역산학의 주요 쟁점 - 정조(正祖)의 천문책(天文策)과 그에 대한 대책을 중심으로」, 『한국사상사학』 27, 한국사상사학회.

______(2006), 「조선후기 천문역산학의 개혁 방안: 정조의 천문책에 대한 대책을 중심으로」, 『한국과학사학회지』 28권 2호, 한국과학사학회.

______(2008), 「조선후기(朝鮮後期) '의상(儀象)' 개수론(改修論)의 추이(推移)」, 『동방학지』 144, 연세대학교 국학연구원.

______(2010a), 「동서(東西)의 만남과 실학: 동아시아 지식세계와 마테오 리치 ; 마테오 리치(利瑪竇) 이후 서양 수학에 대한 조선 지식인의 반응」, 『한국실학연구』 20, 한국실학학회.

______(2010b), 「마테오 리치 이후 서양 수학에 대한 조선 지식인의 반응」, 『한국실학연구』 20, 한국실학학회.

김동준(2001), 「이가환 漢詩 연구」, 『한국학논집』 35, 한양대학교 한국학연구소.

______(2012), 「懶雲 申禹相의 詩文에 대하여」, 『돈암어문연구』 25, 돈암어문학회.

______(2023), 「김화(金化) 유배기 이가환(李家煥) 한시(漢詩)의 전개 양상과 문학적

가치」, 『이화어문논집』 59집, 이화어문학회.

김선희(2023a), 「금대 이가환의 서학(西學) 연구와 그 파장」, 『민족문화연구』 99, 고려대학교 민족문화연구원.

_____(2023b), 「이가환은 왜 邪學 首魁가 되었나?-비판 논리의 변화를 중심으로」, 『한국실학연구』 45, 한국실학학회.

김문용(2006), 「조선후기 한문서학서의 사행론과 그 영향」, 『시대와 철학』 16, 한국철학사상연구회.

김봉남(2014), 「茶山과 天主敎 관련 人物들과의 관계 고찰」, 『대동한문학』 41, 대동한문학회.

김상홍(2013), 「茶山의 〈秘本 墓誌銘 7편〉과 天主敎」, 『동아시아고대학』 30, 동아시아고대학회.

김영수 · 김효정(2014), 「錦帶 李家煥 輓詩 硏究」, 『동아시아고대학』 36, 동아시아고대학회.

김정경(2017), 「조선 후기 천주교 성인전 연구 : 한글본 『성년광익』에 나타난 기적을 중심으로」, 『정신문화연구』 제40권 1호, 한국학중앙연구원.

김하라(2023), 「錦帶 李家煥의 藏書 『古文淵鑑』」, 『한국문화』 102, 서울대학교 규장각한국학연구원.

김효정(2015), 「錦帶 李家煥 詩文學 一考察」, 『한국한시연구』 23, 한국한시학회.

노대환(2005), 「정조대 서양 과학기술의 수용과 정조의 서학 정책」, 『태동고전연구』 21, 한림대학교 태동고전연구소.

명평자(2015a), 「錦帶 李家煥 記文의 주제 표출 양상」, 『어문연구』 84, 어문연구학회.

_____(2015b), 「錦帶 李家煥 傳의 특징 연구」, 『한문학논집』 41, 근역한문학회.

_____(2017), 「錦帶 李家煥의 詩論 一考」, 『동남어문논집』 43, 동남어문학회.

_____(2022a), 「錦帶 李家煥의 經世詩 一考」, 『인문사회21』 13, 인문사회21, 동남어문학회.

_____(2022b), 「錦帶 李家煥의 詩의 창작 배경」, 『한국사상과문화』 105, 한국사상문화학회.

문중양(2003), 「18세기말 천문역산 전문가의 과학활동과 담론의 역사적 성격: 서호수와 이가환을 중심으로」, 『동방학지』 121, 연세대학교 국학연구원.

미야지마 카즈히코(2009), 「조선에서 제작된 아스트로라브에 대하여」, 『한국과학사학회지』 31, 한국과학사학회.

박권수(1999), 「최한기의 천문학 저술과 기륜설」, 『과학사상』 30, 범양사.

박동욱(2008), 「금대 이가환 유배 한시 연구 – 金化 유배 시기를 중심으로 –」, 『동방학』 15, 한서대학교 동양고전연구소.

______(2013), 「李森煥의 교유와 문학 활동」, 『온지논총』 37, 온지학회.

박성래(1982), 「동서의 과학사상」, 『아카데미논총』, 세계평화교수협의회.

박진아(2019), 「18세기 조선, 錦帶 李家煥 서학 수용의 인식론적 기반」, 『동양고전연구』 75, 동양고전학회.

방상근(2014), 「『성년광익』의 서지 연구」, 『聖年廣益』, 한국교회사연구소.

백진우(2014), 「策文의 정치적 활용성에 관한 시론 – 정조시대 이가환의「蕭何大起未央宮論」 분석을 중심으로 –」, 『동양고전연구』 57, 동양고전학회.

안대옥(2012), 「18세기 正祖期 朝鮮 西學 受容의 系譜」, 『동양철학연구』 71.

안상현(2013), 「신구법천문도 병풍의 제작 시기」, 『고궁문화』 6, 국립고궁박물관.

안순태(2011), 「시인의 궁달(窮達)과 시의 공졸(工拙)의 관계에 대한 논의 연구–조선후기 논의를 중심으로 –」, 『한국한시연구』 19, 한국한시학회.

여운필(2013), 「이헌경의 삶과 시」, 『한국한시작가연구』 17, 한국한시학회.

______(2022), 「錦帶 李家煥의 삶과 詩」, 『한국한시연구』 30호, 한국한시학회.

임형택 외(2006), 「李家煥의 『貞軒瑣錄』」, 『민족문학사연구』 31, 민족문학사학회.

장진엽(2023), 「조선후기 누정기에 나타난 士의 존재 양식에 대한 사유 검토 – '是/斯'에 관한 의론을 중심으로 –」, 『한국한문학연구』 87, 한국한문학회.

전영훈(2009), 「서양사원소설에 대한 조선후기 지식인들의 반응」, 『한국과학사학회지』, 제31권 제2호, 한국과학사학회.

정은진(2006), 「근대적 일상의 탐구와 기록정신 (해제) : 이가환의 『정헌쇄록』해제」, 『민족문학사연구』 31, 민족문학사학회.

______(2014), 「貞軒 李家煥의 物名에 관한 관심과 그 실천 – 『貞軒鎖錄』과 「雜說」을 중심으로 –」, 『한자한문교육』 33, 한국한자한문교육학회.

최우혁(2019), 「정조~순조대 근기남인 분화와 정치 명분 확립」, 『조선시대사학보』 90, 조선시대사학회.

하성래(2001), 「李家煥과 西學과의 관계」, 『한국학논집』 35, 한양대학교 한국학연구소.

작성 : 백진우(서강대 국어국문학과 부교수)

『금대 이가환 연구』 집담회

■ 일　시 : 2023년 2월 10일(금) 오전 10시~12시

■ 장　소 : 재단법인 실시학사 사무실

■ 참석자 : 김동준, 백진우, 김하라, 김선희

김동준　그럼 지금부터 실시학사 주관 실학 공동연구로 진행되었던 '금대 이가환 연구', 조선 후기 실학사의 재조명과 관련하여 집담회를 시작하도록 하겠습니다. '금대 이가환 연구'로 학술대회 발표를 했던 게 지난 2022년 12월 20일이었는데, 약 50여 일이 흘러서 2023년 2월 10일 오늘 실시학사에 모여서 이렇게 집담회를 시작하게 되었습니다. 거의 두 달이 되어가기 때문에 그사이 생각과 논지를 다시 가다듬을 기회가 있었을 거라고 생각합니다. 발표회 때도 많은 분이 오셔서 성황 속에 우리가 발표도 하고 토론도 했던 기억이 납니다만, 그간 생각을 발전시킨 부분이 더 있지 않을까 기대가 됩니다.

요청에 따라 오늘 집담회는 제가 사회를 보도록 하겠습니다. 원래 '금대 이가환 연구'의 전체 구성은 이가환의 삶, 문학, 학문 순으로 짰었습니다만, 오늘은 순서를 바꾸어서 학문의 영역부터 먼저 이야기를 하고 문학의 영역을 거쳐 마지막으로 삶을 총평하는 순으로 진행해보려 합니다.

먼저, 김하라 선생께서 '금대 이가환의 공부와 박학의 재구성'이라고 하는 글을 발표하셨는데요. 지난번 발표를 요약하시면서 앞으로 진행하고 싶은 내용까지 포함해서 말씀해 주시면 좋겠습니다. 아울러 함께 공유할 만한 문제들도 언급해주시면 좋겠습니다. 사이사이에 다른 참석자들께서 자유롭게 질문을 해주셔도 될 것 같습니다.

김하라　예. 저는 '금대 이가환의 공부와 박학의 재구성'이라는 제목으로 발표를 했습니다. 이가환의 공부가 어떻게 형성이 되었고, 어떤 성취를 이루었나를 서툴게나마 살펴보고자 하는 취지였습니다. 그래서 장 구성을 '장서와 독서', 그리고 '낱말의 수집과 박학의 재구성' 이렇게 두 가지로 본론을 삼았는데요.

‘장서와 독서’에서는 이가환의 아버지 이용휴가 대단히 명망 있는 장서가로 알려져 있었는데, 그런 장서가 이가환의 학문 형성에 어떻게 영향을 끼쳤는가 하는 점을 살펴보았습니다. 중요하게 살펴볼 만한 책들이 많이 있는데, 그중에서 『고문연감(古文淵鑑)』, 『기하원본(幾何原本)』, 『경세팔편유찬(經世八編類纂)』이라는 세 종의 책을 중심으로 논의를 전개했습니다.

먼저 『고문연감』은 이용휴가 구매한 책이고요. 1713년경에 강희제가 청나라에 갔던 조선의 사신들에게 하사한 것으로 사신들을 통해서 조선에 하사한 것으로 잘 알려져 있는 책입니다. 이런 책을 소장했다는 점 자체가 이용휴 장서의 규모가 대단하다는 것을 알려줍니다. 그런데 이가환의 기록에 따르면 이 책은 사신 행렬을 통해 들어온 것이 아니라 별도의 경로로 이가환 가문으로 들어왔다고 합니다. 아주 독특한 장서라고 할 수 있지요.

이가환 · 이용휴 부자간에 공유하고 있는 점이 상당히 많은데요. 그중 하나가 중인 기술직들과의 친연성입니다. 이 『고문연감』이라는 책이 이용휴의 장서가 되기까지에는 이처럼 이들 부자가 가졌던 기술직과의 친연성이 약간 개입해 있다는 점에서 조금 흥미로웠습니다. 왜냐하면 이 집안에서 소장한 『고문연감』은 1713년 강희제가 조선 사신을 통해 하사한 것 중 하나가 아니라, 김지남(金指南)이라고 하는 역관이 소유하고 있었던 『고문연감』이었기 때문입니다. 이 책은 강희제가 자신의 최측근에게 하사한 호화로운 판본의 어람용이었습니다. 김지남이 세상을 떠난 후에 집안이 몰락하면서 그의 손자인 김홍철(金弘喆)이 이 책을 팔려고 내놨고, 김지남 집안과 교분이 있었던 이용휴가 집안의 유일한 교통수단인 말을 팔아서 그 돈으로 이 책을 구입했다는 내력이 발문(跋文)에 밝혀져 있습니다. 그래서 이 책 하나만으로도 이용휴의 장서가 어떤 식으로 형성되었고 어느 정도 규모인가를 잘 보여줄 수 있습니다.

『고문연감』은 과거 시험공부에 있어서 필수적인 문장 학습에 큰 도움이 되는 최신의 자료인데요. 그렇기 때문에 이 자료를 소유하고, 이 책으로 공부하고 있다는 것이 이가환의 성장기에 유리한 조건이 되었다는 사실을 알 수 있습니다.

다음으로 『기하원본』과 같은 경우는 이가환의 학문 세계에서 다른 이들과 구별되는 특유성, 고유성을 잘 보여주는 책입니다. 구체적으로는 실용적인 측면, 그리고 수리 과학에 대한 밀도 있는 관심과 역량을 말합니다. 황사영(黃嗣永) 백서(帛書)에서 황사영이 언급하고 있는 것처럼, 이가환이 만년에 자신이 죽으면 조선에 수학의 맥이 끊어질 것이다라는 말을 했다고 적어 두었는데요. 그런 점을 잘 알려주는 장서가 『기하원본』이 아닐까 합니다. 특히 이 책을 둘러싸고 이가환이 처남 정철조(鄭喆祚)와 협업도 하고 공부도 같이 해나가는 모습을 황윤석(黃胤錫)의 『이재난고(頤齋亂藁)』에서 볼 수 있다는 점이 참 흥미롭습니다. 이 『기하원본』은 20대의 젊은 이가환이 수리 과학에 몰두해 공부하고 있는 상황을 짐작게 하는 자료라고 할 수 있습니다.

끝으로 『경세팔편유찬』의 경우는 이가환이 별도로 기록을 남겨두지는 않았습니다. 그런데 규장각에 소장된 판본에 이가환의 개인 장서인이 찍혀 있습니다. 그래서 이가환의 장서였다는 사실을 알 수 있습니다. 이 책은 제목에서도 드러나는 것처럼 관료의 실무와 연관되어 있는 책입니다. 이가환이 담당했던 일 가운데 하나가 국고 문헌을 편찬하거나 지리지를 편찬하는 일이었는데요. 그런 실무에 크게 도움이 되는 책이었습니다.

이렇게 이제 세 가지 장서를 통해서 이가환의 학문적인 면모를 그려볼 수 있고요. 문화적으로 아주 풍성한 장서를 소유한 집안에서 그 장서를 오롯하게 사용해서 주목받는 관료로 성장해 나가는 모습도 찾아볼 수 있습니다. 또 한편으로는 수리 과학을 위시한 그런 실학이라고 할 수 있는 면모에 대해서 특장을 가지게 된 연원도 볼 수 있고요.

3장에서는 '낱말의 수집과 박학의 재구성'을 다뤘는데요. 여기서 주목한 자료는 『정헌쇄록(貞軒瑣錄)』과 「雜說(잡설)」이라는 자료입니다. 이 자료들은 상당히 영성한데 실은 이 자료가 담고 있는 세월이 짧지 않습니다. 특히나 『정헌쇄록』 같은 경우는 이가환이 벼슬을 하면서 자기가 일을 하는 도중에 기존에 가지고 있었던 문헌 지식, 그리고 일을 하면서 터득하게 된 경험적 지식과 실무적 지식, 이런 지식들이 결합하고 확대하면서 살아 있는 지식으로 이렇게 만들어 나가는 과정들을 담고 있습니다. 그래서 비록 영성하지만 좋은 자료라고 생각을 했습니다.

여기에 더해 조카인 이학규(李學逵)가 『동사일지(東事日知)』라고 하는 저술을 쓴 것을 보게 됐습니다. 그런데 『정헌쇄록』과 『동사일지』를 비교해보니까 두 저술이 상당히 흡사한 취지를 가졌다는 점을 알게 되었습니다. 그래서 앞으로는 이 두 저술 사이의 계승 관계, 그리고 조금 더 나아가서 『성호사설』과 『정헌쇄록』이 어떻게 연결되는가, 그리고 『동사일지』와는 또 어떻게 이어지는가 이런 점들에 대해 알아보고자 합니다.

김동준 잘 정리해주셔서 감사합니다. 발표하실 때 '어린 양'에 대해 말씀하셨는데, 오늘은 그 이야기는 빼놓으신 것 같아요. 어린 양, '고양(羔羊)'이야말로 이게 무척 흥미롭고 미스터리한 문제인데요.

김하라 네, 지금 공부를 하고 있습니다. 그런데 발표 때 토론자 선생님이 이거 하지 말라고 하시기도 했고, 제가 너무 황당한 이야기를 하고 있는 건 아닌가 하는 걱정이 들기도 하고요. 그런데 계속 생각을 해보니까 흥미로운 점이 있어요. '고양'이라는 말이 '어린 양'이라는 뜻이 되어야 하는데요, 우리나라에는 실제로는 염소는 많고 양은 키우려고 했지만 잘 안되었다고 합니다. 그래서 양이 없다고 하고요. 그런데 왜 이 '고양'이라는 단어를 염소라고 번역하면 절대로 안 되고 양이라고 번역을 해야 하나 생각을 해봤어요.

그런 생각 끝에 종교 관련 자료를 찾아보게 되었는데요. 천주교에서는 양이 중요한 동물로 많이 언급되고, 반면에 염소는 사탄의 상징으로 사용이 되고요. 그래서 양과 염소를 구별하는 일이 무척 중요한데요. 공교롭게도 이가환 외에 이학규의 경우에도 염소는 '고력(羖䍽)'이고, 양은 '고양(羔羊)'이기 때문에 혼동해서는 안 된다는 이야기를 하고 있거든요. 그래서 우리나라에 있지도 않은 양을 두고서 양이라고 번역해야 하는 게 단순히 한문 번역을 넘어서고 언어학적인 문제를 넘어서는 무언가가 있지 않을까 하는 생각이 들었습니다.

김동준 그렇네요. 성호 이익 선생이라든가 이가환, 정약용, 이학규도 어휘 고증을 많이 했죠. 어휘 고증의 맥락 속에서 어린 양이라는 단어, 양과 염소에 대해 어떤 태도를 보이는지 더 조사해보면 좋겠습니다.

다음으로 김선희 선생님께서는 '금대 이가환의 서학 세계'로 발표하셨는데요, 발표 내용을 요약해주시고 의견을 조금 더 보태주시면 좋겠습니다.

김선희 네, 제가 맡은 건 서학(西學)의 관점에서 이가환의 학문적 지향, 학문적 파장 등을 살펴보는 것이었는데요. 이가환이라는 인물이 기록에 남게 되고, 또 동시에 기록에서 사라지게 된 결정적인 요인이 사실상 서학이었다는 점을 생각한다면 이가환을 이야기할 때 서학은 굉장히 중요한 분기점으로 볼 수 있는데요. 그런데 이번에 논문을 쓰면서 중요성에 비해 이 주제에 대해 거의 연구가 되어 있지 않았다는 사실을 알았습니다. 저도 나름 조선 서학에 대해 오래 연구해온 셈인데 저 자신도 숙제를 안 한 셈인 거죠.

조선 천주교회사를 다룰 경우 이가환의 이름은 반드시 언급됩니다만 교회사 측 연구에서도 이가환을 단독으로 다룬 논문이 한 편도 없습니다. 교회사를 넘어서 조선 후기 남인들의 지적인 지향이 당시 정치적 상황과 부딪치는 과정을 다룬 연구에서도 이가환은 언급만 될 뿐 상세하게 다루어지지 않았는데요. 그 이유를 따지자면 아무래도 남아 있는 문헌이 많지 않다는 게 주요한 이유 중 하나일 것 같습니다. 예를 들어 제 경우도 기본적으로 문헌과 문헌에서 추출할 수 있는 이론과 개념들을 위주로 연구하게 되는데요. 그래서 기록이 많이 남아 있지 않은 사람에게까지 시선이 가기 어려웠었던 것 같습니다. 그게 제 연구 방식의 특성이기도 하지만 또 한계라는 생각이 들어서 이번에 이가환 연구를 하면서 조선 서학을 연구하는 방법론적인 측면에 대해서 반성도 했고 또 연구의 필요성도 분명하게 느꼈습니다.

제가 우선 검토하려는 것은 이가환이 정말 신앙생활을 했는가, 했다면 어떤 수준이나 깊이까지 했는가 하는 지점들입니다. 이런 문제와 연결되어 있지만 또 분리되어 있는 주제가 이가환이 서학과 관련해서 어떤 책을 읽었고 어떤 정도로 깊이 이해했는지, 그리고 당시 지적 분위기에서 그 파장이 어땠는지 하는 지점들입니다. 그래서 저는 이런 관점을 전제로 두고 연구의 방향을 세 분야로 나누어 보았는데요.

첫 번째는 천주교와 관련해서 이가환이 맺은 관계들, 그리고 그의 천주교 관련 활동과 평가에 관한 후대의 기록들입니다. 두 번째는 이가환과 동시대에 활동했고 비슷한 관심을 가졌던 호남 유학자 황윤석의 『이재난고』를 중심으로 이가환이 젊은 시절에 서학과 관련해 어떤 책을 주로 보았고 어떤 주제를 다루었는지 살펴보았습니다. 세 번째는 정조(正祖)와 나눈 서학 관련 토론 내용을 검토했습니다. 이 세 가지 초점은 사실 어느 정도 분리되어 있는 문제로 보입니다. 우선 현재 우리 관점에서 보면 일반적으로 종교와 과학이 분리된 영역으로 간주되지요. 그래서 전자는 일종의 종교적 활동으로 볼 수 있고, 다른 한쪽은 과학적 연구 활동으로 분리될 수 있을 텐데요. 그런데 저는 이 두 가지 활동이 분명하게 분리된다고 생각하지 않습니다. 보통 서학을 학문적 연구, 서교를 천주교 신앙, 이렇게 나누는 이분법이 있지만 저는 교(教)라는 개념을 종교로 번역하기 시작한 건 근대의 일이라는 점에서 서교와 서학을 종교와 과학으로 나누는 이분법에 문제가 있다고 생각합니다. 무엇보다 이가환의 삶과 학문을 종교적 행위에 한정할 수도 없고 또 과학적 연구로 국한할 수도 없다고 생각하지요.

그런데 반대로 학문적이고 지적인 관심과 종교적 실천을 같은 걸로 볼 수도 없거든요. 그래서 저는 당시 지식인들의 지적인 지평과 스펙트럼 안에서 양자의 연결과 분리를 다시 고민해야 한다고 생각합니다. 당대 서학에 접근했던 지식인들 각각이 지향하는 바와 맥락이 다르기 때문에 근현대적인 분과 구분이 아니라 그 시대의 지적 상황과 개인의 실천, 사회적, 정치적 맥락 같은 것들을 종합해서 판단해야 하지 않을까 생각합니다.

그런 전제를 염두에 두고 첫 번째 초점으로 당시 남인을 중심으로 한 천주교 네트워크의 각도에서 이가환의 행적들을 살펴보았습니다. 아시다시피 천주교 신앙 공동체를 이룬 남인이나 혹은 서양 수학을 연구하던 노론, 소론 그룹처럼 서학에 관심을 둔 지식인들은 일정한 네트워크를 통해 움직였는데요. 그렇게 보면 남인의 경우 자신의 분명한 의지나 목적의식이 없어도 그 네트워크에 개입하거나 참여하는 게 가능하지 않았을까 합니다. 그렇기 때문에 단순히 그 네트워크에 참여했다는 사실만으로 이가환의 신앙의 정도와 심도를 판단하기는 참 어렵다고 봅니다. 이가환이 천주교 신앙 네트워크 안에 들어가 있었다는 사실은 분명하지만, 다른 사람들처럼 본격적으로 지도자 역할을 했는가 하면 그렇다고 보기는 어렵거든요. 남인 천주교 공동체의 입장에서 기록을 남긴 황사영의 백서에도 이가환이 배교(背教)했다는 표현이 나오니까요.

황사영의 백서를 보면 이가환은 초기에는 미사와 같은 신앙생활에 참여했을 수도 있겠지만 천주교 공동체의 활동이 적발되면서 사회적 긴장이 올라가던 상황에서는 적극적으로 발을 빼려고 했던 것 같아요. 그렇다면 이가환이 조선 천주교회에서 본격적인 지도자 생활을 했던 것은 아니라고 볼 수 있습니다. 이점은 중요하게 짚을 필요가 있습니다. 신유옥사 때 이가환은 이존창이나 정약종과 함께 고문을 당했는데요. 그때 가장 큰 명분이 이가환이 교주였느냐 아니었느냐 하는 문제였습니다. 신유옥사 자체가 기본적으로 천주교 공동체의 대표자 즉 '교주 찾기'였다는 점을 생각하면 이가환의 체포와 죽음은 다른 교회 지도자의 죽음과 성격이 다른 것이지요.

그다음의 초점은 이가환의 서학 연구인데요. 이 부분은 황윤석의 『이재난고』가 중요한 창 역할을 합니다. 이 내용들은 김하라 선생님 작업과도 조금 겹치는 부분이 있습니다. 저는 특별히 서학에 초점을 맞추었는데요. 『이재난고』를 통해서 이가환이 당시에 어떤 책을 읽었고 또 누구와 지적으로 교유했는지를 중심으로 살펴보았습니다. 물론 당연히 본인의 기록은 남아 있지 않으니까 외곽에서 접근할 수밖에 없었습니다.

아시다시피 『이재난고』는 황윤석이 서울에 오가면서 했던 활동과 교류를 일기로 남긴 것입니다. 그의 일기에 당시 황윤석이 교유했던 인물들 그리고 그들과 함께 읽고 돌려보았던 서목(書目)들이 상당히 많이 나옵니다. 황윤석이 교유했던 인물들의 관심이 모아지는 초점이 있습니다. 『수리정온(數理精蘊)』이라든가 『역상고성(曆象攷成)』, 『기하원본』 같은 서양 수학서들과 천문서들입니다. 황윤석이 보여주는 서양 수학서와 천문서를 중심으로 한 모종의 지적 네트워크에 정철조와 함께 이가환이 연결되어 있습니다. 황윤석은 박지원이나 홍대원 같은 인물과도 연결되고, 또 중인 관상감원으로서 홍대용과 함께 북경에서 서양 선교사를 만났던 이덕성(李德星) 같은 인물과도 연결됩니다. 황윤석은 정철조와도 연결되는데 정철조가 이가환이 처남 매부지간이었기 때문에 황윤석은 정철조로부터 이가환에 대한 이야기를 듣지요. 특히 이가환 집안에 『기하원본』이 소장되어 있다는 이야기를 듣고 직접 찾아가기도 합니다.

정리하자면 이가환이 젊었을 때 집안의 장서, 그리고 자신만의 독특한 학문적인 기호를 토대로 서양 수학을 연구하는 지식인들의 느슨한 네트워크에 참여하고 있었다고 볼 수 있습니다. 그리고 이 시기의 서학 연구 특히 서양 수학과 천문학 연구가 이후 정조와의 만남에서 중요한 역할을 하게 되었을 것입니다.

그런데 서양 수학에 대한 관심은 특정한 당파와 관계없이 박학을 추구하고 있던 당시의 시대적 풍토에서 비롯된 경향이라고 할 수 있습니다. 경화사족처럼 중국에서 들어온 새로운 문헌과 학문에 접근하기 쉬웠던 사람들 가운데 유사한 지적 관심을 공유하던 사람들이 있었다는 것인데요. 사실 이 시기 그러니까 영조와 정조 초기까지만 해도 특별한 제약 없이, 무엇보다 정치적인 긴장 없이 서학에 관한 책들이 유통되기도 하고 또 여기서 파생된 이론들에 대해 토론이 이루어지기도 했던 것 같아요.

그러다가 이벽, 이승훈처럼 남인을 중심으로 천주교를 신앙하는 종교 공동체가 형성되고 그들의 활동이 외부에 노출되기 시작하니까 사회적, 정치적 긴장이 형성되기 시작하고요. 그 압력이 점차 높아집니다. 그 뒤로는 더 이상 자유로운 학문적 수용이라는 게 불가능해지겠지요. 여기서 확인해야 하는 문제가 몇 가지 있습니다.

첫째는 당시 서양 수학이나 천문학을 공부한다는 것은 개인적인 선택의 문제라는 겁니다. 관상감에서 일하는 관료가 아니라면 서양 수학과 천문학을 반드시 배워야 할 이유는 없지요. 물론 남인들의 서학 연구는 성호의 학풍을 계승한 것이라고도 볼 수 있는데요. 그러나 모든 성호문하의 제자들이 수학과 천문학을 연구한 것 아니라는 점에서 이 또한 이가환 개인의 선택이라고 볼 수 있습니다. 서학에 접근하기 쉬웠다 하더라도 이가환은 자신의 의지와 선택으로 수학과 천문학을 택한 셈입니다. 이런 분과적 관심은 성호 이익이나 다산 정약용과도 다른 점입니다.

그런데 이 지점에서 여러 선생님들께 의견을 구하고 싶은 질문이 있습니다. 이가환의 문학을 어떻게 평가할 수 있을까요. 저는 주로 이가환의 서학 연구를 보았지만 사실 이가환은 문장으로도 이름이 높았다고 들었습니다. 그런데 이 수준과 경향이 어땠는지에 따라 이가환의 학문적 성향을 설명하는 방식도 달라질 것 같아요. 문학적인 특징이나 변별성을 확인할 수 있어야 그의 문학적 재능이 수학이나 천문학에 대한 관심과 어떻게 연결되는지도 설명해야 할 테니까요.

어쨌든 이 시기에 이가환이 지향했던 수학과 천문학 연구는 선별적이면서도 선택적인 것이었고, 또 실무에 활동한다거나 하는 특별한 목적을 가지고 있었던 것 같지는 않습니다. 그런데도 이가환은 상당한 수준까지 서학을 연구한 것으로 보입니다. 이 점은 정조와 나눈 서학 토론에서 그대로 드러납니다. 아시다시피 정조는 이가환의 능력을 굉장히 높이 사서 일부러 독대까지 하면서 다양한 주제의 지식을 질문하는데요. 이 질문에서 상당히 변별적인 것이 마테오 리치나 아담 샬에 관한 이야기 즉 서양의 천문 역법에 관한 이야기입니다. 이가환은 서학 관련 질문에 신중하면서도 적극적으로 의견을 표출합니다. 나중에 이 지점이 문제가 되어 정치적 공격을 당하게 되지만 말이지요.

정조의 학술적이고 실무적인 질문에 답변을 한 것 뿐인데 정조의 질문에 대한 이가환의 대답 즉 정조와 나눈 서학 토론은 이가환에게 상당히 부정적인 영향을 끼칩니다. 이가환과 직접적인 관련이 없는 외부의 사건들, 즉 천주교 공동체나 신자들의 활동이 노출되는 사건이 발생하자 조정에서 갑자기 이가환을 지목해 공격을 하기 시작하는데요. 천주교와 연결해서 이가환을 집중적으로 공격하는 박장설의 상소가 대표적입니다. 이때 공격의 핵심은 이가환이 정조와 나눈 서학 토론에서 불경한 서양법을 함부로 말했다는 데 있습니다. 그런데 이는 사실 이가환에 대한 공격이 그치지 않고 정조에 대한 공격이기도 했을 것입니다. 정조의 질문 자체가 서학 지식을 바탕으로 한 내용이었기 때문이지요. 실제로 이가환과 함께 같은 질문에 받은 신하 가운데 이서구라는 인물도 서양식 역법을 바탕으로 답변을 올렸기 때문에, 만약 조정에서 서양 역법을 가지고 대답하는 게 불경스러웠다면 질문을 던진 정조와 이가환과 유사한 답변을 한 노론계 관료까지 모두 다 공격을 피할 수 없을 것입니다. 그런 위험이 있는데도 박장설은 이가환을 집요하게 공격합니다. 그렇게 본다면 특정한 시점부터 이가환의 서학 수용은 조정의 핵(核)이 되면서 천주교의 확산으로 인해 발생한 정치적 긴장을 이가환 개인에 쏟아붓는 형국으로 바뀌게 되었다고 봅니다.

결국은 이가환의 학문적 지향은 당시에 남인들의 지적 경향에 따른 자연스러운 경로이지만 동시에 이가환 자신의 학문적 관심에 따른 독립적인 선택이라고도 볼 수 있겠습니다. 신앙 공동체와 연관성 역시 같은 관점에서 보아야 할 것 같고요. 이렇게 본다면 이가환의 '서학' 수용과 그에 따른 정치적 공격은 서학의 유입에 따른 조선 후기의 학문적 변화와 종교 공동체의 확장이라는 두 주제의 연속성과 불연속성 사이에서 검토되어야 할 문제로 보입니다. 저에게는 결과론이나 근대적 분과 구분에 따라 쉽게 일반화하지 않으면서 이가환의 지적인 또 종교적인 선택을 해명해야 한다는 것을 과제로 얻었던 연구였습니다.

김동준 말씀해 주신 것처럼 생각을 따라가다 보면 궁금해지는 것들이 참 많아지죠. 우선 이가환이 상대했던 정조에 대한 건데요. 저는 〈정헌묘지명〉 기사이기는 합니다만, 1799년 무렵에 정조가 이가환에게 마지막으로 맡기려고 했던 임무가 제일 궁금해지더라고요. 북경에서 수리와 역상에 관한 책을 일괄 매입해서 정리해보라는 정조의 제안에 이가환이 깜짝 놀라며 안 하겠다고 하는 대목이 나오거든요. 이런 대목이 아마 이가환에 대한 정조의 용인술을 느낄 수 있는 장면이지 않을까 해요.

정조는 이가환의 장점을 어떻게 활용할 것인지를 잘 알고 있었던 거예요. 다만 그 임무를 수행하게 되면 이가환으로서는 죽음의 구덩이로 밀려가야 할 상황이었습니다. 어떤 면에서는 정조의 제안은 비정한 용인 전략이 스며 있다고 볼 수 있겠지요. 하지만 지금 돌이켜 보더라도 이가환의 역량을 가장 잘 살릴 수 있었던 건 유리창에서 구할 수 있는 수학, 과학 서적을 들여와 국내의 학술에 이바지하는 것이 아니었을까요. 그게 순조롭게 실현이 되었더라면 이가환이 박학과 실학을 겸해 국내 학술을 끌어 올릴 수 있는 역할을 하고 역사적 소명을 더 훌륭하게 하지 않았을까 하는 아쉬움이 남습니다. 그런데 얼마 뒤에 그걸 지지해 줄 수 있는 사람들이 차례로 사망했고 동료들도 그 가치를 못 알아본 것이지요.

김동준 이와 관련해 이가환이 교유했던 중인들도 함께 이야기해 볼 만합니다. 저는 근래 다른 연구를 통해 장혼(張混)이라는 인물을 보아 왔습니다. 장혼은 교서관(校書館)에서 수십 년 동안 출판 실무를 맡았던 사람이니까 이가환과도 긴밀히 연결이 됩니다. 그런데 장혼의 현재 기록에는 노론 인사들과의 관계 기록만 남아 있고 이가환에 대한 부분은 발견되지 않습니다. 가령, 이가환이 장혼이 주도한 『풍요속선(風謠續選)』에 서문을 써줬는데도 싣지를 않았죠. 1797년에 서문을 써줄 때 책을 같이 내기도 했을 텐데 말이죠. 장혼이 만든 책인 『아희원람(兒戱原覽)』의 서문도 써줬는데 역시 그 이야기도 삭제되어 있고요. 그런 걸 보면 장혼이 의도적으로 이가환 관련 기사를 없앴을 가능성이 높고, 궁지에 몰린 이가환과의 관련을 피하고 싶었을지도 모를 일이죠. 신분적인 핸디캡이 있는 중인으로서는 그렇게 할 수밖에 없었던 현실적 사정이 있었을 것 같습니다.

김하라 이덕무가 『청비록(淸脾錄)』에서 인용하고 있는 시에서도 '누가 쓴 건지는 모르지만 무척 좋은 시다.'라고 언급했는데, 고려대 소장본에는 이가환이 썼다는 사실이 남아 있거든요. 이덕무의 아들이 아버지의 문집을 정리하면서 이가환의 이름을 지우고서 이건 누가 썼는지 모른다라고 바꿔놓은 거죠. 이런 일들이 많습니다. 이 사람들은 신분적으로 취약했기 때문에 그렇게 하지 않으면 살 수가 없었던 것 같아요.

김동준 충분히 이해가 가는 상황입니다. 만약 장혼 같은 중인 입장에서는 추천자의 눈에 벗어나는 순간 서울에서 실업자가 되고 다시 교서관에 발을 들이는 게 힘들었을 테니까요.

그럼 다음으로는 문학과 관련한 이야기로 이어가 보겠습니다. 문학 분야에서는 시와 산문이 있는데, 먼저 시부터 이야기를 하겠습니다. 제가 원고를 발표했을 때 '금대 이가환 한시의 지정학적 환경과 시문학의 대응'이라고 발표를 했었습니다. 그런데 당시 현장에 참여하신 선생님께서 '지정학'이라는 단어가 낯설고 적절하지 않다는 지적이 있었습니다. 그래서 괜히 오해를 부르기보다는 '금대 이가환 한시의 정치 지리적 환경과 시문학의 대응', 이런 정도로 좀 녹여서 다시 정리를 하려고 합니다.

저는 이가환 연구 이전에 오래전에 부친인 이용휴(李用休)의 한시로 몇 차례 논문을 쓴 적이 있습니다. 이용휴의 한시를 처음 봤을 때 저는 무척 놀랐습니다. 제자인 이언진(李彦瑱)의 시와 함께 봤는데요. 생전 보지 못한 시였습니다. 이가환에 대해서는 이용휴 한시의 기이함이 아들에게 어떻게 전수되었을까 하는 관점에서 보았습니다. 그런데 무척 당황했던 기억이 납니다. 왜냐하면 아버지 이용휴의 시는 설핏 보아도 이색적이고 굉장히 신기한 작품들인데, 이가환의 시를 보니까 특색을 포착하기가 힘들더라고요. 능숙한 한시 작가들이 가지고 있는 평균적인 모습, 그러니까 예상할 수 있는 범위에서 창작된 시라는 인상을 가졌었죠.

그러다 이번에 실시학사에서 이가환을 집중적으로 다루면서 다시 구체적으로 보게 되었는데요. 그중에 김화라는 지역을 들여다보니까, 전에는 제가 그냥 유배지라고 생각했던 그곳의 성격이 사뭇 다를 수 있다는 생각이 들었습니다.

저는 유배와 관련해서 몇 차례 연구를 한 적이 있습니다. 대역죄를 저질러 힘든 유배를 간 사람들은 정말 비참해지죠. 생애의 마지막 지점까지 와 있는 것 같은 감정이 있거든요. 그래서 그런 감정 속에서 쓰는 시들은 정말 색다른 시가 됩니다. 그래서 이가환의 김화 유배 시도 그런 작품일 거라 예상했는데, 실제로는 그렇지가 않더라고요.

힘든 유배를 가게 되면 일반적으로 절절한 시를 짓게 되는데 이가환의 많은 작품이 그렇지 않은 거예요. 그래서 그 이유가 무엇인지 곰곰이 생각하며 다시 김화 중심으로 지도를 들여다봤습니다. 그러고는 이가환의 김화 유배가 다른 사람의 유배와는 다를 수 있음을 알게 되었습니다. 기존 연구에서 대부분 유배에 초점을 맞춰 선입견을 과도하게 부여했던 것 같습니다.

자료를 살피다 규장각 소장의 수택본 『시문초』에 눈길이 갔습니다. 이 이본에 몇 장의 간략한 일기가 포함되어 있는데, 4월, 5월, 11월, 12월 것이 전합니다. 그 사이에 있었을 나머지 달들의 기록은 없어져 버렸어요. 다 남아 있더라면 연구에 훨씬 더 도움이 됐을 거예요. 그런데 4월과 5월의 일기를 들여다보니 거기에 소중한 정보가 담겨 있더라고요.

현전 이가환의 한시는 「대월정(待月亭)」이라는 시부터 시작이 되거든요. 대월정이라는 장소도 확정할 수 없는데, 이 작품 이후에는 평양, 개성 일대에서 지은 작품이 잇달아 나옵니다. 「기자묘(箕子墓)」, 「증별주민(贈別州民)」, 「연광정(練光亭)」, 「술고(述古)」 등 10제가 그렇지요. 그래서 기존 연구자들은 현전 이가환 한시가 황해도 정주의 대월정에서 시작하여 김화로 유배되는 도중에 지은 시들, 그러니까 유배 중의 작품이라 간주하고 연구를 시작했죠. 그런데 위 4월의 일기를 보니까, 유배가 아니라 정주에서부터 대명(待命)하러 서울로 오고 있는 거예요. 이때까지는 죄인이 아니거든요. 대명하여 의금부의 조사를 받으러 과정이기 때문입니다. 조사받으러 상경하는 길이었기 때문에, 정주 목사의 신분으로서 관서(關西)의 사민들과 이별도 하고 대동강에서 성대하게 이별 잔치를 할 수도 있었던 거예요. 서울로 돌아가면 죄인이 될 수도 있지만 반대로 복귀가 될 수도 있는 상황이었던 거죠.

그런 상황을 파악하고 못하고 이가환의 시를 읽으면 첫머리부터 이해하기 어렵게 되죠. 유배인이 어떻게 평양에서 그렇게 많은 사람을 만나 정답게 대화를 나누고 잔치를 할 수 있느냐는 거죠. 유배 가는 상황이었다면 그렇게 했다가는 큰일 나는 일이죠. 그런데 일기를 참조하고 보니 충분히 그럴 수 있는 상황이었던 거예요.

그 후 의금부 조사를 거쳐 3년간 김화에 정배되는 과정도 다시 생각하게 되었죠. 김화는 서울에서부터 약 200리쯤 되는 곳이었거든요. 금강산 가는 길목에 있기 때문에 사람들이 관광 가는 곳이기도 했죠. 더욱이 당시 김화 근처에는 이가환의 친척들이 자리를 잡고 있었고, 가까운 선배들이 수령으로 재직하고 있었습니다. 호의적인 사람들이 주변에 있었던 거죠. 결국, 이 김화 유배는 겉으로 보기에는 쫓겨난 것 같지만 사실은 휴가의 성격도 일부 겸했던 셈이죠. 정조의 은근한 선처가 읽혀지는 유배지였기 때문에 곧 다시 조정으로 돌아갈 것으로 기대되는 조처였습니다. 이런 정황을 감안 하면 김화 유배기의 한시를 유배의 비감에만 초점을 맞추기가 어색해집니다.

지금 남아 있는 이가환의 시들 중에 거의 절반이 김화 유배기, 그것도 한 20개월 사이에 지어진 시들이에요. 그리고 나머지 시들은 대부분 사라졌고 남은 시편들도 너무나 조심스럽게 쓰인 시들입니다. 20~30대의 시들은 아예 없어요. 이가환의 시문에 대해 정조가 평했던 말들 중에는 비장(悲壯)과 강개(慷慨), 제해(齊諧)와 색은(索隱)이란 어휘가 섞여 있습니다. 정조가 지적한 이가환의 시문은 세상에 화가 났거나 세상을 조롱한 경향인데, 현전하는 자료에는 이것들이 전혀 안 보이는 거죠. 제 생각에 이건 이가환 본인이 지웠을 거라고 봐요. 1790년대가 되면 본인이 계속해서 자기 문체 때문에 공격받고 마지막에 또 천주교 문제로 공격받는 처지였기 때문에 빌미가 될 만한 시문들을 본인이 미리 정리하지 않았을까 싶어요. 그래서 20~30대의 자료들은 없애버린 게 아닐까 생각합니다. 현전하는 7종의 이본 속에서도 20~30대의 시들은 없고 정주목사 시절부터 나옵니다.

그리고 1791년부터 1801년까지 생애 마지막 10년간의 시도 매우 적습니다. 정치적 선배인 번암(樊巖) 채제공(蔡濟恭)이 사망했을 때나 아주 친한 친구들과 영별했을 때도 대체로 남긴 만시가 한두 수를 넘지 않습니다. 아버지 이용휴가 다수의 연작형으로 만시나 송별시를 지었던 것과는 확연히 대조되죠. 이런 현상에 대해서는 두 가지를 가정할 수 있죠. 하나는 많이 지었는데 나중에 본인이 없앴을 수 있고, 다른 하나는 마음 놓고 시를 쓸 수 있는 상황이 1792년부터 1801년 사이에 거의 허락되지 않았다고 보는 거예요. 저는 후자 쪽에 더 비중을 둡니다. 왜냐하면 정조에 의해 성균 대사성으로 특임된 1792년 이후부터는 노론의 지속적인 견제와 살벌한 공격을 받았으니까요.

정약용도 〈정헌묘지명〉에서 이가환 만년의 불행이 성균관 대사성 임명쯤부터 시작되었다고 보았지요. 남인계의 핵심 인물이 되어가는 이가환은 이제 상대 정파의 견제를 피할 수 없게 되었죠. 그래서 소품체 문제로 공격을 하고, 1795년 이후로는 천주교 문제로 공격을 당하게 됩니다. 이가환 본인도 이러한 상황을 점차 심각하게 느꼈던 것 같아요. 상대가 천주교 문제로 본인을 공격할 거라 하면서 두려워하는 장면들이 눈에 띄거든요.

전반적으로 보면 대략 1792년부터 1801년까지, 생애 마지막 10년간은 너무나 조심스러운 시기였습니다. 그래서 다른 이들과 어울려 심금을 토해내는 시들을 적을 수도 없고 사람을 만나기도 무섭고, 그러한 상황이 계속되었습니다. 말을 함부로 할 수 없는 처지에, 시를 쓸 때도 신중하며 절제된 모습이 굉장히 늘었죠. 그러다 보니 작품이 적을 수밖에요. 상식적으로 친한 동료가 사망했을 때는 애도를 표현하기 위해 충분한 분량의 만시를 써야 마땅한데, 이가환은 그때도 겨우 한두 수 정도만 썼던 것 같아요. 그래서 1790년대의 만년 10년의 시를 연구하기 위해서는, 왜 그렇게 과작(寡作)이 되었는지, 왜 신중하게 써야 했는지, 그 안에 무엇을 담으려 했는지 그 행간을 읽어야 하는 문제가 생깁니다.

요컨대 현전하는 자료만 가지고 본다면, 이가환의 한시는 김화 시기 약 20개월 동안의 시들과 생애 만년 10년 사이에 썼던 시들이 양대 축을 이루지만 그 둘은 질적으로 크게 대조됩니다. 그가 처했던 상황 자체가 크게 다르기도 하고요.

저는 김화 시기의 시를 더 좋아하기도 하고 문학적으로도 더 의의가 있다고 봅니다. 제가 눈여겨본 건 인간관계인데요. 이가환이 정주 목사로 있다가 김화로 가게 되니까 정주에서 교유가 있었던 관서의 사인들이 인사차 자주 옵니다. 더불어 정주의 사인들 중에는 적지 않은 유생들이 이가환을 따랐거든요. 아마도 정주에 있을 때 관서 사민에 대한 차별 철폐를 주장했던 일이 크게 작용한 것 같아요. 서북인 차별을 없애야 한다고 이가환이 강조한 적이 있거든요.

서북 차별 중에는 과거 급제에게조차 실직(實職)을 주지 않는 문제까지 포함되어 있었지요. 차별 해소는 이 지역의 숙원이었는데 이가환이 바로 그 문제에 호의적으로 대응한 겁니다. 서북인들로서는 그래서 이가환을 통해 국왕에게 간언하고 숙원을 해결할 기회가 열렸다고 여겼을 것 같습니다. 이가환에게 거는 기대가 컸지요. 그걸 기대했기 때문에 이가환이 김화에 유배되었을 때도 서북 지역의 유지들이 계속해서 방문하고 교유를 이어가지 않았을까 합니다. 그리고 김화에 20개월 정도 있다가 다시 승지가 되어 조정으로 돌아갔으니까, 이들에게 있어서 이가환은 숙원을 해결해 줄 단서가 되는 사람이기도 했던 거죠.

이런 배경 속에서 김화 시절 작품들을 봐야 할 텐데요. 정주 목사에서 김화로 옮긴 이후로는 유배인의 처지였으니까 조금 더 평등하게 교류를 하는 것 같아요. 유생들이 자주 찾아오니까 이가환이 그들을 즐겁게 맞이하고 흘가분하게 만났던 것 같습니다. 그런 과정 속에서 이따금 편안한 마음으로 시를 지었던 거지요.

한편으로 유배지에서 1년쯤 지나고 나니까 유배인으로서 자괴감이 스며들기도 합니다. 그 자괴감 속에서 자기반성을 많이 하기도 합니다. 자신이 예전에 관직에 있을 때는 무엇을 했던가, 지금 현장에서 보는 백성들의 삶은 그게 아니구나 느끼면서 말이죠. 자신에 대한 반성적 감성이 시 속에 드러납니다. 이러한 감정은 김화 유배기의 시에만 있어요.

그러면서 함께 나타나는 시가 현장에서 민생을 관찰하고 쓴 시들이거든요. 호랑이 잡아온 사냥꾼 이야기를 통해 관의 횡포를 읊은 시라든가, 토지에 대한 세금 부여가 잘못되었다고 탄식한 시라든가, 현장에서 관찰하고 비판한 고시들이 이즈음에 적지 않게 나타납니다. 이러한 작품들을 기존 연구에서는 애민시(愛民詩)나 경세시(經世詩)로 다뤘지만, 제가 볼 때는 자기반성 속에서 현지 관찰을 생생히 표현하고 있는 거죠.

그리고 20개월 후에 해배가 되죠. 애초 3년 정배보다 1년 더 빠른 복귀였죠. 서울로 돌아와 승승장구했더라면 아마도 사정은 달라졌을 겁니다. 자신의 지적 역량을 발휘할 수 있는 조건이 순조롭게 허락되었더라면 여러 기회가 있었을 겁니다. 저는 그 점이 제일 아쉬워요. 이가환의 생애에서 무척 아쉬운 점은 자신의 능력을 다 발휘하지 못하고 차단당했다는 점, 자신의 장점인 학적 역량을 국가 전적 편찬 등으로 연결시키지 못하고 말았다는 점일 것입니다. 자신의 정치적 소견을 관철하고 실현시킬 기회를 별로 얻지 못하고 주변의 견제 속에서 인생이 흘러가 버리는 상황이 된 거죠.

이가환 사망 후에도 주변 사람들이 이가환과 관련된 기록을 삭제하거나 기피했는데요. 그럼에도 남아 있는 자료가 조금 있어요. 신광수(申光洙)와 그의 아들들을 연구할 기회가 있어서 가신씨 가문에 현전하는 자료를 본 적이 있는데 이들 문집에 보면 이가환과 교유하면서 썼던 시들이 일부 남아 있습니다. 그런데 지우질 않았어요. 집안에서 필사본으로만 전수하며 다른 사람들이 못 봤기 때문에 그랬던 것 같습니다. 그 자료를 보태 이가환 만년의 교류 실제를 엿볼 수 있지 않을까 합니다.

정리하자면 제 연구 대상은 김화 유배 시기의 시들, 그리고 해배 복귀한 시기의 시들입니다. 만년의 시들이 조심스러운데, 왜 조심스럽게 썼는지, 말하고 싶었는데 말하지 못했던 바가 시 안에 감춰져 있다면 그것이 무엇이었는지를 궁구해보고자 합니다.

김동준 다음으로는 백진우 선생님께서 산문 쪽을 말씀해 주시겠어요?

백진우 그간 이가환의 산문에 대한 연구는 문체론이 주를 이루고 있습니다. 물론 연구가 많이 진척되지 않은 작가의 경우 한문 산문의 전통적인 문체 분류를 따라서 일련의 경향성을 밝혀내고 작가가 중점을 둔 주제 의식이라든가 수사적 특질을 밝혀내는 작업이 선행되는 것이 일반적입니다. 그런데 요새 저는 특정 작가의 산문을 문체별로 나누어서 연구하는 게 과연 얼마나 의미가 있는 일일까 하는 생각을 많이 하고 있습니다. 그래서 되도록 특정 작가의 기문(記文), 특정 작가의 서문(序文), 특정 작가의 묘도문자(墓道文字) 연구 등등, 이런 방식의 연구를 피하려고 노력을 하고 있습니다. 문체론을 피하고자 하는 상황 속에서 저는 이가환의 산문에 대해 어떻게 접근해보면 좋을까라는 고민을 하다가 그의 '지향점'을 가지고 접근해봐야겠다는 생각이 들었습니다. 그래서 학술대회 발표 주제를 '금대 이가환 산문의 지향'이라고 설정하였습니다.

김동준 선생님께서 말으신 한시와 마찬가지로 이가환의 산문 역시 김화 이후, 그러니까 40대 중후반 이후의 작품들만 주로 남아 있습니다. 전체적으로 200수 정도가 남아 있는데, 그 가운데 절반 가까이가 묘도문자입니다. 다시 그 나머지 가운데 절반이 서문, 기문, 제발(題跋)에 해당합니다. 그러니까 문체로 본다면 거의 4개 정도의 문체로 산문 작품을 아우를 수 있는 상황입니다. 그 이전 시기 작품으로는 정조(正祖)가 제시한 책문(策問)에 답한 『금대전책(錦帶殿策)』에 실려 있는 대책(對策) 3편과 논(論) 3편이 있습니다. 이 작품의 창작 시기도 모두 1778년부터 1789년 사이입니다. 30대 후반부터 40대 후반에 해당합니다. 그렇게 본다면 특정한 시기의 산문 작품만을 가지고 산문 작가로서 이가환의 면모를 다 말할 수 있을까 하는 어려움을 느낍니다.

또 하나 말씀드리고 싶은 부분은 이가환이라는 작가에 대한 연구자들의 기대입니다. 그건 아마 시에 있어서도 비슷할 텐데요. 아버지 이용휴와의 영향 관계를 떼어놓고 생각하기가 어렵지요. 그래서 아버지 이용휴가 가지고 있던 기발함과 참신함, 그런 요소들이 분명히 존재할 것이라는 생각을 가지고 이가환의 작품을 대하게 되는 듯합니다. 이 점에 대해서는 저 역시 마찬가지였고요. 그래서 제가 발표 때도 기존의 산문 번역서를 언급하기는 했었는데요. 안대회 선생님 같은 경우에는 이가환을 두고 무척 기발하다고 보았고, 박동욱 선생님 같은 경우에는 의외로 별로 기발한 작품이 없다고 보았거든요. 두 분 선생님께서 거의 같은 작품을 선별해 놓고서도 그렇게 달리 보고 있는 거죠. 이는 결국 연구자들이 이가환의 기(奇)에 대한 어떤 기대 수준을 가지고 있고, 그 기대 수준에 따라 평가를 달리하는 것이 아닐까 하는 생각을 해봤습니다.

그래서 산문을 연구하는 방법론의 하나로 이가환의 지향점을 추출해 보고자 했습니다. 사실 이가환의 시론(詩論)에 대해서는 기존에 정우봉 선생님이나 김동준 선생님께서 이미 중요한 자료들을 대부분 검토하셨고 상세하게 분석하기도 했습니다. 그런데 이 시론 가운데에는 시에 관한 논의뿐만 아니라 산문에 관한 논의가 혼재되어 있는 경우가 있습니다. 크게 보면 문학론이라고 할 수 있겠지만, 그 가운데 시에 대한 논의와 산문에 대한 논의를 분리해보고자 했습니다. 이가환이 특별히 산문에 집중했다고 볼 수 있는 논의를 분리한다면 그가 산문 창작에 있어서 어떤 지향을 가졌는지를 가늠할 수 있으리라는 생각에서였습니다. 물론 작가의 지향과 작가의 작품이 꼭 일치하는 것도 아니고 또 꼭 그럴 필요는 없습니다. 하지만 전반적인 지향은 볼 수 있으리라고 생각했습니다.

이러한 바탕 위에서 두 가지 논의를 진행하게 됐습니다. 먼저 하나는 일상, 참모습에 관한 것입니다. 이가환은 자신이 직접 본 것을 가지고 이야기하라고 하였고, 또 자신이 직접 본 것을 있는 그대로 쓰는 게 좋은 글이라는 이야기를 여러 차례 합니다. 다시 여기서 한 걸음 더 나아가 의도에 관한 이야기를 합니다. 의도의 개입 여부가 좋은 글을 판단하는 준거가 된다고 했습니다.

그렇게 본다면 가장 좋은 기(奇)는 작가의 의도가 개입되지 않은 기인데, 이는 정말 어려운 경지이겠죠. 이가환에 따르면 굳이 꾸미거나 더하지 말고 있는 모습을 그대로 잘 이야기하는 것 자체가 좋은 글이라고 합니다. 그런데 과장하지 않고 꾸미지 않으려면 무엇을 가지고 써야 할까라는 의문이 들 수밖에 없습니다. 여기서 이가환이 강조한 게 직접 경험이라고 본 겁니다. 그래서 저는 이가환이 산문 창작에 있어서 바로 이 지점을 중시했다고 봅니다.

그런 측면을 염두에 두고 이가환의 산문 작품을 보면, 실재하지 않는 일을 바탕으로 이야기를 만들어 내는 경우가 거의 없다는 특징을 찾을 수 있습니다. 자신이 직접 경험을 한 내용, 혹은 직접 들은 내용을 주요 소재로 삼고 있습니다. 그리고 여기에 더해 자신이 들은 일에 대해서는 여러 경로를 통해 사실 여부를 직접 확인하고자 하는 경향이 짙습니다. 예를 들어 「기조열녀사(記趙烈女事)」라는 작품을 보면, 당시 김화 근처인 회양(淮陽) 태수로 재직하던 이헌경(李獻慶)과 편지를 주고받은 사실을 확인할 수 있습니다. 자신이 부임 이후 지역의 어떤 열녀에 대한 소문을 들었는데, 이에 대해 어느 정도까지 알고 있느냐는 문의를 이헌경에게 합니다. 거기에 대해서 이헌경은 장문의 편지로 회신을 하거든요. 이가환은 이헌경의 회신과 자신이 지역의 부로(父老)들로부터 전해 들은 이야기를 교차 검증하고 모순되는 지점들을 찾아내 기록해 두었습니다. 그러니까 어떤 일이 벌어졌으면, 그에 대한 진위 여부를 확인하고, 다시 거기에 더해 본인이 직접 검증하는 과정을 한 번 더 거치려는 노력을 한다는 게 이가환 산문에서 보이는 특징 가운데 하나라고 볼 수 있겠습니다. 시와 달리 산문에서는 앞뒤 정황이라든가 맥락이라든가 하는 것들에 대해 상세하게 정리할 수 있을 텐데요. 이가환은 그런 맥락을 조금 더 자세하게 적으려 노력했다는 점이 특징적입니다.

정주 목사로 재직할 때 지은 「곽산이사전(郭山二士傳)」이라는 작품 역시 비슷한 맥락을 가지고 있습니다. 이가환이 사건 기록을 검토하다가 이상한 점을 느끼게 됩니다. 그런데 기록만으로는 다 믿을 수 없다고 생각해서, 먼저 마을 사람들을 불러 물어보고, 또 자신이 서울에 갈 일이 있을 때 당사자를 만나서 재차 물어봅니다. 자신이 그 사건에 대해 관심이 있는데, 그 일이 사실인지 아닌지 확인하고 싶었던 거지요. 이런 결과가 창작에까지 이어지고, 산문 작품 안에 그러한 경과를 상세하게 담아내고 있다는 점은 분명 특징이라고 할 만합니다. 앞서 산문의 지향 가운데 자신이 직접 보고 경험한 일들을 있는 그대로 적는 것이 중요하다라고 말한 지점과 연결이 됩니다. 이 작품에 대해서 어떤 분들은 너무 믿기 힘든 일이기 때문에 야담(野談)의 요소가 반영되었다고 보기도 합니다. 그런데 저는 여기에 대해서 좀 반대하는 입장이거든요. 물론 글 자체가 믿기 힘든 것일 수는 있지만 저는 적어도 이가환이 어떤 형태로든 검증하려는 노력을 실제 구체적으로 실행했고 그 결과로 나온 글이기 때문에 허구의 요소가 개입될 여지가 크지 않다고 봅니다.

산문의 지향이 창작으로 연결된 또 하나의 지점은 '평범함의 가치'라고 보았습니다. 이것도 일정 부분은 자신의 일상 경험과 연결이 될 텐데요. 여기서의 일상 경험은 소품문 작가들이 말하는, 일상의 세세함을 잘 관찰하고 거기에서 무언가 의미를 끄집어내는 것과는 조금 차이가 있습니다. 우리가 소품 작가들의 문학성을 논할 때에는 주로 예리한 관찰력과 세밀한 묘사 등을 말합니다. 그런데 이가환으로부터는 그런 모습이 잘 보이지 않습니다. 이가환의 산문에서 드러나는 일상은 누구나 겪고 경험하는 지극히 평범한 일상입니다.

이와 관련해서 살펴본 작품은 「낙시려기(樂是廬記)」라는 글인데요. 이 작품은 행문(行文)이 특이하다고 손꼽히는 그런 작품입니다. 내용은 간단합니다. 난 이 집을 참 좋아한다는 내용인데요. 이 작품에서 '시(是)'자를 참 많이 씁니다. 지시대명사이기 때문에 본인이 이것이 무엇이다라는 이야기를 하지 않으면 독자는 결국 짐작만 할 수 있겠죠. 기존 연구를 검토하면, 여기에 대한 해석이 좀 나뉘는데요. 저는 이를 결국 '일상'으로 봐야 한다고 생각합니다. 아울러 김화 유배기에 거처했던 자신의 공간으로 볼 때, 이가환의 자기 고백이 담겨 있는 글로 봐야 한다고 생각합니다.

그리고 저도 김동준 선생님과 비슷한 고민을 갖고 있습니다. 과연 이가환으로부터 실학자로서의 면모를 과연 찾아내고 보여줄 수 있을까 하는 고민입니다. 발표 때 조광 선생님께서 해주셨던 말씀이 개인적으로 도움이 많이 됐는데요. 이가환은 관리로서 순정한 문장이 더 많은 사람이라는 말씀을 해주셨거든요. 저도 무척 동의합니다. 아버지 이용휴의 글을 보면, 산문만 놓고 보더라도 어떻게 이런 글이 있지, 어떻게 이렇게 길이가 짧지, 어떻게 이런 표현을 계속 반복해서 쓸 수 있지, 그런 흥미가 생기는 글들이 많이 있는데요. 남아 있는 이가환의 산문 작품에서는 그런 기발함은 잘 찾기 어렵거든요. 아마도 현재 이가환이 40대 이전에 쓴 글을 우리가 별로 볼 수 없기 때문에 그런 것일 수도 있겠고요. 남아 있는 작품들도 결국은 군주인 정조의 인정을 받은 문장이니까요.

그렇기 때문에 제가 조금 더 해결해야 하는 문제는 관료로서의 모습과 면모에 해당합니다. 기록자로서의 면모, 일상인으로서의 면모는 어느 정도 정리가 되는데요. 관리로서의 모습을 재구성함으로써 이가환 산문 전체의 면모를 있는 그대로 보여주는 것이 하나의 방법이 될 것이라 생각하고 있습니다.

김동준 네, 잘 들었습니다. 이제 집담회 종반을 향해 가고 있는데요. 전반적으로 애초 기획에 의해서 배분된 내용들은 어느 정도 균형 있게 정리가 된 것 같습니다. 이제 함께 이야기해봐야 하는 내용은 이가환의 삶, 학문, 문학을 관통하는 중심은 과연 무엇일까 하는 게 아닐까 합니다.

이가환 연구를 했을 때 이 사람은 어떤 사람이다라는 걸 말해볼 수 있을까요. 우리에게 주어진 것이 실학사의 맥락 속에서 이가환이라는 인물을 밝혀내는 것이지만, 또 한편으로는 실학사의 맥락을 너무 의식하다 보면 개별 연구에서 밝히고자 하는 지향과 조금 멀어질 수도 있을 듯합니다. 그렇다 하더라도 실시학사의 총서 취지에 맞는 어떤 면모를 조금 더 주의해서 응시해보는 일은 필요하다고 봅니다. 이에 대해 조금 더 이야기를 나눠볼까요?

보통 이가환에 대해서, 이가환의 정체성에 대해 이야기할 때 가장 먼저 떠오르는 건 아무래도 '신유옥사' 때 사망한 사람이라는 거잖아요. 이 인상이 제일 강하지요. 이가환이 모든 분야에 있어 천재였다, 어떤 국가 문헌을 편찬했다, 남인계의 정치 지도자였다, 등등 여러 가지 면모가 있음에도 불구하고 신유옥사만을 기억하지요. 죽음이 너무 강렬하게 뒤집어씌워져 있는 거지요.

이를 제외한다면 이가환이라고 했을 때 무엇이 중요한가라고 생각해봤을 때 무엇이 떠오를까요?

김하라 저는 그런 게 하나 있습니다. 이가환 이전의 선배들과 비교할 때, 이가환은 재야에서 학문에만 전념하지 않았고, 실무를 담당했던 중요한 관료였다는 점입니다. 그리고 관료로서의 경험이 실학자로서의 성취와도 크게 관련이 있다고 봅니다. 앞서 김동준 선생님께서도 다른 이들의 유배 시와 다른 점 가운데 하나로 관료 경험으로부터 우러나온 자기반성을 들었잖아요. 이가환의 공부 역시 마찬가지인 것 같습니다. 관료로서 얻게 되는 실무 경험이 상당한 고급 지식이라고 보는데요. 『정헌쇄록』을 보더라도 이미 사라져버린 흔적만 남아 있는 제도 등을 보면서 자신이 가지고 있는 문헌 · 역사 지식과 연결시키려는 노력을 하거든요. 똑똑한 사람이 단순히 책만 보고 공부한 것이 아니라 현장의 실무 경험과 연결시키려는 태도를 가졌다는 거지요. 죽음이라든가 천재라든가 하는 말을 넘어서 이가환을 특징지을 수 있는 요소를 거론한다면 "실무형 관료로서 자신의 실무 지식과 이른바 실학을 잘 결합시킨 유능한 관료이자 학자"라고 말할 수 있을 듯합니다.

백진우 상당히 흥미로운 지점을 말씀해 주신 것 같습니다. 그에 대한 명칭을 어떻게 붙이느냐는 다른 문제라고 생각합니다. 그리고 또 실학을 어떻게 정의하는가는 참 어려운 문제이긴 합니다. 하지만 자신이 발을 딛고 있는 지점과 알고 있는 지식 정보를 연결시키고자 하는 노력은 상당히 중요하다고 봅니다. 앞서 김동준 선생님께서 말씀하셨던 서북(西北) 차별에 대한 내용도 이에 해당할 텐데요. 이가환 자신이 그 지역에서 목사를 지냈기 때문에 발견해낼 수 있었던 문제점들을 현실에 적용시켜 고치려 했던 노력이라고 볼 수 있겠습니다. 김하라 선생님께서 말씀하셨던 부분, 자신이 경험적으로 알고 있고 책을 통해 알고 있는 지식이 실제 맞는지 아닌지를 확인하려는 노력도 이와 관련이 있다고 할 수 있겠습니다.

김동준 그런 점에서 백진우 선생님께 조언이자 의견을 덧붙이고 싶은데요. 산문을 다룰 때 반드시 다뤄야 할 코드 가운데 하나가 이가환이 주도했던 국가 전적 출판이라고 봅니다. 본인의 것이 아닐 수도 있지만 우리 연구 속에서는 이가환이 실제로 해낸 과업 가운데 제일 위대한 것이 바로 그 일이라고 봅니다. 문헌 편찬이요. 개인의 저술이 아니라고 해도 이가환에게 있어서는 굉장히 중요한 일이었고, 이가환이 살아서 했던 일 가운데 제일 훌륭한 일이 제가 보기에는 바로 그 일입니다.

백진우 네, 좋은 조언 감사드립니다. 말씀하신 부분까지 포함해서 조금 더 면밀히 보도록 하겠습니다.

김동준 정조와의 관계에 대해서도 조금 더 이야기해볼 거리가 있지 않을까요? 무척 뛰어난 인물로 정조의 총애를 받았지만 결국에는 좌절했고, 또 서학을 빌미로 희생당하기까지 했다. 아마도 이게 이가환에 대한 가장 일반적인 인식일 겁니다. 그런데 또 정조와 이가환의 관계는 개인적인 관계만으로는 설명이 되지 않기도 하고요.

김선희 매우 중요한 문제 같아요. 정조가 이가환을 필요로 했던 맥락이 있기 때문에, 그 맥락에서 자꾸 이가환의 해박함이라든가 능력이 부각되면 결국은 이 사람을 쓰고 버리는 일련의 과정이 그냥 개인적인 문제로 해소될 수도 있잖아요. 정조의 총애를 받은 건 분명한 사실이기는 하지만, 그것만으로는 해결되지 않는 부분이 있거든요. 정조가 이가환을 요직으로 올릴 때 반발이 당연히 예상되었음에도 불구하고 포기하지 않았던 이유는 무엇일까 하는 겁니다. 어느 정도 추정은 할 수 있겠지만, 그걸 정확한 문장이나 언어로 바꿔서 단언하기는 어렵더라고요.

단순히 정조와의 관계 속에서 개인적인 신뢰나 능력에 대한 신임 문제로 불행한 결과를 맞이한 게 아니라, 당시 여러 정치적인 역학 관계 속에서 불행한 결과를 맞이했다고 보는 편이 적절하다고 봅니다. 희생이 맞기는 합니다만, 희생이라는 말을 쉽게 쓸 수는 없다고 생각합니다.

김동준 결국 정조가 군주로서는 어쩔 수 없는 선택을 했겠구나 하는 생각도 있지만 신하의 관점에서 보자면 시스템의 일부분으로 쓰이는 것이지요. 군주가 필요에 의해 사용하는 몇 개의 조각 가운데 하나라고 볼 수도 있겠습니다. 그것도 시시각각 변하는 정치적 긴장 관계에서 이 조각을 여기 뒀다가 저쪽으로 옮겼다가 계속 옮겨가며 쓰고 있는 조각이었는데 어느 순간 그냥 다 깨져버리는 이런 상태가 되어버린 거죠.

김선희 저희가 이가환과 관련해서 작년부터 한참을 매달려 있었잖아요. 그래서 이런 논의까지 하게 된 거고요. 이걸 결코 개인의 문제로 보지 않고 네 결국은 그 시스템 문제로 봐야 하고 그 시스템 속에서 정치 문법과 게임의 논리를 만드는 과정에서 이가환은 결과적으로는 본인이 게임의 룰을 만들 수 없는 상황 게임에 직접 참여할 수 없고 그 게임을 만드는 사람에 의해서 결정된 일이 많았던 거지요. 그래서 이 시기를 보는 큰 그림이라는 게 각자의 마음속에 있는데 한 연구자가 결코 선취할 수 없는 정보라는 생각이 들었습니다. 서로 조심조심하면서 이렇게 씨줄과 날줄을 계속 엮어나가는 과정에서, 각자가 마음속에 그려낸 그림에 좀 더 정교한 정보를 얻는 과정이라는 생각이 들었습니다.

김동준 네, 선생님들 말씀 잘 들었습니다. 선생님들 각자가 가지고 있는 고민, 그리고 글로는 표현하기 어려운 지점들을 편안하게 나눌 수 있었던 시간이었던 것 같습니다. 이것으로 집담회를 마무리하겠습니다. 모두 수고 많으셨습니다. 감사합니다.

작성 : 백진우(서강대 국어국문학과 부교수)

가

사

자

차

파

하

집필진(원고 게재 순)

김언종 한국고전번역원장 · 고려대 한문학과 명예교수
김동준 이화여대 국어국문학과 교수
백진우 서강대 국어국문학과 부교수
김하라 연세대 국어국문학과 부교수
김선희 이화여대 철학과 부교수

실시학사 실학연구총서 19

금대 이가환 연구

1판 1쇄 발행 2024년 3월 5일

기　획 : 재단법인 실시학사
집필진 : 김언종 · 김동준 · 백진우 · 김하라 · 김선희
펴낸이 : 김병환
펴낸곳 : 학자원
주　소 : 서울시 강동구 천호대로 1121
전　화 : 02) 6403-1000
팩　스 : 02) 6338-1001
E-mail : hakjaone@daum.net
등　록 : 2011년 3월 24일 제2011-14호

ISBN 979-11-6247-325-2 94810
979-11-87806-76-9 (세트)

값 40,000원